图书馆、情报与
文献学研究的新视野(4)

中国社会科学情报学会2010年学术年会论文集

New Horizons in Library & Information Science Research No.4

中国社会科学情报学会/编

图书在版编目（CIP）数据

图书馆、情报与文献学研究的新视野. 4 / 中国社会科学情报学会编. — 北京：中国书籍出版社，2011.8
ISBN 978 - 7 - 5068 - 2543 - 6

Ⅰ. ①图… Ⅱ. ①中… Ⅲ. ①图书馆学—文集 ②情报学—文集 ③文献学—文集 Ⅳ. ①G250 - 53 ②G350 - 53

中国版本图书馆 CIP 数据核字（2011）第 162455 号

策划编辑 / 李建红
责任编辑 / 贺原平　原　娟　牧　人
责任印制 / 孙马飞　张智勇
封面设计 / 3A 设计工作室
出版发行 / 中国书籍出版社
　　　　　地址：北京市丰台区三路居路 97 号（邮编：100073）
　　　　　电话：（010）52257143（总编室）（010）52257153（发行部）
　　　　　电子邮箱：bptougao@126.com
经　　销 / 全国新华书店
印　　刷 / 三河市李旗庄少明印装厂
开　　本 / 700 毫米 × 1000 毫米　1/16
印　　张 / 34.25
字　　数 / 515 千字
版　　次 / 2011 年 12 月第 1 版　2012 年 6 月第 2 次印刷
定　　价 / 98.00 元

版权所有　翻印必究

代　序*

　　知识·服务·创新是本届年会的主题，也是一个时代的命题，包含了当代文献信息服务的广泛内容。

　　自从欧盟在里斯本会议上提出"建立一个知识的欧洲"（Towards A Europe of Knowledge）和"建立一个学习型的欧洲"（Towards A Learning Society），"学习"和"知识"这两个传统上极为普通的词语很快就被赋予了特殊的时代含义，准确地勾画出信息时代和网络时代人类社会的重要特征和历史使命。从早期培根提出的一般意义上的"知识就是力量"（Knowledge is power），到晚近时期学者们提出的"信息就是力量"（Information is power），直到最近美国有学者进一步提出"共享知识就是力量"（Sharing knowledge is power），体现了一种时代的进步：其中既反映了社会和技术的进步，也反映了思想和理念的进步。对文献情报工作者而言，学习和知识具有更特殊的意义。因为图书馆本身就是一个从事知识管理和知识服务的机构，同时，按当代图书馆学情报学家的观点，图书馆又是一个学习中心（center for learning），于是强化图书馆教育职能的呼吁在一些发达国家又被旧话重提。无论是建设知识管理和知识服务中心，还是学习中心，都是广大文献信息工作者不可回避的历史职责。网络环境下的当代图书馆从"藏为主"转为"用为主"、"服务为主"，体现了文献信息工作者对上述职责的历史回应。

　　在高度网络化和高度信息化的今天，在一个个大型数据库不断投入使用，许多读者的计算机技术和信息检索技术甚至超过了图书馆从业人员，从而使得文献信息管理人员和读者的关系正在静悄悄地，然而却是快速地发生着微妙变

---

* 这是黄长著同志 2010 年 11 月 9 日在上海召开的"中国社会科学情报学会学术年会"开幕式上的致辞，此次发表时作者作了部分删改。特此说明。——编者

化的情况下，我们就不能不仔细分析我们面临的现实挑战和可能的应对途径——即适应时代发展和用户需求变化的服务创新。不可否认，某种程度的"角色转换"正不知不觉地在我们身边发生。文献信息工作者不能被动地、消极地被时代和用户推着向前走，而应该积极地研究用户信息行为，提供能够满足各种不同用户群体的个性化服务，引领时代的潮流。在我们的会议征文中，已经有不少同志围绕这些问题进行了可贵的探索，希望通过论文集和大会的交流，我们可以分享他们的智慧。

除了工作交流外，我们还邀请了三位专家在会上作学术报告，他们是上海图书馆的吴建中馆长、上海社科院信息所的王世伟所长和澳门文献信息学会的杨开荆理事长，他们放下手边繁忙的工作来给大会作报告，将从不同侧面回答当代文献信息工作者应该如何服务创新，担当起历史重任的问题，相信会给予我们许多的启示。我们热烈欢迎他们的到来并向他们表示诚挚的谢意。

我想要特别指出的是，中国人民解放军南京政治学院和上海分院的领导同志以及负责会务的各位同志对本次会议的成功召开给予了无私的、大力的支持，付出了许多辛劳，他们卓有成效的工作为本次学术年会的成功召开奠定了可靠的基础。我谨代表学会向他们表示敬意和衷心的感谢。

这次年会是本届学会的最后一次年会。我衷心希望会议取得完全成功，为本届学会画上一个圆满的句号。

黄长著

2010 年 11 月于北京

目 录

001　第一部分　理论探索

003　谈谈图书馆核心价值的内容　　谢婧
009　浅议我国图书馆核心价值的思路问题　　刁乃莉
015　社会科学专业图书馆的核心价值探析　　蒙少东
023　论图书馆知识服务的内在价值和外在价值　　宋天和　洪伟达
029　浅析知识管理在图书馆中的应用研究　　单先锋　耿乙武
035　图书馆知识管理与服务探析　　花建斌　初虹
045　浅论军事科学图书馆的知识管理与服务　　由海莹
053　论社科信息管理创新　　马海群
063　浅谈军校图书馆管理创新　　赵旭峰　李清芳
069　浅析军队图书馆的建设和发展　　王丹丹
075　论高校图书馆的营销策略　　申倩倩　廖佳
081　论新的图书馆业态的发展方略　　吴怡青
089　图书情报学专业术语生成机制分析　　金胜勇　窦建爽
097　基于本体的领域知识表征体系构建理论与实践探讨　　周扬　王振国
105　论知识资本要素在经济价值链中的作用　　罗繁明
119　论武警情报学学科体系的构建　　吉俊虎
127　网络环境下高校政务信息源流通中的安全保障策略　　孙瑞云　范志红
133　图书馆 n.0：开启图书馆群体化发展的钥匙　　张旭
145　数字图书馆热点问题探究　　刘江

149　第二部分　图书馆与学习型组织建设

151　打造党员干部书柜　　华颖

155	图书馆在学习型政党建设中的地位和作用初探　　钟海雷
165	图书馆在学习型政党建设中的地位和作用　　戴萍
171	图书馆在学习型政党建设中的地位和作用研究　　鲜鹏
179	创建学习型军校图书馆　为学习型政党建设提供文献资源保障　　谢萱
185	网络环境下充分发挥党校图书馆在学习型政党建设中的作用　　赵明芳　王甜甜
193	建设"中国干部学习网"推动学习型组织建设　　聂金菊　高也　魏晓婧
201	浅论中央党校干部学习网的建设　　余玥　马瑞芳
207	图书馆在学习型政党建设中的地位和作用　　徐璞英
215	发挥党校图书馆二次文献开发在建设学习型党校中的作用　　洪伟达

227　第三部分　图书馆与社会发展

229	图书馆建设与社区发展探讨　　邱晓辉
237	滨海新区公共文化信息服务所面临的问题与对策　　郝沭平
245	北京城区基层图书馆发展现状及对策研究　　李广立
257	国外社区图书馆的构建对我国社区图书馆建设的启示　　马慧
265	我国农村信息化测评模型研究述评　　梁春阳
273	健全西部民族地区农村信息化发展模式的思考　　李习文
283	少数民族偏远地区的文献信息资源如何在网络平台上发挥更大作用　　阿布都热扎克·沙依木　朱一凡
289	宁夏信息服务业现状、问题及对策　　马淑萍
297	宁夏农村信息服务现状评价分析　　张玉梅

305　第四部分　图书馆与电子图书

307	阅读的变革与图书馆策略　　曾敏灵
315	电子书对图书馆的影响与挑战　　李文姬
321	信息时代电子图书对图书馆的影响与挑战　　姚耀　耿乙武　林晨
329	关于图书馆利用电子图书的思考　　汪燕军　艾珊
335	以电子图书产业发展为契机，提升高校图书馆电子图书使用率　　廖佳　申倩倩
341	电子书对图书馆的挑战和地方社科院图书馆的应对策略　　姚一民
347	电子书与信息时代图书馆建设　　韩健

353　电子书时代院校和谐图书馆建设研究　　　李娜　魏学民
359　图书、博物、档案数字化融合服务探讨　　　朱学芳　黄长著

367　第五部分　图书馆资源建设

369　试论图书馆信息资源建设与发展　　　宋晓军
373　应用型大学图书馆文献信息资源建设探讨　　　王建远
381　政府信息公开亟待解决的几个问题　　　贺洪明
389　政府信息资源开发绩效评估的实现模式与对策　　　朱锐勋
399　掘金数字图书馆　　　郝慧
405　社科研究机构数据库建设的建议　　　何春贤　刘伟坚

413　第六部分　图书馆服务

415　谈科研图书馆人性化服务　　　何群珍
419　新闻资料工作创新服务模式　　　杜官相　周婷　陈新
425　试论图书馆的服务组合战略　　　周军
439　对构建专业图书馆信息服务体系的几点思考　　　陈杰
445　Web2.0环境下的党校图书馆学科化信息服务探索　　　杨蔚琪
451　浅议独立书店对图书馆服务营销与推广的启示　　　杨超
459　读者服务工作中的制度化管理与人性化管理　　　金红勤
465　数字时代高校图书馆服务的营销　　　周媛
473　基于主成分分析的省级公共图书馆服务能力研究　　　彭宝珍
481　浅议公安院校图书馆服务功能拓展　　　许卿
487　基于用户满意导向的图书馆PSBC营销规划分析　　　郭平
497　基于wiki（维基）的图书馆信息共享服务探析　　　王淑霞
503　我国文献信息网络服务模式的演变　　　孙德宏
507　信息技术发展环境下的用户需求与服务创新研究　　　王爱云
515　高校图书馆特色馆藏收集与整理、服务模式试析　　　何玉　庄玫

521　第七部分　其他

523　建立图书馆人力资源机制的思考　　　罗小田
529　军校图书馆学科馆员的发展与挑战　　　杨敬

第一部分

理论探索

谈谈图书馆核心价值的内容

谢 婧[*]

摘 要 文章从图书馆的文献储存、为读者服务、普遍开放、公民平等获取信息资源,以及图书馆的教育功能和科学研究几个方面阐述了图书馆核心价值。

关键词 图书馆 图书馆核心价值 储存 服务 开放 教育 研究

图书馆核心价值提出之后,在国内外已经研究了十多年。据初步统计,先后有国际图书馆协会及 5 个国家的 8 个图书馆协会组织或大学和个人提出 68 个方面、13 项图书馆核心价值的内容。国内(包括台湾省)的图书馆协会和个人近 20 位学者经过数年,发表数十篇论文探讨图书馆核心价值,并提出 32 个方面 7 项有关内容。提出的关键词 36 个,排在前几项、出现最多的概念是:读者服务、对公众开放、信息自由获取、文献储存、教育作为图书馆核心价值的内容,而科学研究只有少数学者提及。笔者现就以上几个方面谈点粗浅的看法。

价值是对一个社会广大人民群众根本利益的代表和反映。一般的价值随着历史的时间变化而变化发展,其性质、发展方向、发展程度都会随着时间、地点、条件的转移而变化。核心价值应该是稳定的,不可替代或是永恒存在的,能适用于各个时期的长久的价值。图书馆核心价值应该能够经得起时代变化的考验,并适用于各种类型图书馆,包括国家、学校、公共图书馆,也适用于纸质的或电子图书馆。图书馆核心价值的内容包括资源储存、为读者服务、对社会开放、公民自由获取信息、教育和科学研究。其核心价值应该成为图书馆行业全体员工的理念并为此而努力奋斗的目标和行动方向。所以图书馆核心价值

---

[*] 谢婧,女,1981 年生,安徽大学图书馆,馆员。

的尽早确立，对图书馆馆员的激励，对图书馆的发展，对社会进步，都有着重要的意义。

一 储存文献资源是图书馆核心价值的内容之一，是图书馆一切活动的基础

（1）自从有了人类历史，有了文字记载，就有了藏书。图书馆所储存的文献资源，见证了人类文明进步的全过程，见证了人类对自然的认识和改造自然的奋斗过程，见证了人与自然、人与人的和谐相处。储存文献的目的是为了让我们吸取历史上的成功或失败的经验或教训，传承先进的文化。

任继愈先生曾说："图书馆是一个国家文明的重要载体之一，中国国家图书馆记忆了中华民族几千年的文明轨迹，是中国乃至世界文明的宝库。"图书馆储存文献为社会物质文明和精神文明建设提供了大量经验和研究依据，给现代社会发展、科学技术研究、文明和谐相处提供史料，再就是给未来社会发展提供借鉴。国家制定政策，参与国际规划，决定政治议题，其依据是什么？前人做得如何？当今该怎么做？未来作何规划？这些都必须通过文献记录查询，反复推敲。这就要通过图书馆、博物馆和档案室查找源头，加以研究和鉴别，制订方案。

（2）文献储存是图书馆核心价值的主要内容还在于服务读者、吸引读者、影响读者、教育读者。我们服务的效果如何？读者对信息需求是否满意？有什么收益？这都要求图书馆收藏高质量的和一定数量的文献，才能满足读者的需要。

（3）图书馆储存文献促进世界文明的交流和中国传统文化的传承。其价值不仅可以使世世代代的读者都能获得享受和得到智慧的启迪，同时促进世界文化的交流。如中国艺术、文字、经典、毛泽东、孔子、儒家文化等，在世界上影响颇深，改变了国外人士对中国的看法，加深了他们对中国人民的理解，而这些只有通过载体才能有效地传播到世界各地。中国古代文化、佛教记载、明朝郑和七次下西洋的航海活动的记载等等都极大地激发了人们积极向上的热情。

二 为读者服务，满足读者需求是图书馆核心价值的重要内容，是图书馆价值的体现，是图书馆的准则

文献收藏是手段，为读者服务、满足读者文献信息需求是目的。读者的利

益是图书馆核心价值之核心。

(1) 社会主义核心价值体系阐明了马克思主义最朴素的真理就是从人民的利益出发，满足人民的需要。为人民服务是我们的宗旨。图书馆以马克思主义理论为指导思想。2008年国内图书馆界通过《图书馆服务宣言》，突出了服务这个主题，包括信息服务，普遍开放服务，人文关怀服务等。读者第一，服务至上，一切以读者为重，以人为本的基本原则是"宣言"的主要内容。

(2) 图书馆为读者服务的价值表现：①收集高质量文献信息；②整理、编目、加工、管理有序，方便读者查找；③文献传递，激发读者的求知热情；④引导读者查找文献和网上检索，在现代图书馆显得非常突出；⑤普遍开放，保障读者自由获得信息；⑥专业服务，引导读者进入相应的领域，避免读者少走弯路；⑦开展创新服务，推荐服务，教育、研究服务；⑧为读者创造优雅的读书学习环境。图书馆为读者服务是目的和手段的统一，是需要和提供的统一。为读者服务是我们的职责，能够使读者获得最大利益是我们的目标，所以服务是图书馆核心价值的主要内容。

三 对社会开放是图书馆根本原则和发展趋势

图书馆的根本原则是图书馆普遍开放、借阅，让所有公民都有获取文献信息的自由，是图书馆价值在当代的体现，开放是图书馆发展的趋势，已日益凸显。未来的图书馆就是个没有围墙的公共活动中心，是人们学习知识、接受教育和科学研究的场所，突出了图书馆核心价值之所在。

(1) 图书馆价值表现在对社会开放，主要指各级各类图书馆，一律向公众开放借阅，这是现代图书馆发展的方向，是代表整个社会为全体成员提供知识和平等的服务，即不分人的职位高低、民族信仰、政治背景如何，都为他们提供同样的学习场所和提供文献信息，提供一视同仁的服务。

(2) 图书馆普遍开放是民众平等自由获取信息的前提条件，只有实现向民众开放借阅，才能保障读者的平等地位，满足全体社会成员获取信息的需求，维护读者平等获取文献信息的权力。这是"平等服务、以人为本"的基本原则。杭州图书馆就是一家集开放、包容、公平于一身，便利、全免费的公共图书馆，向全体民众开放，不管是官员、学生、工人、农民、乞丐、国内或是国外人员，均可以进馆阅览。这样的图书馆过去只有在国外才见到，它激励了成千上万的人读书、学习、研究。人们在阅读的过程中，感受到这个大书房带来的便利，以及心情的愉悦，让人们感觉到自己的人格也得到尊重，感受到被肯定的乐趣，增强了为社会作出贡献的信心。

四 教育职能是图书馆核心价值不可或缺的内容

图书馆是教育人的场所，它的一切活动都是围绕着与读者有关的活动，如文献储存，知识服务，满足读者文献需求，为读者接受教育、科学研究提供活动场所，其价值不可估量。

（1）图书馆是知识的积累，是人类文明的积极成果，为人类文明作出了巨大贡献，人们可以在这个知识的王国里畅游，思想得到自由发挥。图书馆是全社会人员接受教育的第二课堂，图书馆教育功能早在上个世纪已被重视。毛泽东在中央七大会议上针对农民的教育问题指出，"采取适宜的内容和形式"，"开办识字班、夜校、冬学、民众教育馆等多样形式组织农民学习"。这里毛泽东的"民众教育馆"显现了图书馆教育思想。胡锦涛在全国教育工作会议上指出："统筹推进各级各类教育，积极推进建设覆盖城乡的基本公共教育服务体系，逐步实现基本公共教育均等化"。"基本公共教育服务"包括图书馆、文化室在内的服务机构。任继愈先生说：图书馆"同时也是全民终身教育的重要场所"。杜威说图书馆是"人民的大学"，都说明图书馆是个教育机构。图书馆的发展与人的教育是一致的，否定图书馆教育这个功能，图书馆价值的意义将会减弱。

（2）教育是图书馆核心价值的重要内容，高等教育、素质教育和促进阅读教育。读书具有综合性，涉及多方面教育。读书不仅是历史教育、知识教育、文化学习，也是道德品质修养教育、学术基本功的训练，更是语言教育。普通国民、学术人士从小就读古书，一方面是接受文化知识，另一方面是接受文化精神的熏陶，也是接受语言训练以及深层的思维训练。图书馆教育在于培养读者的阅读兴趣，培养人们的自主学习能力，让他们随时吸取新思想，扩大新视野。

（3）图书馆价值还表现在通过阅读提高全民素质，促进人的全面发展。图书馆就是保障亿万人民群众接受教育的最好场所之一。进入图书馆的读者不分层次，所有公民都可以在这里接受教育，增长知识。图书馆的教育方式与学校不同，民众不是直接接受教育，但在人才培养和提高全民素质教育方面都是极其重要的。人的素质高低直接关系到社会文明的和谐发展。

五　科学研究是图书馆核心价值的精髓

图书馆是科学研究的基地，是学术的摇篮，为科学研究服务是图书馆最大价值的实现，是图书馆价值的提升。

（1）图书馆"为党政军领导机关和国家重点科研和建设项目服务"。党政官员可以在图书馆里查找并获得历代政治制度、经济规律、法律思想、文化变迁的经验和历史的教训，用以指导中国特色的社会主义现代化建设。我们的城市建设，制度更新，都不是凭空想象的，都是在吸取前人经验的基础上，不断发现新问题，解决新问题，再创造美好未来。图书馆还间接培养出高水平的研究人员，研究出丰硕成果，展现了图书馆的最大价值。

（2）图书馆核心价值还在于为科学研究提供丰富的文献，使研究人员在理论和实践的结合中提高看问题的视角，充分发挥自己的创造力。我们探究事物的因果关系，要重视数据，尊重事实，不能依赖主观想象或经验。如对古代人物的研究，要看生平，看经历，必须运用最新考古材料与古代文献记载相互印证。对此，图书馆提供高质量文献信息服务，包括查找文献，传递信息，知识服务，促使研究者转变并突破旧的思想，推动整个学科的研究。图书馆对科学研究有着巨大的作用。要完成一个课题，申报一个项目，或讲授一门课时，要知道它的来龙去脉，前期准备要查阅大量的文献资料。当前，华东师范大学的专家组织编纂的《子藏》工程已启动，这座宏大的传世经典库计划收编5000种著述，专家们将要查阅大量的古文献和资料，图书馆将为之提供资源服务。这些进一步说明了科学研究是图书馆核心价值的内容。

（3）图书馆是科学研究的基地，能够经得起时代变迁的考验，研究人员在图书馆里查找资料，获得信息。有的图书馆专门为科学研究和学术交流设置研究室，学者们都可以在这里交流、研讨问题。科学家在图书馆里发现并解决他们在科学上的疑难问题。社会学家在图书馆查询人与自然和谐，人与人和谐之根源。企业家也得到图书馆最有效的服务，图书馆为农民获得了科学种田的技能，青年、学生发现了前无古人的思想理念，并逐渐产生"后现代"的思维方式。父母们得到了育儿和教育方法的资料。少年儿童在图书馆得到了"十万个为什么"的答案。由此可见，图书馆天然就是个科学研究基地。

图书馆为科学研究服务有其特殊性，其服务的专业性相当强，图书馆不仅是提供文献信息服务，而且能提升研究人员的独立思考能力。如果说"图书馆的公益性服务是与其他商业化信息服务的主要区别"，那么图书馆为研究服务是其他服务行业不能比拟的，也是根本区别。图书馆服务除了全心全意满足读者需要，还肩负着对民众的教育、人才培养的任务，这都与现代化建设、未来社会发展和世界文明建设有密切的关系。

总之，图书馆核心价值应该适用各种类型的图书馆，在储存文献的基础上展开各种形式的服务，满足读者文献需求，促进民众读书学习，为民众提供接受教育的场所。同时，科学研究亦是图书馆核心价值不可或缺的内容。未来的图书馆将在国家教育方针指引下，得到更大发展。

参考文献

王东艳：《图书馆核心价值研究综述》，《情报资料工作》2009 年第 6 期。

詹福瑞：《图书馆的参天大树》，《光明日报》2010 年 5 月 8 日。

黄俊贵：《图书馆核心价值及其实现》，《中国图书馆学报》2008 年第 5 期。

浅议我国图书馆核心价值的思路问题

刁乃莉[*]

摘 要 文章探讨了确立图书馆核心价值的思路问题，提出在确立我国图书馆核心价值时要努力自主创新，力避使用西方价值观的话语表达方式，应该与中国核心价值观体系保持一致并能反映中国特色社会主义的时代特征，具体提出我国图书馆核心价值的基本内容应包括指导思想、目标任务、图书馆的社会性、教育性和服务性以及现代化建设等内涵。

关键词 图书馆学 图书馆 核心价值 自主创新

近年来，我国图书馆学界关于我国图书馆核心价值的研究已形成热潮。研究和确立我国图书馆核心价值对推动我国图书馆事业的发展、构建图书馆伦理价值体系以及加强图书馆员的职业认同感和自信心均有重大指导意义。研究并确立我国图书馆核心价值也有助于我们与国际图书馆活动和图书馆学研究进一步接轨。我们可以在国际交往中告诉同仁：中国图书馆界核心价值是什么，它们与国际图书馆协会和机构联合会（LFLA）及其他国家的图书馆核心价值有无区别，以及这种选择的理由是什么。

确立我国图书馆核心价值并赋予其简洁、清晰的话语表现形式，是一个艰苦的过程。本文仅就探讨我国图书馆核心价值的思路问题发表个人浅见。

一 努力追求自主创新

在我国，物质生产部门不缺乏"中国制造"，缺少的是"中国创造"，在我国文化生产部门也存在这种情况。多年来特别是改革开放以后，随着国内外学

---

[*] 刁乃莉，女，1963年生，黑龙江省社会科学院文献信息中心综合信息部主任，研究馆员。

术观点的交流和碰撞，社会科学研究成果彼此影响和渗透实属正常。科学理论就是在广泛交流中发展的。但与此同时，简单引进国外特别是西方的概念、理论观点，缺乏与中国实际情况的结合与改造，致使一些引进的理论观点，说在嘴上、学在纸上，好听好看，但不好用，在实际工作中行不通。这种现象在我国社会科学的一些领域，特别是一些新领域中并不罕见。问题的严重性在于，物质生产的"中国制造"，其产品是可以利用的，而文化生产的"中国制造"却不能用。因此，文化生产部门更应提倡"中国创造"。我国图书馆作为一个"软实力"机构，其核心价值的确立应该充分体现"中国创造"。"中国创造"靠的是自主创新精神，为此，在确立我国图书馆核心价值的过程中，要处理好"源"和"流"的关系。从古至今中国图书馆事业的发生、发展的工作实践，是我们生成我国图书馆核心价值之"源"，而外国的一些理论观点只是我们生成我国图书馆核心价值之"流"。在这方面，外国的好东西我们可以借鉴，但不适合中国国情的东西必须摒弃，而重要的是，我国图书馆核心价值应主要产生于中国几千年图书馆工作的实践，只有这样的图书馆核心价值才能真正在我国发挥作用。

二 力避使用西方价值观的话语表达形式

我们应清醒地看到，伴随经济全球化，西方国家在强化经济、政治、军事竞争的同时，对意识形态、核心价值倍加重视。美国等西方国家掌握的话语权，把资产阶级思想体系中的民主、自由、人权等概念抽象化，把它们说成是不以任何条件为转移的、超越时空的、永恒不变的价值观念，是普遍适用于所有国家和民族的，其目的就是在世界上占据道义制高点，把它作为推行其全球战略的工具。对这种鼓吹和渗透，我们万不可接受，更不能与其"接轨"。几年前，撒切尔夫人曾放言"中国不会成为超级大国"："因为中国没有那种可以用来推进自己的权力，从而削弱我们西方国家的具有国际传染性的学说。今天中国出口的是电视机而不是思想观念。"这番话足以让我们警醒。我们在探讨我国图书馆核心价值的时候，应该使我们的理论观点同我国社会主义的核心价值体系保持高度一致，要带有中国特色社会主义的鲜明印记。只有民族的，才是世界的。只有这样的理论观点，才会在世界范围内的学术理论观点的碰撞和交流中拥有我们自己的话语权，才能真正做到与世界"接轨"。

三　要充分体现中国特色社会主义的时代特征

十月革命以后，列宁对本国的图书馆事业的发展提出了一系列指导原则。在他的思想指导下，当时的苏联图书馆对工作实践认真研究总结，逐步形成了独具特色的苏联社会主义图书馆学理论。该理论强调，社会主义国家图书馆学理论坚持从社会的、经济的和文化的各个角度对图书馆学事业进行阶级分析，并认为图书馆学是一门社会科学，社会主义图书馆必须以马克思列宁主义的方法为基础，以列宁制定的图书馆为人民群众服务的组织纲领为依据。该理论认为图书馆事业的实质是组织图书财富为公众利用，并认为苏联图书馆是共产主义思想体系的传播者，是党的政策的宣传者。苏联图书馆学界的这种认识在苏联一直在延续着。苏联图书馆在半个世纪的发展中形成了一整套完整的、独具社会主义特色的图书馆学理论体系。这对我们今天探讨我国图书馆核心价值等理论问题仍具有重要的启示意义。

如今，时代前进了，国情也不同，但我国和苏联同属马列主义思想体系指导下的社会主义国家，苏联在图书馆事业方面的好经验和好做法值得我们学习和借鉴。新中国成立60多年特别是改革开放30年以来，我国从本国国情出发，在艰难的探索中走出一条适合中国国情的独特的社会主义发展道路。作为世界上最大的发展中国家，中国取得的发展成就令世界瞩目。我国图书馆核心价值理应体现中国特色社会主义国家的特点，显示出当代中国特有的中国气派，让我们的理论观点更具有时代精神和时代特征。

四　全面准确地提炼我国图书馆核心价值的基本内容

图书馆核心价值是种理念，涉及图书馆行业人们的思想观念、道德意识和价值取向等精神层面的问题。"核心"二字凸显了这种价值的核心地位和所要起到的主导作用。这种核心价值不应该是空洞的，而是要包括一些具体的基本内容的表述。它既不能过于狭窄以偏概全，也不能面面俱到过于宽泛。它应该对以下基本内容做出简明而准确的表述。

一是要提出鲜明的指导思想。在当代中国，作为社会主义核心价值体系中的一项重要内容就是马克思主义指导思想。一百多年来的世界社会主义运动中，无数事实证明，凡是取得光辉成就的国度都是工人阶级坚持了马克思主义指导思想及其在意识形态领域的主导地位的结果。马克思主义是指导社会主义事业的理论基础,马克思主义意识形态是维系社会主义制度存在和发展的精神支柱。在当代中国,坚持马克思主义指导思想及其在意识形态领域的主导地位是我国图书馆事业健康发展的根本保证。在当今世界社会主义制度与资本主义制度共存并对立的情况下,在西方敌对势力把意识形态作为"超级武器"不断加以强化的时候,在我国图书馆发展问题上坚持马克思主义指导思想更显重要。

二是提出明确的发展目标和任务。明确我国图书馆发展目标和任务,会增强我国图书馆建设和发展的计划性和目的性,减少图书馆工作的随意性和盲目性。发展目标和任务既要考虑当前,也要想到长远,既要面对现实,也要面向未来,既要立足国内,也要放眼世界。努力使这个发展目标和任务既符合当前现实情况,又能适应我国图书馆未来发展需要。重要的是,这个发展目标和任务要与我国社会主义发展阶段保持一致,与我国建设小康社会的宏伟蓝图保持一致,更要与科学发展观保持一致。我国图书馆事业的发展属于文化发展范畴。科学发展观更强调社会的全面发展,其中就包括文化的发展。而文化发展中更注重"人本身的发展",即强调社会主义发展的最终目的是为了人,为了人的自由而全面的发展,即谋求人的发展,把人的发展看做是社会主义发展的出发点和归宿。我国图书馆发展目标和任务就要体现我国社会主义科学发展观最新的、最高的认识成果。

三是要有图书馆社会性的表述。图书馆就是为人们共同利用图书资源而形成的一种特殊的组织形式。图书是人类知识和智慧的结晶,是人类共同的精神财富。馆际间合作以及现代技术在图书馆工作中的应用,为人们共享图书资源创造了便利条件。特别是在网络环境下,人们共享图书资源的效率更高了,图书馆的社会性更加广泛了。图书馆这一被普遍认同的性质应该在我国图书馆核心价值的表述中体现出来。

四是要有图书馆教育性的表述。图书馆是通过开发馆藏图书资源来传播知识、教育读者从而促进科学文化发展、推动社会进步的机构。这种教育不分社会阶层,不分年龄大小,不分职业身份,也不分文化程度高低,而且对读者而言可以是终身教育。正是针对图书馆的这种特点,列宁曾强调"图书馆应该是各种机关企业的国民教育中心。"图书馆这种被普遍认同的教育性也要在我国图书馆核心价值的表述中有所体现。

五是要有图书馆服务性的表述。图书馆是通过提示、宣传和推荐馆藏图书资源来满足读者学习、工作、科学研究等不同需要的。这是一种服务性工作。

其实质是为图书找到最需要它的读者，同时又是为读者找到最想读的图书。因此，作为图书馆工作人员应该熟悉馆藏图书资源的状况，同时应该熟悉读者的状况。只有熟悉图书资源的内在知识内容，又具备相应的服务技能，而且有全心全意为读者服务的高尚的职业道德情操的人，才会使图书馆这种服务性工作达到效果和高质量。因此，作为被人们普遍认同的图书馆的服务性也要在我国图书馆核心价值的表述中恰当提到。

六是要有我国图书馆现代化建设的内容。图书馆现代化建设主要包括图书馆管理的科学化、工作人员的专业化、图书文献资料工作的标准化、图书资料传递的网络化以及技术手段的现代化，如电子计算机、缩微复制、视听资料和其他先进技术在图书馆工作中的应用，图书馆服务工作的本质是为读者提供知识服务。图书馆现代化的核心是追求这种知识服务效率的最大化。图书馆工作人员只有锐意进取，与时俱进，以先进的科学思想和管理方法，通过现代的技术设备和服务手段，才能把图书馆提供知识服务的质量和效率提升到现代化发展所要求的水平。我国图书馆从古代的藏书楼到近代的长足发展，特别是在新中国成立以后我国图书馆事业在服务对象、图书馆性质以及图书馆规模等方面都发生了翻天覆地的变化。虽然经受了"文化大革命"的冲击，但我国图书馆事业重新实现了复苏和振兴。这期间的经验和教训是我国图书馆事业继续发展进步的宝贵精神财富。我国图书馆现代化建设是我国几千年图书馆事业发展演进的必然结果，也是当代我国图书馆事业现实发展的迫切需要。我国图书馆核心价值的表述也应该反映我国图书馆从传统向现代化动态演进的过程。

用几句话或一段文字全面、准确、简洁地表述我国图书馆核心价值确实是一件不容易的事，但因其意义重大而值得我国图书馆同仁共同为之努力。我国图书馆核心价值，就是一种信念，一种理想，一种精神，一种推动图书馆事业可持续发展的力量。

参考文献

黄晓曼：《图书馆核心价值的探索和意义》，《图书与情报》2007年第3期。

范并思：《核心价值：图书馆学的挑战》，《图书与情报》2007年第3期。

《列宁全集》第19卷，人民出版社，1959，第72页。

社会科学专业图书馆的核心价值探析

蒙少东*

摘 要 在介绍国内外学者对图书馆核心价值研究成果的基础上,重点讨论了我国社会科学专业图书馆核心价值的构建问题。主要从保存特定文化遗产、服务并满足特定用户个性化和多样性需求、建立和形成"双赢或多赢"的馆际协作关系等方面对社会科学专业图书馆核心价值的内涵进行了剖析。

关键词 社会科学 专业图书馆 核心价值

一 引言

核心价值是现代组织管理理论研究中的一个热点话题,是组织长盛不衰的指导原则和全体成员都必须奉行的永恒的信条。它植根于组织文化之中,渗透于组织发展的整个过程,是组织文化的重要组成部分。组织的核心价值主宰着它的生存能力和发展潜力,是组织核心能力和核心竞争优势形成的基础性和决定性因素。组织的核心价值具有恒定性和独特性特征,它不因社会环境的变化而变化,能保持在一个相对稳定的状态,并在其内部不断分化和深化,只有抓住了核心价值,才能确立社会对某一组织或行业的价值需求。图书馆的核心价值则是图书馆界对于自己的责任、使命和存在理由的系统说明,表达的是图书馆人的基本理念。对图书馆核心价值的确定及实现途径的研究,有助于在理论上确立图书馆在新的历史条件下的功能定位,提高图书馆在文献信息服务领域的核心竞争力。因此,关于图书馆核心价值的研究已成为21世纪以来国内外图书馆界高度关注的热点领域之一,是传统的组织核心价值理论在图书馆这样一

---

* 蒙少东,男,1959年生,上海社会科学院图书馆馆长,教授,博士生导师。

个特殊行业组织的管理中的具体运用。近十年来，国内外对公共图书馆核心价值内涵的研究方兴未艾，达成了一些有价值的共识和一定的研究成果，但对具有鲜明特征和个性的专业图书馆，尤其是社会科学专业图书馆核心价值的研究却较少。因此，本文将根据这一现状对我国社会科学专业图书馆的核心价值问题进行初步的分析和探讨。

二　图书馆核心价值的国内外研究综述

（一）图书馆核心价值的概念

根据国内外学者的研究，图书馆核心价值一般是指不受外界评判的、用以指导图书馆工作的永久性原则，它是图书馆工作的灵魂、方向和指导方针。图书馆核心价值是图书馆和图书馆员在为社会提供服务时所应该具有并坚持的一系列价值观。从以上定义不难看出，图书馆的核心价值在某种程度上具有理想性和建设性的特征，在图书馆的全部价值体系中，核心价值决定着整个图书馆价值体系的本质特征和基本方向。从职业分工来看，图书馆核心价值是图书馆员从业的重要基础，它决定着图书馆在社会结构中的职业能力和功能定位，是形成图书馆职业价值和生存优势的决定性因素。图书馆核心价值的确立和实践，对促进图书馆立法、图书馆职业资格认证和图书馆专业教育等有着积极的意义，有助于从理论上认识和明确图书馆的社会地位，提高图书馆在图情文献服务领域的核心竞争力，进而推动图书馆在工作实践中紧紧把握核心价值内涵，更好地履行其社会职能，更好地服务读者、服务社会。

（二）图书馆核心价值的内涵

国外对图书馆核心价值内涵的研究始于上世纪90年代，曾任美国图书馆协会（American Library Association，简称ALA）主席的Michael Gorman在其2000年发表的"我们永恒的价值：21世纪的图书馆员职业"一文中，首次比较系统地阐述了图书馆职业的核心价值问题。国际图书馆协会联合会（International Federation of Library Associations and Institutions，简称IFLA）及澳大利亚、新西兰、加拿大、英国、挪威等国家的图书馆组织也先后开展了图书馆核心价值的研究，并陆续发布了各自图书馆核心价值的相关文件，其中美国有55个，其他国家有14个。综合各国对图书馆核心价值的研究，不难发现以下10组出现频率最高的关键词可较好地描述图书馆核心价值的内涵,它们是:①职业/组织/员工/技能/中立与客观;②服务/工作/专业;③信息/知识/思想/交流;④获取/使用/提供/阅读;⑤自由/开放/平等/协作/社会责任;⑥社区/公众/用户/顾客;⑦多样性/个性/隐私/保密;⑧尊重/优质/支持;⑨资源/记录/收藏/书籍/资料/保存与传递;⑩学习/素养/教育。

进入 21 世纪以后,国内图书馆界开始关注图书馆核心价值的内涵和外延的研究。宋显彪首次在《图书馆杂志》2002 年第 9 期上发表了"试论图书馆员职业的核心价值"一文,毕红秋、李青也分别在《图书馆论坛》2005 年第 4 期和 2006 年第 4 期发表了"信息自由:图书馆价值的核心概念"和"现代图书馆核心价值的定位及实现"等文章,对图书馆的核心价值问题进行了探讨。此后,又有一些学者纷纷撰文,从多种视角论述图书馆的核心价值及其内涵。范并思认为图书馆核心价值是一个行业或组织的核心价值,它必然以所在社会的核心价值为基础,并受社会核心价值体系的制约;黄宗忠认为,图书馆核心价值是图书馆员通过收集、整理、存储和传播信息知识等劳动,实现知识自由存取,满足每个读者的不同需求,公正平等地服务于社会的过程;黄晓曼认为图书馆核心价值较有共性的是保存资源和为社会提供服务、知识自由、平等获取、教育和学习、尊重读者个性和隐私;王知津、樊振佳对图书馆核心价值在当代中国语境下的特殊意义进行了分析,认为当代中国的具体文化、经济、政治、教育以及网络发展等现实因素相互交织形成了特定的语义环境,理想状态下图书馆的核心价值不能简单应用,必须根据语境进行必要的具体化;郭春侠、储节旺则认为图书馆的核心价值是知识的有效转移。知识转移可以较好地回答图书馆因何而生、为何存在和如何存在等问题;即图书馆是因知识的积聚而生、为传承文明存在、以知识服务图存的特殊机构或组织;姜利华则从外源性和内生性两个角度对图书馆核心价值的实现途径进行分析。综合以上学者的研究观点,可大致概括我国图书馆核心价值的主要内容如下:①收集、保存文献信息资源;②传递、"活化"文献信息和知识转移;③服务读者和社会;④保障公民对信息知识的自由、平等获取;⑤坚持社会公益性原则;⑥以社会效益为最大价值取向。

三 社会科学专业图书馆的特点

在我国,专业图书馆包括科学院系统图书馆、政府部门及其所属研究机构图书馆、行业图书馆和大型厂矿企业图书馆等。一般而言，专业图书馆大都直接隶属于其所在专业科研机构，是专门为特定科研机构提供图书文献资料借阅、信息情报收集整理、储存保管、组织加工、检索分析等服务的内设机构，同时又是国家信息情报网的重要节点，在藏书结构、读者对象和任务等方面与其他类型图书馆不同，是为服务特定读者群而设立的图书馆，也是为科研、生产和经济社会发展服务的学术性机构。而社会科学专业图书馆是指隶属于我国现行社会科学院体制（系统）下的图书馆，他们主要是为各级社会科学院的科学研究服务的内部专业图书馆，目前在全国共有40多家，包括全国30个省区市社科院图书馆和14个中心城市社科院图书馆，是我国图书馆网络的重要组成部分。

社会科学专业图书馆最显著的特点是读者群较小，服务面较窄；但馆藏资源专业性强，系统性、完整性好，学科集中而专深等。这些也正是专业图书馆本身所固有的区别于其他类型图书馆的本质属性。社会科学专业图书馆紧紧围绕一定的学科或专业而开展文献资料的收集、整理、典藏、流通等一系列活动并为特定的专业人员服务，藏书数量不一定很多，但品种比较齐全，学科高度集中，收藏的文献系统、全面，能够适应专业研究和学科建设的需要。这类图书馆一般为中小型馆，具有明显的、与所在单位一致的学科、专业藏书特点和性质，在文献收藏上突出专业性、完整性和系统性，以全面收藏有关专业文献为主，特别是最新科学著作是收藏的重点，所藏国外文献占有较大的比重，其中又以国外期刊为重点，且对那些能够成为情报源的文献资料很重视，入藏量也较大。其服务对象和读者群主要集中在社会科学研究人员。这些读者具有比较宽厚的学科、专业背景和知识面，他们所从事的工作具有较强的研究性、探索性和专业性，因此，对书刊文献资料的要求较高，既要系统全面，又要国内外兼顾，外文书刊等文献资料占有相当比重。

四 社会科学专业图书馆核心价值的内涵

从以上国内外学者对图书馆核心价值所进行的研究及相关成果可以看出，由于研究者所处的历史时期、面临的国情以及价值取向的差异性，因而出现了诸多不同的图书馆核心价值版本，真可谓仁者见仁，智者见智。从历史和社会的角度来看，不同的政治、经济、文化与传统都会直接或间接地影响到对图书馆核心价值的表述和构建。古代图书馆的核心价值是以个人收藏为主、读者阅读利用为辅，重藏轻用是其基本特征；而近代图书馆则以公开和公用为生存信条和发展方向，图书的收藏只是手段，平等使用和人性化服务才是目的，其核心价值是图书的保存和知识情报的公开传递服务。应该说，从这点上看，现代社会科学专业图书馆的主要功能和核心价值与现代公共图书馆的核心价值有着千丝万缕的联系，在保存人类精神文化遗产，文献信息资源的开发利用，传递和生产多元信息，承担社会责任，保障公民基本阅读权利，坚持公共服务普遍均等和公益原则，平等获取文献信息知识，倡导全社会终身学习，提供优质的文化娱乐，满足读者的知识与信息需求，开展阅读指导与网络导航，开辟多样化文献信息服务等方面大体上是一致的。但社会科学专业图书馆毕竟是具有特殊专业要求或突出行业背景且主要是为特定用户服务、满足读者专门需求的图书馆，因此社会科学专业图书馆的核心价值又有着与一般公共图书馆和综合图书馆不尽相同的地方，笔者认为在目前特定条件和特殊语境下，我国社会科学专业图书馆的核心价值应从以下几个方面加以描述和具体化。

（一）保存特定文化遗产，为社会科学专业读者提供卓越的知识文献服务

永久地保存人类文化知识遗产是对传统图书馆价值观念的继承，是图书馆资源得以传承和发扬的基础。数千年图书馆实践充分证明，图书馆存在的主要理由就是收集、整理、保存和开发利用传承人类文明活动的知识成果，这是图书馆赖以生存和不断发展的根本原因所在。在现代社会中，图书馆的基本社会功能仍然是永久地保存、传承人类社会的精神和物质文化遗产，并促成人类文明的不断演进和健康发展，可见保存文化遗产是图书馆所具有的最基本的职能。社会科学专业图书馆也不例外，它凭借着体系完整、结构合理、组织有序的强大文献资源体系，在社会文明进步和文化遗产传承、发展及传播中，不断吸收新成果，赋予文化新内涵，使社会科学专业图书馆保持了旺盛的生命力与馆藏文化的先进性。社会科学专业图书馆在长期的积累中，不断丰富和完善馆藏资源，根据知识门类、主题内容和使用对象对文献资源进行系统分析，科学整合，使其有序化，最大限度地发挥其内在价值，已成为社会科学专业图书馆赖以生存的宝贵财富。现代信息技术为社会科学专业图书馆服务创新开辟了更为广阔的空间，资源数字化技术、多媒体信息处理技术、网络传输技术等现代化技术的导入和应用为图书馆发展提供了动力和支持，新技术的综合运用实现了资源

的网络化，形成一个将数字化信息、互联网、用户和服务商连在一起的信息环境，为社会科学专业图书馆服务提供了坚实的技术平台。通过对馆藏文献资源知识内容的揭示和组织，社会科学专业图书馆为读者和社会提供更具个性化和创造性的知识服务，高效率地实现资源向服务的转化，其模式正从传统的提供文献信息为主的借阅服务，转向提供知识内容、解决用户问题为主的知识服务，使社会科学专业图书馆在新型网络化文献信息交流体系中的地位不断得以强化。

（二）服务并满足特定用户个性化和多样性需求

训练有素的研究型用户是社会科学专业图书馆生存的社会分工基础，如何争取更多的专业读者，为他们提供最优化服务和创造最大化价值是社会科学专业图书馆追求的目标。因此，社会科学专业图书馆的一切工作要以用户为中心，通过为用户排忧解难和提供良好的文献支持服务，培育良好的用户关系，满足用户的个性化和多样性需求，提升服务质量和用户满意度。社会科学专业图书馆通过了解关心用户的价值追求及其在获取信息活动中的行为和感受，并对其做出必要的引导和规范，如图书馆的规章制度的制订，既要考虑馆务工作必须遵循的基本原则，又要充分考虑用户利用图书馆资源的便利；在配备图书馆基础设施及现代化设备时，要充分照顾到不同层次、不同水平用户使用的便利性；在组织和购买文献资源时，以学科专业和研究人员的实际需求为出发点和立足点，最大限度地减少用户在时间上、体力上和精力上的付出；高度重视每个用户在不同时间、不同情况下的不同需求，通过交流，为用户提供科学合理的运用图书馆的方式和方法，使用户在人性化的环境中，感受到被关怀、被重视的心理愉悦和和谐氛围，从而将图书馆员的真诚服务转化为用户接受和认可的价值，进而再转化为用户的知识创新和研究成果，充分体现社会科学专业图书馆的服务价值。

（三）建立和形成"双赢或多赢"的馆际协作关系

竞争与合作是信息时代对社会科学专业图书馆的必然要求，信息时代的竞争往往和自由资本主义制度下的纯市场竞争有所不同，在竞争者之间既有竞争，也有合作，而且合作是主要的，通过合作实现"双赢或多赢"的结果。尤其是对社会科学专业图书馆来说，不仅在社会科学专业图书馆之间，而且在社会科学专业图书馆和其他类型图书馆之间建立和形成既有竞争，又有合作的"双赢或多赢"馆际协作关系至关重要。因为社会科学专业图书馆的馆藏文献资源只是在社会科学专业领域比较齐全，拥有比较优势，但当今的科学研究，跨学科性、交叉性日益突出，社会科学专业图书馆必须培育与时俱进，不断创新，紧跟时代潮流，永远不落伍于时代的能力，尤其与其他图书馆和文献提供者良好协作的能力，以充分利用不同图书馆的资源为高度个性化的读者服务，只有这样才能实现新形势下为读者提供优质服务的使命。如社会科学专业图书馆及其联盟与数据库运营商之间的资源合作；社会科学专业图书馆之间及社会科学专业图书馆与高校和公共图书馆间的文献资源共建共享；图书馆与出版社和书商之间的资源合作等。在专业服务方面要培育以下合作与协同能力：通过文献传递与信息获取，实现资源共享；与商业网站联合开发信息资源开展有偿服务、数字参考咨询服务以实现双赢或多赢。必须承认，在高度信息化的时代，各类图书馆间开展形式多样的广泛合作，是提高用户满意度和服务质量，突破传统的服务格局，实现资源、人员、设备的全面共享的重要途径。通过合作建立图书馆资源网络，形成合力和整体优势，从而大大提高全社会图情资源的利用效率，同时也使参与其中的各社会科学专业图书馆极大地丰富和扩大可利用、可支配的资源，最终提升社会科学专业图书馆的服务质量、效果和专业水准。

五　结语

综上所述，关于图书馆核心价值问题的提出和相关研究，虽然只是近十年来才开始引起图书馆界和社会上有识之士的高度关注，但作为一个古老的职业和行业，其核心价值一直是存在的。今天的关注和热烈讨论，只不过是图书馆界对新的生存环境和严峻的生存压力做出的积极响应而已，是业界对图书馆发展演变历史及其面临的现实状况进行的反思、回顾、总结以及在此基础上的提炼和提升，是图书馆在长期经济社会发展过程和特定的环境中逐步凝结而成的一种普遍的、为全社会认同的、具有普遍指导意义的价值取向。因此，在人类进入 21 世纪的今天，在知识工程、图书情报和信息科学迅猛发展的大背景下，积极开展对现代社会科学专业图书馆核心价值的研究和提炼，以规范、简洁的语言表达社会科学专业图书馆人的职业信念、职业立场，向广大读者和社会申明社会科学专业图书馆员的责任和使命，对促进社会科学专业图书馆界转变工作观念、调整工作思路、丰富和扩大工作内容，以更好地适应新的历史条件和经济、社会发展形势，不断提高服务质量和水平，加快推进社会科学专业图书馆事业的健康发展，都有着重要的理论和现实意义。

参考文献

王一之：《新形势下如何发挥好图书馆核心价值的作用——对借阅、服务人员职业价值的再认识》，《贵图学刊》2007年第3期、第18-20期。

韦任平：《关于图书馆核心价值的思考》，http://202.103.233.138。

Gorman M. *Our Enduring Values—Librarianship in the 21st Century*. Chicago: American Library Association, 2000.

肖珊、范并思：《"图书馆核心价值"调查与分析》，《图书与情报》2007第3期，第15-21期。

范并思：《核心价值：图书馆学的挑战》，《图书与情报》2007年第3期。

黄宗忠：《论图书馆学核心价值》，《图书馆学论坛》2007年第6期。

黄晓曼：《图书馆核心价值的探索和意义》，《图书与情报》2007年第3期。

王知津、樊振佳：《当代中国语境下的图书馆核心价值》，《中国图书馆学报》2007年第5期。

郭春侠、储节旺：《图书馆的核心价值是知识转移》，《情报资料工作》2008年第2期。

姜利华：《我国图书馆核心价值的实现途径》，《四川图书馆学报》2009年第4期。

万仁莉：《关于数字化时代公共图书馆核心价值的探讨》，《图书情报工作》2007年增刊第1期。

论图书馆知识服务的内在价值和外在价值

宋天和[*] 洪伟达[**]

摘 要 知识服务的内在价值体现在服务理念与服务创新两方面。而知识服务的外在价值则体现在服务方式与服务方法两方面。本文以价值理念为路径，探讨了以人为本、创新思维、知识增值和知识挖掘的内涵和向度。

关键词 图书馆 知识服务 内在价值 外在价值

随着图书馆理论与实践的发展，知识服务已逐步迈入了以价值理念为基础，实现内在价值和外在价值最大化的服务竞争力时代。国内外学者从不同角度出发，对知识服务价值问题进行了一些初步的研究，但尚未形成完整的理论体系。本文以类辩的方式进行了四个方面的探讨，以期有助于知识服务价值理论的切磋。

一 知识服务的内涵

所谓知识服务是指以知识传播和利用为核心内容，并运用现代读者服务理念和技术手段而开展的各种服务方式和方法。所谓向度是指对事物质的界限的把握，而知识服务向度则是对以人为本、创新思维、知识增值和知识挖掘在发展方向与维度上的把握。知识服务出现在 20 世纪末，世界逐步进入知识经济时代，人类对知识需求的数量和质量日益提升，人们不再仅仅满足于现有文献服务和信息服务的方式，而要求以全新的、能够提供针对性解决方案的服务方式。知识服务的概念便在这样的时代需求中产生了，它也将成为 21 世纪读者工作的

---

[*] 宋天和，男，中共黑龙江省委党校图书馆研究馆员。
[**] 洪伟达，男，中共黑龙江省委党校图书馆助理馆员。

主流。知识服务就是通过对读者知识需求和问题环境的分析，对他人的信息产品，即原始文献进行分析、重组、创新、集成而形成恰好符合读者需求的知识产品，并提供给读者的服务。知识服务是对读者提供针对性极强的深层次服务，它通过对文档中的知识进行分解挖掘、综合整序，以揭示有更多关联关系的知识单元。知识服务不是一般的信息服务，而是带有前导性的一种研究活动，是对信息资源的深层次开发和利用。知识服务的对象往往是决策机构、科学研究机构的特殊读者，它以信息的搜索、组织、分析、重组能力为基础，提供能够有效支持知识应用和知识创新的服务，因此，知识服务对促进知识的传递、利用和转化具有非常重要的意义。知识服务是针对某一问题进行的知识增值服务，它是将隐性知识转化为显性知识并进行知识创造的服务过程。这种过程除对图书馆现有知识进行再学习、再创造、充分挖掘其中的隐性知识外，更主要的是通过知识管理模式对图书馆的知识服务提出更高要求。它关心并致力于帮助读者找到或形成解决问题的方案，从而动态地、连续地为读者提供服务，知识服务关注的焦点和最后的评价不是"我是否提供了您需要的信息"，而是"是否通过我的服务解决了您的问题"。知识服务是面向创新的服务。知识服务关注和强调的是利用自己独特的知识和能力，对现成的文献进行加工，形成新的具有独特价值的知识产品，解决读者所不能解决的问题，进而提高读者知识创新的效率。

二 知识服务的内在价值

（一）理念价值

知识服务具有人本理念。人是人类社会活动的主体，是人类活动的出发点和归宿，也是各种人类活动的之所在，这是人本理念的重要内涵。在人本理念的影响下，现代图书馆与传统图书馆相比发生了很大的变化，两者的区别集中体现在是以人为中心还是以保存为中心这一办馆思想上。传统图书馆的办馆思想是以物为本，而现代图书馆的办馆思想是以人为本。由于办馆思想的转变，两者的工作重心也有所不同。传统图书馆的工作重心在图书文献的收藏，而现代图书馆的工作重心在于图书文献信息的使用。现代图书馆的整个运行机制是面向服务的，其业务活动的每一个环节都与读者服务有关，图书馆的藏书体系及服务内容经常会根据社会的、读者的信息需求进行调节，以适应不断发展变化的环境，形成一个动态的、发展的、变化的信息系统。图书馆工作者的职责就是从读者的利益出发，为读者服务，向读者负责。以人为本的办馆思想既反映在信息收集和加工的过程里，又反映在信息传递和咨询手段上，现代图书馆的整个业务环节始终贯穿着以人为本的理念。"人本"理念体现在"图书馆工作者"和"读者"这两个方面。图书馆工作者是图书馆的主体和图书馆管理的关键，是图书馆活动中最活跃、最能动的因素，是有理想、有追求、有抱负的创新力量。他们除了需要满足物质生活以外，还有更高层次的精神需求，这就需要为其实现自身价值创造机会和条件，建立一套科学、公平、公正的价值评价体系，形成"以机会吸引人才、以人才带动发展、以发展创造机会"的良性循环机制。读者是图书馆的服务对象，图书馆的服务要以读者为本，树立"读者至上"的思想。数字化、信息化、网络化的发展使读者不再受时空的限制，也不必亲身到图书馆，就能收集查寻到自己所需的信息，完成文献书刊的预约、续借等功能。由于图书馆的服务由馆内延伸到了馆外，其主动性、适应性大大加强，图书馆工作者应重视对读者知识需求的研究，积极主动地满足读者的知识需求，有针对性地为读者提供优质的知识服务。

（二）创新价值

知识服务具有创新思维。创新思维就是最大限度地体现服务工作的智力价值。知识服务的创新思维，是解决问题时所涌动的创造激情和创造精神。英国学者贡布里希曾提出一个平实而朴素的论断："人只有在解决问题时才具有创造性。"创新思维是利用现有知识，对其进行提升和发展，是利用新思路，掌握新方法，解决新问题的创新过程。而知识服务的创新同样需要创新思维，让人尽力摆脱外在于自己的并对自己产生束缚的东西，得到思想的自由和解放，使人成为主体的人。对知识服务来说，创新意味着对自身控制的各种资源不断地进行调整、设计、利用与发展。知识服务创新应该是多方位、多层次的，它应具有全过程、全员性和新颖性等特性。知识服务的目标是为读者服务，因此知识服务的任何目标、决策和规定，都必须定位于为读者工作，满足读者对阅读和知识的需要。创新思维是多方面的，新技术的应用是创新，合理的改革是创新，馆藏总量结构的优化是创新，没有创新就不可能利用新技术所带来的便利更好地满足读者的需求。创新不仅是理念的创新，而且是服务内容以及信息服务方式的创新思维。随着社会的发展，读者的要求也会越来越高，甚至会以商业服务水平的标准来看待、评价图书馆的知识服务工作，如果知识服务不能创新，就会在传统图书馆向现代图书馆转型的大潮中落伍。因此，要坚持思想观念的创新，并落实到读者工作当中去，努力满足读者的各种个性化需求，提供优质的知识服务。任何物质生产和生活内容及其方式的进步，总是伴随着人类思维和观念的进步，就创新思维而言，人们对客观世界的认识不是一次完成的。它必然经历从不知到已知，从知之不多到知之较多的渐进发展过程。客观事物处在运动、变化之中，人的思维也必然处在发展与深化之中。如果驻足于已有的认识，不再继续进行创新思维，主观认识就会背离不断发展的客观世界，原有的观念就会成为束缚思想的教条，失去其生命力。可见，思维决定行为，观念守旧必然导致落后。因此，创新思维对于知识服务非常重要，它是知识服务创新和发展的基础。在网络环境下，人们传递信息、获取信息、交流信息的方式都发生了前所未有的变革。在这种环境下，图书馆工作者不仅要不断拓展知识面，还要培养创新思维和创新能力，提高学术理论水平和解决实际问题的能力，不断以新的服务方法及时地为读者提供新颖的知识服务。

三 知识服务的外在价值

（一）方式价值

知识服务采取的是知识增值方式。知识服务不像信息服务那样仅限于以序化的方式向读者提供信息的存储位置和获取方式，它关注和强调利用自己独特的知识和能力，对现成的文献进行加工，形成新的具有独特价值的知识产品，解决读者所不能解决的问题，进而提高读者知识创新的效率。知识服务是建立在知识服务功能和专门知识基础上的一种价值取向，不再是以规范化的信息资源收藏和组织为标志，而是以灵活的服务模式，充分利用和调动图书馆工作者的智慧进行的特定问题的分析、诊断、解决为标志。知识服务方式多种多样，包括基于分析和基于内容的参考咨询服务、专业化知识服务、个性化知识服务、团队化知识服务、知识管理服务等。例如：图书馆工作者可以融入读者和读者决策过程中，建立针对具体读者及其全程的服务责任制，进行从知识搜集、析取、重组、创新、集成到应用的一体化服务；还可主动与科研人员合作，深入了解他们需求，主动为他们提供专题化知识服务，对于一些重点课题，可主动到科研部门调查了解课题立项、课题进展等情况，设计定题服务方案，制定检索策略，建立定制服务数据库，切实做好从课题立项到成果鉴定全过程的定题跟踪服务；图书馆工作者可将专家、群体、数据和各种信息与计算机技术有机地结合，把各种信息的理论和人的经验与知识结合起来，发挥整体优势，通过开放式服务模式，系统集成，服务集成等多种方式联合、协调，利用多种知识、资源、人员、系统、服务来组织和提高知识服务。包括：对显性知识和隐性知识的跟踪、搜索、检索和获取，进行知识的组织和检索管理；利用信息技术、数据库技术、网络技术进行知识交流和知识匹配传送管理；利用专家系统、专门分析工具、决策支持系统等支持读者对知识的分析和运用，进行知识利用的管理；建立和发展各种管理手段和机制来鼓励读者共享知识和进行知识创新，进行知识共享和知识创新环境的管理。知识经济对知识服务提出了较高的知识性要求，知识服务不再是简单的资料收集、储存和传递，而是基于知识的开发、创新与利用，因此要求图书馆工作者转换服务思路，注重服务中的智力参与，增加服务中的知识因素，使服务成为发现和培育新想法、新思维的过程，把图书馆工作者的智慧聚集到团队中来，实现服务增值。知识服务以"读者问题的解决"为其服务宗旨，体现"知识"和"服务"的双重价值。知识服务融入众人的知识，智能和具有个性化的思维，深入文献内容和专门领域。根据读者教学、科研、学习的特定需要，给予其解决问题的全过程。因此，知识服务可以理解为是运用"读者目标驱动的服务"、"面向内容的服务"、"面向解决方案的、贯穿读者解决问题过程的服务"、"基于专业化和个性化的服务"、"基于集体的服务"以及"基于知识增值的服务"等综合性服务方式，以实现服务的整体性目标价值。

（二）方法价值

知识服务运用的是知识挖掘方法。知识服务贯穿于读者解决问题的始终，根据读者的需求，动态地、连续地提供服务，而不是传统地提供读者所需文献资料就结束的服务方法。知识服务的一个很重要的方面就是从文献的搜集、整序和传递到知识的搜集、整序和传递，并创造性地加以利用，从而充分挖掘智力资源，促进知识创新。隐性知识是蕴含在图书馆工作者头脑中的知识，包括在多年实践中掌握的管理经验、技术诀窍、操作技巧。除了以个体形式存在的隐性知识外，更重要的是作为一个组织的形式存在的组织隐性知识。各种文献信息呈指数增长趋势，这无疑给隐性知识的挖掘带来极大困难，正如奈斯比特所指出:"我们正遭受信息淹没,但却渴求知识。"我们现在面临的问题,不是信息太少,而是信息泛滥、信息超载。这种情形迫切需要图书馆做好知识组织工作,即在知识捕获和预处理的基础上,通过知识挖掘,对信息进行精简、提取,发现隐含在信息中的有用知识单元,并对其进行集合组织,以便于人们识别和理解知识。传统的文献组织方法(如分类法和主题法)和信息组织方法(如文件方法、数据库方法、主题树方法和超媒体方法等)并不能解决大量数据的合理利用问题,知识组织的目标不应停留在简单地对知识存储进行整序和提供知识,而应该融入分析、归纳、推理等方法来实现知识挖掘的知识表示过程。知识服务最根本的价值体现在向读者提供的个性化服务之中,读者的选择是多样性和个性化的,对知识的需求存在着很大的差异,在知识"爆炸"的今天,知识在文献中的交叉和重复现象极为严重,这更增加了读者获取知识的难度。知识服务只有根据不同读者的具体需求有目的地精选与重组相关知识产品提供给专门的读者,为其提供定制服务,即定题服务,才能提供高效优质的服务。在知识服务内容的深度上,应特别注意扩充知识内涵,实施知识挖掘与知识发现,在信息积累和组织的基础上,根据特定的目的进行更深层次的分析、研究,融入图书馆工作者的智慧,使原有信息和知识得到系统化、综合化、深入化,产生针对性和适用性更强的再生知识,实现知识的更新、整合和增值。

参考文献

张忠凤:《论知识经济时代图书馆事业可持续发展》,《图书馆学研究》2002年第1期。

董小英:《知识管理与图书馆管理和实践》,《图书馆研究与工作》2002年第1期。

王世伟:《图书馆服务创新与发展论丛》,上海社会科学院出版社,2005。

陈能华:《图书馆信息化建设》,高等教育出版社,2004。

付立宏:《图书馆管理教程》,武汉大学出版社,2005。

浅析知识管理在图书馆中的应用研究

单先锋[*]　耿乙武[**]

摘　要　本文阐述了图书馆知识管理的概念及其特征,探讨了图书馆运用知识管理的必要性及原则,重点提出了图书馆知识管理的措施与方法。包括实现人本管理、建立支持知识管理的组织模式、建立知识共享机制和营造知识管理的文化氛围。

关键词　知识　管理　图书馆　组织

一　引言

随着科学技术的迅速发展,图书馆迈入了信息化、网络化、虚拟化时代,其职能也相应发生了深刻的变化。图书馆需要面对快速变化且难以预测的读者需求,必须与时俱进、拓展功能、紧跟时代主流、倡导变革。知识管理是一个开放的不断完善的体系,可以预见在市场全球化、一体化的明天,在知识经济时代它必将成为促进各行各业创新、实现再造工程的有力工具。同时,图书馆知识管理中遇到的问题及解决将会不断丰富知识管理的理论和内容。图书馆应努力创造条件,营造自己的知识管理体系,来提高组织效益,更好地为读者服务。

二　知识管理的概念及特征

知识管理（Knowledge Management, KM）这一概念,最初来源于管理学领域,是针对企业解决企业竞争力的一种管理。知识管理是以知识的发展、传播

---

[*]　单先锋,男,1983年生,中国人民解放军工程兵指挥学院图书馆馆员。
[**]　耿乙武,男,1982年生,中国人民解放军工程兵指挥学院图书馆馆员。

和利用为基础，以科学技术和管理为核心，通过对人创造的知识和拥有创造知识能力的人的管理来实现知识价值的最大化为其基本内涵。图书馆将知识管理理念引入到图书馆管理中，一是积极应用知识管理是为了提高组织的适应性、生存能力、创新能力，将知识看作一种可开发的资源。通过确定、捕获、收集、组织、标引、存储、集成、检索和共享组织的知识资产，对组织的知识资产及相关事物进行综合、系统化和有效管理的科学；二是为满足现在和未来的需要，通过对知识链进行管理，使图书馆的各种知识在运动中得到共享与增值，从而提高图书馆的创新能力和应变能力，最终以提高图书馆核心竞争力和增强图书馆绩效为目的的一种动态管理过程。

（一）图书馆知识管理

图书馆的知识管理就是通过对图书馆所拥有的公共知识和组织内知识（包括显性知识和隐性知识）进行组织、开发和利用，实现知识创新、知识扩散和知识增值的过程。图书馆的知识管理应理解为广义上的"知识管理"，既包括工作内容上的知识管理，又包括组织管理上的知识管理。前者是属于"科学的知识管理"范畴，主要是为了提高图书馆的服务效益；后者是属于"组织的知识管理"范畴，是为了提高图书馆自身的管理效率。图书馆知识管理是指应用知识管理理论与方法，合理配置和使用图书馆各种资源，充分地满足用户不断变化的信息与知识需求，并提升现代图书馆的各项职能和更好地发挥其作用的过程。图书馆知识管理有两个层面的含义：一是作为一种管理理念和管理方法，改造图书馆管理和运营机制，降低成本，提高效率，增强图书馆的竞争力和创新力；二是作为一种服务，图书馆建立知识获取和转化机制，支持读者有效地获取信息，提炼知识，创造知识。

（二）图书馆知识管理的特征

1. 图书馆知识管理的核心内容是人力资源管理

人力资源管理是图书馆知识管理的核心内容，知识经济体系中最重要的资源是掌握知识的人才，人才竞争成为知识经济时代市场竞争的焦点，人是创造、传播、运用知识的主体，因而，具有知识的人力资源是知识经济中最重要的资源。

2. 图书馆知识管理的目标是要推动知识创新

知识创新是知识经济社会的核心，知识创新活动是一个庞大而复杂的系统工程，它不仅需要科学研究部门从事知识的生产，而且需要有专门的机构和人员从事知识信息的收集、加工、整序和传播，以促进应用。图书馆作为知识信息搜集、整理、存贮和传播的基地，是科学系统链中不可缺少的一个环节，同样是知识创新中的重要环节。

3. 图书馆知识管理的工具

信息技术是图书馆知识管理的工具，人是知识管理的核心内容，但并不意味着信息和信息技术变得无足轻重，它们仍然是知识管理的内容和研究对象，对知识创新起着源泉和工具作用。首先，Internet、Intranet 数据仓库等的出现为知识创新提供了信息保障。其次，现代信息技术的出现打破了信息传递的时空限制，交流形式更为生动、直观，通过这些技术能获取大量零次情报，及时实现信息反馈，通过网络可以方便地与世界各地的同行、用户探讨有关问题，激发知识的创新。

4. 图书馆知识管理的模式

图书馆知识管理重视效益模式的转变，虽然目前图书馆普遍采用以规模求效益、以质量求效益的管理发展模式，但这种管理模式不适应市场需求的个性化和多样性，以及对市场的迅速反应。因此，图书馆必须实现效益模式由规模、质量型向速度型的转变。做到信息获取快、加工快、传播快、反馈快，从而做到知识创新快。

三 知识管理在图书馆中的实施研究

（一）图书馆知识管理的实施原则

知识管理强调的是"人人被管理，人人皆管理"的管理思想，即强调组织成员都要参与到组织管理中来。要培养馆员参与图书馆知识管理的积极性，鼓励馆员参与知识管理的各个环节，并善于发现他人的思维价值，要使馆员意识到自己所从事的工作是图书馆整个知识管理过程中不可缺少的一环，以此来激发馆员参与的积极性。个体参与原则既体现了管理者对馆员的尊重，又可以锻炼馆员的思维能力，并在组织中建立集体智慧的动力机制，使管理人员能够更好地决策，并使更多的馆员主动配合决策的执行。

明晰原则一面指要让每位馆员明白馆内实施知识管理的具体目的、意义；另一面是指实施知识管理过程中各环节工作人员要责权明确、分工明确，并制定明确、详尽的奖惩制度,对于积极参与知识管理并作出贡献的馆员要予以奖励,而对于懒散、懈怠、不认真履行其职责的馆员则要适当予以惩罚。在馆员间树立起管理者的威信,从而建立起一种开放与信任的环境,为知识管理的顺利实施打下良好的基础。知识管理强调组织内知识的共享,因此在知识积累的基础上要努力实现知识的共享。另外,知识共享还要求馆员主动将自己的学习心得、工作经验经常地提供到图书馆的知识仓库中,共同进行知识仓库的建设与维护。知识只有经过交流才能发挥其更大的作用。在图书馆内,知识的交流一方面可以通过图书馆的内部网进行,另一方面也可以通过定期开展馆员之间对工作经验、学习心得等方面的交流进行。通过交流可以促进馆员间的相互沟通,在业务知识上互通有无,营造一种和谐的工作气氛,使图书馆的知识管理能顺利开展。

(二)图书馆知识管理的实施条件

图书馆要实现有效的知识管理,关键是要建立适应知识管理的组织管理机制、技术机制以及有利于创新、交流、学习和知识应用的环境和激励机制。

1. 组织管理机制

即图书馆的组织结构应从以往固定的等级模式转向扁平化的网络模式。数字图书馆尤其需要更多地采用临时结构的组织方式,如特别业务小组或工程组等,加强对快速变化的用户需求及市场的反应,在组织结构中引入CKO体制是一种行之有效的做法。

2. 技术机制

即图书馆知识管理的实现应充分支持知识的表示与管理、知识的积累与传递、知识挖掘与再生以及知识利用与评价,充分支持基于虚拟资源体系的服务集成,充分支持以用户为中心的个性化、专题化和智能化服务。这一技术系统实质上是一种将知识信息资源与用户和用户过程紧密结合的、灵活调用各种资源和功能的新型知识管理系统。它要求新的结构、技术和运行模式。

3. 环境和激励机制

即在图书馆内部建立和造就一个能够促进学习、交流、积累、创造和应用知识的环境,使每位员工都能认识并享受到这种环境的好处,积极为组织的知识创新、知识积累和知识服务贡献自己的力量。要建立一套激励机制和对员工的评价标准,使知识创造者和贡献者在职务晋升、经济收入和声誉等方面优先得到肯定和褒扬。既充分尊重个人的兴趣和创造性，又强调基于组织目标的合作和团队精神。

（三）图书馆知识管理的实施方案

确定知识管理要达到的目标，对于图书馆而言，实施知识管理的最直接目标就是要促进图书馆自身及图书馆内部员工掌握好图书馆工作的知识和方式方法，不断提高工作质量和工作效率，更好地为读者服务。笔者主要从以下几个方面浅谈图书馆知识管理实施方案应包含的内容。

1. 建立图书馆知识管理网站

该网站应包括的信息有：图书馆正在进行及准备进行的知识管理项目介绍；图书馆内部关于知识管理的研究；图书馆知识管理小组可以向馆员及读者提供的服务内容介绍；还应提供一个图书馆内部知识管理的网上论坛；对参与知识管理活动，促进知识共享的馆员的奖励机制等，促使全体馆员都来关注馆内的知识管理活动。

2. 建立一套连续、系统和精心设计、行之有效的体制

通过此体制来确定、获取、组织及在图书馆知识网络上传播相关的知识，要给予足够的资源来支持知识管理活动的深入开展。作为知识管理小组的负责人，首先必须给予足够的领导地位和调动资源的能力。另外，还必须要具备知识管理的知识，懂得如何调节冲突，有能力承担项目的管理、规划和工作协调，能够尽快地获得并保持上级领导和用户的支持。

3. 建立图书馆知识库

知识库的内容包括：图书馆的人力资源情况（包括馆员的职务、职称、所属部门、业务特长、科研成果等）；图书馆内每个职位需要的技能及评价方法（针对馆员的不同职位，详细列出其应履行的职责及对其工作结果的评价方法）；读者资料（读者的专业、年级、所借图书、疑难问题等）；馆员共享社区（馆员业务经验互相交流、业务知识互相学习、疑难问题寻求帮助的园地）。

4. 建立一个能够与异地图书馆进行资源共享的技术基础设施

促进知识信息流通成功的知识管理技术基础设施能够在适当的时间以适当的方式将适当的知识传递给适当的员工，并可以大大减轻员工离职造成的损失。因为员工拥有的知识技能已经存贮在图书馆的知识库中。

5. 培育一个以知识共享为核心的新型组织文化

建立促进和鼓励知识共享的图书馆文化，消除馆员隐藏知识以保持个人地位与利益的动机，制订相应的措施激励馆员进行知识共享，营造图书馆知识共享的文化氛围。

6. 制订合理的知识管理评价体系

定期对图书馆知识管理的实施情况进行评估，将实际达到的目标与预期目标进行对比，寻找差距，以不断完善知识管理实施方案，使知识管理活动能顺利开展下去。图书馆知识管理研究是一个新的课题，需要给予更多的关注，也需要注重国内外研究相结合，引进国外相关方面的先进理论与实践经验，借鉴成功企业实施知识管理的先进经验与方法，并在这些基础上大胆创新，从图书情报事业发展的角度出发对图书馆的知识管理进行更加深入的研究，为图书馆能更好地适应知识经济的大环境，为图书馆的进一步发展作出贡献。

四　结语

总之，图书馆只有把知识管理的理念和策略真正运用到图书馆中去，以知识和信息作为桥梁和纽带，以创新服务为手段，发挥显形知识和隐性知识的能动作用，最大限度地满足读者的需求，才能最终达到图书馆的知识创新、知识传播与利用的目标。知识管理是一个系统工程，它贯穿于图书馆发展的全过程，图书馆只有不断营造宽松的环境，形成良好的适应各种变化的机制，才能确保组织内的知识共享和核心竞争力的提升。

参考资料

龚蛟腾：《图书馆知识管理范式探讨》，《图书馆理论与实践》2008年第4期。

张以斌、陈洁：《利用知识管理来创造竞争优势》，《图书馆信息科学》2008年第9期。

李平、陈利华：《知识管理对图书馆人才建设的影响》，《现代企业教育》2009年第2期。

图书馆知识管理与服务探析

花建斌* 初 虹**

摘 要 文章站在信息时代社会发展的高度，用新的视野，就图书馆实施知识管理与服务的问题，从实施知识管理与服务的必要性、实施知识管理与服务的内容到如何在图书馆实施知识管理与服务进行了详细的探讨。

关键词 知识管理 服务 必要性 内容与对策 图书馆

知识和信息是本世纪的时代主题，成为当代社会发展的首要资源。知识管理与服务得到全社会的广泛重视，在管理学中占据了重要的位置。随着新知识的不断涌现，新技术层出不穷，人类社会发展的步伐不断加快，人们越来越关注信息和知识的传播，对信息、知识的需求迅速增加，信息与知识已成为当代社会发展中极为重要的因素，客观上要求有专门的部门来搜集信息、整理信息、分检信息，以提供各种智业服务，这为图书馆的发展提供了良好的环境。知识管理与服务已经成为图书馆界的一大课题，图书馆要适应时代要求，就必须更新管理与服务观念，改革管理与服务模式，理顺管理与服务的关系。

一 图书馆实施知识管理与服务的必要性

面对知识创新和新技术变革的挑战，绝大多数国家的决策者们无时不感到巨大的诱惑和压力。对信息的有效控制和知识的有效管理，决定了一个国家或一个组织集团的创新素质和创新能力。如果不能很好地掌握知识和信息，无论哪个国家的决策者们、哪个领导群体乃至每一个社会的自然人都无法适应时代发展的要求，把握命运。图书馆的发展亦如此。

---

* 花建斌，男，1956年生，中国人民解放军军事科学院军事图书资料馆馆员。
** 初虹，女，1970年生，中国人民解放军军事科学院军事图书资料馆副研究馆员。

（一）当前图书馆存在的主要问题是管理与服务

1. 管理与服务的理论难以适应知识时代的要求

长期以来我国图书馆界在管理与服务上仍沿用传统的模式，没有把图书馆管理与服务作为一门学科进行研究，思想跟不上时代发展的要求，观念陈旧，缺少一套能与知识时代相适应且具有图书馆特点的管理与服务理论。

2. 不重视人才队伍建设

知识管理与服务必须有人才的支撑。在很长一段时间内，图书馆主要采用重物、重制度的管理方法。旧的用人观念和思维定式根深蒂固，人员学历偏低，关系人员、后门人员或上级硬性分配的人员占相当的比例，至今仍不断有这些人员进入。这种现状导致图书馆员的积极性和创造性得不到发挥，既缺乏创新意识，更缺乏创新素质。一部分有专业才华、有抱负、有理想的人员不愿意从事图书馆工作而离去，使图书馆人才流失严重。

3. 信息技术相对落后

目前，图书馆虽采用了计算机管理，登录、编目、查重、典藏等比较过去有了很大进步，但还只是手工和计算机并用，自动化编目的水平偏低，全国图书馆（含军队图书馆）全面联通还没有解决，很难实现联机编目，资源数字化和活动网络化等就更困难，无法实现资源共享。图书馆的内部运行机制，如经费来源、用人模式、服务方式、技术手段、思维模式、服务质量等等都存在明显的弊端，制约了知识管理与服务工作。

4. 领导不够重视

认为图书馆面对读者的服务工作主要是书刊的借借还还，工作比较简单，管理并不复杂，服务不需要多高的知识，不必要做太多的文章。缺乏对图书馆管理与服务工作的领导和指导意识。从人员编制上总是首先缩减图书馆的人员，影响了图书馆的知识管理与服务工作。

（二）当代图书馆必须走知识管理与服务之路

图书馆本身就是知识的集结地，它不仅是书本知识和信息知识的存储库，也是知识和信息的传播地，它的性质已经决定了图书馆的管理与服务离不开"知识"而独立存在。传统的图书馆管理与服务往往沿用着行政管理的模式与服务方式，对于知识密集的图书馆的管理与服务已经过时，一种新的、极具生命力的管理与服务方式——知识管理与服务已被人们接受。在知识信息时代，图书馆引进知识管理与服务既是必要的，也是可能的。

（1）图书馆实施知识管理与服务的前提是否定传统模式。当今社会是知识和信息的时代，对图书馆的要求不再是传统文献知识的收集、整序、加工、保存和流通，而侧重于注入创新机制；不仅注重知识的积累、扩散和利用，更加注重知识的创新作用，强调的是隐性知识和显性知识的转化，这种转化，就是对有序化了的知识进行开发和再生，其主要功能就是直接依靠知识和信息的生产、分配和使用，它否定了传统的管理与服务模式。

（2）图书馆实施知识管理与服务是必要的。时代的变迁，社会的变革，都需要知识，它是建立在知识信息的生产、传播和应用之上的一种新的形态，知识已经成为创新理论和创新管理与服务的主要资本。随着对信息、知识的需求逐渐增加，这已成为当今社会现代化、信息化建设中重要的因素。因此，必然要求强化对信息、知识的管理与服务。图书馆是一个巨大的知识库，同时又是储存与传播知识的重要机构、古今中外丰富知识的蕴藏地，而丰富的知识资源是知识管理与服务实施的前提与基础，有效组织与管理知识资源，并致力于将其储存的知识最大可能地转化为推动社会发展进步的能量，才是图书馆实施知识管理与服务的真正目的。

（3）图书馆实施知识管理与服务也是可能的。图书馆的服务要靠知识管理的支撑，知识管理是搞好服务的前提条件。图书馆的基本职能是对信息、知识进行收集、整理并提供使用，知识管理与服务的过程相一致，而知识管理与服务更强调对知识的"创造性利用"。把知识提供给需求者是图书馆的工作目标，起到的是知识交流中介的作用，是教学和科研活动的直接参与者，可以说图书馆是社会创新活动中的一个重要环节。知识管理与服务是信息时代图书馆的必然选择，它不仅可以解决当前困扰图书馆的许多疑难问题，而且还能够为图书馆带来新的活力，因此，实施知识管理与服务是图书馆的必由之路。

二　实施知识管理与服务的内容

图书馆实施知识管理与服务在理论体系上还有待继续研究与完善。知识管理即对知识本身的管理，知识服务是对服务对象传递知识信息，是对客观知识的组织管理与传播的活动，对人的管理，对知识变换的管理，也就是对知识的应用或创新的过程,是图书馆实施知识管理与服务的核心内容。

(一)知识管理与服务的重点是知识创新

知识创新管理是图书馆知识管理与服务的重点,就是由相关机构和组织所构成的网络系统对知识生产、扩散和转移实施管理和对读者服务。其内容是知识的理论创新、技术创新与组织创新。理论创新就是追踪图书馆学的最新发展动态,并进行深入研究,来丰富和拓展图书馆学理论;技术创新就是对相关的技术在创新的全过程中由相应的机构所构成的图书馆网络系统的管理;组织创新就是对图书馆的机构和工作流程进行优化,建立既符合电子图书馆时代又适应图书馆特点的科学组织管理与服务体系。

(二)知识管理与服务的环节是知识组织与传播

图书馆有其自身的特点,其知识组织管理必须要有一套与其自身组织编制体制相应的组织管理体系来支持和加强知识管理与服务活动:一是要有能承担制定知识管理与服务计划和协调各种知识管理与服务活动的人员;二是把无序的知识信息进行有序化整合并使之转为活化知识,运用计算机和现代通讯技术,使知识信息跨越时空传播;三是由专门机构来管理各类知识的流动;四是加快技术设施的建设。

知识传播即服务的管理应做到:①不断加强馆藏文献与信息资源的建设和深度开发;②严格保密制度,保障网络信息安全运行,保护知识产权,防止网上泄密,严防网络犯罪和荒诞、淫秽、谬误、反动信息在网上的传播。

(三)知识管理与服务的目的是知识应用

图书馆对知识、信息组织、传播的最终目的是将知识应用于全社会的各个领域,为此,首要的是高速的信息网络知识服务。①为决策层、院校、科研机构以及各行各业建立虚拟图书馆或信息中心,围绕需求者而提供快速的知识信息服务。②建立起功能齐全的网络知识信息服务系统,为用户开展多样化、深层次全方位服务。③建设与知识社会相适应的各类数字图书馆。从建设富有各业特色的、能够在高速信息网络上运行的各文种电子期刊、图书数据库开始,努力将现有的大量非数字信息资源最大限度地转换成数字信息,集成在数字图书馆中,为全社会和读者提供便捷与优质的服务。

(四)知识管理与服务的关键是人力资源

图书馆知识管理与服务的关键仍是人力资源问题。应把握三点：①在知识管理与服务中，人是具有精神文化属性的主体。管理者应该充分重视馆员需求的多样性与变化性，尽量满足其日益增长的较高层次的需求，如成就需求等。②对不同的馆员采用不同的管理方式，即对一部分人采用严格的硬性管理方式，依据规章、流程进行较严格的监督、控制、明确工作的数量与质量要求，对另一部分人采用较宽松的软性管理方式，让他们参与决策、协商、承担更多的工作，以便发挥他们的管理才能。③做好专业人员的继续教育，并要加强职业道德教育。

三　实施知识管理与服务图书馆应采取的对策

目前，大多数图书馆都已经认识到知识管理与服务的重要性，积极探讨和实施知识管理与服务的途径，以求得图书馆适应新时代变化的要求。但是，实施知识管理与服务涉及图书馆工作的方方面面，需要投入一定的人力、财力和物力；制约因素还较多，如思想观念、组织机构、领导重视程度、人员素质、读者的意识、单位之间的合作与协调等。为了确保知识管理与服务能广泛、深入、可持续地实施和推广，当前必须加强以下几个方面的工作：

(一)知识管理与服务首先是变革观念

传统的管理与服务观念在图书馆界根深蒂固，深深嵌刻着藏书楼时代的印记，偏重内在要素的管理，旧的管理模式和观念仍然束缚着人们的思想。经费主要靠主管部门下拨，工作方式仍以收藏文献为主，利用为辅。最明显的例子是，迄今仍有不少图书馆留有样本库，只供参观，不对外开放，使之成了"死书"；也有不少图书馆把书锁在柜子里，读者要借阅非常麻烦；有的图书馆虽然建立起藏阅一体化的阅览室，其实是名开暗不开等等。

在知识信息激增的今天，影响图书馆服务质量和知识创新效率的关键是对知识信息资源进行有效管理和开发利用。面对信息社会的挑战，图书馆的管理者必须顺应形势，彻底转变观念，接受新事物，实行全面开放的知识管理与服务。

如何衡量图书馆工作的好坏，主要是看能否将资源最大限度地利用和对知识创新的贡献。如何评价图书馆员是否称职，主要看他解决了多少问题，从事了多少知识组织、分析和综合的工作。图书馆是知识的集散地，现已进入知识管理与服务的时代。因此，必须以知识求生存，将决策建立在知识的基础上，通过对传统的管理体制、服务模式进行深刻变革，将图书馆真正建成知识信息库和总咨询台，充分发挥其信息优势，突出现代信息管理的知识特色，全面体现知识管理与服务的重要地位和作用，形成科学的知识价值观和知识创新观。

（二）知识管理与服务要的条件是创造图书馆文化

1. 形成特色的文化氛围

在知识时代，营造一种知识共享的特色文化氛围，创造一种发展和维持知识基础的机制，鼓励人们知识共享，对实施知识管理与服务至关重要。知识管理与服务给图书馆文化注入了新鲜血液，主要特征包括相互信任，开放式交流，学习，共享与开发图书馆的知识运作机制，享受知识管理与服务过程。总之，知识是图书馆的核心资产，要充分发挥其作用，就必须培育一种适合其要求并具有自身文化特色的新型图书馆文化，这是实施知识管理与服务的高层次要求。

2. 学习型组织是特色文化的条件

所谓学习型组织，就是有组织地将学习推向深入，是一种全新的组织模式，对图书馆具有很现实的借鉴意义。①认识到知识对于特色文化的重要性，有意识地激励组织学习、促进学习。②有一个良好的管理机制和组织文化，人人参与知识的创造和共享，衡量成员贡献大小的根本标志是对组织知识贡献的数量。③如何发挥收集、管理和运用知识的能力，最大限度地将信息知识化，以及显性知识和隐性知识的转化，必须建立先进的知识管理与服务系统，来实现凝聚集体智慧和齐心协力的团队精神。

3. 知识管理与服务的手段是创新组织机构

图书馆实施知识管理与服务必须实行由规模、质量效益型模式向知识信息集成模式的转变。

（1）变革组织体制。组织体制是图书馆管理与服务活动及其他活动规范化的支撑体系，图书馆目前的组织体制已不能适应知识和信息时代的要求，必须变革。大大增加文献信息加工的二线人员，减少一线人员，以适应文献信息的深层次加工与开发的日益自动化和程序化的需要。信息服务形式将由管理服务型转向咨询与中介服务型。这种变化趋势意味着图书馆组织逐步向智能化发展，人才将成为图书馆未来发展的关键因素。

（2）设立知识督导员。图书馆要打破传统的等级制组织模式，建立起支持知识管理与服务的知识型组织模式，形成一个知识团队。首先建立知识督导员制度。知识督导员设立在馆长和知识服务部门之间，是知识管理的最高负责人。他是知识管理计划的设计专家和协调专家，成为知识系统、知识密集型业务和管理程序、知识共享空间和知识保护政策的设计者。其职责是：了解和监督图书馆知识环境的建设；营造学习氛围、创造良好的知识和信息共享的环境；保证图书馆知识库的质量、深度与风格，监督图书馆发展战略的实施。其次是设立"知识参考馆员"，以配合知识督导员的工作。知识参考馆员具有丰富的知识和获取知识的能力，灵活机动地为读者承担起知识导航员的职责，不隶属于某一特定部门，通过其与知识督导员的有机配合，提高图书馆的应变和创新能力。

（四）知识管理与服务要求图书馆深化服务层次

图书馆不仅应该关注知识的组织与开发，而且要重视知识的需求与应用，在服务中树立以读者为本的思想，进行以用户需求为目标的变革与创新。

创新服务方式和服务内容是图书馆实施知识管理与服务的基本要求，要广泛应用国际互联网、光盘数据库、联机检索等现代信息技术和传播手段，营造现代化的信息采编环境，拓宽信息服务与交流渠道，提供深层次、全方位、多样化的服务。其特点是最大限度地探索全球信息，成为网络或数字化资料网、信息及知识银行、储藏库、档案库及资料库，并不受时间、空间的限制，以宽频网络传送多媒体资料给使用者。

新的服务方式将为服务内容的创新提供条件，随着自动化的发展，图书馆的参考咨询、信息服务将逐渐以整本书刊为单元的服务转向以专题、知识单元为基础的服务，以馆藏为基础的服务转向以获取的资源为基础的服务，以用户的信息要求为导向，积极开展课题跟踪服务，在综合消化多种知识的基础上创造新知识，形成高附加值的再生性文献信息产品，提供多元化、深层次，具有高附加值的服务网络体系。使图书馆成为现代化文献信息中心。

（五）知识管理与服务必须以建立知识仓库与完善共享体系为基础

高质量的服务是图书馆促进知识的生产、交流和传播以推动社会的进步、各行各业的生产、院校教育和科研的发展，并通过这些服务来赢得自身的地位，建立知识仓库是完善共享体系的基础，因此必须重视信息技术的作用，知识服务是信息服务的发展和延伸，它强调工作服务的个性化和专业化，强调服务过程中的知识增值和服务增值。因此，依靠信息技术形成强有力的信息保障系统，以达到知识服务的目的。

1. 建设数字化、网络化

数字图书馆代表了图书馆发展的未来。社会已进入知识和信息时代，使信息量急剧膨胀，将改变图书馆传统的自给自足的封闭状态，向开放式的分工合作、资源共享方向发展。知识资源的开发利用，要求图书馆构建良好的网络平台，既为内部的知识流通与共享提供通道，又为获取外界知识或信息架设桥梁。因特网、内部网和外部网构成知识管理的信息技术平台，是知识管理与服务的基本条件。内部网的建立，对知识管理与服务起到了推动作用，它既是知识信息资源共享的基础，又是获取外界知识的通道。数字图书馆的建设总体上要合理规划，协调发展，突出各自的特色，只有首先在技术上取得突破性进展，建立起支撑知识管理与服务的技术设施，才能充分发挥自身优势。

2. 完善共建共享体系

文献信息资源的共建共享在图书馆界已成共识。因此，图书馆在知识管理与服务中应打破封闭的格局，进一步优化配置，与其他图书馆及社会的各种信息机构加强联系，形成开放的信息网络化机构，实现全社会的信息资源共享（秘级信息除外），以形成知识服务的网络集成系统。

（1）在建好信息网络化结构的同时，应把搞好本馆文献信息数据库建设放在特殊地位。

首先，应以本馆藏书为基础，以规范化、标准化为原则，按照行业统一执行的技术标准和规范建立自己的文献信息数据库。

其次，在创建数据库时，应主动与教学科研单位加强联系，通过网络结构及时了解最新的科研发展动向和要求，为信息资源的采集和加工提供科学依据，使采集具有超前性、实用性和科学性，从而提高文献信息的利用率，使馆藏结构更加合理。

再次，要实行有效的知识管理，还必须按照读者的知识结构，将大量繁杂无序的信息进行集成、整合，将本馆的网络建设成为多用户、标准化、操作简单、安全性强的知识仓库。

（2）在共建共享的基础上，图书馆资源的概念要突破时空的限制，不拘泥于自身的馆藏，将其他图书馆的资源作为自身可以取用的资源（虚拟馆藏），利用图书馆所掌握的搜索技术的优势，在全球范围内，从浩如烟海的文献信息中获取读者所需的有效信息，向读者提供时效性服务，极大地拓展图书馆为读者提供知识服务的潜力。同时还要充分利用国家和地方的有关政策、规划，指导和促进图书馆知识管理与服务系统的建设，走共建共享共荣的道路，从而保障图书馆的健康发展。

信息化社会，知识管理与服务拥有传统管理无法比拟的优势与特点，具有强大的生命力和广阔的前景。21世纪的图书馆要把知识视为最重要的资源实施知识管理与服务，通过实施知识管理与服务，转变观念，改革传统的管理模式与服务方式，充分发挥馆藏、技术、人力资源、自身信息化、专业化、智能化的优势，推动图书馆整体化、网络化建设，提高图书馆的竞争力，从容面对各种挑战。

参考文献

刘岩芳：《论图书馆的知识管理》，黑龙江大学学位论文，2003年。

陈新颜：《图书馆知识管理及其实施对策》，大连理工大学硕士学位论文，2002年。

王含晖、黄珍娟：《试论图书馆知识服务》，《医学信息学杂志》2010年第1期。

浅论军事科学图书馆的知识管理与服务

由海莹[*]

摘 要 阐述了军事科学图书馆知识管理与服务的涵义、知识管理的目标和途径、知识服务的特点和方式。

关键词 军事科学 图书馆 知识管理 知识服务

军事科学院是中央军委领导下的军事学术研究机关,是全军军事科学研究中心,基本任务是研究军事基础理论和国防建设、军队建设重大问题,为军委、总部决策提供战略性建议和咨询,提供军事学术研究信息,组织协调全军军事学术研究工作。

军事科学院图书馆是军事科学专门图书馆,建馆历史悠久,馆藏资源丰富,基本任务是搜集、整理、收藏、提供军事科学及相关学科文献资料;是军事学术性图书馆,军事特色突出,收藏革命战争时期珍贵资料和古代兵书较多,为全国古籍重点保护单位;是军事研究型图书馆,服务对象主要是军事科学研究人员。

随着军事科学的发展,军事科学图书馆的硬件设施包括信息化建设日趋完善,已建成国家数字图书馆军事科学院分馆。下一步软实力的提升,特别是管理服务模式的改革创新显得尤为迫切和必要。现代图书馆的管理服务模式在经历了文献管理与服务、信息管理与服务之后,正向知识管理与服务迈进。军事科学图书馆适时引入知识管理与服务,是贯彻落实科学发展观、改革创新图书馆管理服务模式的重要举措,是适应新时期军事科研需要、实现图书馆跨越式发展的必由之路,对于提升军事科学图书馆的软实力意义重大。

---

[*] 由海莹,女,1978年生,中国人民解放军军事科学院军事图书资料馆助理馆员。

一 军事科学图书馆知识管理与服务的涵义

军事科学图书馆的知识管理与服务,是根据军事科学发展需要,在继承光荣传统的基础上,借鉴现代图书馆知识管理与服务的理念、方法,发展创立的图书馆管理服务新模式。它包括知识管理、知识服务两个方面。

(一)军事科学图书馆知识管理的涵义

知识管理,指对知识的生产、获取、保存、传播、使用和创新的管理过程。其涵义非常丰富,目前无统一定论,但大都强调以人为本,充分利用现代信息技术对知识管理过程进行全程监控,注重显性知识管理、隐性知识开发,推动知识共享、知识增值和知识创新。

图书馆的知识管理,从文献管理、信息管理演变而来,是现代图书馆基于先进的知识管理理论、方法创立的管理新模式。它强调广泛运用现代信息技术全面监控、科学管理图书馆各种知识资源,最大限度地获取、保存和使用好各种显性、隐性知识资源,全面提升图书馆的知识管理水平。

军事科学图书馆的知识管理,就是引入现代图书馆知识管理的理念、方法,将馆藏文献管理转变为知识资源管理,对军事科学及相关的各种显性、隐性知识进行全面开发和有效管理,不断提升数字化、网络化、虚拟化图书馆建设水平,着力提高全体馆员的知识素养、管理能力,为做好军事科研知识服务奠定基础。

(二)军事科学图书馆知识服务的涵义

知识服务,指为用户提供知识及相关产品的服务过程。其涵义相当丰富,各种解释很多,但大多强调以用户为中心,以知识创新为核心,注重应用现代信息技术为用户提供专业化知识服务和知识增值服务。

图书馆的知识服务,从文献服务、信息服务演变而来,是现代图书馆基于先进的知识服务理论、方法创立的服务新模式。它强调广泛运用现代信息技术为读者提供最有效的知识共享平台,最大限度地满足读者不断变化的个性化知识需求,全面提升图书馆的知识服务水平。

军事科学图书馆的知识服务,就是在知识管理的基础上,引入现代图书馆知识服务的理念、方法,按照以人为本的总要求,建立科学合理的知识服务规程，构建可靠高效的知识共享平台，提高全体馆员的知识服务意识和能力水平，将工作中心从馆藏建设向服务读者转变、工作重点从知识保存向知识共享转变，最大限度地满足军事科研人员个性化、专业化的知识需求。

二 军事科学图书馆知识管理的目标

军事科学图书馆知识管理的两大目标是知识增值和知识创新。

（一）军事科学图书馆的知识增值

知识增值，是指已获取的知识得到增值。知识作为第三次浪潮中的核心资源，取之不尽、用之不竭，根源在于它是最有活性的资源，用知识可以生产更多具有质的飞跃性的知识，即知识增值。

图书馆的知识增值，是指图书馆知识资源数量的增加和质量的提升。量增值使图书馆知识资源数量上有所增加，知识使用效率不变；质增值使图书馆知识资源质量上有所提高，知识使用效率更优。比较而言，质增值比量增值在增值程度上更胜一筹。知识增值往往是数增值与质增值的叠加。

军事科学图书馆的知识增值，一方面，要尽快增加军事科研急需的显性、隐性知识资源数量，如抓紧数字文献采集、加快新购图书资料、库存图书资料发掘整理上架开放、将隐性知识显性化等；另一方面，要竭力提升军事科研急需的显性、隐性知识资源质量，如广泛征求军事科研人员意见、把好新购图书采编质量关，加强对数字文献特别是来自于互联网的信息进行鉴别、筛选、整理和必要的深加工，不断优化调整文献检索、调阅方式，为军事科研人员获取高质量的知识提供最大方便。

（二）军事科学图书馆的知识创新

知识创新，是指已获取的知识得到更新。它为人们认识世界、改造世界提供新理论和新方法，为社会进步和发展提供不竭动力。

图书馆的知识创新，是指图书馆知识资源内容和知识服务体系的创新。知识资源内容创新来源于知识增值；知识服务体系创新来源于知识管理制度和技术的创新，包括优化业务职能部门与工作流程、图书分类编目，建立需求分析与知识采集、知识过滤与挖掘、知识提供与用户满意度评估体系，采用先进的信息技术，在知识重组、知识再造、知识评价中实现知识创新。

世界新军事变革不断加快，国防空间已逐渐超出传统的领土、领海和领空，不断向大洋、太空和电磁空间扩展和延伸，军事科学知识纷繁复杂、日新月异。因此，军事科学图书馆的知识创新意义重大。一方面，要大力促进知识增值，按照军事科研需要，不断创新知识资源内容，为军事科研提供知识启迪和创新源泉；另一方面，要着力改进知识服务，按照军事科研特点，全面创新知识服务体系，建立优质高效的知识服务规程、便捷精准的知识检索办法和先进可靠的信息服务手段，为军事科研人员提供不断创新的知识服务。

三 军事科学图书馆知识管理的途径

根据图书馆知识管理的规律分析，军事科学图书馆可通过"显性知识有序化、隐性知识显性化、知识结构综合化"的途径探索和实现知识管理。

（一）显性知识有序化

图书馆显性知识资源，主要包括馆藏文献资源及一切可利用的网络资源，它是图书馆知识资源的主要组成部分，也是图书馆知识管理的重点。显性知识有序化即对显性知识进行鉴别、选择、整理、加工，使之有序化，进而建立知识库，以最大限度地方便读者检索使用。

为此，一方面要充分开发图书馆的馆藏文献资源，将本馆收藏的非电子化文献数字化，包括书目数据库建设、特色数据库建设、信息系统建设和各种载体全文数字化，并通过网络实现资源共享；另一方面，要充分利用国家数字图书馆分馆的优势，积极挖掘国家数字图书馆知识资源及互联网信息资源。国家数字图书馆及国际互联网是信息时代获取知识资源和信息资料的高效、便捷通道，必须充分利用。互联网信息虽然广阔无边，却分散无序，且质量不一，需要专业人员进行鉴别、选择、整理、加工，使之有序化，并竭力去粗取精、去伪存真，将真实、有效的知识用于军事科研。

（二）隐性知识显性化

图书馆的隐性知识资源，即图书馆员特别是资深馆员头脑中的知识和经验，它是图书馆知识资源的重要组成部分。军事科学图书馆历史悠久、知识浩瀚，资深馆员长时间博览群书，隐性知识积累非常丰富，对军事科研人员检索、理解和掌握知识能发挥重要的指导帮助作用。因此，开发图书馆员头脑中的隐性知识，将隐性知识显性化并加以规范利用，以求最大限度地实现知识资源共享，也是知识管理的重要途径。

隐性知识不同于文献化的显性知识，它是高度个性化的头脑知识，因而较难识别和掌握，交流和共享难度大。军事科学图书馆应着力营造隐性知识共享氛围，引导大家树立为军事科研事业奉献知识积累的大局观、责任感，鼓励隐性知识交流，建立隐性知识开发利用的工作制度和具体方法，创建隐性知识显性化的工作机制和知识共享奖励机制，将资深馆员的隐性知识用文献或视频的形式记录下来，充实到图书馆知识库中，以最大限度地丰富军事科学知识资源。

（三）知识结构综合化

图书馆知识管理强调人是管理的主要核心，现代信息技术（包括数字化技术、网络技术、多媒体技术、数据库管理技术等）是管理的主要手段。馆员知识结构的综合化是实现知识管理的重要条件。

现代信息技术使图书馆工作变得更加便利和高效，使资源共享更容易实现，只有传统的方式与现代的信息技术相结合，人和机器相协调，才能为军事科研人员提供更加优质的服务。因此在现代信息技术条件下，军事科学图书馆员要加强自身的学习完善，在具备精深的图书馆专业知识的同时，具备必要的网络及信息技术知识、必要的计算机应用知识和外语知识，才可担任起"信息导航员"、"网络咨询员"等新角色。对馆员进行继续教育是图书馆发展的一项重要任务，馆员可通过在职进修、报读学位、学术研讨会议、讲座、短期培训等形式提高自身的业务水平，努力使自己成为高层次、全方位、复合型的图书馆管理人才。只有拥有这样一批既具有深厚的专业知识、熟练的网络技能，又具有良好的文化修养，同时还具备获取、组织、传播信息能力的新型图书馆员，才可能真正实现知识管理和可持续发展。

四　军事科学图书馆知识服务的特点

知识服务是图书馆的本质属性，是图书馆生存和发展的根基。军事科学图书馆知识服务的特点由军事科研工作性质和知识服务规律所决定，主要体现在以下三个方面：

（一）知识服务是基于专业化、个性化、时效性的服务

科研人员为提高科研效率，总是希望获得专业化、个性化、时效性更强的

知识服务。因此，军事科学图书馆的知识服务，要按照专业领域和课题项目组织实施服务，尽量提供专业信息资源导航、专业化网络检索工具、专题文献汇编；要强调针对用户的特点提供个性化服务，协助用户开发个人化信息资源系统，为用户建立个人主页的系统界面和超级链接，为用户个人搜集、组织、定制个人需要的信息资源，为读者检索、调阅知识提供高效服务。

（二）知识服务是围绕增值和创新目标的服务

知识服务为读者提供的不是简单的知识堆积和信息获取方式，而是经过加工创造实现知识增值的新知识，是可以解决问题的具体方案。因此，军事科学图书馆的知识服务要强调通过发挥自身的管理能力、研究能力和创新精神，为科研人员提供创造性的服务，甚至通过直接介入军事研究课题的最关键部分来体现知识服务的创新价值。知识服务是一个动态的连续的过程，读者需求是受环境影响而不断变化的，为读者提供知识服务的馆员要自始至终跟踪问询，通过与研究人员的交流互动最终形成解决问题的方案，实现知识的增值。

（三）知识服务是提供快捷、准确的服务

随着信息技术的发展，充分利用先进的网络技术，为科研人员提供专业的知识服务和提供快捷、准确的解决问题的方案已是知识服务的主导。军事科学图书馆要充分利用数字化、网络化等现代信息技术，获取、加工、整理、收藏和传播知识资源，充分体现图书馆开展知识服务的时效性、快捷性和准确性。

五 军事科学图书馆知识服务的方式

根据军事科学图书馆的特点，知识服务主要采取以下几种方式：

（一）数字化咨询式服务

咨询服务是图书馆知识服务的重要形式。它基于用户提问，凭借图书馆拥有的文献信息资源和服务人员的技术、智力资源，通过双方的互动交流而直接向用户提供其所需要的知识。在现代网络环境下，图书馆大多借助网络开展数字化的咨询服务。它集文字、音频、视频于一体，可以实现实时文字互动咨询服务、实时音频/视频咨询服务，也可以实现离线问题咨询服务，还可以实现与学科专家的对话。同样也可以实现多个图书馆联合形成分布式虚拟参考咨询。

（二）网络化检索式服务

文献检索是利用特定的工具书，通过一定的途径和方法为用户提供检索结果的服务。网络检索的发展方向是超文本、多媒体、智能化，检索内容除传统文献，更有各种网络信息，要达到满意的检索效果，知识服务人员不仅要经常上网浏览，熟悉各种检索技术和检索工具，更要注意研究网络知识资源的特点，随时通过各种媒介和途径收集有关知识资源，以提高查全率，同时注意提高检索速度，注重检索结果的分析和评价，提高检索结果的准确性，针对用户需要提供知识，只有在实践中不断摸索和积累才能做好这项工作。

（三）双向交流式服务

在知识经济时代，网上图书馆已成为现实，图书馆在新书预订及声像资料、电子文献等订购方面，可在网上充分征求读者意见，并将到馆的书刊资料进行适时信息发布，使网上读者从书刊订购开始就参与图书馆的知识资源建设工作，同时随着信息的不断发布，吸引更多军事科研人员关心知识资源的开发利用，使图书馆与读者之间建立起更加亲密的伙伴关系。

（四）提供深层次的知识服务

近年来，图书馆界专家、学者根据图书馆的服务对象——读者与用户的区别，认为图书馆信息服务分为两种：一种是以文献借阅的方式来满足读者信息需求的服务行为；另一种是指经由图书馆智力直接参与的，能够满足用户要求或直接根据用户需求而制作的，并产生创造性智力成果的服务行为。军事科学图书馆也可逐步展开后一种深层次知识服务。

图书馆知识服务方式还有借阅流通服务、专题服务、定题跟踪服务等，最重要的就是适应知识时代发展的要求，探索新的知识服务方式。

总之，知识管理与服务是现代图书馆最为重要的发展趋势，军事科学图书馆引入知识管理与服务，是与知识时代相适应的自然抉择。只有实施知识管理才能创新管理模式，做好知识服务；只有通过知识服务才能体现知识的价值与服务的价值，最终体现军事科学图书馆人的价值。

论社科信息管理创新

马海群*

摘 要 社科信息管理创新对社会科学在新环境下的创新变革起着重要的支撑作用，随着社会科学创新价值的不断延伸及网络信息环境的快速变迁，社科信息管理工作应在管理思想及理念上突破创新，重视社科信息管理的宏观规划，积极参与制订科学的社科查新规范与评价体系，大力构建社科信息网络并优化社科信息资源配置与管理模式。

关键词 社会科学创新 社科信息 社科信息管理 管理创新

一 引言

在社会科学创新发展之中，社科信息工作起着重要的支撑作用；而这种支撑作用的基础是社科信息管理创新、社科信息服务创新以及社科信息理论创新。笔者在"社科信息服务创新论"中，较全面地阐述了新形势下我国社科信息服务的创新思想及其实施措施；如果说社科信息服务是外在的、面向用户的，社科信息管理则是内在的、面向业务的，而且社科信息管理逻辑地构成了社科信息服务的前提与基础。因而，探讨社科信息管理创新，不仅将推动社会科学研究与实际应用，更为重要的意义是构建社科信息工作创新体系。

二 社会科学创新变革及对社科信息管理的依赖

社会科学创新是由社会科学研究人员运用新思维、新材料、新方法、新技术，对社会现象包括人的精神世界进行独特的具有超越性质的理性加工，并将这种理性加工成果成功转化为社会财富的科学探索活动。由此可见，社会科学

---

* 马海群，男，1964年生，黑龙江大学信息资源管理研究中心教授。

创新既是一个独创性的理性加工过程,也是一个将理性加工成果成功地变为社会财富的转化过程;对于后者人们容易轻视或忽略,而这恰恰是社会科学创新必须正视和解决的一个重大理论和实际问题,对于社会科学管理工作尤其如此,如出版、专家鉴定、学术交流、中介服务、纳入决策等社会化途径。从内涵上看,社会科学创新包括理论研究创新、对策研究创新、方法论创新、物质保障和组织管理创新等,各种创新都必然具备新颖性、独特性和超越性等特点,而其具体的表现可以包括:新观点的提出与论证,新方法的成功应用,新管理理念的引入;材料组织或挖掘整理独具特色,认识成果的社会化应用或转化方面独辟蹊径,为决策服务方面有独到见解。

社会科学不仅有理论、文化、宣传等方面的功能,而且更具有管理、咨询、预测、决策等超前性功能。在科教兴国的新形势下,我国的社会科学研究的重点已逐渐从纯理论、纯学术研究转而面向社会任务和现实问题,参与经济建设和政策决策研究,应用性研究日益加强。人文社会科学还具有重要的创新功能。在2010年中瑞创新论坛上,中国人民大学校长纪宝成教授表示,人文社会科学是一种知识体系,也是价值体系,人文社会科学对科学创新具有不可替代的作用,包括:人文社会科学为科技创新提供正确的导向、人文科学为科技创新成果转化生产力提供社会支撑、人文社会科学能够为科技创新提供良好的制度保障、人文社会科学能够为科技创新的主体提供精神支持等。

2004年1月5日,中共中央下发《关于进一步繁荣发展哲学社会科学的意见》,提出:在改革开放和社会主义现代化建设进程中,哲学社会科学与自然科学同样重要,要加强哲学社会科学工作的对外开放,要深化哲学社会科学研究体制、教学、规划体制等管理体制改革,建立和完善哲学社会科学评价和激励机制。党的十七大更对中国社会科学提出了新的要求,即发展创新,做思想库,走向世界,同时明确提出了中国哲学社会科学的"走出去"战略。在全球化的背景下,实施中国社会科学"走出去"战略,使中国社会科学走向世界,有着重要的政治战略和文化战略意义以及深远的历史意义,它意味着中国社会科学必须从引进、复制、国际接轨的阶段迈向一个全新的阶段,即在克服狭隘的"学术研究唯学科化"、"学术评价唯学科化"等"唯学科化"倾向的基础上,"走向世界"并与世界进行实质性的思想对话和交流的阶段。

然而,任何社会科学创新与变革活动都离不开社会科学信息的吸收与应用,离不开相应的社会科学信息管理系统的支撑。因为，在信息化技术范式催生下，原有的社会科学学术研究方式面临着严峻的挑战，如何在研究手段和方式上尽快实现信息化转型，缩小社会科学研究与整个科学研究的"数字鸿沟"，成为社会科学研究者面临的一项十分紧迫的任务。此外，不论是新观点的产生、新理论体系的构建、新理念的应用，还是创新材料的组织与挖掘、创新成果的社会转化、决策服务的提供，事实上都是以社会科学信息的输入输出、社会科学信息管理手段为基础的。因而，必须通过启动社会科学信息之门、开展广泛的持续的信息技能培训等工作，使社会科学研究者不再局限于既往的路径依赖，在资料收集、选题论证、前沿跟踪、合作研究、成果发布等科学研究环节上，充分利用网络利器，努力实现与数字化手段的对接，更好地实现社会科学研究的理论创新、手段创新和方法创新。显而易见，为了更好地推动社会科学创新活动，社会科学信息管理也必须不断创新、不断优化。

在2003年初中共中央下发的《关于进一步繁荣发展高校哲学社会科学的若干意见》中，把实施哲学社会科学基础设施信息化建设作为高校哲学社会科学繁荣计划六大项目之一。《教育部关于进一步发展繁荣高校哲学社会科学的若干意见》（教社政〔2003〕1号）中也提出，从2003年开始实施"高校哲学社会科学繁荣计划"，包括重大课题攻关计划、重点研究基地建设计划、人才培养和奖励计划、学术精品奖励计划、文科教育改革计划、基础设施和信息化建设计划。这些政府文件无疑为社科信息管理创新吹响了政策的号角。

为贯彻实施《国家中长期教育改革和发展规划纲要（2010—2020年）》，科学规划"十二五"期间高校哲学社会科学的发展，教育部于2010年7月上旬出台了《高校哲学社会科学战略规划研究工作方案》，目标是围绕中国特色社会主义经济建设、政治建设、文化建设、社会建设、生态文明建设，以及党的建设、军事外交等领域的重大理论和现实问题，瞄准国家重大需求，打破学科壁垒，突出问题导向，研究确定"十二五"期间高校哲学社会科学重大研究领域和重点选题，由教育部社会科学委员会各学部于2011年7月30日前形成《高校哲学社会科学战略规划研究报告》，对未来五年高校哲学社会科学研究与发展发挥引领和指导作用，同时为教育部相关政策的制定和实施提供重要参考。这一工作方案也为高校社科信息管理工作提出了新的现实需求。

三 社科信息管理创新的主要着力点

管理创新的内容主要包括三个方面：管理思想与理论上的创新；管理制度上的创新；管理具体技术方法上的创新。因而，实现我国社科信息管理创新应当关注：对社科创新研究者的信息需求机制的研究；对社科创新思想形成过程中的社科信息激活机制的研究；对社科创新研究中信息资源要素的投入与保障机制的研究；对社科创新成果的信息传播与转化机制的研究；对社科创新研究中的信息技术促进机制的研究；对社科信息管理机制的研究等等。而目前应将着力点放在以下几个主要方面。

（一）创新社科信息管理理念

社科信息管理理念的创新首要地表现在对社科信息内涵的突破与延伸。传统的观点来源于前苏联情报学家米哈依诺夫的理论，认为社科信息是指针对特定需要而加工的社会科学理论和知识，通常称为科学信息或学术信息，但它将那些反映社会现象和活动的记述性的社会信息排除在社科信息的范畴之外。现代社会科学研究所显现的发展趋势表明社会科学早已从象牙塔似的学斋走向社会，为解决各种社会实际问题出谋献策，为政府部门决策提供情报支持。此外，社会科学的应用研究和开发研究是研究社会发展过程中或者某一阶段急需解决的重要理论问题和实际问题，对社会信息的需求和依赖性更强。因而，社科信息管理不应仅仅关注社会科学学术及理论研究，而应放眼于社会信息、社会现象、社会问题。

其次，重新认识与定位社科信息管理部门的核心业务。目前，由于数字化网络化的发展及信息服务商成功进入社科信息服务领域，社会信息传递的微观机制和宏观机制也都发生了根本变化，传统的一次、二次文献信息服务功能逐步弱化，社科信息管理机构必须重新探索其服务模式。搞好信息分析工作，办出有特色的信息分析项目，应该是社科信息业转型时期专业性社科信息机构的核心任务。发达国家的社科信息机构非常重视社会政治、经济发展、国际关系、能源、环境问题、粮食、教育等方面信息的分析，向政府部门提供大量的科学决策依据；各级政府也很重视来自情报信息部门的分析和预测，尤其是关于社会发展较为重大的问题决策，情报资料的收集和分析是必不可少的环节。随着社会政治、经济、科教的发展，社科信息的决策功能将越来越强。

再次，及时关注社会发展和学术研究新动向，拓展社科信息管理的研究领域。例如，早在20世纪70年代发端的社会信息学（Social Informatics，SI）于21世纪初被引入我国，作为信息科学和社会科学的交叉学科，社会信息学是用信息科学技术研究并协助解决重大社会问题，涉及复杂社会的计算机模拟、网络社会和复杂网络的宏观分析、海量信息分析与情报发现等研究方向，可用于进行社会舆情分析与预警、社会安全与稳定性分析、预测重大决策对社会的长期影响、模拟在不同规则系统下社会发展的趋势和复杂网络的共性规律等，从而能更深入地理解社会发展规律，提高综合决策能力和信息服务能力。社会信息学是跨学科研究领域，涉及社会学、图书情报学、教育、人类影响、计算机科学、经济学、可用性、信息系统与通讯技术，因而国内相关学科学者都对社会信息学给予了一定的关注及研究。社科信息界在国内较早地引进和介绍了社会信息学，但并未明显地成为社会信息学研究的主力军，同时对该领域的持续关注与深入探讨不足。又如，《美国信息科学与技术协会通报》（BASIST）2010年第5期（June/July 2010）发表了一组专题文章，主题是：危机信息学（Crisis Informatics，CI），主要是国外信息科学研究者针对洪涝灾害、暴风雪天气、应急反应、自然灾害等问题在信息系统设计、Web平台开发、信息分发机制探索等方面的研究，反映了信息研究者对现实问题的关注及快速反应，对我国社科信息管理研究者拓展新的研究领域应有重要的启示。

（二）重视社科信息管理的宏观规划

我国的社科信息管理工作尚存在集成性不足、凝聚力不强、组织分散无序、信息资源开发缺乏精品等现实问题，应当从整体和全局上，即从涵盖各系统、各行业、各地区的国家宏观角度考虑社科信息资源及其管理的规划与整合。首先是加强战略规划研究。已有研究者提出，数字信息资源战略规划是对数字信息资源发展中的重大战略性问题进行全局性、长远性、根本性的重大谋划，它是从战略管理的高度来讨论数字信息资源的发展和管理问题，实现数字信息资源的发展目标，建立和扩大竞争优势，从而对各种数字信息资源生产要素（包括数字技术、数字资源和数字信息管理体制等）及其功能做出总体谋划。我们认为，社科信息资源及其管理的国家宏观战略规划研究应系统关注以下诸多方面，如指导思想，包括科学发展、可持续发展、科技投入、和谐发展、自主创新、人才培养等；途径，包括政策法规先导、体制和机构构建、信息资源管理软件系统、标准体系、人员及培训、评估等；环节，包括生产开发、加工整理、传播利用、保存维护等；主体，包括政府、非政府组织、公民等；规则：包括公开、共享、保护、合作等。数字信息资源战略规划应是各个因素和层面设计的综合体。

其次是成立社科信息资源开发利用专门管理部门。1997年4月，全国第一次信息化工作会议曾把加强信息资源开发列为今后信息化工作的首要任务，但目前机构改革仍没有解决信息资源开发统一管理机构欠缺的问题。国家信息化办公室虽具备相当的政府间协调功能，但在行政体系上仍缺乏像美国 ICGI（跨机构政府信息协调）一样的专职行政机构，缺乏有效的跨部门机构信息协调与组织。有人曾经建议国家成立社科信息网络规划管理机构，负责全国社科信息网络计划的制定实施与社科信息网络工作的协调和指导。但相对于科技信息领域，我国社科信息管理的机构整合更具有复杂性，如何建立集中统一的社科信息资源协调机构或建立一个国家级的社科信息资源管理机构，统筹规划信息资源的建设工作，是摆在我们面前的一个重要现实问题。

再次，宏观规划的重要落脚点应是社科信息政策法规的构建。相对于科技信息领域，如国家科委制订的《中国国家科学技术情报政策》（1990），我国的社科信息政策法规建设几乎是空白。面对网络环境下社科信息需求的扩大化和社科信息需求特点的变化，为了使我国社科信息工作全面适应社会的变革和需求，为了更有效地、有针对性地开发和利用社科信息资源，我们必须加强我国社科信息政策与法规的建设。社科信息政策与法规建设关系到社科信息领域信息工作的开展和信息事业发展的各个方面，并直接影响到一个国家社会科学的发展和繁荣。作为国家信息政策法规系统的有机组成部分，社科信息政策法规是对我国社会科学信息系统机制运行进行调节的政策法规体系，我国社科信息政策法规的目标是通过组织国家社科信息系统，提高面向全社会的社科信息服务能力，以促进社科信息资源得以充分开发利用，并推动我国经济和社会的迅速发展。

（三）制订科学的社科查新规范与评价体系

科技查新是信息管理部门的一个重要业务，2000年12月国家科技部发布了《科技查新规范》，并从2001年开始实施，但根据哲学社会科学研究对象的特殊性和成果评价客观标准不易界定的特殊性，《科技查新规范》并不能完全适用于社会科学，因而国家应尽快制定社科查新规范。当然，建立社科查新规范是一项复杂的系统工程。因为社会科学创新理论的研究与检验过程远比自然科学艰难复杂得多，就一项社会科学研究而言，由于各种错综复杂的社会因素的交互影响，研究者往往不得不求助于对研究样本进行反复抽样的方法来使研究达到尽可能高的信度和效度，而在社会科学研究中时常存在的非实验性（或难实验性）、"测不准效应"及成果检验的长期性等难题又给创新探索添设了重重障碍。然而，社科信息界只有积极参与、不断探索，推动社科查新规范的制订，才能为信息管理业务奠定坚实基础，也才可能推动我国社科查新中心机制的建立。

另一方面，人文社会科学的繁荣与发展，离不开科学、客观、公正、合理的评价，我国在人文社会科学评价方面进行了积极的探索，然而到目前为止，似乎还没有建立一个比较科学合理的评价机制，评价制度不健全、评价体系不完善、评价方法不规范等问题还广泛存在。社科信息界更有责任积极介入到人文社会科学评价体系的研究、探索、构建之中。如：2004年6月，国家社会科学基金重大项目《建立和完善哲学社会科学评价体系研究》获准立项，拟从哲学社会科学研究评价体系的宏观和微观研究、被评价者（研究成果、研究主体）和评价者（专家系统、主管系统、受众读者）、人文学科和社会科学学科、评价理论和评价实践等方面进行研究。有学者提出：形式评价、内容评价和效用评价的"三位一体"新概念组合的提出可以合理解释评价的历史、现状及预测未来，合理的评价体系应由评价主体、客体、目的、标准及指标、方法和制度六大要素组成。也有学者提出：完善的人文社会科学评价机制框架由方法科学、程序合理、监督完备三维构成，只有人文社会科学评价方法尽量科学、评价程序尽量合理、评价监督尽量完备，才能构建完善的人文社会科学评价机制。当然，在探索适合我国国情的人文社会科学评价体系过程中，注意吸收国外的先进经验是十分必要的。

（四）大力构建社科信息网络，优化社科信息资源配置与管理模式

图书资料和国际互联网络是科学研究的基础条件和重要手段，因此应当重视并加快人文社会科学图书资料和网络建设，特别是网络时代的专业资料库和数据库建设。教育部积极支持"中国高校人文社会科学网"、"教育部人文社会科学百所重点研究基地信息网"以及有关学科资料库、案例库等全国性学术文献数据库建设，为高校人文社会科学研究工作的深入开展创造良好的条件。《教

育部关于进一步发展繁荣高校哲学社会科学的若干意见》（教社政［2003］1号）明确提出，加强高校哲学社会科学图书资料建设，加大专业图书资料建设投入；加快哲学社会科学基础研究资料库、应用研究数据库以及外文原版图书期刊中心书库建设，加快"中国高校人文社会科学信息网"、"中国高校教材图书网"建设，形成布局合理、资源共享、方便快捷的图书情报系统。中国高校人文社会科学信息网 Sinoss.com 作为高校人文社科信息化工程的主要载体和工作平台，已于2003年7月1日正式开通，它标志着高校人文社会科学的信息化进程从观念层面进入了运作层面，也意味着高校人文社会科学的信息化建设工作步入了纵深地带和协作阶段，它将成为中国高校人文社会科学网络管理中心、信息发布中心、研究资料信息中心、网络出版中心和社会服务中心。

特别是为了适应现代人文社会科学发展对外文文献需求的快速增长，教育部在"211工程"配套项目"中国高等教育文献保障系统（CALIS）"的基础上，建设了"中国高校人文社会科学文献中心（CASHL）"，组织若干所具有学科优势、文献资源优势和服务条件优势的高等学校图书馆，有计划、有系统地引进和收藏国外人文社会科学文献资源，采用集中式门户平台和分布式服务结合的方式，借助现代化的网络服务体系，为全国高校、哲学社会科学研究机构和工作者提供综合性文献信息服务。CASHL采用协同运作的管理模式，通过设立全国中心、区域中心、学科中心三级体系，既扩大了整个服务系统的整体效应，又降低了管理和运作成本，使有限经费发挥最大效益，同时又保持了各中心相对的独立性和自主性。信息资源采购编目数据集中加工，具有速度快、质量高、数量大、成本低等优势。同时，由于利用了中国高等教育文献保障系统（CALIS）已有的公共服务平台，信息资源共建共享见效快速、成本低廉、质量颇高，有技术保障。《人文社科文献资源共建、共知、共享北京宣言》呼吁："国家应建立持续稳定的投入机制，确保人文社会科学文献资源和服务体系的建设和可持续发展，为高校哲学社会科学的繁荣发展提供强有力的支持和保障。应逐步与国家各有关方面协调合作，共同构建国家级人文社会科学文献资源保障与服务体系。"因而我们认为，透过该宣言，应当以CASHL为样板，扩张先进的社科信息管理模式。

四 结语

我国社科信息管理机构应当不断适应外部环境和内部条件的变化，科学规划,把握业务重点,有效地配置、整合和利用可得到的有限资源,大胆进行管理创新,以实现社科信息管理工作的振兴目标。

参考文献

马海群:《社科信息服务创新论》,《情报资料工作》2001年第1期。

陈永胜、曹伟、杨梅:《论社会科学创新》,《北京社会科学》2001年第2期。

龚花萍:《网络环境下国家社科信息政策与法规的内容研究》,《情报杂志》2002年第9期。

纪宝成:《重视人文社会科学的创新重要性》,http://money.163.com。

邓正来:《全球化与中国社会科学发展》,《人民政协报》2009年4月27日。

邓小昭:《支撑社会科学创新的社科信息工作机制》,《情报科学》2001年第3期。

叶勤:《新形势下社科情报工作的发展特征》,《农业与技术》2006年第3期。

范并思:《社科信息业转型时期我国社科信息事业的战略选择》,《情报资料工作》2001年第1期。

叶勤:《新形势下社科情报工作的发展特征》,《农业与技术》2006年第3期。

А. Д. 乌尔苏尔、赵国琦:《论社会信息学的发展》,《国外社会科学》1991年第5期。

梁俊兰:《社会信息学的概念》,《国外社会科学》2001年第2期。

何敏华、张英杰、张端明:《西方社会信息学与东方社会信息科学鸟瞰》,《华中科技大学学报》(社会科学版)2009年第5期。

李宗荣、田爱景:《社会信息学导论》,人民出版社,2010。

孙建军、柯青、成颖:《基于系统观的国家数字信息资源战略环境分析方法及规划模式》,《图书情报工作》2007年总第51期,第11期。

丛敬军:《我国社科信息开发利用的创新与发展》,《图书馆学刊》2002年第4期。

龚花萍:《网络环境下国家社科信息政策与法规的内容研究》,《情报杂志》2002年第9期。

张聿忠：《社科信息工作要高扬"为理论创新服务"的旗帜》，《高校社科信息》2003年第6期。

邓小昭：《支撑社会科学创新的社科信息工作机制》，《情报科学》2001年第3期。

郑德俊：《图书情报学专家主持的国家社科基金重大项目〈建立和完善哲学社会科学评价体系研究〉启动》，《大学图书馆学报》2004年第6期。

叶继元：《人文社会科学评价体系探讨》，《南京大学学报》（哲学·人文科学·社会科学），2010年第1期。

邱均平、谭春辉、任全娥：《我国人文社会科学评价机制的研究现状与三维框架》，《科技进步与对策》2008年第2期。

王兰敬、杜慧平：《欧美人文社会科学评价的现状与反思》，《南京大学学报》（哲学·人文科学·社会科学），2010年第1期。

潘燕桃、程焕文：《迈向人文社科信息资源共享的新时代——〈北京宣言〉解读》，《大学图书馆学报》2009年第1期。

《人文社科文献资源共建、共知、共享北京宣言》起草小组：《人文社科文献资源共建、共知、共享北京宣言》，《大学图书馆学报》2007年第2期。

浅谈军校图书馆管理创新

赵旭峰* 李清芳**

摘 要 管理创新是目前军校图书馆研究的重要课题之一。本文在分析军校图书馆管理工作存在主要问题的基础上，论述了加强军校图书馆管理创新的必要性，进而提出了军校图书馆管理创新的途径及应把握的几个原则。

关键词 军校图书馆 管理创新 人本管理 信息管理 系统管理

军校图书馆作为军队高等教育的知识收集、加工、存储和传播中心，不仅为教学和科研提供了较好的服务，而且为军队建设发展和科技进步提供了重要的智力支持，但同时由于受传统观念和管理体制的影响，军校图书馆管理上存在许多亟待解决的问题，管理创新是必然的趋势。军校图书馆管理创新，就是图书馆在掌握科学管理知识的基础上，积极适应社会环境，在管理方法、手段、思想、体制等方面进行整体或细节创新的一系列活动，从而推动图书馆各组织要素重组更新，以提高图书馆整体效能，充分发挥图书馆的各项职能。

一 军校图书馆管理工作存在的主要问题

（一）馆员整体素质偏低

专业的图书馆管理人员比例不高，在军校图书馆编制体制调整的大背景下，现有的干部管理队伍不够稳定，文职人员队伍素质参差不齐，在岗人员缺乏敬业精神，服务意识和管理创新的意识不强。

---

* 赵旭峰，男，1969年生，武警指挥学院图书馆副馆长，馆员。
** 李清芳，女，1973年生，武警指挥学院图书馆馆员。

（二）管理体制机制不健全

不能充分调动管理者的主动性、积极性和创造性，缺乏应有的竞争意识和激励机制，资源利用率低下，难以适应科技日新月异、信息丰富多彩的时代变迁。

（三）馆员工作缺乏主动性

客观上由于管理人员的发展机会较少，发展空间狭小，缺少成就感和优越感，主观上由于他们安于现状，不思进取，不能很好地为学校的教学科研服务，因而使得军校图书馆在整个军校的结构布局中有种被边缘化的趋势。

二 军校图书馆管理创新的必要性

（一）管理创新是军校图书馆发展的内在需求

世界新军事革命方兴未艾，我们所处的是一个充满活力、发展不断、变化无穷的时代，军校图书馆如果仍按照传统的管理思想和模式，势必大大落后于时代的发展。军校图书馆要准确地把握新形势、新任务，认识发展环境，分析机遇挑战，不断地对传统的管理理念和方式进行扬弃和取舍，通过改革创新，建立起一套崭新的管理运行机制。

（二）管理创新是军校图书馆发展的原动力

在科学技术飞速发展的今天，军校图书馆要打破常规，改革管理工作流程，促进图书馆服务管理系统综合效能不断提高，以深邃的洞察力、高瞻远瞩的眼光去密切关注未来变化的新趋势、新动向、新问题，适时地决策、创新，以推动军校图书馆的发展。

（三）管理创新是知识经济时代对军校图书馆提出的必然要求

21世纪是知识经济的时代，而创新是知识经济时代最重要的特征。这就要求图书馆围绕"创新"这一目标，重新构建知识传播系统，彻底改变重收藏轻利用、重继承轻创新、重一致性轻差异性的知识传播状况，努力营造一个有利于创新人才培养的良好环境，集中力量开发文献信息资源，为军队培养新型创新人才。这就要求军校图书馆必须抓住机遇，在管理上积极创新，全力推进服务技术现代化和管理结构科学化的进程，担当起知识经济时代赋予军校图书馆的使命。

三　军校图书馆管理创新的途径

（一）管理观念创新

观念创新是管理创新的前提，是创新得以成功的保证。观念创新就是确立现代的管理意识，解放思想，彻底改变那种以藏为主、重藏轻用、被动服务、封闭自守、各自为政、浪费文献资源的落后藏书格局。奈斯比特曾说过："大量但无序的信息，不但不是资源而是灾难。"所以，要把图书馆管理创新作为管理目标，以创新观念和创新行为来加强图书馆的管理，对图书馆的业务管理和文献资源体系进行创新，进一步加强对电子技术、网络技术和数据库技术的应用，对图书馆的管理理念、思路进行变革，使图书馆的服务和管理提升到新的高度，由职能型文献信息收藏机构转变为研究型服务机构。

（二）管理方法和手段创新

军校图书馆的管理方法近年来多有论述，提出了目标管理、岗位管理、人本管理、认知管理、弹性管理等多种方法，各军校图书馆可因馆而异，在科学调研的基础上制定切实可行的管理方法。

军校图书馆作为知识和信息收集、整理、存储、传播的重要基地，已成为军校教学科研系统链中一个重要环节。必须充分利用科学的管理手段，运用计算机实现现代化管理，有效地利用本馆各种资源，积极开展资源共享，加强馆际联合，提高自动化程度和信息处理能力，从而提高文献信息服务质量，最大限度地满足读者，特别是教学科研人员的信息需求。

（三）管理服务创新

在当今军队院校教育改革的环境中，军校图书馆的服务人员、服务内容和方式都发生了巨大变化，管理服务创新势在必行，是军校图书馆生存的基础。首先在技术服务上有所创新。在新环境下，军校图书馆的服务不再是简单的借借还还，馆员不仅应注重个人掌握现代化技术，而且有责任教会读者使用现代技术。如帮助读者查阅下载使用电子文献信息的方法，有针对性地开展个性化服务等。其次要树立为军队建设服务的理念。军校图书馆要面向军队，为教学、科研和部队建设服务，这是军校图书馆发展的必然趋势。军校图书馆面向部队基层开放不仅是军队发展的需要，也是广大官兵对文化教育和知识信息的需要，更是实现军校为部队服务的需要。

四 军校图书馆管理创新须把握的几个原则

（一）人本管理的原则

以人为本的原则既是现代企业的一个极其重要的管理思想，也是科学发展观的核心和本质所在。其实质内容是尊重人的特性和本质，把人作为手段和目的的统一体，最终目标是实现人的全面发展。对军校图书馆来说，"以人为本"中所指的"人"主要包括两个方面：一是接受图书馆提供文献信息服务的读者。他们是军校图书馆服务的主要对象，是图书馆文献信息资源的利用者。二是军校图书馆内部工作人员，即人们通常所说的馆员。图书馆工作人员是图书馆知识信息库的采集者、整理者、维护者和传播者，同时又是文献信息资源与广大教研人员之间的桥梁和纽带，是军校图书馆建设和发展的动力。

1. 军校图书馆的服务要以广大读者为本

以读者为本就是要树立"读者第一"的服务理念，尊重读者，最大限度地满足读者的需求，这是"以人为本"服务理念的集中体现，也是军校图书馆全部工作的核心所在。一是改变"以书为本"的传统服务理念，树立"以人为本"的服务理念。现代军校图书馆的主导功能，实际上就是其服务功能，为广大读者提供热情周到的服务已成为军校图书馆服务的核心理念，广大教研人员、学员对图书馆利用率的高低，是否满意将决定图书馆的生存空间和发展趋势，也决定着军校图书馆在院校的地位和作用。二是改变传统的办馆模式，提供一种以读者为中心的、全方位、深层次的主体服务。军校图书馆的全部工作自始至终贯穿"人本位"的思想，改变传统的办馆模式，变封闭为开放、变被动为主动。为广大读者提供方便、快捷、准确的服务，满足教研人员、学员对文献信息资源的需求。三是为读者营造一个文明、人性化的服务，军校图书馆应努力营造格局合理、设施齐全、环境温馨、气氛典雅的借阅环境，让读者到了图书馆感觉身心愉悦。

2. 军校图书馆的管理要以馆员为本

革命导师列宁曾说过，"图书馆员是图书馆的灵魂"。馆员是图书馆文献信息资源的收集者、整理者、传播者。军校图书馆各项工作的顺利完成，必须依靠全体馆员。充分调动馆员的积极性、主动性和创造性，是军校图书馆管理工作的核心内容之一，也是图书馆人力资源管理的关键。一是要关心馆员的生活、学习、工作，以正确的引导提高其职业意识，以亲切的关怀培养其职业情感。如馆员得到人性化的尊重，必然会积极参与图书馆的各项工作，发挥自己的聪明才智。二是为馆员创造一个舒畅、和谐的工作环境，重视馆员的价值，科学地安排工作岗位，量才适用，充分发挥馆员的主观能动性，激发馆员的潜能。

（二）信息管理的原则

在现代社会，增强信息观念，按照信息传播规律办事，已越来越成为人们的共识。作为文献信息中心的军校图书馆有着信息存储地、信息交汇地、信息生产地的多种功能，而广大馆员无疑是信息库的建设者和维护者，是高知识含量信息产品的设计者、生产者与操作者，发挥着连接信息资源与读者用户之间的桥梁和纽带作用。军校图书馆应肩负起发展信息化的使命，自觉地为军校自身的教学科研服务，为满足读者对信息咨询、信息管理、信息决策等需求服务。广大图书馆员也不能仅仅满足于做些传统的采、分、编、典、流、阅一类的日常工作，而应着力把自己打造成信息领域的行家里手。

（三）系统管理的原则

系统原则的主要内容是它的整体性、层次性、结构性和开放性，它在军校图书馆管理上的运用主要表现在：

（1）军校图书馆是一个整体，需要按照科学发展观所倡导的全面协调可持续的根本要求，处理好馆内与馆外两种基本关系：其中馆内包括馆长与馆员之间、馆员与馆员之间、馆员与文献之间等关系，馆外包括图书馆与图书馆之间、图书馆与其他教研部门之间、图书馆与机关部门之间、图书馆与读者用户之间等关系。协调的最终目标是要实现整体的最优化和最大化。

（2）军校图书馆是由不同要素构成的系统，具有一定的层次性和结构性，图书馆管理创新的直接目的就是通过对原有要素（包括人、财、物等）的重新排列组合，以提高效率、实现系统功能的最大化。

(3) 系统的一个重要特征就是开放性,它要不时地与周围的环境进行物质、能量、信息等方面的交换,在经济全球化的今天,这一特征尤为明显。军校图书馆的发展也不例外,它要由过去的"各自为政、封闭自守"转向今天的"共建共享、全面开放",惟其如此,才不至于被时代所淘汰。在这方面,军校图书馆尤其要搞好与其他兄弟院校图书馆的相互联系,与校内计算机中心、网络中心、电教中心的协调发展,以及与地方公共图书馆、高校图书馆的横向联合和共建共享。

创新是军校图书馆各项管理工作的永恒主题。离开创新,管理就会失去时效性,而过时的管理内容对新的管理目标会产生副作用。军校图书馆的发展需要不断管理创新,逐步建立一套新的管理运行机制,使其焕发无限生机,才能更好地为院校的教学科研服务。

参考文献

柯平:《图书馆知识管理研究》,北京图书馆出版社,2006。

王关锁:《现代图书馆人力资源开发与管理新机制探讨》,《图书情报工作》2002年第1期。

郭晶、陈进:《创新型大学图书馆的变革思路与建设实践》,《图书馆》2008年第5期。

王雅贞:《图书馆人力资源管理与改革研究》,《农业图书情报学刊》2003年第6期。

魏雷东:《人本管理的组织行为学解读》,《河南师范大学学报》2007年第1期。

浅析军队图书馆的建设和发展
——个性化服务、特色服务与学科馆员的关系

王丹丹[*]

摘 要 随着社会的快速发展,图书馆的建设与发展面临着挑战,通过介绍军队图书馆个性化服务与特色化服务,分析学科馆员在军队图书馆建设与发展中的作用。

关键词 军队图书馆建设和发展 个性化服务 特色化服务 学科馆员及其关系

伴随着信息时代的到来,高校图书馆的读者服务工作发生了巨大的变化,读者的需求日趋知识化、个性化,读者对服务模式的需求也更多元化。军队图书馆亦如此。为了更好地使军队图书馆满足学员、军官、士官对各种知识的需求,图书馆的个性化服务随之提升到重要位置。由于馆藏资源有限,读者获取信息资源的路径受限,使读者借不到一些所需的图书。因此,为了更好地为教学、科研服务,军队图书馆想要在现有基础上更好地建设与发展,服务模式的创新已成为目前研究的主要课题。为了部队院校人员提供更好的服务,就要体现个性和特色。主要表现在要突破传统服务模式、服务范围、馆舍设备、服务对象、知识载体自成新意,同时要取得独特的服务效益。凡超出传统藏书格局延续下来的单一服务模式而独树一帜的服务工作,都应该认为是个性服务和特色服务,但在内容和服务上必须体现突破和创新。

---

[*] 王丹丹,女,1983年生,中国人民解放军工程兵指挥学院图书馆馆员。

一 个性化服务

（一）个性化服务的含义

个性化是使事物具有其独特的个性，或使其个性显现的过程。图书馆的个性化服务是根据读者的个性特征、兴趣爱好、行为需求，收集、提供专指性较强而且适应读者个性化需求的信息服务过程，即对每一个用户的独特需求进行针对性的服务。它不仅要求能对用户提出的要求提供最确切的信息服务，还要能主动收集个体可能感兴趣的信息，甚至预测个体可能的个性发展，收集相应的信息。在网络化时代，人们对信息的需求具有鲜明的个性特征。这是由于其知识背景、职业背景、环境背景等不同所形成的，人们带着个性化的需求利用图书馆，图书馆便需要提供个性化服务以迎合这种需求。随着网络的迅速发展、人们对知识的高度渴求，图书馆个性化服务必将成为图书馆与用户相互交流的有效渠道，用户通过网络向图书馆提交信息需求，图书馆员作为信息导航员通过网络传送用户所需求的信息，在多次的信息交流过程中实现信息服务的个性化。

（二）个性化服务的方式和方法

开展个性化信息服务，必须根据个体的特性组织信息源，不断研究读者的行为特征、兴趣爱好、迫切要求，提供为读者"量身订制'的个性化信息服务。在信息环境中体现对个性的关注，在信息内容和传递方式上突出个性化。

个性化服务是图书馆事业自身发展的需要。互联网为读者提供了便利获取海量信息的途径，信息需求更具个性化。互联网还为展示自我提供了广阔的空间，对图书馆的服务提出了新的要求。面对大环境的变化、各方面的挑战，图书馆要及时改变服务方式，在管理上更强调开放性、透明度，服务上强调个性化、针对性。利用现代通信技术、网络技术，开展图书馆网上信息服务，包括馆内局域网、馆外互联网以面向个人的方式来提供个性化信息服务，结合读者的个性需求实现信息的及时传递。

二 军队图书馆特色化服务

（一）特色化服务的概念

特色化服务是一种特指性较强、层次较高的服务，在文献收藏上要突出重点,做到"人无我有,人有我多,人多我优",充分体现藏书的特色化。要结合本馆的实际,立足于现有的藏书布局,在兼顾一般的同时充实相关馆藏。

(二)军队图书馆特色化服务

作为军队院校的图书馆,具有自己鲜明的特色,军队图书馆的图书大部分以军事类为主。军事类图书固然成为我馆的特色之一,但科技类、文史类、经济类图书就显得欠缺。为此,军队图书馆可以根据读者需求提供订阅服务,利用网络的便利,与读者联系,根据读者的爱好、习惯、特点来提供更具特色的服务,变"图书馆提供什么,读者就接受什么"的传统服务为"读者需要什么,图书馆就提供什么"的新服务方式。及时补充大众喜爱的书籍,不断充实馆藏,以形成本馆的特色。

军队图书馆的阅览室是军队图书馆特色化服务的主要形式和服务设施,特色阅览室主要是以特色馆藏为依托,将馆藏的图书和一部分杂志展示在阅览室中,使读者在阅览室里可以阅读自己喜爱的书籍和杂志,如有需求可以去借书处借走,为读者提供一个安心阅读的地方。

随着知识经济时代的到来,读者的需求日趋多样性、个性化。因此,就需要我们通过调查分析、了解接受特色服务的读者最需要哪些文献资料,对读者信息需求的性质、数量、特点、发展变化规律以及他们的现实要求和潜在需求进行深入细致的调查研究,确定特色文献收藏的重点。可采取问卷、跟踪等调查方法广泛收集读者的需求信息,以便提供采购依据,争取特色化服务的主动性和延续性。建立特色专题数据库,利用网上资源搞好网上特色化服务。计算机的普及和使用标志着信息社会正快步向我们走来,图书馆应有选择地建立某些学科的重大项目的信息资料库,为特色化服务积累充足的信息资源。另外,实现资源共享,建立网上协作组,扩大信息源,使图书馆的特色服务高效快捷。

三 军队图书馆的创新与学科馆员

(一)开展图书馆预约服务

图书馆预约是指允许读者对已借出或因其他原因而暂时无法借到的某种图书通过"预约"方式提出借阅要求,待该图书归还后,由图书馆按预约顺序通知读者前来借阅的一种服务方式。图书预约服务在手工借阅时代就已产生,在信息技术迅猛发展的今天又得到新的发展。特别是对于军队高校图书馆，读者群为本校广大教员、学员，馆藏资源提供与读者学习借阅需求之间的矛盾也相对比较突出。为了能够有效地解决某些图书资源长期滞留于少数读者手中的问题，笔者认为有必要拓展服务方式，开展图书预约服务，以利于问题的解决。

在图书价格不断上涨、高校招生规模不断扩大、采购图书经费持续紧张的情况下，图书馆不可能对每种图书都购置大量的复本。我馆近年来图书的复本量一般在 5 到 10 册。当某个专业开设某门课程或学生做论文及课业设计时，这样的复本数量与读者数量仍然不能匹配。这就导致读者对于某类图书的需求迫切，造成好书、新书难借的状况。出现这样的问题，有的读者就把自己需要的图书"占为己有"，一直续借，即归还再借出。所以，一些读者对于某类图书的需求总处于可望而不可即的状态，大大降低了图书的流通利用率。图书预约服务正是基于上述原因应运而生的。因为一旦有读者预约了 1 本书，图书馆员会根据系统的提示"扣下"该书，放入预约架。该书原来的读者还回后就不能再借出。这就可以有效地改变少数读者长期占用图书资源的现象，从而提高了图书的利用率。开通图书预约服务后，读者可以通过校园网内的任何终端进入图书馆主页的公共查询系统，查看所需图书是否在馆。如果图书处于借出状态，读者能够利用图书预约服务预约自己所需图书，然后等待取书通知。这样可以大大节约读者多次到图书馆查找图书的时间。

（二）开展图书预定服务

由于军事类书籍在各类书店经常买不到的情况，图书馆可以开展图书预定服务。对一些教员、学员需要的图书，进行预订工作。他们需要什么书籍，通过网络、电话或者来馆登记，根据读者的需求进行预订工作，满足军队人员对书籍的需求，切实开展好为教员、学员服务的工作。

（三）军队图书馆学科馆员的服务创新

1. 学科馆员应具有敏锐的信息意识和较强的信息组织加工能力

现代图书馆是传统意义下图书馆的服务场所，又是信息空间，既有实体的纸质文献，又有虚拟的电子文献。面对各种庞杂繁多的文献信息资源，学科馆员能够进行有效的获取、评价、开发，从而在有价值的信息中分辨出核心信息，编制出二次文献和三次文献，使读者能够获得从文献信息中开发出来并经过重组的创造性的知识产品的服务。

2. 学科馆员应具有深厚的某一学科知识底蕴

学科馆员一般对某学科的基本情况（包括学科的历史、现状及发展趋势、主要学术流派、主要文献及工具书、学术研究的前沿和热点问题）以及相关学科的情况有全面的了解，并且与学科专业之间建立起对口服务的联系，这就使图书馆服务体系的瓶颈现象在很大程度上得到解决。据了解，美国图书馆学教育对象必须具备某一学科专业本科学历，厦门大学图书馆学科采访馆员必须具备非信息管理类专业研究生以上学历。

3. 学科馆员应具有良好的职业道德和勇于创新的精神

学科馆员首先是一名优秀的参考馆员，具备参考馆员所必须具备的素质、能力。学科馆员作为图书馆的形象和代表，不仅要具有较高的业务素质，还要具备良好的职业道德，并且有不断学习、勇于创新的精神。在实践中，不断学习新知识、研究新问题，注重服务理念的创新、服务方式的创新以及信息内容的创新，是学科馆员做好工作的首要前提。

4. 学科馆员在图书馆个性化服务中的新角色

在网络环境下，人们的信息意识和信息观念不断增强，而现代信息技术手段的飞速发展，为图书馆创造了提供个性化信息服务的必备条件。研究用户信息需求，促进图书馆数字化建设。用户的信息需求是图书馆信息服务工作存在和发展的前提，对用户需求行为的分析既是信息资源管理的起点，又是终点。用户的需求行为直接影响着图书馆信息服务的内容，学科馆员既是信息的提供者，更是获取信息方法的指导者。学科馆员通过对用户信息需求行为特点的分析和研究，根据用户知识和使用情况，分析检索要求，优化检索过程，选择检索结果，从而准确地把握信息用户的个性和需求，及时调整服务的角度和内容。由于学科馆员在相应学科的知识方面具有一定的专指性，同时对本馆馆藏和相关文献非常熟悉，并且具备组织和发布信息的能力，对馆藏资源的评价能力也很强，在内容的选择方面非常具有权威。因此，图书馆数字化建设要求学科馆员更主动地介入，选择与馆藏建设目标最相符的内容，通过联合数字化交叉链接网址形成内容更丰富、更完整的图书馆资源。

随着图书馆的不断发展，军队图书馆要突破创新，必须用有限的资源创造无限的价值，而每个馆员与图书馆的个性化服务的发展与创新有着密不可分的关系，要更好的开展个性化服务与特色化服务，就要依靠每个馆员的不断思考与努力，要更深地介入用户行为，使学科馆员成为军队院校图书馆发展的基石。

参考文献

赵燕：《个性化服务：21世纪高校图书馆服务新理念》，《大学图书情报学刊》2006年第6期。

汤婵娟：《浅议预约借书》，《农业图书情报学刊》2006年第10期。

曾建平：《我国高校图书馆学科馆员制度研究述略》，《图书馆研究》2004年第4期。

论高校图书馆的营销策略

申倩倩* 廖 佳**

摘 要 为顺应时代发展而不被淘汰，高校图书馆要随社会的变化而演化，图书馆营销就此形成。营销的核心是满足用户需求，高校图书馆要审时度势，运用各种营销策略宣传推广图书馆的信息和服务。本文从营销策略的角度出发，阐述了广告策略、事件营销、文化营销、主题营销四个方面的高校图书馆营销策略。

关键词 高校 图书馆 营销 策略

当前信息化时代，由于文献资料在网络环境下获取的方式多样化和日趋简单，对高校大学生来说，高校图书馆日益成为"大型自习教室"。日前进行的第四次全国国民阅读调查结果显示，大学生中几乎没去过图书馆的有 8%，光顾校图书馆的不足 30%。每学期去图书馆不超过两次的同学占 10.3%。去图书馆的学生中，有 20% 的人只在考试前一个月前往借阅书籍，这些人中 60% 借阅的是与专业、考试相关的辅导资料，而借阅文史哲类书籍的不足 30%。高校图书馆中拥有大量专业资料的图书馆，如今却"沦为"大型自习室，着实令人遗憾。针对这一情况，高校图书馆如果"按兵不动"，对传统服务方式不加以改变，这一趋势可能愈演愈烈。如何把读者吸引到图书馆中来，使读者充分了解图书馆的馆藏和服务，并积极参与其中，是值得去探讨的问题。有必要运用当前企业服务营销的策略不断挖掘自身潜质，树立营销理念，改变传统服务，提高馆藏利用率。

---

* 申倩倩，女，1983 年生，中国人民解放军国防科学技术大学图书馆助理馆员。
** 廖佳，女，1985 年生，中国人民解放军国防科学技术大学图书馆助理馆员。

一 高校图书馆营销定义

营销是一种观念，营销是营销者与预期顾客进行沟通的过程。从由外到内的角度来理解营销：营销就是服务。从由内从外的角度来理解营销：营销就是推销。营销 = 推销 + 服务 = 沟通。因此，市场营销的含义是一个企业把自己以及自己的产品和服务推销给消费者的过程。图书馆营销其实就是一种信息营销，所谓图书馆营销就是图书馆对其文献知识资源与服务进行分析、调研、计划、组织、促销、分销、实现与图书馆用户的价值交换，满足图书馆用户潜在文献知识需要的市场调查、分析，终止于最后满足目标用户的具体文献知识需求，完成与他们的价值交换。高校图书馆营销的预期客户是广大师生，图书馆把丰富馆藏资源、信息资源和优质的服务推销给广大的师生，满足学校教学科研的需求，实现与他们的价值交换。

二 高校图书馆营销的必要性

当今信息高速发展的网络环境下，读者获取资源的方式越来越多样化：信息咨询公司，互联网百度谷歌搜索引擎等。据了解，在美国有 80% 的学生通过其他途径查询资料，只有 18% 的学生通过学校图书馆查询资料，高校图书馆作为教学、科研、学习等提供信息资源的保障机构，日益不能满足用户的需求，传统服务方式急需改变，逐步引进新技术或创新服务方式。例如提供实时在线 QQ、MSN 咨询，免费短信或电子邮件服务，举办各种读书主题活动等等。国内外许多大学的做法我们都可以借鉴，像清华大学图书馆的 LAB 新体验手机图书馆系统、THUlib cookies 脚本、最新文章推送、RSS 订阅等等实用又有新意的服务，可以了解到图书馆实时信息资源状态及最新资讯或活动消息，以此吸引读者的关注。图书馆打开大门不是等人找书，而是为书找人，要充分挖掘自身潜力，树立品牌形象，留住老客户，吸引新客户。因此，高校图书馆有必要进行营销的观念和策略，增强竞争力，更好地为读者服务。

三 高校图书馆营销的具体策略方法

高校图书馆营销策略就是以用户需要为出发点，根据经验获得用户需求量的信息、对图书馆的期望值，有计划地组织各项服务活动，通过相互协调一致的广告策略、事件策略、文化策略和主题策略,为师生提供满意的信息资源和服务,从而实现图书馆目标的过程。营销是为了更好地与用户进行沟通与互动,提升图书馆的利用率,这是图书馆吸引用户之根本。

(一)广告策略

这里所说的广告不同于商业性质的广告,高校图书馆的广告营销策略是通过各种方式把图书馆的最新信息咨询、最新活动、最快更新告诉给广大师生用户,吸引用户利用图书馆的资源和服务。笔者认为,高校图书馆可以从三个方面扩展自己的用户渠道。第一,高校图书馆可以制作一个介绍图书馆的视频短片,介绍图书馆的历史、馆藏资源、结构分布、特色服务等,在每年新生的入学之际把视频短片放到学校主页宣传,使新生能够第一时间了解图书馆。第二,高校图书馆可以与短信服务商联合,通过用手机短信的方式进行馆藏的查询或到期图书馆催还及预约图书到馆信息的推送服务等,以此提高图书馆的关注度。第三,高校图书馆可以借助电子邮件给图书馆的注册用户发送最新信息服务。

(二)事件营销策略

事件营销,是指经营者在真实和不损害公众利益的前提下,有计划地策划、组织具有新闻价值的活动、历史事件、体育赛事和国际博览会等,通过借势、造势等吸引媒体、社会团体和消费者的兴趣和关注,以达到提高企业或产品知名度、美誉度,并最终达到产品或服务的销售目的的手段和方法。高校图书馆可以联合高校其他如学生会、摄影协会、校报等机构联合策划一些活动,在活动内容和主题上紧紧环绕宣传图书馆这一主题,以此达到吸引读者,既展现学生的风采又宣传了图书馆的形象。

如国防科技大学图书馆在"世界读书日"之际,一是面向全校师生开展以"阅读人生"为主题的摄影作品征集活动。作品通过表现人们生活与阅读的关系、人们在阅读中获得的喜悦、反映学员和教员的学习阅读生活及以图书馆为背景的各种形式的阅读活动,以表现真实自然、形象生动、细节感人的视觉图景。二是为了加强图书馆与广大读者的心灵沟通和情感交流,图书馆与校报共同举办"恋上你的书——推荐图书与阅读经典"征文活动。要求读者记录和书的故事或者评价推荐一本好书,抒写读书的心得与感悟。三是图书馆与研究生学术活动组织委员会联合举办图书馆馆徽征集启事,馆徽不但是图书馆的标志,也是图书馆精神的象征。为了进一步深化图书馆服务育人的基本职责,充分发挥图书馆文献保障工作与信息服务职能,扩大图书馆在军内外的影响,面向全校师生公开征集图书馆馆徽征集方案。各项活动通过校报、网络的传播很好地宣传了图书馆的形象。

(三)文化营销

文化,可以被定义为"由人类创造的,经过历史检验沉淀下来的物质和精神财富,是人们在物质活动和精神活动中呈现的一种人文理念或人文状态"。文化营销则是高层次的营销方式,它的营销重点不是具体的产品或某个品牌,而是主题中所蕴含的文化,指的是这种营销策略的内涵所蕴含的文化背景。比如某些高校图书馆成立读者之友协会或者书友会,是由广大读书爱好者自愿参与的全校性学生组织,由图书馆与社团联合会携手管理,扮演"桥梁"角色,通过举办校内和校际读书与文化交流活动,推广阅读,加强校内外学生之间、学生与图书馆之间、学生与社会之间的沟通和联系。开展的活动包括发行会刊,举办知识竞赛等。例如复旦大学图书馆读者之友协会组织了一批喜欢读书、关心图书馆的同学,围绕读书和图书馆工作开展读书会、书评、报告会等一系列活动,并且出版了自己的会刊,力求展示图书馆文化并传递协会信息。还有广州图书馆主办的广州市属高校"悦读"推广知识竞赛,竞赛队伍包括广州市属的八所高校。图书馆是校园文化建设基地之一,在阅读推广方面更负有历史使命。并且这样的竞赛活动培养了学生阅读习惯,提高学生阅读兴趣。发展高校图书馆的文化营销,创立图书馆的品牌形象,使图书馆能够通过自己某种独特的信息产品,或某一特色服务,在信息服务业中形成服务品牌。

(四)主题营销

图书馆作为高校办学的一个亮点和招牌应该通过开展一定的主题活动,把读者吸引到图书馆,使读者能够更好的利用图书馆的资源和条件,进行研究和学习。

一是可以开展一个图书馆专属的活动周。比如至2009年,我校图书馆已经成功举办了五届文献资源宣传周。每年的宣传活动为期一周,围绕某个特定的主题开展包括专家系列讲座、读者座谈会、现场咨询、文献资源系列讲座、新书展览、读者荐购、图书期刊漂流、豆瓣图书、读者"寻宝"等一系列丰富多彩的活动。专家系列讲座邀请到国内一些知名图书馆界和教育界的专家在馆内开展专题报告，丰富了广大师生的精神世界。举办新书展览期间为了进一步让读者拥有自主选书的权力，开展了"你选书，我买单"的读者荐购服务。读者现场选出自己喜欢的书籍，图书馆当场向书商下订单购买读者选定的图书。为了与读者有更深入的交流，在豆瓣图书活动中，我馆制作了一个抒写读书感言的展示牌，读者可就自己的读书心得写下一句话或者一首诗或者一段故事介绍一些好书。"寻宝"活动是通过用游戏的形式教会读者利用索书号找书，把下一本所需要找的书籍的索书号藏于上一本的书籍之中，找齐所有图书时间用得最少的读者就获得了奖励。这样的方式使读者找书的能力大大提高。文献资源宣传活动既是推广新资源与新服务的举措，又对扩大图书馆的认知度和影响力，提高图书馆服务质量，加强图书馆与读者的互动具有非常重要的意义。二是可以把一些特定的日期定为活动的主题，利用一些能够激发读者参加欲望的方式开展活动。以我馆为例，每年的三月五日学雷锋日为读者开展信息咨询、读者答疑、旧刊赠送等活动。读者通过参加这些活动可以更加深入地了解运用信息检索服务和增长知识。这一系列活动开展的目的就是要让读者认识到图书馆不仅仅只是借借还还，还是一个进行交流互动的文化场所。

四　结语

总之，高校图书馆的营销目的就是为了使用户更好的利用图书馆的各项服务，更方便的获取信息资源，提高馆藏利用率，通过各种营销策略实现图书馆的核心价值。

参考文献

徐慧、张效国、梁艳：《高校图书馆信息资源营销的现实性及其策略探析》，《现代情报》2008 年第 3 期。

冯济德：《地方高校图书馆事件营销策略探讨》，《情报探索》2009 年第 11 期。

论新的图书馆业态的发展方略

吴怡青[*]

摘　要　本文重点阐述了新的图书馆业态发展带来的变革和发展过程中面临的挑战与问题，并在此基础上，从组建统一管理的图书馆内外合作型战略联盟，建立强大的信息资源数据库群，从准确定位牢牢抓住图书馆安身立命的核心价值体系和重视科学技术与图书馆创新服务对接等四个方面提出了新的图书馆业态的发展方略。

关键词　图书馆业态　图书馆改革　战略联盟　发展方略

一　新的图书馆业态发展带来的变革

自20世纪90年代以来，现代科学技术为我国图书馆事业的快速发展带来了前所未有的机遇。随着图书馆引进与采用现代科学技术，催生出新的图书馆工作方式和读者服务形式，产生了新的图书馆业态。图书馆业态的巨大变化，为图书馆事业的发展带来生机与活力，使得图书馆"四大"职能（即保存文化遗产；开展社会教育；传递科学技术情报；开发智力资源）得到了创新性落实，也使得为读者提供的个性化、智能化服务目标取得了显著成效。

（一）新的图书馆业态的学术研究情况

新的图书馆业态的研究在图书馆界始于20世纪90年代初期，当时"数字图书馆"或"现代（信息）技术与图书馆"日益成为图书馆界的话语，随后，21世纪初对"数字图书馆"的研究逐步成为我国图书馆学界研究的热点。通过

---

[*] 吴怡青，女，中共山东省委党校部主任、研究馆员。

对 CNKI 检索和国家图书馆书刊网站联机检索,可以清楚地看到,2000 年以前国内对"数字图书馆"或"现代(信息)技术与图书馆"方面的研究论文及专著总数不足 500 篇(专著仅 2 种),而自 2001 年以后,这方面的学术论文剧增,学术论文已达 8000 余篇,报道及专著也迅速增加[见"数字图书馆"与"现代(信息)技术与图书馆"研究成果统计]。这还不算其他散见于相关学术会议、文化发展论坛及其他地方报刊媒体中的研究成果。研究涵盖了"数字图书馆"建设的基础理论、政策制度、发展战略与实践经验等各个方面,形成了我国图书馆学界的一个学术研究热点。

表1 "数字图书馆"与"现代(信息)技术与图书馆"研究成果统计

年代 类型	学术期刊(篇)	博士论文(篇)	硕士论文(篇)	会议论文(篇)	重要报纸(篇)	专著(种)
1980-1990	17	0	0	0	0	
1991-2000	447	3	1	6	0	2
2001-2010	7822	23	239	147	494	60

(二)图书馆组织结构的变革

20 世纪 90 年代中期,国内图书馆借助于图书馆数字化、网络化的推动,实体图书馆组织结构发生了实质性变化。国内中型以上的单个图书馆相继在本馆设立了信息中心或技术部门。与此同时,随着国家多项数字图书馆工程的上马,全国性、地区性和系统性的虚拟和实体相结合的数字图书馆战略联盟建设纷纷成立,其中具有深远影响的是 2000 年 4 月成立的中国数字图书馆联盟;2000 年 6 月成立的国家科技图书文献中心,这是我国第一次打破条条与块块限制建立起来的科学图书馆联盟;2002 年 5 月 CALIS 中国高等学校数字图书馆联盟成立。从近十年来的运作成效来看,中国高等教育文献保障系统建设(CALIS)的特色数据库建设和中心设在国家图书馆的"全国文化信息资源共享工程",是国内图书馆联盟数字资源共建共享合作成功的典型代表。而在近几年国际间文献信息资源共建共享的合作项目也广泛展开,例如,2010 年 4 月世界数字图书馆网站的"世界记忆"20 多个国家的合作项目在联合国教科文组织总部所在地巴黎正式启用。中国国家图书馆积极参与发起了世界数字图书馆项目,并成为跻身于世界拥有数字资源最多的图书馆之一。

如今，我国图书馆的基本组织形态已从传统图书馆的实体模式，演变为实体图书馆与网上数字图书馆融合的混合型图书馆模式，而网上数字图书馆又进一步组成了虚拟和实体结合的跨系统、跨行业甚至跨国合作的战略联盟，其合作的内容也从过去的资源联盟阶段发展到目前的知识联盟阶段。

（三）图书馆服务方式的变革

近年来，国内图书馆服务方式的变革，主要集中于服务内容的扩展和信息技术的利用上。借助于信息技术，图书馆逐步做到了服务方式的多样化和服务内容的多层次，进而达到了满足读者的个性化需求的目标。

1. 服务方式的多样化

近几年，图书馆服务方式多样化的成效十分明显，数字化服务已经融入人们的日常生活之中，其影响较大的有：①数字电视服务；②移动通信服务；③"一卡通"电子资源远程服务；④街区自助图书馆服务；⑤"电子书"外借服务等。

2. 服务内容的多层次

21世纪初国内图书馆网上互动式数字化信息服务就在高校图书馆和省（市）级以上公共图书馆陆续展开，主要服务内容有：①联机书目和专题检索服务；②网上虚拟参考咨询服务；③数字图书馆联盟信息资源共建共享服务；④网上知识导航服务等。

二 新的图书馆业态发展过程中面临的挑战与问题

（一）图书馆面临生存挑战

1. 各类商业化信息机构的挑战

从20世纪90年代到21世纪初这个时期，国内图书馆曾凭借明确的业务定位、核心实力及特色优势，在数字化建设方面领先于国内信息业。然而，仅仅几年时间，情形就发生了根本性变化，国内外各类信息行业数据库建设的开发机构和服务机构发展迅速，出现了国家各系统图书馆、党政各级信息中心和商业型信息机构等竞相建设图书报刊数据库的情形，信息市场形成。例如，有在21世纪初就已经进入信息市场的超星公司、书生公司等民营企业和以科研、高校为背景的北大方正、清华同方、万方、维普等商业公司，还有以雄厚的国家信息资源支持的国研网、中经网、中宏网和人民数据等商业网站的加入。这些数据库生产商在优胜劣汰市场竞争中,越做越强,逐步形成了规模。与此同时,图书馆还受到了来自Google、Baidu等商业网站的巨大冲击。尽管Google图书馆计划备受争议,但在启动时就有纽约公共图书馆、哈佛大学图书馆等5家大型图书馆参加,后来又有普林斯顿大学、威斯康星大学等著名图书馆加入。我国国家图书馆是第一个加入Google Scholar的中国图书馆。诸多商业化信息公司像潮水般涌进信息市场,并向图书馆业务渗透,引起了一些图书馆的恐慌。正如OCLC指出的那样,"Google正在'架空'图书馆"。

2. 新兴文化业态的挑战

由于新兴文化业态的发展,导致读书的方式呈多元化趋势,引起多路商家与图书馆争夺用户资源的鏖战。例如:①网上读书频道发展迅速。新浪、搜狐等读书频道以及中文电子图书网站免费的电子图书下载服务,已经培养了数以千万计的电子图书读者。②数字出版将会成为整个出版业的一个主要业态。最新出版的中国传媒产业报告显示:中国电子图书数量已经超越美国,跃居全球第一。③手机阅读成为新的增长点。据中国互联网络信息中心发布的《第25次中国互联网络发展状况统计报告》数据显示,截至2009年12月,我国手机网民规模已达2.33亿人,占整体网民的60.8%。而手机阅读,用户的比例占到总体手机网民的75.4%。手机新闻网站、手机小说、手机报等业务已经成为影响手机网民的最重要应用之一。④电子阅读器异军突起。2010年我国的电子阅读器销量将从2009年的80万台跃升至300万台。预计2010年还会有400余家企业进军电子阅读器行业。

(二)机制、体制的桎梏

近两年,新一轮文化体制改革范围广泛、影响深刻,但对图书馆的体制机制的改革尚未落实到位,在一些重要环节,体制性束缚仍然比较严重,体制与机制的诸多障碍难以破解。例如,21世纪初,在国家文化信息资源共享工程建设中图书馆的文献资源数据库建设以标准规范著称,为国家文化信息资源共享工程建设和以后的全国公共文化服务体系建设规范化管理奠定了良好的基础。但是,工程建设过程中图书馆各系统、各部门门户独立、条块分割、重复建设等弊端再次显露了出来,致使原本就有限的财政资金却延续着公共文化财政资金投入不足与投入重复的困扰,资金无法发挥最大作用,这就大大制约了图书馆在工程建设中应有的生机和活力。

（三）数据资源未形成规模化建设

2002年4月全国文化信息资源共享工程正式启动，并作为公共文化建设重点工程，然而，近几年，我国文化信息资源共享等工程建设中数据库内容太少的问题也凸现出来。而且在文化信息资源共享平台上已经出现了数据更新速度慢、点击率不高、实用性较差等问题，很难达到共享工程预期的建设目标。据统计，截止2009年7月底，文化共享工程资源量达到74.65TB，其中国家图书馆仅提供了2.74TB的资源。由此可见，图书馆建库实力欠佳，图书馆数据库建设远未形成规模，以致对国家文化信息资源共享工程的贡献很不理想。

三 新的图书馆业态发展方略

从"十一五"末到"十二五"这段时间里，国家必然不断加大对公共文化服务体系的投入，图书馆事业也必将进入一个新的繁荣发展时期，图书馆应抓住新的图书馆业态变革的发展机遇，利用科技创新增强自身实力，确立图书馆在国家公共文化服务体系建设中举足轻重的地位。

（一）组建统一管理的图书馆内外合作型战略联盟

图书馆服务网络建设是当前图书馆的发展潮流，为了保证整个建设的顺利进行，首先要考虑的就是建立顶层管理机构，组建统一管理的图书馆内外合作型战略联盟。图书馆内部合作联盟是把图书馆内部各系统的图书馆凝结成一个相互协作共进的合作体系；图书馆与外部的合作联盟是建立由网络服务商和数据库提供商等组成的合作体系。

图书馆内部合作联盟的优势是，具有信息资源搜集、整理、消化和吸收的巨大能力，能够充分地开发和利用信息资源，开展了程度不同的资源检索、定制和推送服务，以及资源导航服务，承担了虚拟参考咨询、资源调度和用户统一认证等工作。图书馆与外部的合作联盟的优势是，网络服务商和数据库提供商能依托功能强大的搜索引擎平台，来保证检索结果既"广"又"快"，并且凭借服务、资金、人才、技术等多方面优势，能够顺利实现向全球用户提供通用的信息搜索服务的目标。所以，我们应积极利用网络服务商和数据库提供商在技术与市场上的优势，将其纳入到图书馆工作环境中，共结联盟，促进图书馆信息网络建设形成内外共建的合力和新的发展优势。据报道，已有中国Google之称的百度与中国科学院国家科学图书馆、北大图书馆、超星公司、书生公司、北大方正等机构签约，合作的图书书目累计达到 1500 万册，科技期刊文献达到 1.3 万种。可以说，这种合作后产出的海量数字资源是合作前无法达到的。但是，必须强调指出的是，图书馆统一管理的内外合作型战略联盟的控制权必须掌握在图书馆手中，在此基础上，创建合理分工、优势互补、共建共享的运行机制。

（二）建立强大的信息资源数据库群

过去传统图书馆通过保藏和拥有人类从古至今丰富的文献资源而确立起其他信息机构难以企及的地位，然而，在现代图书馆的建设中，数字资源建设却显得困难重重，数据资源汇集的主渠道很不通畅。如果图书馆不具有规模的数字资源的状况再延续下去，那么将大大影响新时期图书馆进行社会教育、传递科学情报和开发人们智力等作用的发挥，搞不好还会被社会发展淘汰出局。所以，鉴于国内图书馆在数据库建设方面短缺的情形，国家级图书馆应申请在国家的数据库建设项目中立项，争取国家重点扶持数字图书馆的超大规模性数据库建设，将它纳入国家信息资源建设的一个重要组成部分。图书馆也应该凭借自身建设规模性数据库的经验与优势，融入国家主流数据库建设之中。这样不仅能使数字图书馆文献信息服务平台成为图书馆事业跨入社会化全方位服务的突破口和支撑点，还会有效地带动和促进国家各种类型的信息机构的发展。

（三）准确定位，牢牢抓住图书馆安身立命的核心价值体系

尽管图书馆业态形式有所变化，但是，"为读者服务"仍然是图书馆的出发点和归宿，图书馆的"四大职能"并没有改变，它仍然是图书馆安身立命的核心价值体系，如果削弱甚至放弃图书馆的这些职能，图书馆将失去生存的根基。

在新的图书馆业态的环境中，图书馆应依托现代科技支撑，逐步实现图书馆服务系统与读者之间的双向互动，满足广大读者日益增长的对文献信息多样化、多层次、个性化的需求。当然，各类图书馆的不同读者群的需求是有很大差异的，要重视各类图书馆为读者服务的特殊性。例如，公共图书馆的定位主要体现在它的公益性和保障公民享有文化权利方面。公共图书馆在全方位落实将国家数字图书馆的建设成果实现全民共享的过程中，还需积极跟进以手机、数字电视等为代表的新兴媒体的发展，充分利用电信网、广播电视网和 3G 网络，实施新兴媒体数字图书馆服务计划。而高校图书馆则应定位于"服务研究型的图书馆"，要构建适应 21 世纪科技发展的文献服务体系。以新形式的信息

资源和科技手段与大学自身学科建设、科学研究、教学研究与教学发展紧密对接，满足读者（用户）的需要，实现为教学科研服务的办馆宗旨。党政图书馆应担负起政府信息资源的开发利用专业组织的责任，充分利用党政院校与各级党委和政府的相关部门有着良好的业务关系的优势，挖掘政府信息资源的潜在价值和显在价值，把党政院校图书馆建成适于党政院校教学科研需要，适于党政部门思想库建设要求的信息资源保障体系。

（四）重视科学技术与图书馆创新服务对接

目前，图书馆又面临着一个因科技发展带来的新的发展机遇，即"云计算"的产业变革。"云计算"作为一种新兴的共享基础架构方法，能够将巨大的系统池连接在一起以提供各种 IT 服务，不仅具有经济实惠、高可靠性、按需服务、高可扩展性、高度灵活性等特点，还具有数据处理、资源共享共建和数据安全保证等强大功能。图书馆因自身所具有的开放协作、知识传播和信息服务的特点，必然会同"云计算"对接、融合，借助于"云计算"平台，解决许多长期困扰图书馆的网络信息管理和服务中存在的问题，如跟进硬件和软件的更新升级，组织虚拟图书馆高水平服务团队等；也可以借助于"云计算"平台，在客户端搭建起具有高智能的、按需组配的信息服务系统，汇集超大规模的数据库，通过广、快、精、准的服务来提升图书馆网络信息管理与文献信息服务的水平，降低管理与服务的成本。同时，我们也需要为图书馆在"云计算"模式下与社会融合做好准备，让"云计算"图书馆服务深入到每个人的生活之中，在人们的手机、电视、电脑或 PDA 等都将可以随时随地享用图书馆的信息资源服务。

在数字化网络化发展的今天，图书馆的服务内容和模式发生了重大变化，其显著特点就是传统图书馆的物理馆藏空间与网络数字空间日益融合，图书馆与用户之间的互动交流明显增强，个性化服务更加丰富多彩，知识服务、整合服务等成为图书馆的创新服务的新模式。可以想见，在我们面对以科技创新为主导的新的图书馆业态的变革中，如果我们应对措施得当，图书馆必将会实现新的跨越式发展。

参考文献

沙永群、杨晓秋：《Google 数字图书馆计划未来发展的哲学观》，《情报资料工作》2007 年第 4 期。

图书情报学专业术语
生成机制分析

金胜勇* 窦建爽**

摘 要 本文从图书情报学专业术语的生成方式入手,针对图书情报学专业术语的生成特点,归纳了转译型、移植型、概念揭示型三种主要图书情报学专业术语生成机制,从单义性、科学性、稳定性、习惯性、便捷性等方面对三种机制的优缺点进行比较分析。

关键词 图书情报学 专业术语 科学概念 术语移植

一 引言

概念是反映对象特有属性的思维形态。重要科学概念的形成往往是一门学科发展过程中里程碑式的标志,而科学概念是由专业术语来表达的,因此专业术语的生成对于一门学科的发展有着重要意义。当前,图书情报学发展呈现学科国际化和学科交叉化的趋势,许多新的专业词汇不但被研究者作为专业术语提出来,不管是国外先进成果的借鉴还是其他学科领域的渗入,都极大地丰富了图书情报学专业术语的内容和数量,但同时也引发了关于专业术语的标准和规范问题。学者们习惯采用自己所熟知和认可的方式来进行科学概念表达,经常出现专业术语揭示科学概念的内涵或外延不准确的状况。

科学研究是严谨的,规范专业术语的表达是科学研究的重要环节。规范专业术语不是为了统一思想,更不是为了形成"一家之言",而是为了统一表达,使科学研究和科学交流有一个共同的话语平台。李景正曾经在《关于图书情报

---

* 金胜勇,河北大学管理学院。
** 窦建爽,河北大学管理学院。

专业术语的控制与标准化问题》一文中指出：术语控制与标准化的目的在于统一术语的概念与定义，使之作为学习与交流的共同规范语言。规范统一的术语不仅有利于学术之间的交流和共享，也有助于学科朝着成熟健康的方向发展。本文就从术语的生成方式入手，研究其生成机制及特点，以期对于术语规范有一定的启示作用。笔者认为目前我国图书情报学的专业术语生成主要有转译型、移植型、概念揭示型三种机制，下面就其逐一进行分析。

二 转译型机制

转译型机制主要是指将国外图书情报学研究中使用的专业术语经过一定的方法翻译或转变后，直接被本学科领域所采用。

（一）转译型机制的具体方式

一般情况下，此机制中所采用的转译方法有三种。

（1）意译，是指在考虑原语与译语之间的巨大文化差异下，根据原文的大意来进行翻译的方法。如：在"Recall ratio"这一术语中，"Recall"意为：召回、收回。但是在翻译过程中，根据其内涵及我国语言习惯则被译为"查全率"。

（2）音译，指用发音近似的汉字将外来语翻译过来，这种用于译音的汉字不再有其自身的原意，只保留其语音和书写形式。如："博客"是由"blog"音译而来，又译为网络日志、部落格或部落阁。

（3）简称，指对较复杂的名称进行简化形式的表达。一般情况下，是对原英文首字母进行简化或缩写。如："OA"是"Open Access"的简称，其中文译名存在很多分歧，通常被译作开放存取、开放获取、开放共享、开放访问等。为了避免翻译的差异，很多学者直接使用其缩写为"OA"。

（二）转译型机制的优点

国外图书情报学的发展相对快速并且有很多成功的研究思想、方法、理念及成果值得我们学习和借鉴。在借鉴外来研究成果的时候，不可避免地会出现大量的新生事物和概念。这时，就需要通过各种翻译和转化方式把国外先进的研究相应的引入到我国的研究中来。一般来说，转译型的专业术语大都在国外的研究中经历了一定的探索和研究，或取得一定的研究成果之后，才被我国学者拿来借鉴研究，对科学概念内涵的揭示相对成熟和稳定。

例如，"信息共享空间"这一术语是由 1992 年 8 月在美国爱荷华大学图书馆实施的一个服务模式发展而来，这种服务模式被称为"Information Commons"，简称 IC。随后很多大学图书馆也纷纷效仿其模式并且取得了显著的成效。在我国初期接触这一术语的时候也有诸多不同的翻译，直到 2005 年吴建中在《开放存取环境下的信息共享空间》一文中，第一次将 IC 翻译为"信息共享空间"，这一专业术语才被图书情报界认可并沿用至今。国外对信息共享空间的研究无论其理论还是实践都已经非常成熟，对我国在这一领域的研究有很大的帮助和借鉴意义。

（三）转译型机制的缺点

然而，虽然转译型机制借用了国外的研究，对概念的揭示相对成熟，但是在转译过程中，由于语言及文化背景之间存在的差异，很容易产生转译后词义关系的混乱。

"information"一词的转译最为典型。在英文中，"information"既有"消息"、"信息"的意思，同时也有一般意义上的"情报"之意，而军事上的情报则往往用"Intelligence"来表达。在日文中，也只有"情报"这一个术语，但是它同时包含了英文中 information 和 intelligence 的双重含义。但是在我国经过一番转译和引申，"情报"的概念外延不断扩宽，甚至背离了它本身的含义，造成多年来国内众多学者存在关于"information"的"信息"与"情报"含义之争，同时也出现了"信息经济学"和"情报经济学"（Economics of Information）到底是不是一门学科的争论。

三　移植型机制

随着各门学科的不断交叉融合，专业术语随同它们表达的新事物新概念不断传播开来，各学科通过不同方式将专业术语进行移植，形成了专业术语的移植型生成机制。移植型机制是指在学科渗透和交叉的研究过程中，其他学科领域中使用的术语对图书情报学有创造性或开拓性启发意义，而被借鉴到图书情报学领域使用。

(一)移植型机制的具体方式

此种生成机制一般有以下两种情况：

1. 直接使用型，是指其他学科的专业术语直接被引入本学科使用，除了对其相应概念进行转换之外，词语构成没有明显的变化。这种方式可以表达为：A→A′。如：本体（ontology），原本是哲学领域中研究"存在"的一个术语，后被人工智能领域用来研究能够被计算机表示的事物，近些年来，又被图书情报界引入用来研究概念之间的关系。

2. 改造型，则指本学科的术语与原学科的术语相结合，形成新的术语结构。可以表达为：A + B = AB。如："图书馆核心竞争力"就是将"核心竞争力"这一企业管理领域的专业术语直接与本领域的词汇组合所构成。

(二)移植型机制的优点

这种生成机制，大都是在学科交叉渗透过程中直接从其他学科引入使用专业术语，往往可以拓宽本学科研究的范畴，激发新的学科生长点。由于其他学科的专业术语由于在其原学科领域内有一定的研究和发展，其科学性及稳定性有一定的基础，所以在移植到本学科领域的过程中，术语生成快速、使用便捷，不需要长时间的摸索和推敲，可以直接拿来利用。

如"信息构建"这一术语，其英文为 Information Architecture，简称 IA，由美国建筑师沃尔曼（Richard Saul Wurman）在 1975 年提出，用于一种服务于特定目标的建筑设计工作。后来随着网络的普及和应用，"信息构建"的提法引起了情报学界的极大关注，随后引起更多的图书情报学的学者深入研究，为图书情报学提供了新的研究思想和方法，同时也带来了更多新的课题研究方向和成果。

(三)移植型机制的缺点

移植型机制的逻辑基础是类比推理，要求移植的两个学科领域或研究主题之间有足够多的相同点或相似点。虽然，移植型的术语生成快捷、方便使用，但是由于学科与学科之间都会存在一定的差异性，在移植的过程中需要注意原术语的所表达的概念内涵，否则，在移植后的含义对接上会存在一定的误差，造成概念间的关系表达不清。并且很多新生术语在原学科就不能准确揭示概念的内涵和外延,移植到图书情报学领域就更加不适用,形成急功近利式的错误移植。

以"知识管理"为例,知识管理这一术语出自于企业管理领域,其主要内涵对员工头脑中的隐性知识进行挖掘,以提高企业的应变和创新能力,是企业中人力资源管理的一种方法。一些学者把"知识管理"引入图书情报学领域,却把其解释为对图书情报等信息资源进行深层挖掘,并把它看作信息管理的深入,使这一术语所反映的对象从之前"主观的人"转换成了"客观的信息",显然已经与"知识管理"这一科学概念的内涵背道而驰。如果尊重这一概念的正确涵义进行移植,那么在图书情报领域进行的"知识管理"应该是对图书馆员或者情报员进行相应的隐性知识挖掘和管理,而不能想当然地解释为"对信息资源的开发利用"。

四 概念揭示型机制

概念揭示型机制是指专业术语在生成过程中逐步深入地去反映概念的特有属性,从语词表达方面尽量揭示概念的基本内涵。

(一)概念揭示型机制的具体方式

科学概念的形成是一个复杂的过程,是在长期经验积累的基础上,通过对事物的不断充分认识从而揭露其本质而形成。一般而言,概念的形成主要来源分为理论型和实践型两种方式,概念揭示型机制也随之分为理论型和实践型两种方式。

(1)理论型概念揭示,是在对思维对象反复进行逻辑分析和综合的基础上,用准确的语言来揭露其本质的术语。如:"信息素养"是在对信息化社会的特点进行反复分析的基础上提出的,意指对信息进行掌控和适应的一种综合能力。虽然这一概念的外延会不断拓展,但是这一专业术语目前能够充分揭示上述内涵。

(2)实践型概念揭示,是基于实践活动的长期经验积累再上升到理论概括从而形成一种实践型的概念揭示术语。如,"馆际互借"这一术语就是产生于图书馆的长期实践活动中,它能准确表达图书馆之间通过建立馆际互借制度而进行的一种规范的图书馆服务方式。

（二）概念揭示型机制的优点

专业术语需要能够通过统一的、简明的语词来表达概念内涵，如果一个科学概念不能使用统一的专业词汇进行表达，那么专业术语就没有完全生成，就容易造成概念混乱。

而一般概念揭示型术语都是经历了较长的生成过程，在此过程中对其是否符合科学术语的科学性和稳定性有着较为严格的验证，最能够准确并且简明的揭示科学概念的内涵，是一种最基本的专业术语生成机制。如"信息资源共享"这一术语，就能够很明确的表明"信息"、"信息资源"、"资源共享"等概念及其相互关系，其发展过程中虽然经历了"图书馆资源共享"、"文献资源共享"、"信息资源共享"这样一系列的演变，但是其术语的演变一直与实践的发展过程紧密相连，也越来越准确地反映了这一科学主题的发展规律。

（三）概念揭示型机制的缺点

虽然概念揭示型术语生成机制是具有稳定、成熟、科学及符合语言习惯等诸多优点，但是其生成过程需要一个非常漫长的过程，其间语词使用不断更替，最终才能形成一个相对稳定的专业术语。

以"数字图书馆"这一概念的演变发展为例，在这一概念形成伊始，电子图书馆、虚拟图书馆、网络图书馆、无墙图书馆等诸多概念纠缠混杂、交替使用、相互说明，人们也纷纷撰文解释这些概念的关系，形成了一大批伪问题、伪研究。虽然随着科学实践和科学研究的不断深入，"数字图书馆"这一专业术语基本得到确定，但研究之初的混乱还是对研究进程产生了一定程度的负面影响。

五　三种术语生成机制的比较

专业术语是思想和认知交流的基础工具，所以术语的生成和选择对于学术科学的发展研究有着重要的意义。一般认为，专业术语的规范性需要从以下方面进行考量。

（1）单义性：即指术语的概念是否明确。术语与一般词汇的最大不同点在于它的单义性，即在某一特定专业范围内是单义的。有少数术语属于两个或更多专业。

（2）科学性：指术语的语意范围是否准确。术语应能准确扼要地表达和反映定义的要旨或内涵，并且力求简短明了。

（3）稳定性：指术语的使用是否频率较高、范围较广。已经约定俗成的术语，没有重要原因不宜轻易修改。

（4）习惯性：指术语是否符合语言习惯。其用字遣词，务求不引起歧义，不要带有褒贬等感情色彩的意蕴。

（5）便捷性：则指术语的生成过程是否方便快捷。能够在较短的时间内生成最符合需要的术语。

笔者根据上文对三种术语生成机制的优缺点分析，并结合上述五点关于术语规范要求，对这三种术语生成机制进行综合的比较（见表1）。

表1 三种专业术语生成机制之比较

	单义性	科学性	稳定性	习惯性	便捷性
转译型		√			√
移植型				√	√
概念揭示型	√	√	√	√	

由上表可以看出，转译型和移植型在术语生成的过程显示出了其便捷的优势，它能够随着新的研究内容不断产生新的词汇和术语。当然，没有经历长时间检验，其概念的准确度及稳定性都难免差强人意。相比之下，最为传统的概念揭示型术语生成机制虽然其过程漫长，在短时间内无法快捷的生成术语，但是在术语概念的准确度以及符合人们语言习惯并具有一定的稳定性上凸显了很大的优势。可以看出，概念揭示型术语是在经历了长期的经验积累和学术积淀之后，形成具有高度精简的概念术语，它遵循了事物的发展规律，也反映了事物本质的属性。

六 结语

对于一个学科来说，专业术语的质量不在于繁多与复杂，而在于精练和统一。图书情报学需要更快的发展，但是图书情报学更需要科学的发展。因此，图书情报学专业术语的生成不仅需要与时俱进，更需要厚积薄发。

参考文献

李景正:《关于图书情报专业术语的控制与标准化问题》,《情报科学》1991 年第 6 期。

吴建中:《开放存取环境下的信息共享空间》,《国家图书馆学刊》2005 年第 3 期。

姚健:《评"两门学科一个学名"论——兼析"信息""情报"概念混乱的逻辑错误》,《图书与情报》1994 年第 3 期。

楼向英:《Ontology:概念及其在数字图书馆中的应用》,《图书馆杂志》2002 年第 11 期。

周晓英:《信息构建(IA)——情报学研究的新热点》,《情报资料工作》2002 年第 5 期。

金胜勇:《谈图书馆学概念研究——兼与范并思先生商榷》,《图书馆》2004 年第 6 期。

百度百科术语,2010-07-05,http://baike.baidu.com。

基于本体的领域知识表征体系构建理论与实践探讨

周 扬* 王振国**

摘 要 为实现基于语义的知识表征，本文利用自然语言处理（NLP）的理论和技术方法，将本体应用到中药药性理论研究领域中，利用公认的中药领域知识及现代研究成果，从历史文献中提取概念，将与中药药性相关的概念术语重新进行知识架构和关联映射，对中药核心概念进行全面诠释，自动构建面向中药药性表征体系的中药本体，从理论和实践两个方面探讨中药药性数理模型构建的实现方案。

关键词 知识表征 本体 语料 自然语言处理 中药药性

一 中药药性的表征研究

（一）中药药性的表征

受历史条件限制，中药药性理论本身并不完善，各家本草，乃至同一家本草的不同版本中，对中药概念的论述往往不一致，中药概念的传统表征存在模糊性、多义性、迁移性、离散性、经验性等问题，严重影响了中药药性理论的发展和完善，需要对传统中药药性概念术语重新分析，利用新的理论与方法，进行新的知识分类与组织，确立新的中药药性表征体系。

知识表征的过程即为信息与知识进行转换，以便于识别和理解的过程，知识的表征建立在知识单元——概念的基础上。中药概念是对中药知识的高度概

---

* 周扬，女，1975年生，山东中医药大学文献研究所讲师。
** 王振国，男，1963年生，山东中医药大学文献研究所所长，教授。

括，集中反映了中药理论的各个层面及其相互关系。内涵精确、外延明确的概念是中药理论研究的必须前提。四性、五味等传统药性概念是中药理论用来"反映对象的本质属性"的一种思维形式，而不是指这些概念术语一定具有"物质基础"。药性之间具有普遍的内在联系性，更侧重于"关联决定功能"，而非仅仅由"物质决定功能"。中药药性的表征可以通过建立与药性相关的概念关系体系——中药本体来实现。

（二）本体的概念

Ontology 的概念起源于哲学领域，是"对世界上客观存在物的系统地描述，即存在论"，是客观存在的一个系统性的解释或说明。

本体引入计算机人工智能领域后重新获得新的含义，有多达上百种概念，目前得到普遍认同的关于本体的定义是 Studer 等提出的：本体是共享概念模型的、明确的、形式化的规范说明。这个定义包含了概念模型、形式化、明确、共享四层含义。

从内涵上来看，本体是某个领域内不同主体之间进行交流的一种语义基础，即本体通过对于概念、术语及其相互关系的规范化描述，勾画出某一领域的基本知识体系和描述语言，提供一种明确定义的共识，以便于人与人之间、人与机器系统之间、系统与系统之间的交流。明确、共享、形式化、可重复利用是本体的基本特征。

（三）研究目的与意义

由于人们对中药药性的认识不断发生变化，以及药性本身的复杂性、不确定性，目前，中药药性理论研究越来越趋向于立足全局，着眼于整体，追根溯源，根据其形成发展的内在规律发掘其中的内涵。本草经典著作既是历代医家对中药药性理论传承与创新的载体，也是中药药性理论当代架构的来源，但迄今为止这些理论创见仍然是以自然语言的方式存在，其内含的中药理论知识具有模糊性、抽象性、离散性等特点。相应地，与药性相关的概念数量巨大，内容庞杂，存在语言描述不规范、不精确，分类不健全、横向关联性差等问题，严重制约中药药性理论的继承与创新。明确中药药性概念，在描述方式上实现从自然语言向结构化语言的转换，从而实现基于语义的中药药性理论知识表征，并能够在领域内共享和重复利用是本文探讨的目的。

二 基于本体的中药药性知识表征体系

基于本体的中药药性知识表征体系构建分三大部分：数据基础研究、构建概念模型、构建本体平台。构建总流程如图1，构建过程如下。

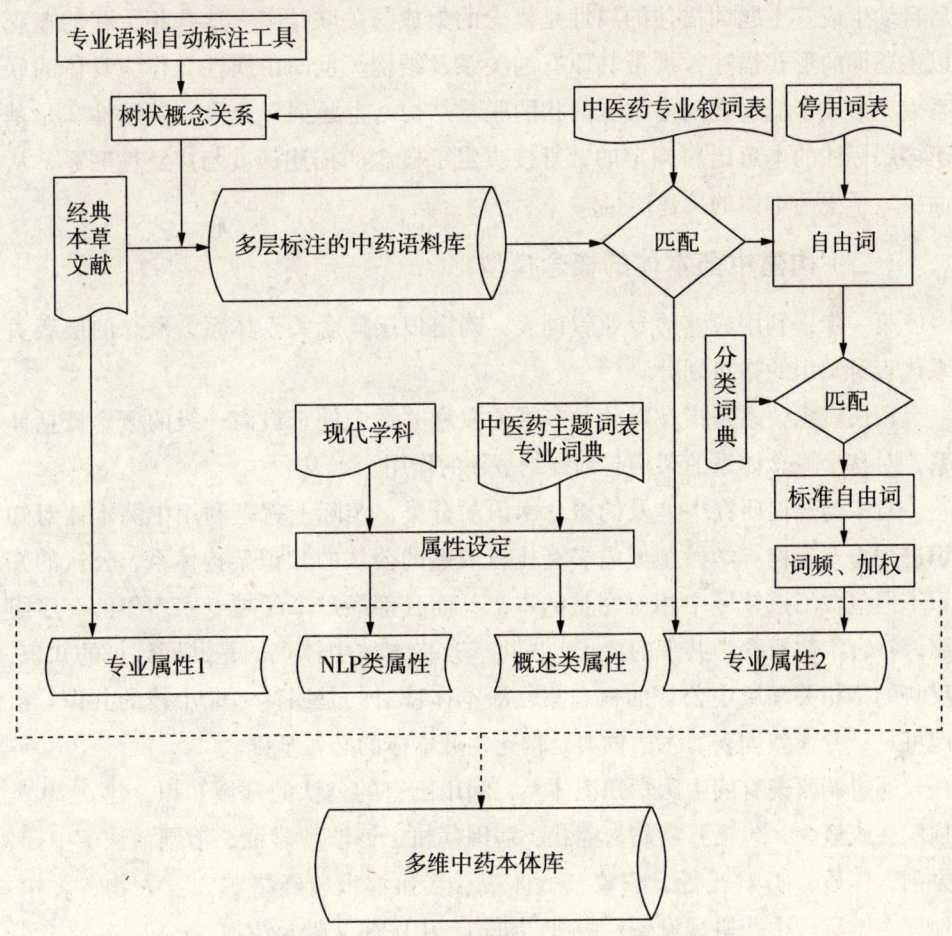

图1 基于本体的中药药性知识表征体系构建流程

（一）数据基础研究

以经典本草文献内容为研究对象，依据传统中医药学的知识特点，对本草古文献内容重新进行知识分类，构建多层标注的本草语料库。经过多层次标注，将以自然语言形式存贮的古代本草学内容转换成计算机可以理解的结构化信息，为本体构建提供必须的数据基础，形成以主题词形式描述的专业属性，以此作为关联结点，重新构建中药概念体系。

中药概念专业属性的描述方式有两种：属性1是自然语言描述，由自由文本入库后自动生成；属性2是主题词描述，基于切分标注的语料，经关联映射后自动生成。主题词描述的属性是概念的集成与关联结点，这些相关联的概念以主题词的形式描述，携带其原有的关系及结构。也即由属性2作为具体的联系点，形成了概念之间多维、网状的联系结构。主题词形式描述的属性2是基于多层标注的本草语料确定的，直接决定了概念的描述深度与广泛性联系，从而决定了中药本体的构建质量。

（二）构建中药本体的概念模型

第一步，利用成熟的专业叙词表，确定顶层概念关系体系，概念的层级关系代表对知识的初级划分。

顶层概念关系是指在网状、多维的概念关系中处于最高一级的概念概括体系，对整个概念体系的架构起到提纲挈领的作用。

对中药药性研究中涉及的概念术语的分类，实际上就是利用中药本体对知识进行重新架构。学科领域内多有比较成熟的公认的知识架构体系，公认的知识不但包含了该领域中相对完整的术语，而且都经过了领域专家多年的有序组织，符合本体概念中共享的要求。"共享"指本体中体现的是共同认可的知识，反映的是相关领域中公认的概念集，即本体针对的是团体而非个体的共识。由此可见，专业叙词表、术语词典是构建领域本体的必备基础。

通过调研现有的中医学知识体系，利用已有的公认的领域知识，建立20类顶层一级概念，包括：疾病与症状、病因病机、诊法、辨证、治则治法、中药、方剂、体质、阴阳五行、藏象、整体观、气血津液、经络腧穴、人物、著作、地理、学科、中药机械设备、中医药机构、中医药文献及情报。

第二步，构建网状概念关系，在中医药学及其相关学科范畴内，确定概念间的广泛性联系，如图2所示。

在传统知识组织方式下，概念之间是树状线性的结构，或者是二维结构，侧重描述概念之间的特定关系。在树状结构中，结点间具有分支层次关系，每一层上的结点只能和上一层中的至多一个结点相关，但可能和下一层的多个结点相关。概念之间缺乏横向的联系，远不能揭示概念之间的复杂关系。

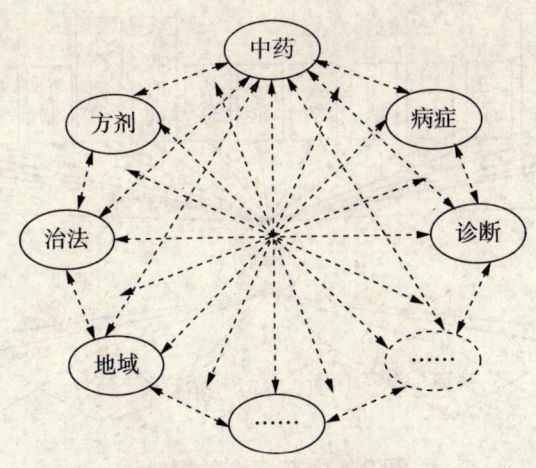

图 2 概念间的联系

中药本体描述概念之间关系采取嵌套的、网状的结构。在网状结构中，任意两个结点之间都可能相关，即结点之间的邻接关系可以是任意的，网状结构用于描述更复杂的数据对象。首先，选择《中医药主题词表》中"中药"类作为知识描述的基本单元，建立中药类的层次结构体系，以此建立知识的特定关系。然后，通过对中药的知识分析，以其他类（病证与症状、方剂、体质、治则治法……），或者从其他类中拆分出的相关概念，作为对"中药类"的属性，从不同角度描述概念，以此建立中药类知识的横向广泛性关系。

而中药类的这些属性同时又可以作为单独的类目，拥有单独的属性值，具备完整的概念间的特定关系和广泛关系。例如，病证与症状类目下又设置中药、方剂、体质、治则治法等属性，从而形成概念间的关联映射。

第三步，重构知识描述体系，确定中药及相关概念的属性，如图3所示。

建立概念的网状关系虽然可以改变概念体系的描述结构，但是没有改变对于知识本质的描述，因此，必须依据中医药专业领域的知识，对中药的知识体系进行重构。我们针对中药药性理论，重新组织中药学领域的知识。

概念是特有属性的反映，从一般属性到本质属性，反映了对知识的认识由浅入深。可以说，属性用来描述概念的性质，是一个概念区别于其他概念的特征，是概念与概念之间联系的纽带。属性明确定义了概念。重构中药的知识描述体系，必须以中药药性知识为核心，利用各种相关属性进行描述。本文将中

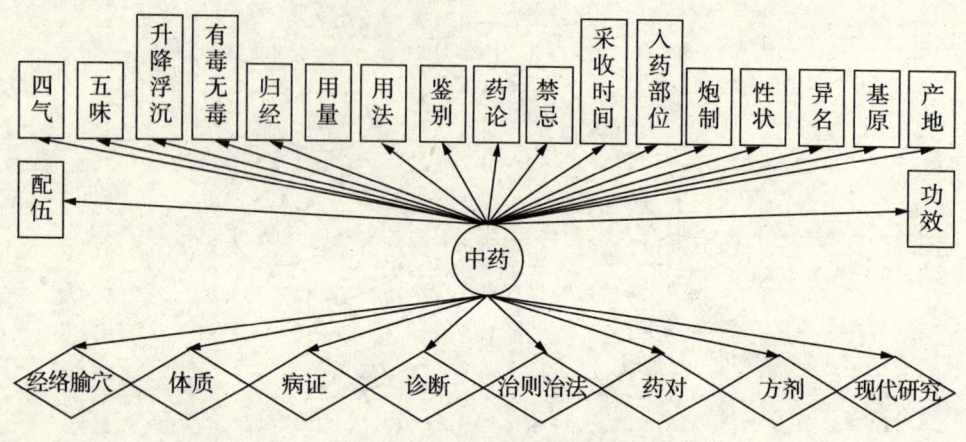

图3 中药概念的属性

药本体顶层概念框架中的其他类合并、拆分,得到中药类概念的属性描述,包括29种专业属性关系:四性、五味、升降浮沉、毒性、归经、功效、炮制、性状、异名、产地、采收时间、基原(原植、动、矿物)、用法、用量、禁忌、配伍、主治病症、诊断、治则治法、药对、方剂、体质、脏腑经络、入药部位、药材鉴别、中药各家流派、现代药理、现代临床研究、化学成分。

第四步,重构知识描述形式,自然语言描述与主题词形式描述并重。

为了获得广泛意义上的构建方法与技术,本文突破学科限制,从自然语言分析和知识挖掘的高度出发,将每个概念的属性描述都分为三种方式:概述类描述、NLP语义类、专业类描述。专业类描述又包括传统药性属性、中药现代属性,每一种属性均采用两种方式描述:自然语言描述和主题词描述。

概述类描述:名称、英文名、释义、代码与约束。其中名称、英文名、代码等由主题词表等所带信息自动生成。释义是利用概念词(主题词)与专业词典词条匹配后,实现概念定义文本的自动填充。

NLP语义类描述:由自由词(NLP自动切分)、同义词、相关词、中文概念词典(CCD)词等构成。

专业类描述:每个概念的专业类属性又分为两种描述形式:属性1为自然语言文本描述,属性2为主题词描述(NLP主题自动标引)。

(三)构建中药本体平台

本文所用领域知识库编辑平台是在对国外著名本体编辑平台Protégé进行汉

化的基础上，进一步开发、扩充功能得到的。

充分利用公认的领域知识，并将其自动导入平台，是实现快速构建领域本体的必备条件之一。因此，在系统实现之初，同时开发、编制了多种针对性工具，并自动导入多种中医药学领域知识，如《中医药主题词表》、《英汉医学辞典》、《中医药学名词术语》等，成功保存其原有的知识结构。图4表示了整个构建平台的开发结构，图5是中药本体的一个实例。

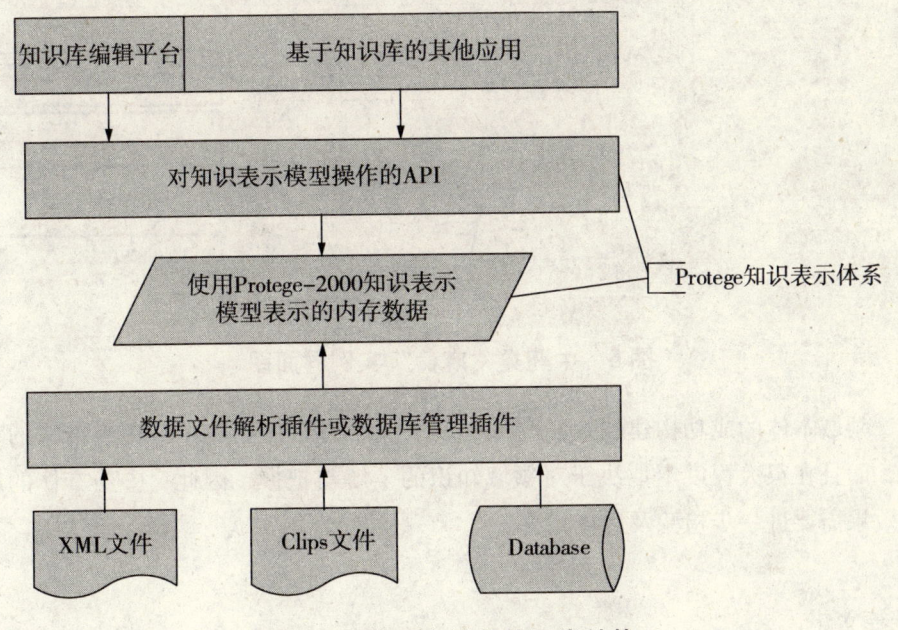

图4 构建平台的整体开发结构

图片来源：胡永伟：《中文本体构建平台开发及关键技术研究与实现》。

平台的基本功能是创建以及编辑领域本体，还有一些其他功能，如，支持各种不同格式数据的自动导入、将当前的本体保存为各种格式、本体数据的检索等。

本研究使中药概念具备开放、共享、可重用、标准化的特点，将为实现中药传统药性理论知识体系的数字化表征开辟新的途径。针对中药药性表征体系构建的中药本体，不仅能够辅助领域专家更好地理解本领域的知识，为中药药性理论的发展提供必要保障，而且对基于文本内容的中药数据挖掘、中医药古文献加工以及中医药信息整理与加工提供一个强有力的工具，同时为科研人员提供新的研究思路与方法。

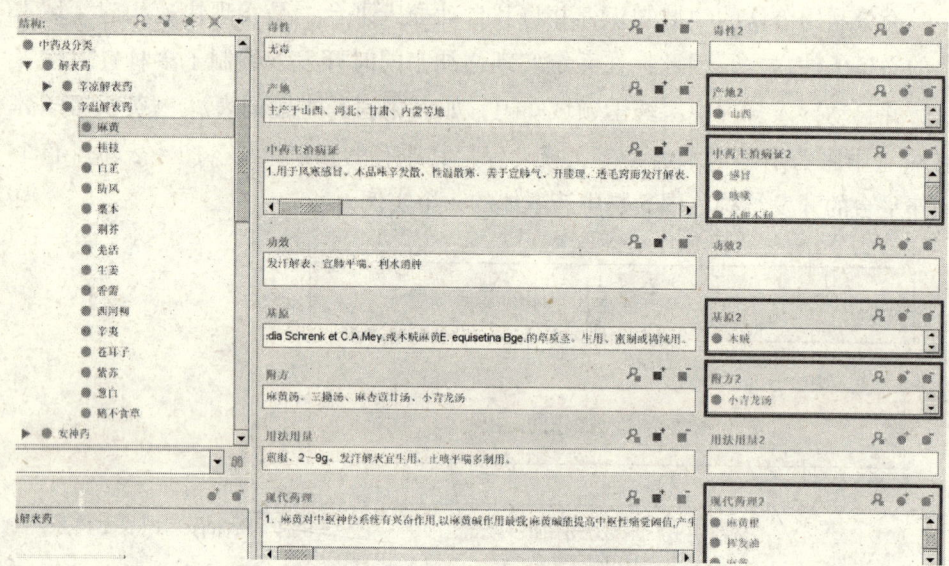

图 5　中药类"麻黄"实例界面图

领域本体的成功构建和效能高低不仅取决于对本体构建本身逻辑结构的掌握，而且在很大程度上取决于对领域知识的了解与把握，因此，中药本体的应用效果需要进一步检验及逐步完善。

参考文献

周福生、赖小平等：《中药药性理论模型化表征方法研究思路》，《世界科学技术－中医药现代化》2009 年第 11 期。

Studer R, Benjamins V R, Fensel D. "Knowledge Engineering, Principles and Methods". *Data and Knowledge Engineering*, 1998, 25 (12): 161 - 197.

北京中医学院：《中医药主题词表》，北京科学技术出版社，1987。

刘耀等：《中医药本体概念描述体系的自动构建研究》，《现代图书情报技术》2008 年第 5 期。

胡永伟：《中文本体构建平台开发及关键技术研究与实现》，北京大学硕士论文，2008 年。

论知识资本要素在经济价值链中的作用

罗繁明[*]

摘 要 本文以经济全球化竞争为研究背景,以知识资本在国际分工的价值链中为什么能占据制高点优势为研究的切入口,以知识资本增值运动为研究对象,对形成知识资本增值过程的要素进行了属性分析,从中找出了对资本增值有影响力的八个要素,并对八个要素的概念、特性与作用及相互关系分别进行了论述。这一研究成果的理论创新价值在于对弄清知识资本要素是怎样聚集在经济价值链中发挥价值增值作用的拓宽了新的研究维度,这对制定外向型知识经济战略、知识资本价值链重构、化不利因素为积极因素、在国际分工合作中抢占主动权等方面都具有十分重要的认识论对照价值,特别是为知识资本研究的普及性提供了一个深入学习的角度。

关键词 知识资本 要素 增值 优势

一 引言

全球信息化引发的知识革命为经济全球化向知识经济时代转型提供了加速度。知识已经超越仅是为帮助人类记忆和提供传播的功能,直接成为社会生产力的主要素。现代新知识的不断增长和被广泛应用,为资本运动不断提供新的工具。知识资本作为市场竞争的核心要素,具有占据经济全球化贸易制高点的优势。如何充分认识和发挥知识资本要素对经济增长的作用,合理配置这些要素资源,关系到企业的生存与发展。本研究企图从知识资本的定义出发,理清无形知识资产与无形知识资本之间的关系,明晰知识各要素在资本增值的作用

---

[*] 罗繁明,男,广东省社会科学院研究员。

和分工,为知识资本管理提供导航参考。

二 知识资本的内涵

经营管理者都明白,如何让企业资本增值是企业的根本使命,而利用知识节约成本成为投资者首选。当前,跨国公司决策层和知识管理工作者、研究者最关心的莫过于想知道,在全球价值链中,知识资本是如何对散布在全球的处于价值链上的企业进行从设计、产品开发、生产制造、营销、交货、消费、售后服务、循环利用等这些活动获取资本增值的。我们不难发现,企业资本增值的过程是一个由企业内部组织生产资料总动员生产出产品,由产品转换成商品,由商品置换成增值资本的过程。其中,作为生产资料主要素的知识资产是具有预期资本增值优势的核心要素资源。所谓企业知识资产是指不具有实物形态而以知识形态存在的无形资源,并为其产权所有者提供某种权利或优势,能够潜在地带来经营收益的特殊资源;是知识产权拥有者的知识资本"库存",其与有形资产一起构成知识型组织的资产总量。知识资产与知识资本的区别在于前者置于企业内部成长时是资产的性质,它只有以产品形式为载体进入商品市场交换形成增值效应时才能形成知识资本。由此可见,无形知识资产是一个未投入市场前的由产权所有者持有的静态资产,这些静态资产包括知识型企业所拥有的能为企业提供某种权力或特权的各种固定资产,知识产权及生产资格、如商誉、商标、专利权、版权、特许营业权等及品牌知名度、影响力、客户资源+内部的组织智力结构的资产总量+由脑力劳动与体力劳动相结合创造生产出的具有潜在剩余价值的附在产品中的知识资产总量+附在生产设施中的高精密技术知识资产总量。当产品从成本车间投放市场博弈时,产品变为商品,进入市场价格调节的交易额成为检验其商品价值的量度。

可见,所谓知识资本是指知识生产者将知识投入经济运营产生的剩余价值,是企业在生产经营过程中利用知识为企业提高效率,节约成本,能够为个人或企业带来剩余价值的预付价值。知识资本能够转化为市场价值的知识,表现为当商品销售总量超过成本总量界线时,依附于商品的知识资产开始发生增值的过程,这个过程我们称为知识资本。对于企业或个人来说,知识资本是指拥有者拥有的能够带来预期增值利润的知识和技能。增值能力是资本最根本的特征,也是知识资本管理的最终目的。

鉴于上述，知识资产是通过脑力劳动和体力劳动相结合产生的沉淀于人脑或借助符号从人脑移植到人体以外的其他物质上存储的一种潜在的可以增值的资本要素。通常情况下，这些要素散落在企业的各个生产经营环节中和企业之间的价值链中，存在于知识生产者的头脑里或物化为产品或被收集整合为知识型组织的专家系统的组织结构里或由产品变为商品过程的营销组织的商业模式中，需要对其进行有序地整合和合理配置，才能成为知识资本，为企业提供增值服务。因此，将知识管理植入企业运营的全过程，也是对知识资本各要素进行知识价值有效配置、增值交换的过程。知识管理相对于其他传统管理而言，前者更具有将知识资源的成本降到最低，成本周期最短，出现利润最早的优势。检验知识资本是否增值，只有通过知识管理审计结果，对照知识资本投入前后企业的资产平均回报收入来判断知识管理是否奏效。

综上所述，知识资本各要素在进行价值交换前，是作为企业生产的无形资产存在的，只能计算为企业的成本，只有当产品作为商品交换产生利润时才具有知识资本的品质。但是，由于知识作为一种需要意识形态转换才能利用的无形资源，它的价值是依附于物化的产品而存在的。离开物化的产品依托，知识的无形特性并不能独立体现其资本价值和进行价值增值能力的评估和计算。

怎样知晓和控制知识资本在企业价值链中的增值情况？国外于20世纪80年代起开始以企业为对象进行建模研究。列夫·埃德文森在《智力资本》一书中认为，企业知识资本由人力资源和知识资产两部分组成。斯维比将知识资本分为：雇员能力、内部结构和外部结构三部分。托马斯·斯特瓦特、圣特·昂格认为，知识资本价值体现在人力资本、结构性资本、顾客资本。瑞典斯堪的亚保险公司提出将知识资本分为五部分：财务部分、顾客部分、过程部分、更新与发展部分和人力部分，并且前四部分以人力部分为核心。Brooking研究所提出技术经纪人的知识资本审计模型：市场资产、人力资产、知识产权资产和基础结构资产。Baruch Lev与瑞士信贷资产管理公司的资产管理者Marc Bothwell共同发明的知识资本记分卡，将客户、供应商关系和劳动力质量（人力资本）统称为知识资本，同时认为知识资本解释了为什么一个公司能够获得高于资产平均回报的收入。

归纳起来，我们把知识可以转换资本的要素整合起来，形成一个可持续发展的运行体系，其中主要包括：人力知识资本、知识产权资本、组织结构资本、客户信用资本,我们将其定为知识资本主要素,是企业知识资本的内核;以此发生密切相关的要素有比较优势资本、创新优势资本、成本优势资本和投资优势资本等,属于知识资本的外延要素。这些要素间都具有各自独立的相对价值,同时在其价值创造和增值的体现上又存在着相互关联、相互作用、相互发展的过程和结果的关系。

三 知识资本各要素的分工与作用

(一)知识产权资本

所谓知识产权资本是以核心知识或稀有知识组成的具有市场竞争力和资本增值属性的人的智力成果,是由人的大脑隐性知识集合化生成并通过信息符号为载体转换为显性知识成果并可以转移到其他物质载体保存和受法律保护、具有资本增值价值的无形资源。知识产权的主体就是对知识(智力)成果所有权的界定和保障,是企业可利用、可产生直接和间接经济效益的知识(智力)资源的资产性体现,同时具有可确定的价值增值能力和价值比较评价指标。知识产权的客体为智力成果,包括专利、著作权、商标、商业秘密等。知识产权具有财产无形性、权力法定性、生产专用性、地域有限性、时效有限性、产权转移性、多次复制性等特性。知识产权的自然属性来自原生态自然人的大脑所产生的有价值的信息符号;其社会属性来源于知识产权属于社会稀有资源,受法律保护,同时需要社会交换才能实现资本增值。由此来看,知识产权既是无形资产,也是无形资本。在企业生产内部计入成本,在市场交换时增值部分计入资本。

在企业的管理实践中,知识产权资本是最能体现企业知识资本价值增值能力的无形资本要素,知识产权把产权权利赋予专利、商标和版权等具体财产。这些无形财产已经被许多企业纳入会计结算中得到确认。

另外,知识产权的资本化发展趋向也越来越显现出法律性。知识产权作为企业的无形资产已在经济和法律的层面得以确定,知识产权的价值在产权市场的交易中也得到了充分的体现。我国《合伙企业法》第11条规定:"合伙人可以用货币、实物、土地使用权、知识产权或者其他财产权利出资;上述出资应当是合伙人的合法财产及财产权利。"我国《公司法》、《外商投资企业法》等企业法律制度也在不同层次上有相似的表示,这从法律的角度体现了知识产权的资本特性和经济要素的特征,还反映出知识产权资本和人力知识资本、组织结构资本所构成的知识资本价值链是企业组织最主要的价值要素,是知识资本管理中不可分离的内核部分。知识产权资本对于科技型企业的价值作用尤为突出,甚至是相当部分科技型企业的主要资本构成的基础及体现企业资本价值增值能力的核心要素。开展以知识产权的实施为基础,实现知识产权权利联盟、权利转让、权利融资和权利许可为内容的知识产权资本运营的资本价值增值,是企业实现利益最大化的目标。

(二)人力知识资本

人力是知识诞生的唯一着床地和原生态载体,对企业来说,知识资本的创造和价值增值的实现就是由其所雇用的员工来实现的。那么,知识员工是企业组织生产的基础,人力知识资本便是知识资本要素的基础。所谓人力知识,是指以脑力劳动为主要特征,体现历史发展阶段先进生产力水平的有效劳动。所谓人力知识资本是指人力知识投入生产,比一般劳动更节省劳动成本和物质生产成本,能促进生产率提升,在市场竞争中,具有增值优势而且能带来更多利润的劳动。概括性地说,是去掉劳动成本的那一部分剩余价值。从资本的角度,本文所指人力并非是单纯的体力劳动的人力资源投入,而是指经过投资和培养,拥有具有经济价值的知识、技术、能力,能进行复杂、高级的脑力劳动,可将其称为智力资本。T. W. 舒尔茨将其称为体现在人身上的技能和生产知识的存量,即人力资本。他说:"我们之所以称这种资本为人力的,是由于它已经成为人的一部分,又因为它可以带来未来的满足或者收入,所以将其称为资本。"由此,为了更充分地理解人力资本的知识化特性,我们将其称为人力知识资本。人力知识资本的特性主要表现为隐性知识化、难以转移性、生态性、可创新性和可成长性。

人力知识资本的作用主要由知识管理组织来完成。有的专家认为,反映人力知识资本管理状况的具体指标主要有员工职业发展水平、员工满意度和专业人员流失率三个方面。

员工职业发展水平 = 企业为员工制定个人职业发展计划的人数 ÷ 员工人数

员工满意度 = 满意员工人数 ÷ 员工人数

专业人员流失率 = 专业人员辞职人数 ÷ 专业人员总数

这种依据于会计学所提出的资产定义并不能完全反映出其对人力知识资本

产生的经济影响，因为人力知识资本是对人力资源进行资本性投资后形成的结果，所以人力知识投资和创新的成本、效率、成果及产出的优势比较等方面的内容也应是反映人力知识资本管理状况的重要指标或要素，这些指标或要素有的是可计算其经济价值的，有的则是无法计算。这与无形资产的定义分歧有关，但这并不妨碍管理者对人力知识资本的管理，因为从对价值创造的贡献这个意义来说，人力知识就是能对企业产生经济影响的、可进行投入和产出价值比较的存量资本，而这种存量资本是可以发展和成长的能力。以人力知识资本占主导和主体地位配置资源的企业，知识工作者的地位由过去无产阶级转为知识资本家，他们与企业主的关系由单纯雇员与老板的关系转为契约合同关系下的双赢关系。如果企业环境对知识工人成长不利，知识工人将会连人带专有的隐性知识"跳槽"，企业因人才流失可能会造成企业生产链的知识缺口，导致企业内部创新知识链和价值链的断裂，进而影响到企业的知识流的正常循环和威胁到企业生存的生态环境，进而会让企业竞争对手有机可乘，导致此消彼长的竞争态势。因此，人力知识资本管理就是根据企业知识工作者的贡献大小依次配置资源。

可以说，人力知识资本是企业创新，形成知识产权、组织结构、成本优势的竞争基础。

（三）组织结构资本

20世纪90年代，结构资本或组织资本的概念被引入到了知识资本要素的范畴中。斯维比认为，"结构资本是组织自身蕴涵着的结构性隐含知识"；弗郎西斯·赫瑞比认为，"组织中的结构资本，可以是计算机系统、网络，也可以是简单到电话、会议室，这些结构资本对于充分发挥智力资本的作用占有举足轻重的地位"。陈光第认为，组织结构资本"是使企业得以运行的那些技术、工作方式和程序，这其中包括企业文化、评估风险方式、管理销售队伍的方法、财政结构、市场或客户数据库"。也有专家认为组织资本或结构资本是指企业组织结构、制度规范、组织文化等。虽然上述这些文献对组织结构资本的定义和表现形式的确定并不一致，但也形成了一种较为主流的观点，即结构资本是蕴涵在企业组织机构、制度规范、企业文化中的组织性资产，它体现了组织聚合人力资源、创造价值的潜在能力和运作机制，而不是单纯地指企业组织结构本身。

从上述来看，组织结构资本一般应包括领导力、组织战略、文化、规则和程序以及制度、措施、信息化手段、品牌形象等，目前一些组织将智库的作用作为组织结构资本的最重要部分。

综上所述，所谓组织结构资本是一个具有市场竞争力的组织内部运行模式。主要包括智力资源、核心技术资源、客户资源和信息化运行平台。它的特性表现为运行模式的主体核心知识的不可显性。组织结构是无形知识的客体，也具有明显的无形资本特性，因此结构资本在本质上是一种基于知识的资本。作为对知识资本进行管理的协作机制和整合机制，组织结构的目的和作用就是创造新的资本和程序。企业组织通过各种制度创新、组织文化安排，提高企业的系统效率和价值创造能力，为资本增值提供动力。

衡量一个组织体系是否具有创造价值的能力，应首先看其组织结构资本的生产系统的效率，即表现为能否形成有效的转换机制，使个体人力智力资源最大限度地转化为企业的人力技术资本。

根据资本主义商品经济运作模式的资本流动总公式：$G—W—G'$，G 代表货币资本的投入，W 代表生产的产品，G' 代表卖出产品所获得的成本＋剩余价值。只有当 $G' > G$ 即实现剩余价值时，这个模式才能循环下去。组织结构资本同样适用这一周期定律。组织结构资本的周转速度决定了组织的效率和生命。否则，松散的个体知识是不会自动地聚集在一起，为企业资本提供增值服务。

组织结构资本的组织力主要表现为：其一，人力知识资本和有形资本的结合，即企业运用合适的人力资源去管理、运营企业所拥有的包括资金、土地、厂房、设备等有形资源，以人力知识资本价值创造实现企业各种资本的增值创效；其二，人力知识资源的协调和整合，需要营造组织集体心智模式的价值观，为实现组织目标，创造人力知识资本的最大价值。

实际上，企业人力知识资本的本质是流动的、个体性的，组织结构资本的优劣直接反映了企业将个体化知识、经验、能力等知识资本进行管理及转化为集体所拥有的财富的能力。结构资本各要素所产生的价值是难以从企业其他资本要素总体价值表现中分割出来进行反映的，"只能通过这些要素对企业组织力的综合影响以及它们之间的相互关系来判断结构资本在企业中发挥的作用"。

（四）客户信用资本

客户是知识型组织创新成果或产品价值实现的载体，也是获取新的创新元素的动力与源泉。客户资本与客户信用资本与前面所述的知识产权资本、人力知识资本、组织结构资本同属于知识型组织的智力资本范围，是知识管道化生产的相关环节。

所谓客户资本是指企业与上下游客户及战略合作伙伴之间价值链分工合作下产生的利润关系，是知识型组织（企业）与客户之间保持可持续联系或合作的动力。

客户资本具有如下特性：①创新性，客户在对商品使用中的新知识、新发现、新经验、新欲望或提出新需求，为知识管理组织创新提供新源泉；②外生性，企业为了培育客户资本市场，将不断地从以产品为中心向以客户为中心转移，客户资本的形成主要取决于客户的满意度和忠诚度；③服务性，客户资本的载体是客户，顾客忠诚度主要通过营销渠道和服务质量去获取；④整合性，客户是企业赖以生存的基础，企业的员工文化、价值取向、社会责任、产品上市等都要服从于客户资本的运作。

信息化时代下企业经营构成客户资本的基本要素主要包括基于 Web 的 CRM 系统客户关系管理。CRM 管理系统由客户信息管理、销售过程自动化（SFA）、营销自动化（MA）、客户服务与支持（CSS）管理、客户分析（CA）系统 5 大主要功能模块组成。专门提供客户服务和利用各种客户信息、关系资源提供信息情报数据资料服务的数据管理平台；企业的营销渠道模式；企业信誉程度、服务满意度和客户忠诚度等。

（1）建立基于 Web 的 CRM 系统，是一个客户关系管理系统。通过网络管理能够及时了解到顾客的知识、经验、欲望和需求等。

（2）建立客户档案资源数据库，通过数据挖掘（Data mining）、数据归档（Data profiling）、数据仓库（Data warehousing）和 CTI 技术完成分类和顾客喜好等信息的收集工作。

（3）建立基于 Web 的营销渠道模式，构建以 CRM 系统、CTI 系统集计算机电话一体化交互作用下的客户服务平台（中心），设定客户服务基准要素，以此达到客户服务质量无国界的统一标准。

在全球经济一体化时代，客户资本是相对供应链或生产链或价值链的主体而言，如将一个生产企业看成主体向上游购置原材料，除了投入实际资本所获得的部分外，还可通过本身企业的信用程度经过对方评估，可在上游企业中申请获得部分赊购，通过赊购扩大再生产能力进而加速资本的周转和积累，我们可将赊购部分看成为客户信用资本。

所谓客户信用资本是指主方与客方在资金净值交易之外通过客户信用条件达成赊购交易双方所获得的预期潜在利润。如将上游企业作为相对主体而言，如果企业有较大的剩余生产能力，那么，它因信用销售不足而放弃的潜在收益就很大，这时因适当增加信用销售额度。信用销售扩大的收益与企业可变成本的大小有关。如果生产产品中的可变成本较低，那么，增加信用销售所带来的现金流量的现值就较大，从而收益也就较高；反之收益则较低。信用销售额度应设有风险底线，额度过低将影响到企业的销售收入，额度过高将会加大企业的风险。

但是，我们又从中发现客户信用资本不能独立地作用于企业经济价值实现，更不能脱离实物资本实现本身资本价值的增值。

四　有效配置知识资本优势要素

上述知识资本要素是一个企业面临外界竞争应具备的内部响应的知识储聚，是企业竞争优势的内核，也是衡量企业占据市场份额的投资砝码。但是，任何一个企业或地区都不可能占据所有的知识资本优势要素，于是，充分认识各自优势，知己知彼，优势互补，是当今世界合作双赢战略的共同选择。一个企业不仅要占有上述知识资本要素，还应充分利用下述资本要素为己所用。

（一）比较优势资本

比较优势是指"如果一个国家在本国生产一种产品的机会成本（用其他产品来衡量）低于在其他国家生产该产品的机会成本的话，则这个国家在生产该种产品上就拥有比较优势"。在经济全球化的背景下，掌握技术优势的国家，往往将具有技术与成本优势的产品放在本国生产，而将在本国生产成本高于其他国家的产品或零部件转移到成本低的国家生产；从对方国家的角度来看，成本低是该国的比较优势。比较优势经济理论思想出自亚当·斯密（Adam smith）著的《国富论》的比较成本理论思想。李嘉图认为，即使一个国家在生产成本上没有绝对优势。但只要比较其他国家在生产成本上具有相对优势，就可以通过生产其相对成本较低的商品去交换别国生产的相对成本较低的商品，并因此获得比较利益。

本研究认为，所谓比较优势资本是指在市场竞争环境中具有话语权的出品单位从比较成本出发，通过对合作方的遴选获得利润空间。在国与国之间，地区与地区之间，单位与单位之间由于相互资源的占有、分配和利用等情况的差别，造成了比较优势的产生。而比较优势的差别直接导致了生产物品的专业化（即所谓"社会分工"）和贸易的产生。比较优势资本原理所引发的利益驱动，使社会化、专业化、职业化分工更加精细，社会资源流向资本增殖的差异地区，使资源配置更为合理，成本更加节省。这种比较优势的结果是当每个人都能够专门地从事自己最擅长的事情时，生产就会变得更加有效率，从而整个社会可创造物质财富总量与其整体经济福利便会有所增加。成本比较最关键的是由掌握具有先进性设计理念及技术设备优势的一方掌握合作主动权，主动方一般会根据比较优势原理在全球领域寻找合作伙伴，综合成本比较是选择合作方的基本条件，与由掌握廉价生产资料优势的地区合作生产出具有市场价格竞争优势的商品在推向全球需要的地区上市，获取比本土生产更大的利益，这是当今经济全球化的趋势。所谓先进性是指利用最低资源成本创造出资源利用率最高的知识成果或物质成果。比较优势资本理论，促进和优化了世界贸易和全球经济一体化的分工，同时也加速了财富分配的两极分化。如何利用比较优势理论，充分发挥本地本单位或个人的差异优势，为本体获得最大利润空间，是一个地区、一个单位或个人如何利用自然资源和社会资源的战略抉择。其中，比较优势为专业化生产提供了机会资本，专业化生产所带来的总产量增值，为社会提供更多物美价廉的商品。

比较优势资本相对企业而言，是指企业所具有的能力比竞争对手更具有优秀的品质，这种品质体现为作为赢利性经济组织内部的各种资源要素和资本要素的"素质"。企业最主要的能力是通过经营能力占有更多的市场，因此在企业内部，比较优势具有潜在资本的特征。美国著名的市场营销专家杰鲁姆.麦卡锡（E. JEROME McCarthy）指出，企业的比较优势主要可以体现在四个方面：成本优势、技术优势、资本优势、供应优势。

事实上，比较优势作为企业资本并不能直接产生企业的竞争优势，比较优势主要是指生产要素（资本）的比较，竞争优势是指产品的比较。从比较优势到竞争优势需要一个转换的过程。

（二）创新优势资本

在消费决定生产的时代，顾客是企业的"上帝"。如何围绕迎合客户的需要进行生产适销对路的商品,是企业资本积累的出发点和终结点。一个品牌在市场上的生命周期能维持多久,关键是产品在市场的影响力。影响力的持续来自品牌内涵的不断更新符合时代的消费潮流。如何通过影响力来引导消费潮流,这需要创新,创新优势就成为市场竞争中的资本。引领创新优势的品牌就拥有了这个行业价格战的话语权。可见,所谓创新优势资本是指知识型组织具有的透过学习力与创新力在市场竞争中比同行获取更大的市场和利润空间的智力和能力水平。智力成为资本是指一个企业面对市场竞争研发生产的新产品抢占市场的速度快过同行;能力成为资本是指研发能力、生产能力、营销能力和情报跟踪服务能力等的综合基准素质打造出来的品牌对市场的影响力高出同行,产品收益超越同行。这些智力与能力出自知识管理的组织创新。也就是说,创新优势资本的形成和价值创造受到企业知识管理水平直接影响。

企业如何形成创新优势资本?埃德文森和沙利文指出,在知识资本理论框架下,企业促进企业人力资本的创新活动,这种创新转化为知识资产后即成为企业的财产;促使结构性的经营资本与创新相结合,让创新成为商品;结构性的资本主要包括人力知识、组织结构、知识产权等知识资本要素,它们是形成创新优势资本的重要因素。其中,企业文化是凝聚员工个人知识集合化的行动指南,成为创新优势价值实现的灵魂。同时,企业的战略规划目标、产业形态、资本等内在因素,及经营环境、市场环境等外部因素也影响着创新优势的形成。创新优势的获取还可以通过知识产权的引入、合作、交换等知识转移形式来实现。创新优势的内容主要包括理论创新、制度创新、科技创新和文化创新。它们之间的关系应该是以理论创新为指导,以制度创新为保障,以科技创新为动力,以文化创新为智力支持。

在知识经济时代,一个创新模式的成功经验可同时在多个不同地方复制克隆。创新模式=(学习力+创新力)×复制力=创新优势资本。学习力是指一个知识型组织(企业)标杆学习的消化吸收能力加速度,创新力是指在学习消化吸收的基础上的自主创新能力加抢占市场先机的能力,复制力是指新产品上市后经营模式的覆盖能力加速度。在计算机网络与电子信息技术的支持下,创新优势资本三个阶段形成无缝接轨的螺旋式快速积累。

(三)成本优势资本

所谓成本优势是指出品方生产出的产品在市面上与同行生产的同类产品相

比，具有同一水平标准、使用价值相同、品质相当而生产成本却低于同行或价格低于同行所获得的市场竞争优势。成本优势可从多方面获取，如占据得天独厚的地理位置、争取获得的优惠政策、先进的组织制度优势及运行机制、适宜生产力发展的管理体制、经济规模效应下的成本优势、资本优势、市场优势、价格优势、产品优势、资源优势、战略优势、技术优势、供应链优势、开发和创新能力、技术和装备的水平、人员意识和能力（人才优势）、高效率的营销模式等方面。如何挖掘潜力，降低成本是实现成本领先战略的主要途径。所谓成本优势资本是指某企业的产品与同行业同类产品相比，投放市场的商品由于占据成本优势，收回成本的周期比竞争对手快，实现利润的周期早于其他企业出现。

成本优势理论最早出自英国古典经济学派主要代表人物亚当·斯密创立的绝对成本说（Theory of Absolute Cost）、地域分工说（Theory of Territorial Division of Labor），也称绝对优势理论（Theory of Absolute Advantage）。所谓绝对成本，是指某两个国家之间生产某种产品的劳动成本的绝对差异，即一个国家所耗费的劳动成本绝对低于另一个国家。亚当·斯密主张，如果外国的产品比自己国内生产的要便宜，那么最好是输出在本国有利的生产条件下生产的产品，去交换外国的产品，而不要自己去生产。该理论将一国内部不同职业之间、不同工种之间的分工原则推演到各国之间的分工，从而形成其国际分工理论。大卫·李嘉图继承和发展了绝对成本说，提出了比较成本说。所谓比较成本说认为，国际贸易产生的基础并不限于生产技术的绝对差别，只要各国之间存在着生产技术上的相对差别，就会出现生产成本和产品价格的相对差别，从而使各国在不同的产品上具有比较优势，使国际分工和国际贸易成为可能，进而获得比较利益。比较成本说揭示了人类分工协作的大道理。赫克歇尔—俄林继承和发展了李嘉图的比较成本说，提出了要素禀赋论［所谓要素禀赋（factor endowment）是指一个国家拥有的生产资源］，用生产要素的丰缺来解释国际贸易产生的原因。

进入知识经济时代，智力资本成为成本优势的第一生产要素，在国际分工中占据话语权的地位。利用智力资本资源交换别国不可再生的稀有资源，经过深加工后又从别国换取稀有资源，成为当今世界国际分工的格局。要打破这一格局，未有智力资本主动权的国家或地区或组织，应大力发展学习型、知识型组织或创新型国家战略，利用知识管理思想，加快自主创新，这是一个国家或民族立于世界强国之林的国策。

现代经济是从劳动密集、科技密集至知识密集的经济演化过程,这个过程是个梯度发展的进程,也是个互补共存的过程。而在此过程中,对于企业成本优势的定义也发生着从人力(体力)资源成本到资本成本再至知识成本的内涵变化。

但是,以同行业前沿技术为标杆的知识管理正在成为企业产品创新和市场竞争的成本优势资本,即知识管理在构建成本优势中发挥的组织结构作用。

(四)投资优势资本

投资优势一般是指投资方为了实现预期收益最大化,在全球视野下寻找具有成本优势的合作方进行资源整合与资源优化配置,经过 G—W—G′ 的资本流动,从中获取新的市场竞争优势。投资优势主要由创新设计、先进技术、先进设备、资本优势、地理区位优势及土地、劳动力、水电、原材料等成本优势要素组成。投资优势资本是指占有资本优势主动权的投资方选择有经济成长价值优势或资源互补优势的另一方进行投资合作生产销售经营所获取的超越成本的新增长收益。本文所要描述的投资优势资本是指在知识管理的资源配置下,具有高技术知识资本的一方与具有成本优势的一方合作所产生的剩余价值或具有金融风险投资资本的一方与知识密集型生产一方合作获取投资风险最小化,机会成本最小化、投资收益最大化的竞争优势。利用知识管理原理对投资优势资本进行有效管理,主要是从如何节约成本和提高知识增值能力两方面展开对显性的有形资产进行有序量化控制和资源合理配置;而对进入投资优势资本中的无形资产如知识产权、品牌、智力资源、技术信息、客户和信用资源,还有企业的组织结构、企业的生产能力、技术创新能力、市场开拓能力等等隐性资产在实现资本增值的过程中如何进行量化它们产生的剩余价值,是知识管理必须要回答或解决的课题。知识管理对投资优势资本的管理,是以知识为基础,以知识管理为载体而形成的、具有比较优势特质的资本配置形式。

五 小结

随着知识经济时代的来临,知识资本要素正在对生产力发展产生着决定性作用。资本运动方向取决于资本要素合理配置,因地制宜优化知识资本配置成为经济效益最大化的活的灵魂,而优化配置又是来自知识管理对知识资本的作用。对知识型企业而言，最重要的生产要素将不再是传统的物质资本，而是核心知识资本。知识经济强调知识是资本的重要构成，对知识的有效管理能够促成企业组织知识的增值，进而促成企业知识资本的增值，以保证企业持续的利润增长。从知识型组织的存在来说，知识型企业的本质就是围绕知识资本的运营进行知识的投入、生产、营销，达到利润最大化的目的。正如《欧洲管理评论杂志》主编所言，人们将会明白对于越来越多的企业而言，在增强和维持企业竞争力方面，物质资本相对而言将不如知识资本重要。

知识资本的出现，使得垄断资本格局发生了新的变化，资本流动从传统的物质流和货币流驱动向知识流驱动方向倾斜。利用知识资本滚雪球方式投入，实现知识资本新的快速积累和增值成为全球新经济垄断格局。由于篇幅有限，本文仅是着重对知识资本要素进行有选择性地论述和分析，还未能对他们之间的相互作用的有效性进行审计评价研究和进行实现途径的模型研究，理论研究还待深入。本文提供的思维角度期待能够得到更多专家的关注和响应。

参考文献

约翰·贝利：《无形资产的有形战略》，知识产权出版社，2006。

许杨：《企业知识产权资本增值探讨》，《中国发明与专利》2007年第6期。

[加] 弗郎西斯·赫瑞比著，郑明晓译：《管理知识员工：挖掘企业智力资本》，机械工业出版社，2000。

袁庆宏：《企业智力资本管理》，经济管理出版社，2001。

王霆：《结构资本：企业系统效率的源泉》，《中共中央党校学报》2006年第6期。

CRM 是 Customer Relationship Management 客户关系管理的英文缩写。

CTI 是 computer-telephony integration 计算机电话集成的英文缩写。

http：//baike.baidu.com。

亚当·斯密：《国民财富的性质和原因的研究（上卷）》，商务印书馆，1996。

保罗·克鲁格曼、茅瑞斯·奥伯斯法尔德：《国际经济学（第五版）》，中国人民大学出版社，2002。

论武警情报学学科体系的构建

吉俊虎*

摘　要　本文首先论述了武警情报学学科体系的内涵，指出构建武警情报学学科体系应遵循的原则，即客观性原则、特殊性原则和动态性原则，阐明武警情报学学科体系是由武警理论情报学、武警应用情报学和武警技术情报学三部分组成，最后论述了建立武警情报学学科体系的重大意义。

关键词　情报学　武警情报　武警情报学　学科体系

武警情报活动是伴随着武警部队的建立和发展而产生和发展起来的。尽管其已经有了 20 余年的历史，但作为研究武警情报活动的武警情报学却是一门新兴的学科，因此，武警情报学学科体系的构建是一个迫切的任务。特别是在社会发展日新月异的今天，作为研究武警情报活动的特点和规律的武警情报学的地位和作用十分重要，构建一个合理、恰当的武警情报学学科体系不仅是理论探索的需要，更是实际工作的需要。

一　武警情报学学科体系的内涵

学科体系是指某一科学领域根据研究对象特殊的矛盾性所区分的各个分支学科，按其内在的联系而形成的有机整体。武警情报学学科体系是武警情报理论形态的系统结构，是一个多层次、多分支学科组成的有机整体，是组织武警情报科研工作的基本依据。武警情报学科体系是以马克思主义军事理论为指导，以武警部队情报活动为研究对象，以武警部队情报活动的实践为基础，以军队和公安以及外警经验为借鉴，反映武警情报工作特点和规律的理论形态。

---

* 吉俊虎，男，1974 年生，武警指挥学院图书馆采编部主任，馆员。

二 武警情报学学科体系构建应遵循的原则

一个学科体系的形成与构建,一方面应依赖于所研究客体的发展变化,这是学科体系形成和发展的客观基础;另一方面,依赖于人们对研究客体发展变化的科学认识。这是学科体系形成和发展的主观条件。因此,构建武警情报学学科体系应遵循如下原则:

(一)客观性原则

客观性原则是指学科体系的构建与发展要服从服务于所研究客体的客观发展实际的原则。学科体系,归根到底是人们对事物科学认识的体系,是主观的东西。主观的东西归根到底是客观实在的反映,主观认识必须符合客观实际,主观认识的发展,必须随着客观实际的发展而发展,也只能随着客观实际的发展而发展。构建武警情报学学科体系应遵循客观性原则,从武警情报活动的客观实际出发,服从服务于武警情报活动的客观实际。

(二)特殊性原则

特殊性原则是指一个学科体系的构建要以所研究对象的特殊矛盾性为依据并突出这种特殊性的原则。矛盾的特殊性是一事物区别于它事物而成为它自身的内在根据。学科建设必须以这种特殊性为依据,使学科具有特殊性而成为一门学科。正因为武警情报学具有自身矛盾的特殊性才使得武警情报学得以确立。

(三)动态性原则

动态性原则是指学科体系的构建与发展要依据所研究客体的发展变化而不断地充实与完善的原则。武警情报活动是随着武警职能活动的发展而发展的。武警情报学学科的形成也必然处于一个动态变化之中。

三 武警情报学学科体系的构建

根据国内外情报学的研究成果,笔者认为,武警情报学学科体系由武警理论情报学、武警应用情报学和武警技术情报学三部分组成(如图1)。

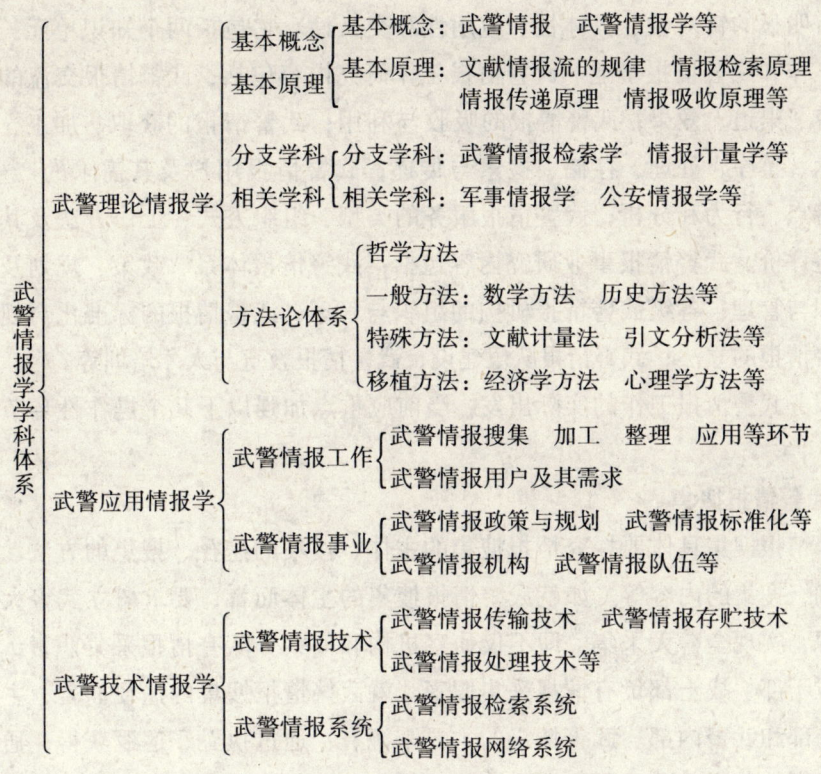

图1 武警情报学学科体系主要结构

（一）武警理论情报学

武警理论情报学是研究武警情报活动的总体现象和规律性，回答的是武警情报学这门学科赖以确立和发展的一些基本问题，具有抽象性、综合性、全面性、稳定性等特点。具体的包括：武警情报的产生、概念、属性、内容、特性、功能、结构、价值及其评价；武警情报学的性质、研究对象、目的、范围及其哲学基础；武警情报交流、过程、障碍、特点、理论以及文献情报流的特性、规律及其利用；武警情报活动的发生、发展及其与社会、经济发展的关系；武警情报源的构成、类型及其特点；武警情报的加工、检索、传递与利用理论；武警情报学的分支学科与相关学科的关系；研究方法论等。

（二）武警应用情报学

武警应用情报学是武警理论情报学一般原理、技术在各个不同领域里的应用,具有明显的针对性、具体性、应用性和交叉性。它包括两个知识单元:武警情报工作和武警情报事业。武警情报工作研究内容包括:武警情报交流的手段、内容、渠道、效果;武警情报的吸收与利用;武警情报的获取、加工、组织、表示、整序、处理、存储、检索与传递;武警情报用户及其需求的产生、类型、特点、行为和分析;武警情报服务的类型、组织方式、工作方法及其效果与效益评价。武警情报事业研究内容包括:武警情报体系、政策、规划及其宏观组织与管理;各级武警情报机构的组织与管理;武警情报的标准化与规范化;武警情报的立法;武警情报队伍建设、武警情报教育与人才培训等。

从服务武警情报工作的实际出发,当前应重点加强以下几个操作性环节的研究。

1. 武警情报搜集

武警情报搜集具体要探究情报搜集的主体、搜集的途径、搜集的方法、搜集的原则、搜集的内容等。如就武警情报搜集的主体而言,要求树立武警大情报的意识,实现全警大采集,即不仅侦察机构和侦察分队有情报采集职责,而且每一位干部、战士都负有情报采集职责。就武警情报搜集的途径而言,主要有社会外部和武警内部。武警情报的主要来源有:通过执勤、巡逻获得;通过处置突发事件获得;通过耳目获得;通过与公安机关情报交流获得;通过技术侦察等等方式获得。就武警情报搜集的原则而言,主要有:①全面。既要搜集敌对势力的情报,又要搜集犯罪分子的情报,还要搜集社会某些不安定因素的情报,以保证将整个社会置于严密控制与掌握之中。②重点。武警情报搜集要明确主次,应根据需要确定搜集的内容、范围和重点,分清主次缓急。③及时。指对各种情况要及时掌握、及时分析、及时反应,不失时机地提供使用,并要持续提供深层次、超前性、预警性情报。就武警情报搜集的内容而言,由于武警部队在平时担负维护国家安全和社会稳定的任务,在战时要协助军队作战,因此,其情报既要保证平时的需要,又要保证战时的需要,其内容主要有:搜集对国家安全和稳定构成现实或潜在威胁的情报,如来自国外、境外的颠覆破坏方面的情报;国内威胁政治、经济、社会安全方面的情报;严重暴力犯罪、有组织犯罪,特别是黑社会犯罪和恐怖活动的情报等。

2. 武警情报识别

武警情报识别是情报工作中非常重要的环节。情报识别实质上是对情报的价值做出鉴定，对情报材料的功能做出推断，为情报材料的处理奠定基础。

（1）识别内容

真实性。真实性是指情报反映的情况在客观上是否存在。真实性是情报的生命。不真实的情报，也就是假情报，会造成用户认识上的混乱和决策的失误。

准确性。准确性是指所反映情况的各个要素是否符合客观实际或符合的程度如何。如果有的要素不符合实际或准确性较低，则是不准确的情报，如果要素均不符合实际则成为虚假情报。不准确的情报具体表现为时间、地点、名称等要素性错误及知识性、情节性等错误或内容不够明确、具体、精确。

重要性。情报的重要性是指情报所能发挥作用的大小，也即其价值的大小。

时效性。情报时效是指情报能够发挥作用的时限。情报的时效性主要体现为及时性。情报的时效性和情报的重要性有一定关系，一般地说，情报是重要的，时效要求就紧急，必须尽快提供。

新颖性。新颖性是指情报对用户来说是首次获得的。如果情报反映的是新情况、新问题、新观点，则其具有新颖性。情报的新颖性与情报的内幕性有密切联系，内幕性情报必然是新颖性情报。

完整性。完整性是指情报的要素齐全，情况完整。情报要素包括人员、时间、地点、情节、来源。情报要素齐全，其价值就高，否则其价值就会降低甚至丧失。

内幕性。内幕性是指情报的机密程度，依据机密程度的高低可将情报分为公开、内部、秘密、机密、绝密五个等级。一般来说，机密程度较高的情报其重要性、时效性也较强。

针对性。情报是否有针对性是指情报与用户是否相关联。情报对用户的针对性有直接、间接两种。

（2）识别方法

识别情报必须从情报反映的事物情况与其他有关事物情况的联系中、从情报所反映事物自身的特性中去识别情报，因此识别情报的主要方法相应有联系比较法和要素分析法。

联系比较法有以下几个方面：一是联系对象情况进行识别；二是联系有关知识进行识别；三是联系当时的形势进行识别；四是联系重大活动进行识别。

要素分析法有以下几个方面：一是分析情报来源；二是分析情报涉及的对

象;三是分析情报涉及的地区;四是分析情报涉及的时间;五是分析情报反映的情节。

3. 武警情报的存贮与检索

武警情报存贮实质上是使用标准化的武警情报标引语言,对武警情报的内容特征和外部特征进行规范化控制和表述,并按一定的规则,进行有序存放的过程。从实际工作来看,武警情报存贮的质与量,直接关系到武警情报的检索效率,进而影响到武警任务的顺利完成。

4. 武警情报分析

武警情报分析是对原始信息进行综合、评价、分析、归纳,去粗取精,去伪存真,由表及里,由此及彼,从中找出带有规律性、普遍性、倾向性、预警性的问题,使信息转化为情报的过程,它在武警情报活动过程中居于核心地位,具有辅助决策,指导实战,提高情报信息的预警和先导作用。情报分析需要具备一定的条件,如要明确分析目标,能够充分利用武警内部和社会外部的各类信息数据资源,善于采用现代化的信息技术手段和科学的分析方法。武警情报分析的一般方法,主要有比较分析法、因果关系分析法、趋势分析法、统计分析法、计算机辅助信息分析法等。武警情报分析要坚持"四个结合":即常规性与敏感性相结合、静态与动态相结合、归纳与预测相结合、巩固与拓展相结合。

5. 武警情报传递

情报活动实质上是信息交流传递的过程,必须满足一定的条件:有交流者,即信源和信宿;有交流通道,即信道;有交流内容,即信息。信息从信源通过信道到达信宿。信源、信宿、信道能否有序协调运转,能否最大程度地降低信道噪音,避免信息失真,是实现情报传递功能的关键。武警情报传递是把搜集整理后的情报及时、有效地传递到本级领导或上级情报部门,并依据领导的指示或实际工作需要,通报相关业务部门。从武警情报工作实践活动来看,武警情报能否及时有效地进行传递,直接影响到武警业务工作能否顺利有效开展。武警情报传递的最高原则就是在合适的时间、合适的地点把合适的情报传递给合适的人。

(三)武警技术情报学

武警技术情报学以武警理论情报学为依据,以武警情报工作通用的工作方法、技术、手段等为研究对象的一门学科。它包括两个知识单元:武警情报技术和武警情报系统。武警情报技术主要研究：武警情报的输入、存贮、处理、输出等技术；武警情报的表达、整序以及传输等技术。武警情报系统主要研究：武警情报系统和网络的设计、实现、运行、经营、管理与评价等。

武警情报学各分支学科互相交叉、相互渗透所形成的体系是一个有机整体，分支学科的产生使武警情报学由单一学科扩展深化为复杂的综合性结构，分支学科的不断发展反映了人们认识层次越来越深入，认识角度越来越全面，所以，分支学科的产生与发展是情报学发展的主要途径，分支学科具有较大的灵活性，能较快反映情报的需求与变化，分支学科有自己的研究内容与深度，不断丰富和完善武警情报学学科体系，同时分支学科还促进了武警情报学与相关学科之间的联系。

四　结语

在知识军事时代，建立武警情报学学科体系，开展武警情报学学科体系研究，对于规范武警情报科学研究工作，推动武警情报科研的繁荣与发展，指导新世纪的武警情报实践，具有极为重要的意义。

参考文献

张晓军：《军事情报学》，军事科学出版社，2001。

梁战平：《情报学的新发展》，《情报学报》2001年第2期。

赖茂生：《情报学的发展观》，《图书情报知识》2000年第4期。

严怡民：《现代情报学理论》，武汉大学出版社，1996。

吴慰慈、张久珍：《信息技术革命影响下的图书馆学情报学学科体系》，《情报学报》2000年第2期。

网络环境下高校政务信息源流通中的安全保障策略

孙瑞云[*] 范志红[**]

摘 要 高校政务信息作为国家整个信息资源的重要组成部分，进入网络流通传递后有着与其他信息不同的特征与要求。高校政务信息作为高校档案的主要组成部分，其内容和性质决定了在网络流通中安全保障是首要考虑的重要因素。本文针对目前高校内部实施的计算机网络办公环境所带来的高校政务信息网络流通中的安全问题，根据高校政务信息形成内容上的特殊性以及网络流通上的时效性、保密性等特点提出三项安全保障策略。

关键词 高校 政务信息 计算机网络 流通安全

随着信息技术的发展，现在绝大多数高校基本上开通了校园网，接入国内互联网，与国际网络接轨。以电子计算机和数据库为代表的电子信息源和网络信息源逐步代替了传统的政务信息传递，初步实现办公自动化。有些高校已经向无纸化办公、集群办公发展。但是，任何事物的发展总是一分为二，新事物的出现虽然代表着社会的进步，但同时也带来一些负面效应。这样，又给我们提出一个新的课题需要探讨，即如何能够将负面的东西减少到最小程度，以保障新事物的总体向前发展。以高校为例，在网络环境下，一方面，高校政务信息的传递比传统的文书、档案管理更有利于开发利用，为教职工参政、议政，借阅利用档案信息提供了更方便的环境，也符合当今社会政府信息公开的总趋势。从另一面，也给高校的文秘、档案管理带来一些问题。政务档案信息不同于其他资料信息，它的记录载体、保存期限、利用期限等等是有很严格的科学

---

[*] 孙瑞云，女，1957年生，河北工程大学文学院资料室主任，副研究馆员。
[**] 范志红，女，1963年生，河北工程大学文学院资料室实验师。

规定的。在当今网络环境下，如果没有一套科学的、技术的管理做基础，没有一套严格的政策、法律做保障，很容易造成政务信息流通中的网上泄密，或数据丢失，增加公文传递和档案管理中保密难度。此文目的在于探讨如何应对将网络环境下高校政务信息传递中容易出现的泄密、数据丢失等问题，以期既要实现政务公开，又能维护档案管理的科学性、保密性、服务性。

一 网上政务信息流通中传递者与接受者的安全保障

任何一项事物的实施，人在实践中将起到关键的主导作用，政务信息在网上流通首先是要靠人来操作，即政务信息的传递者与接受者。在高校网络工作中，政务信息的传递者与接受者之间往往是一种平行的相互传递关系，传递者有时是接受者，接受者有时也会成为传递者。从总体上讲政务信息的传递者与接受者主要由两部分人来构成：一是负责校园网服务器管理的人员，即学校的计算机信息中心；二是局域网上的主机用户人员，即学校内各级承担政务工作的办公人员。学校信息中心是政务信息源流通的"中枢"机构，承担着中转或终止网上上信息流通的重要任务，学校政务信息流通要通过它来完成，对政务信息流通中的安全控制起着关键的作用。因此，学校在信息中心工作人员配备上要严格把关，要用那些有责任心、讲原则、守纪律，既精通计算机网络操作技术又具备现代信息道德品质的人员。另外，学校要经常不断地对信息中心这种特殊岗位的工作人员进行专业和思想素质教育培训，使其能够称职地工作。学校内各级职能部门政务工作人员是政务信息形成、流通、传递的承担者，直接参与学校政务信息传递的具体业务，负责向上级领导部门上传、下达政务信息。因此，各职能部门的工作人员在上岗前要进行培训，使他们首先具备一定的职业道德素质，在政务信息的流通传递工作中遵纪守法，能够自觉遵守国家和单位有关网上传递信息的规定；其次要学习一定的档案管理知识和保密常识，了解学校内工作中形成的政务信息流通中的阅读权限和开放时效等等，以保障政务信息流通传递中的保密安全；最后，凡参与高校政务信息网络传递工作的人员必须精通计算机网络知识，能够随时解决政务信息在网上流通中出现的硬件故障，以保障信息传递的及时、畅通。

二 网上政务信息流通中基本技术的安全保障

目前，国内多数高校政务信息传递系统一般也是参照政府部门的电子政务办公系统来设置,即由内网、外网、专网三级网络结构组成,各个网络领域运行着不同的信息内容:内网也就是校园网主要负责学校政务信息的上下级流通;外网是校园网的分支,担负着与教职工、学生间进行信息沟通的任务;专网担负着着学校与上级主管部门的信息流通。

内网(校园网)是学校政务信息传递的基础,负载了学校大部分的政务信息源。因此,校园网的安全至关重要。校园网的安全隐患一般体现在三个方面:一是学校自身应用系统设计上的安全隐患;二是入侵者绕开应用系统直接对政务信息进行访问出现的安全隐患;三是计算机病毒对应用系统和网上数据信息进行破坏的安全隐患。鉴于这三个方面的问题,我们可采取一些必要的安全技术保障。

第一,采用访问控制策略。访问控制是政务信息在网上传递安全防范和保护的主要策略,它不仅能够维护网络系统,保护网络资源,更重要的是能够保证网上的政务信息资源不被非法使用和非法访问。访问控制策略可从四个方面来完成:一是入网访问。它的作用是控制哪些用户可以登录到服务器并获取网上信息,控制准许用户入网的时间和在哪台工作站上入网。它分三个步骤来进行:一是用户名的识别与验证、用户口令的识别与验证、用户帐号的缺省限制检查。三道关口缺一不可。二是网络的权限控制。网络用户被赋予一定的权限,使哪些用户可以访问哪个层次的数据信息,可以指定用户对这些数据信息以及设备进行哪些操作。一般根据访问权限将用户分为以下几类:①特殊用户(网络系统管理员);②一般用户,系统管理员根据学校的工作需要为他们分配的操作权限;③审计用户,负责校园网络的安全控制和网上信息资源使用情况的审计等。三是目录级安全控制。它是由网络系统管理员为网上用户利用信息资源限定的适当的访问权限,一般有八种:即系统管理员权限(Supervisor)读权限(Read)、写权限(Write)、创建权限(Create)、删除权限(Erase)、修改权限(Modify)、文件查找权限(File Scan)、存取控制权限(Access Control)。通过这八种访问权限来控制用户对服务器以及服务器资源的访问,从而能够有效地进行工作,又保证了网络和服务器的信息安全。四是属性安全。即当使用文件、目录和网络设计时,网络系统管理员将给文件、目录等指定访问属性,其作用是保护网上重要的目录和文件,防止用户对目录和文件的误删除,执行修改、显示等。

第二,采用防火墙技术。防火墙是网络的一种保护措施,它将内部网与外部网隔离。并提供存取控制与保密服务,从而能够使内部网有选择地与外网进行信息交换，能够有效地对内部网访问 Internet 的流量进行统计，以及对使用费用和访问进行把关。并且能够使内部网络与 Internet 的网段得到隔离，使内部网络的 IP 地址范围不会受到 Internet 的 IP 地址的影响，保证了内部网络的独立性和可扩展性。防火墙技术增强了内部网络的安全性，用户可以更好地、安全地使用网络资源。

第三，计算机网络病毒的防治。学校政务信息在网络流通，必须建立一套提供桌面、服务器和 Internet 网关的集成的防病毒系统予以对所有的潜在病毒进入点进行全面保护。目前，随着计算机信息技术的不断发展，市面上各类防病毒软件也在不断更新提高，各学校都在根据自己计算机网络传递政务信息的实际情况来配置合适的病毒软件，大家可以相互交流借鉴。

外网和专网是高校通过互联网和上级主管业务部门以及广大教职工、学生及社会公众提供政务信息流通服务的通道，其安全性体现在两点：一是发布政务信息的安全，保证信息不被黑客、非法的内部工作人员篡改；二是信息服务的安全性，外网网站遭受各种攻击的风险性很大，外网安全就是要保障计算机网络系统在各种攻击下能够正常、稳定的工作。解决这个问题，现在有三种技术可以采用：一是文件监控系统。该系统主要是为用户提供对网站主页的防篡改和网上政务信息内容的防伪功能，可用于备份、监控、自动恢复网站的主页和网上电子政务内容的任何篡改和破坏。二是入侵检测系统。就是对网络或操作系统上的可疑行为做出策略反应，及时切断入侵源，记录并通过各种途径通知网络管理员，以最大限度地保障系统安全。它是防火墙的合理补充。三是漏洞扫描器。它的原理是采用模拟攻击的形式对目标可能存在的已知安全漏洞进行逐项检查。它是一种花费低、效果好、见效快，且与网络运行相对独立、安装运行简单的工具。使用该技术可以减少网络安全管理员的手工劳动。

三　网上政务信息流通中的规章制度、政策和法律的保障

高校政务信息在网上流通传递，在解决了技术问题的基础上，还必须通过国家的政策、法律法规、部门的规章制度监管等多方面结合来做保障。在这方面，我们国家从 1994 年开始颁布计算机网络的法规，如 1994 年颁布了《计算机信息系统安全保护条例》、1996 年颁布了《计算机信息网络国际管理暂行规定》、1997 年和 2000 年公安部先后颁布了《计算机信息网络国际联网安全保护

管理办法》和《电信条例》等法律、法规。这些法规在一定程度上防范和打击了计算机网络犯罪行为。但是，应该认识到，我国计算机网络的安全防范工作比起发达的西方国家起步晚，有些法律在执行过程中还不够完善。因此，还有待于我们开动脑筋，针对网络社会信息发布的多元性、信息资源共享性、信息传递的快速性等制定出行之有效的法律法规。在高校内部可以参照国家的法规制定本校内部政务信息网上流通传递一系列规章制度，如：网络安全管理制度、政务信息发布登记制度及网上信息内容审核等制度。另外，在学校内网上对网上信息实行分层管理。对校内承担政务信息的部门所提供服务的信息的范围和内容以及其他职能部门获取信息的程序、范围和内容等作详细、全面、可操作性的规定。使校内政务部门对文件信息如何在网上公布、公布那些内容、那些级别的人可以浏览那些信息以及在什么时间内获取那些信息，不能获取哪些政务信息等有明确的规定。即在学校内分三层用户：校级领导管理层、各二级学院中层干部管理层、广大教职工学生用户层。对于学校的发展有重大影响，起决策作用的政务信息，如研究学校发展规划的信息，有关院处级干部任免前的处理信息，群众信访，重要的科研课题，财务预决算等在一定时期内属于保密性质的政务信息，此部分内容的网址、密码等不在网上公开，只限于校长、书记和有关人员掌握；学校日常事务办公形成的文件，如：会议通知、工作计划、安排、总结、报告、请示通告等属于重要内容的在一定的时间内也不宜公开，此部分内容的网址，密码也不在网上公开，在一定时间内只限于院处级和相关人员使用；学校的一般事务性通知、通告，工作计划、安排、总结、学校校报、校刊、简报、通讯、消息等信息就需要及时地向广大教职工、学生发布。另外，对于一些关键的、重要的岗位要实行双人负责制度，重要的网上业务不要安排一个人单独处理，应安排两人或多人相互制约。

参考文献

罗跃川：《计算机网络技术及应用》，航空工业出版社，1997。

曾培炎、曲维枝、刘鹤：《信息化与电子政务》，人民文学出版社，2004。

吴江、张锐昕：《电子政务教程》，中国城市出版社，2003。

向佐群：《政府信息公开制度研究》，知识产权出版社，2007。

图书馆 n.0：
开启图书馆群体化发展的钥匙
——图书馆 n.0 对图书馆发展的影响和作用

张 旭*

摘 要 文章立足于图书馆 n.0 群体化发展的核心思想，从本质、现实和未来三个角度探讨了图书馆 n.0 对图书馆发展的影响和作用。在本质影响和作用中，重点分析了体制和机制、价值、目标三个方面的转型，进而提出了构建图书馆 4.0 的设想和构建"群体化图书馆"的核心目标。在现实影响和作用中，研究了图书馆 n.0 与多个当前图书馆发展理念的关系，并对其实质影响进行了分析。文章还对图书馆 n.0 的未来影响和作用，做了简明的展望。

关键词 图书馆 n.0 群体化图书馆 图书馆 4.0 泛在环境

源于 Web 环境变迁和图书馆 2.0、图书馆 3.0 发展现状，同时紧扣图书馆多元群体化特征的定位，我们认识到图书馆 n.0 能够担负起多个层次的"群"整合的必然使命，即其核心思想是适应泛在环境不断深化的需要，建立一个日益贴近各类用户需求，不同层级并行发展，具有良好的系统生长性和开放性、较强的实践和理论兼容性的图书馆群体化发展模式，以实现在理论上对现有发展和未来趋势进行整合延伸，在实践上对群体图书馆和个体图书馆的发展进行结构性引导。从这个简单定性不难看出，图书馆 n.0 具有坚实的现实基础，展现了很强的现实针对性和目标指向性，并且蕴含着面向世界、面向未来的战略意义。充分认识其对图书馆发展的影响和作用，不仅是对"图书馆 n.0"这个概念的内涵和外延的进一步深化，也是对图书馆发展脉络的深入解读。

---

* 张旭，男，1968 年生，中共山东省委党校图书馆副研究馆员。

一　图书馆 n.0 的本质影响与作用

（一）揭示面向泛在环境的多重图书馆转型

1. 图书馆的体制与机制转型

纵观图书馆 n.0 的发展足迹，它深度刻画了图书馆体制的迅速变迁。图书馆 1.0 出现前，图书馆长期处于相对封闭、各自发展的分散状态，只是在条与块上表现出某种简单聚合。图书馆 1.0 使图书馆搭上了网络化发展的快车，但并未从根本上改变图书馆条块分割的体制。图书馆 2.0 吸收用户参与，极大地提升了图书馆的服务，揭示了图书馆泛在化的趋势，有人称其为"一个古老职业的复兴"。图书馆 3.0 力求在用户的个性化服务上走向极致，把针对散户的推送作为用户普惠的手段。这两个阶段的发展，使一部分图书馆率先突破图书馆的围墙，体现出一体多元的社会化职能，虽然仍未摆脱"散兵游勇"的状态，但逐渐淡化了条块分割的体制界限，暗示了图书馆层级发展的并行性和多体多元的必然性。同时，用户个性的充分释放，也沉淀出个性需求之中隐含的共性特征，即需求的层次化和信息体系的结构化日渐鲜明。因此，图书馆 n.0 的后续发展，必须对这些离散特征进行重塑，以图书馆的整体转型来应对这种格局。

从技术层面看，经历了 Web1.0 资源链接下的信息共享、打破坚冰，Web2.0 用户链接下的信息共建、活跃互动和 Web3.0 网站链接下的知识传承、个性张扬，图书馆的服务体制发生了很大的变化，web4.0 初步显现的"网人合一"链接下的知识分配及其有效控制，进一步决定了图书馆的文献聚合、信息聚合和知识聚合的必要性。在这个发展链条中，从文献到信息到知识，伴随着网络化数字化的发展，其需求的上升趋势是显而易见的，但并不存在需求的排他性，因此也并不存在体制上完全虚拟馆体的必然性。也就是说，图书馆的多样化服务职能和业务模式将长期并存。

图书馆 n.0 所蕴含的体制转型影响深远。如果说多年前我们已经认识到图书馆网体发展的必然性而举步维艰，现在我们已经走到了这个门槛。如果说多年来我们探讨了诸多的整体化发展模式依然没有找到统一定位，现在的发展方向已经开始明朗。因此，图书馆 n.0 所带来的体制转换不是空中楼阁，而是多年理论和实践发展的深刻总结和必然结论。其层级并存的核心体制可以简单表述为"群体化图书馆"，在发展定位上它的目标更为明确：立足 Web 环境面向泛在知识环境；在实质上它既是一种充分离散下的高度聚合，又有充分尊重个性下的群体一致性；在形式上它的形态可以表述为：总体的职能层级化＋个体的业务层级化。

在这样的体制之下，图书馆的运行机制，将从只注重资源与服务两元一体互动模式的无限追求中伸展开来，通过加入用户、机构、环境等因素的多元多体聚合互动，把所有图书馆纳入网格化的多元保障的链条。这样，无论在图书馆群体上还是个体上，都具备了"相互依存、群体联动"、"上不封顶、下不设底"、"各尽所能、各取所需"的发展机制。这种机制，不但充分连接了图书馆n.0的已有发展成果和后续发展前景，也深刻揭示了泛在环境之下图书馆初步泛在化的初始形态和充分泛在化的必然格局，这对于深入理解"虚拟"和"云"等理念，也有极强的启发性。

2. 图书馆的价值转型

图书馆核心价值是公共知识服务效益，这是图书馆发展永恒不变的追求。这个核心价值由服务和效益两个方面构成。面向泛在知识环境的图书馆n.0不会也不可能背离服务用户这个宗旨，只不过服务的用户更为广泛和群体结构化，但这并不够构成价值转型的分量。而服务效益正是图书馆n.0的价值所在。我们对于泛在知识环境的理解建立在三个层面上：它是一种实体化的网络环境，又是一种具有普适价值的人文环境，还是一种适者生存的市场环境。首先，图书馆n.0理念源于Web n.0的技术框架，二者之间有着一致的代级对应关系，因此图书馆n.0系统化地借助网络环境的社会力量，紧密跟随社会普遍认同的网本体发展之路，比起那些散乱的技术理念的嫁接移植，无疑是一种价值转型。其次，图书馆n.0的精神实质建立在对知识环境、资源共享、服务至上、以人为本和用户普惠等等理念的追求之上，并以系统的充分开放性和无限成长性为终极理想，这是对图书馆精神的极大升华，也构成了一种价值转型。再次，图书馆n.0的根本目标是在泛在信息社会的发展之中占有知识服务的一席之地，通过自主发展来实现自身的公益效能最大化和读者收益最大化，它兼收并蓄的进取意识和整体化的团队精神使其具有坚实的理念支撑，它遵循技术规律又在之上自主创新，以及在体制上寻求规模优势、在机制上寻求分工协力等等，也为自身营造了广阔的发展空间。上述技术价值与社会价值乃至经济价值的高度凝聚，无疑突破了单一的技术本体论的窠臼，这也正是一种价值转型。

3. 图书馆的目标转型

上个世纪 90 年代有两个深刻影响图书馆发展的事件，对于今天我们思考图书馆 n.0 带来的目标转型具有很大的启发意义。1993 年万维网的面世，标志着图书馆 1.0 时代的到来（此时并没有这个概念），而当时为人们广为宣传的目标理念是"多功能现代化图书馆"，网络化的概念由此开始深入人心。1997 年中国国家试验型数字图书馆被批准立项，标志着"数字图书馆"在我国开始起步，从此数字化成为迄今为止影响最大的发展理念。这两个标志的环境背景——网络环境，一直沿用至今。2004 年和 2005 年也有两个深刻影响图书馆未来发展的事件，让今天的我们意识到图书馆发展的目标转型由此已经悄然到来。一个是 2004 年 Tim O'Reilly 等人提出 Web 2.0 概念，图书馆 2.0（Library2.0）随即在 2005 年出现。另一个是日本和韩国分别在 2004 年和 2005 年提出了"泛在"的概念，用以描述无所不在的信息化、网络化，随即泛在知识环境的概念应运而生。从此，图书馆 2.0、图书馆 3.0 风起云涌，人们开始意识到泛在环境对网络环境、数字环境的充分包容性和扩展性。到今天，面向泛在知识环境的图书馆 n.0，终于可以站在群体化的视角上，与"网络化""数字化"进行对话，希望弥补其群体性和包容性的不足。而其中蕴含的目标转型，可能暂时还并不为人们所理解。

其实，图书馆 n.0 在分解目标上的影响已经非常深刻。我们抽取图书馆 n.0 作用于图书馆各个发展环节起关键作用的词句加以分析，这种深刻性就不难感觉到。在图书馆与发展环境的关系上，"群体化用户环境"的深度刻画，决定了我国社会信息环境与泛在环境之间的交合程度；"群体化用户"是对"个性化用户"的深度反映。在图书馆与信息资源组织的关系上，"知识化"取向的必然性已成共识，而"印刷型馆藏文献建设"将长期存在似乎超出许多人的愿望。在图书馆与信息服务的关系上，"针对个性化、人性化用户定制服务"可能为人们所津津乐道，而在"针对群体化用户定制服务"之下强化"传统书刊借阅服务"，可能并不为人们所理解。在馆际关系上，并不存在业务目标的一致性，比如并不需要所有图书馆都建成数字图书馆，但却存在保障目标的一致性。在个体馆与图书馆事业的关系上，任何图书馆都将成为不可或缺的节点的同时，可以自主决定"有所为有所不为"。这些似乎矛盾的理念，恰好正是图书馆 n.0 层级发展、并存互补发展目标的真实反映。而在此基础上，图书馆 n.0 追求的目标体系和目标管理在宏观上千差万别而在微观上又简单易行。这些都反映了图书馆 n.0 目标转型的深刻性。

（二）引导图书馆发展的阶段性升级

图书馆 n.0 发展的一个不争事实是：Web 环境的迅猛推进使图书馆 n.0 的更新换代异常活跃。2004 年 Web 2.0 概念一经出现，图书馆 2.0 随即在 2005 年面世，并迅速形成燎原之势。2006 年底，美国《纽约时报》的记者琼·马可夫（John Markoff）最早提出了 Web 3.0 的概念，并且直接定位到网络智能化的高度，接着有人就预测了"图书馆 3.0"时代的到来。现在较为折中的图书馆 3.0 的图书馆业务模式已经进入了人们的视野：针对个性化、人性化用户的定制，广泛参与社会化信息需求和知识需求的保障，具有一定程度的智能化等。当 iGoogle 平台提供的定制推送服务展现在人们面前的时候，人们联想到如果对这种专题推送服务进一步精细地分配到特定的用户，并且对用户的需求层次进行准确定位，让细分的群体化知识匹配于不同需求层次的用户群体，那么 Web 3.0 的智能化又是一次标志性的升级，由此 Web 4.0 的概念以及由此带来的图书馆 4.0 已是呼之欲出。几年内图书馆 n.0 的发展让人有目不暇接之感，这充分表明了图书馆 n.0 的自发生机和泛在环境下人们对图书馆服务升级的迫切要求，同时也彰显了泛在知识环境已经走向充分展露的阶段。

当然，图书馆 3.0 还只是雏形，图书馆 4.0 更只是设想。但是至此已经为我们思考体系化的图书馆 n.0 框架提供了坚实的参照，尤其是当让人们认识到它的高端和低端具有强烈的并存性，并且对不同群体的用户有着很强的匹配性，图书馆 n.0 就成了我们思考图书馆发展业已形成的诸多群体化特征的强有力的理念支撑。面对知识需求的必然趋势，也面对传统服务的必然延续，图书馆需要这样一个理念来关照现实，也关照过去和未来。图书馆 2.0 的如火如荼和人们对雏形的图书馆 3.0 的热望，充分印证了图书馆 n.0 在图书馆发展升级中的巨大推动作用。当前看，在促进图书馆 2.0、图书馆 3.0 不断走向完善的基础上，推动图书馆 4.0 的早日到来是非常必要和合理的。除了其自身规律外，面对群体化特征的集聚，图书馆机构模式和业务模式必须进行必要的整合，图书馆 4.0 也正与这种特征和需求相匹配。因此，图书馆 n.0 的后续发展，与图书馆的换代升级依然异曲同工。构建图书馆 4.0，不但使图书馆 n.0 的羽翼更为饱满，也使图书馆的群体化困境迎刃而解，还使图书馆的发展迎来新的体制，甚至是某种战略体制。

（三）打造图书馆发展的核心目标

继上个世纪50年代我国图书馆界开始筹划全国图书协调方案至80年代中期进行全国性文献资源调查等系列活动之后，90年代又掀起了对文献资源整体化建设和共享问题的热烈探讨。我国图书馆整体化建设的理想由来已久，虽然经历了信息化、网络化的催化，取得了资源总量的骄人成绩，并且使共建共享的理念深入人心，但并未能从根本上形成体制和机制上的理想局面。90年代末期又经历了数字图书馆的理念更新，近年来又形成了折中的复合图书馆的发展理念，尽管它们在一定程度上形成了核心理念的支撑，也都未能从整体上满足图书馆自身发展和读者需求的需要。这一历程给我们的深刻启示是，这些缺乏利益自发驱动机制的发展理念，仅靠硬性体制的组合，无法在根本上突破条块分割的阻力，因此也就无法形成群体优势和供求关系的紧密链条。其实质是用户的诉求得不到应有的关照，整体化建设沦为重"建"不重"用"。

反观图书馆n.0，它在应对群体化特征上具有理念支撑的价值，其理念表征为"群体化"更为到位。由此，它的核心目标是构建图书馆群体化发展体系或者叫建设"群体化图书馆"。实际上，比之于整体化、数字图书馆和复合图书馆等理念，它们既有内在的关联，也有各自的倾向性。这种比较可以进一步揭示出"群体化图书馆"可以作为当前图书馆发展的核心目标来打造。群体化也是一种整体化，但群体化超越了整体化的体制束缚，并且比整体化着力于资源组织和服务的范围更为广泛，对用户需求和机构关联同样加以关注。群体化图书馆在信息与知识服务上必然要运用数字图书馆的手段，但是并不要求全部图书馆都走数字图书馆之路，而且代级关系本身也对数字化水平进行了层次区分，因此最大限度地避免了发展目标模糊、一哄而起的混乱现象。复合图书馆虽然弥补了传统服务的缺失，但整合力度仅限于个体层面，比群体化图书馆的整体性要弱化的多。可见，群体化图书馆既在个体上吸收了其他理念之长，又在群体上弥补了其他理念之短，其发展优势是非常明显的。与此同时，群体化图书馆还兼顾了充分社会化的"信息生态系统"的思想、面向知识化的"学习型组织"的根基，针对弱势群体的"用户普惠"的人文精神，其社会价值是非常巨大的。因此，以构建层级化发展的"群体化图书馆"为核心目标，是图书馆发展的必然选择。

二 图书馆 n.0 的现实影响和作用

（一）促进当前多元发展理念的一体化

图书馆 n.0 担负着多个角度的"群整合"使命，其中之一就是在理论上对当前多头并进、广泛分散的图书馆发展理念进行整合，以兼收并蓄其精华，并深入挖掘其潜力，借助其已有优势及其合力，推动图书馆 n.0 的快速发展。同时，赋予这些理念以合理的定位和与泛在环境的一致性，提升其内在价值和发展空间。这些理念可以分为实践层面和理论层面两种类型。

1. 实践层面

图书馆 n.0 与图书馆联盟（网络图书馆）。当今国外图书馆联盟的顶尖代表是 OCLC，国内代表为文化部 2002 年开始实施的"全国文化信息资源共享工程"。其体制和机制基本为：共建共享式、会员制式和联合办馆式。其发展态势表现为：同质性是图书馆联盟发展的必经阶段，之后开始相互渗透和融合，并日益呈现多极化趋势，最终向数字图书馆的方向发展。可见，图书馆联盟的实质是同质性图书馆的联合，其联合的馆际和业务广泛性都受到制约，再加上利益分配机制的天然障碍，并不能实现广泛的资源共享。但其具体项目的合作深度和合作的易操作性，与图书馆 n.0 的同级合作有内在的一致性，显示出极强的图书馆 3.0 的个性化保障的优势。如果能注入更多的用户需求业务和开展不同级别图书馆的广泛业务合作，将具备起图书馆 n.0 的发展模式。

图书馆 n.0 与信息共享空间。信息共享空间是网络环境的产物，通过开辟能够人们开放存取的网络空间，实现人群间的资源共建共享。因此，它非常类似于图书馆 2.0 的理念。作为一种新型的服务方式和学习空间，它在图书馆整合其他资源、提供开放性服务，并在特殊人群中提供一定深度的个性化服务方面，又类似于图书馆 3.0 的理念。但其根本制约在于，因为缺乏机构馆和社会大众的广泛参与，同时不具备广泛的图书馆 1.0 和知识产权的基础保障，并且过于虚拟而无实体支撑，很难实现大空间全方位的信息共享。只有走向群体化信息共享空间的链接或组合，它才能发挥出更大的优势。但其人群专属性，对构建图书馆 n.0 的层级对应关系，具有启发意义。

图书馆 n.0 与数字图书馆及数字参考咨询服务。数字图书馆对泛在环境的启发是显而易见的。其资源数字化的理想，对图书馆服务的广泛性和知识获取都具有现实和深远的影响，某些程度上可以作为图书馆 n.0 的支撑模式。但是必须看到，并不是所有的资源都需要数字化，也不需要全体图书馆都来做数字化的工作，其中的重复浪费也已显而易见。因此，数字图书馆因为丢失了传统图书馆应有的职能，它只能作为图书馆发展的部分模式来看待，也就不具备未来图书馆的样本作用。以数字图书馆为基础的数字参考咨询服务，是图书馆 n.0 发展的主体样式。鉴于数字图书馆的局限性，数字参考咨询服务应当向图书馆 n.0 的低端和高端靠拢，需要在知识推送分配和回归传统精神上下功夫。

图书馆 n.0 与图书馆 2.0。也许很难说清二者之间的长幼关系，没有图书馆 2.0 也就不会有整个图书馆 n.0，其基本理念依然是图书馆 n.0 的骨架和灵魂。但是一旦处于图书馆 n.0 的包容之下，图书馆 2.0 的完善就应当是时不我待，在现有发展阶段充分发挥其固有职能，既为图书馆 n.0 造势，也为自身的未来地位找到合理定位，即在信息资源圈子里不辱使命。图书馆 2.0 的方兴未艾，其当务之急在于对用户作出合理的界定，以催发图书馆 n.0 的发展后劲。

2. 理论层面

图书馆 n.0 与信息构建理论。自 1975 年底沃尔曼提出信息构建理论以来，它所强调的"使信息变得清晰可理解"和"以人为本"的理念被人们所理解经历了一个较为漫长的过程。直到网络环境问题得到人们的普遍重视，它的价值才倍受关注。到今天，它已经走出网站建设的范畴，成为研究组织信息和设计信息环境、信息空间或信息体系结构的有力工具。我国信息构建研究在信息组织和信息用户两大核心方向上逐渐走向融和，面向内容和面向对象的信息资源集成式组织方法已经成为研究热点。不难看出，信息构建理论是图书馆 n.0 的有力支撑，对图书馆 n.0 集成式分层次走向用户环境、拓展个性化和社会化服务职能以很大的启发。而图书馆 n.0 的理念在群体机构层面的信息理解、群体化用户信息需求、信息群体化构建、信息环境体系化构建等方面，使机构、用户、环境在与信息的关系上都变得清晰可理解，将对信息构建理论提供例证支持并丰富和发展了其本质内涵和外延。

图书馆 n.0 与信息生态学。以 1997 年美国管理学家托马斯·达文波特首次提出"信息生态学"的概念为标志，欧美学者较早地对这种泛在环境下的信息资源组织的生态学整合问题给予了关注，并且使图书馆信息资源的组织问题成为一种战略研究。图书馆 n.0 建立在泛在环境下更多角度的整合理念之上，因此必然是一个大的生态学范畴，其群体化图书馆建设实质上是建设"一体多元复合"的信息生态系统体系。因此，它将成为信息生态学研究战略思想的一个大的个案。

图书馆 n.0 与结合图书馆、泛在图书馆。结合图书馆是美国学者 2006 年研究并试行的图书馆整合模式，是以某一个公共图书馆与专门图书馆相结合为主旨，使某一社区的图书馆结合以后，以发挥更高的保障效益。其实质类似于图书馆联盟，因此它的思想已经被图书馆 n.0 所包容，但对于实践中的图书馆 n.0 的体系初创仍有启发意义。泛在图书馆的基本理念是图书馆在任何时刻任何地点都是可存取的，图书馆的用户环境、资源环境、服务环境都离开了实体图书馆本身通过网络而泛在化了。面对图书馆 n.0，我们对它的理解应该作出如下修正：作为一种精神境界，我们孜孜以求于图书馆的无处不在，但离开了图书馆基本环境的图书馆应该改名，因为即便图书馆 n.0 的高端可以充分虚拟，但并不能虚拟整体。

（二）促进图书馆的实质发展

描述环境变迁、业务升级和群体发展的图书馆 n.0，将会以系统整合的理念给图书馆的实质发展带来以下几个方面的影响与作用：

一是促进新环境整合。在环境定位上，以群体化用户环境为立足点，以 Web 环境为出发点，以社会环境为依托点，以信息与知识并存的生态环境为着力点，以泛在环境为着眼点，这个环境体系为图书馆的发展空间展现了"环境友好型"的前景。在内部环境上，将有效促进整个行业业务环境的统一化、标准化，有效促进用户环境的群体化设定，有效促进 Web 环境、网格环境和语义 Web 环境的层级化和一体化。

二是促进新业务整合。图书馆 n.0 之下，图书馆的资源组织与服务将体现群体化、层级化、标准化的发展格局，将从整体上有效促进图书馆的跨界合作、联合服务、协同建设，基于网络的协作、跨时空多系统的协同和基于虚拟组织的过程管理将成为普遍的业务范式和合作模式，从而有效促进图书馆信息共享空间（IC）建设这一新兴服务模式的整体化运作。个体图书馆的现有业务分工将做出适当的调整以更有利于业务精细和效能的发挥，信息门户与知识门户的主题将更为鲜明以更有利于职能特色的形成，咨询馆员、学科馆员有可能发展为组织馆员的新角色。这些影响无疑会提升业务的规范性，避免一哄而起的短期行为和盲目发展的无序状态。上述新业务整合，对于图书馆开辟新的生存空间和生存方式，对于基于目标管理的指标式发展和布点布局式发展，也会带来深远影响。

三是促进新组织模式整合。首先在馆体发展模式上，从实体图书馆到虚拟图书馆的理念上升，将催生变条块分割为网格构架的扁平化发展，使资源配置更为合理；从图书馆个体到图书馆群体的理念上升，将促使相对独立、条块分割的信息资源保障体系向知识网络体系发展，使原有弱势群体得以保障，同时可以有效规避重复建设和盲目求大。其次在管理组织模式上，业务委员会、工作组、团队的出现将在馆际和馆内成为必然，这种扁平化结构模式将带来传统等级式管理体制的转型。另外，图书馆 n.0 名录及其资源与服务的图谱也会必然出现，将有力引导馆际沟通、层级过渡，带来标签式、挂牌式的群体形象模式。

三 图书馆 n.0 的未来影响与作用

面对不可预知的未来，图书馆 n.0 的成长有其必然性也有其不确定性，不能否认的是，如果人们对图书馆 n.0 的热情不能得到充分引导，图书馆群体化发展的大门的打开就会迟缓，甚至被永久关闭。正如 2009 年召开的第 75 届国际图联大会的主题所说："图书馆创造未来：筑就于文化遗产之上。"图书馆 n.0 应该成为这个主题的正题名而不应该成为副题名。站在图书馆群体化发展的门口眺望未来，与其说我们思考的是图书馆 n.0 的未来影响与作用，不如说我们在反思"图书馆创造未来"靠什么？如果更多的人能够说出：归根结底靠合作产生的合力，那么，本文愿以这样的话作为结尾：对图书馆 n.0 的今天而言，Web 环境下的区域群体化是势在必行，泛在环境下的国际群体化是大势所趋。

参考文献

毕强、韩毅：《泛在知识环境下数字图书馆知识空间构建研究》，《情报科学》2008 年第 7 期。

吴汉华、王子舟：《从"Web3.0"到"图书馆 3.0"》，《图书馆建设》2008 年第 4 期。

初景利、吴东曼：《图书馆服务的泛在化——以用户为中心重构图书馆服务模式》,《图书馆建设》2008 年第 4 期。

燕今伟:《图书馆联盟的构建模式和发展机制研究》,《中国图书馆学报》2005 年第 4 期。

任树怀、盛兴军:《论信息共享空间体系结构与实施策略》,《上海大学学报》(社科版) 2008 年第 5 期。

刘伟、郝俊勤:《信息组织与信息构建》,《情报资料工作》2009 年第 1 期。

范并思、胡小菁:《图书馆 2.0:构建新的图书馆服务》,《大学图书馆学报》2006 年第 1 期。

王智琦、李秋实:《网格环境下数字图书馆异构资源整合及案例分析》,《情报资料工作》2009 年第 4 期。

韩志萍:《图书馆组织结构转型方向及路径依赖》,《情报资料工作》2009 年第 5 期。

刘利等:《整合导向下复合图书馆的发展模式分析》,《图书馆学研究》,2009 年第 1 期。

焦玉英、刘颖:《图书馆 2.0 环境下信息集成服务研究》,《中国图书馆学报》2008 年第 5 期。

图书馆 2.0 工作室:《图书馆 2.0:升级你的服务》,北京图书馆出版社,2008。

数字图书馆热点问题探究

刘 江[*]

摘 要 数字图书馆建设作为当前图书馆界研究的一个重点,存在各种各样的观点,本文总结归纳当前各种观点,提出了当前数字图书馆建设要面临的诸多技术问题。

关键词 图书馆 技术 研究

当前,数字图书馆建设在国内外图书馆界方兴未艾,对数字图书馆的研究也正深入。数字图书馆作为一个海量、宽带多媒体网络系统,还有很多需要进一步研究开发的技术问题。这些问题解决的好坏,将会直接影响数字图书馆建设的速度,归纳起来有以下几方面问题。

一 信息资源建设问题

资源建设问题是数字图书馆应当首先解决的一个重要问题。数字图书馆作为一个数字资料库,如果有库无数据就如同有路无车,路建的再好也发挥不了应有的作用。因此数字图书馆建设中应当首先考虑资源建设问题,应当把包括历史资料在内的所有资料进行相应的数字化。图书资料的数字化工作,需要有效的管理机制。我国目前有各种图书馆数千个,分别隶属不同的行政职能部门。显然,直接从行政入手进行规划难度很大,很难统一调动。我们现在的思路是,通过国家科技发展计划,采用统一规划联合实施的办法进行信息资源建设的协调管理。

二 标准化与数据存储问题

数字图书馆建设面临的另一个严峻事实是没有相应的电子图书标准、元数

---

[*] 刘江,男,1969年生,中共辽宁省委党校信息管理中心主任兼图书馆馆长,研究馆员。

据标准,也没有多媒体信息标准。技术标准在一定程度上已成为国家主权的延伸。因此,在建设中国数字图书馆工程时,相关技术标准工作的研究尤为重要。技术标准的草拟应该由信息产业界、图书情报界以及与标准相关的国内软件开发商共同参与,在标准讨论的同时开发一批建立在这些标准基础上的软件系统。数字图书馆所涉及的数据类型有文本、图像、语音、图形等,而且所面临的数据是海量的,这么大的数据量是迄今为止其他任何系统都没有遇到过的,需要大规模数据库存储和处理这些数据,如何保存和管理海量数据是系统设计的核心任务之一。这也需要由上述三方面共同参与研究解决。

三 分类、索引和检索问题

在图书馆中,分类与索引是检索的基础,分类方法也有各种学派和门类。目前在数字图书馆领域中,还没有完全统一的分类方法,这就提出了一个如何统一分类标准的问题。

如果没有一个统一的索引方法和分类标准,将来开发计算机的搜索工具就非常困难,需要针对不同的分类方法制作不同的搜索工具。另外,我们所面临的数据类型也不同,如文本信息、地图信息、图像信息及视频、音频、音乐等信息,对不同的内容,需要不同的分类体系和索引机制。而能否制定一个比较好的分类方法、建立一个比较好的索引机制,将直接影响到后续能否开发出一个比较好的检索工具。怎样做一个比较好的检索工具,使得提供给用户的信息恰恰是用户最需要的。这当中涉及大量人工智能的支持,这也正是数字图书馆与国家863计划所支持项目密切结合的必要性所在。国家863计划前些年在人工智能方面支持了很多研究工作,有很多积累,都可以用到这上面来。

四 带宽与安全问题

如果你经常上网,你就会发现,访问国内的站点和国外的站点都很慢。其原因是:①网站服务器的处理能力太弱;②网络的出口带宽太窄。因此,怎样增强服务器的处理能力或者从服务器端调度协调好,充分利用好已有设备以及建设高速宽带网络是当务之急。

保护包括版权保护和系统安全性的保护。版权保护,是数字图书馆作为商业系统运行的前提。没有版权保护的手段,作者就不可能允许数字图书馆经营者把自己的作品放到网上,投资者也不会把钱投到系统的建设上。从美国的经验教训看，虽然数字图书馆在美国的呼声很高，政府已经投入了大量的经费支持，但这些经费都是投给研究部门的，主要是大学。其原因除了说明数字图书馆这个领域目前的技术问题还没有研究透，还需要技术攻关以外，还有一个原因，就是版权保护问题尚未很好地得到解决。如何在网上销售商品，美国已经有了相应的法律，但如何在网上从事商业性借书目前还没有讨论清楚。美国的公共图书馆都是公益性的，有合法身份的居民可以凭居民证件免费办理借书证；可以一次借 5~6 本书。尽管图书馆是公益性的，但作者本人的利益仍可以因为大多数图书馆都购买一定数量的图书而得到保证。数字图书馆如何保证作者利益？一种现成的做法是采用与传统图书类似的方法，即每个数字图书馆要单独购买一定数量的许可证，其他方法需要重新设计，需要有其他法律法规做后盾。

五　交互界面与输出和信息表现问题

交互界面（用户界面）是数字图书馆的重要组成部分，是系统与用户交流的窗口。其实，这不仅是数字图书馆所面临的挑战，任何系统都有这个问题，即怎样设计一个理想的用户界面，让用户使用时得心应手，能够友好、直观、方便，并具有人性化、智能化，充分利用图形、语音，将其融为一体等等。

交互界面设计的技术核心是如何吸引用户的注意力和为用户的操作提供最方便的支持。

在计算机上用各种可能的技术表现信息是非常具有挑战性的工作。信息的输出和表现是数字图书馆中可能为未来社会带来很大好处的一个方面，除了在经济上、学习上有好处之外，通过对数字图书馆的研究，使得人类对信息的发现、信息的利用更上一个档次。

实际上，有了多媒体后，许多东西都可以直觉化、可视化，用图像、图形、语音等直接表现出来。我们平时在 PC 上所面对的数据量很小，还达不到能从这些数据中得到更重要知识的程度。有了数字图书馆后，大量的资料数据都很容易到手，这对研究人员是一个福音，因为利用这些数据可以有许多创新的机会。我们不仅可以从这些数据中挖掘到目前为止人们还不了解的知识和规律，还可以用多媒体技术描述这些知识，使不同知识表现之间可以相互转化，再利用信息可视化技术、虚拟现实技术将各种各样的知识表现出来。

六　多语言与工具平台问题

互联网上的信息可能是用英语、汉语等多种语言书写的，书也可有多种语言的问题，为了让更多的人能够方便地阅读各种语言的图书资料，需要提供机器翻译能力。这个问题也是国家"863 计划"一直在支持研究的项目，包括自然语言理解、机器翻译问题、多语言浏览器等等。现在市面上也有一些多语言浏览器，但还不够理想。今后，还需在这方面进一步努力。

工具包括图书录入工具、音像制品录入和编辑工具、浏览器工具、开发工具等，平台包括软件平台、数据库平台等。目前已经有一些商品化的软件平台，但是仍然需要专门为数字图书馆设计的专用工具与软件，这是一个最大的挑战，对象包括总体结构标准、软构件技术、信息录入工具、搜索工具和知识挖掘工具等问题。

七　开放性问题

数字图书馆是一个集成各种数据资源和工具环境的大规模系统，因此系统的开放性是成功的必要条件。所谓开放性应遵循以下原则：第一，统一性：不论哪种类型的图书馆都必须服从整体协议；第二，分布式：不可能有一个中心，这是现今网络系统的基本点；第三，开放式：内容必须具有开放性；第四，可扩展性；第五，要简单易行；第六，能比较充分地利用现有信息服务设施。

第二部分

图书馆与学习型组织建设

打造党员干部书柜
——论省级党校图书馆在学习型政党建设中的作用

华 颖*

摘 要 省级党校图书馆在学习型政党建设中应该发挥自身的优势，打造好党员干部的学习书柜。就目前的情况看，首先要避免"过日子"读物，让阅读升级；其次要端正价值观，宣扬群众观点；最后要做好信息保障，展现本校成果。

关键词 图书馆 学习型政党 党员干部 书柜

建设马克思主义学习型政党，是党的十七届四中全会提出的重大战略任务。省级党校图书馆在学习型政党建设中应该发挥自身的优势，打造好党员干部的学习书柜，协助党校进行学习型党组织建设的宏大课题。就目前的情况看，要打造好党员干部学习书柜，可以试着从以下几方面着手。

一 避免"过日子"读物，让阅读升级

当前的阅读显现出的特点是：阅读率上升，"过日子"阅读明显。由中国新闻出版研究院主持的第七次全国国民阅读调查结果显示，2009年我国18~70周岁国民中，包括书报刊和数字出版物在内的媒介综合阅读率为72.0%，比2008年增长了2.3个百分点。较能体现市民阅读率的一些公共图书馆统计的数据也表明近年来市民阅读率在持续上升。阅读率上升自然是一件值得庆幸的事，但在欣喜的同时，"过日子"阅读更应引起重视。走进书店，占据畅销榜上的书大多是生活实用类书籍，不是身体保健类、养生类的如《求医不如求己》、《从头到脚说健康》，就是职场竞技类读物，如《杜拉拉升职记》、《做单：成交的秘

---

* 华颖，女，1978年生，中共浙江省委党校馆员。

密》。而那些思想性的、哲学类的、文化类的人文读本很难在销售榜上找到它们的影子。"过日子"阅读折射出人们的"过日子"哲学。20世纪90年代以后，中国的社会转型已经从原先的思想观念层次进入了实践操作层次，并以经济领域为核心全方位波及社会生活的各个层面，深刻地改变了人们的日常生活、价值观念。大众关心现实胜过关心理想，关注物质胜过关注精神。人们读书日趋功利化，在实用性、物质性和身体性迅速增加的同时，审美性、人文性和精神性则日益萎缩。

党员干部的书柜要避免"过日子"读物，要让阅读升级。首先，省级党校图书馆可以结合主流媒体的引导来向党员干部推荐好书。学习型政党的战略任务提出以来，各主流媒体纷纷行动。如何引导党员干部多读书、读好书成了各级党报的一项重要任务。例如《浙江日报》，在2010年以来，频频推出读书报道策划，在文化周刊先后推出了《教育诗》、《阅读会》等版面。从《名家特稿》、《书间道》、《走读钱塘》等一系列栏目名称中，也可窥见该报对阅读的着力引导。《浙江日报》的《人文世界》文化周刊每期向党员干部重点推荐一本好书，同时与广大读者分享基层干部的阅读笔记。这些成功经验值得借鉴。其次，省级党校图书馆可以邀请校内各教研部的专家学者向学员推荐好书。校内的专家学者对各自所从事的专业理论都有深入的研究，在教学中又经常与干部学员进行交流，比较容易把握当前干部学员的需求，可以针对性地提出一些好书。另外，图书馆还可以结合主体班次的学习情况，展现优秀的干部学员读书笔记，以此来促进学员读好书。最后，省级党校图书馆可以凭借省内党校系统数字化平台，在省内各党校系统形成互动，共同促进党员干部读好书。

二 端正价值观，宣扬群众观点

2010年6月武汉华中科技大学李培根校长的毕业致辞，引起了各媒体的热议；同月，"央视主播打断抚河决堤汇报，直问群众有没有转移"的视频在网上流传。大学校长在毕业典礼上的讲话，主持人打断被采访人的讲话，本应是再普通不过的事情，却被如此多的人欢呼叫好，并被媒体当作新闻大面积报道，究其原因，是公众对官话套话的厌恶。李培根校长短短16分钟讲话为何能被掌声打断30次？细看其讲话内容，不过是少了些传统官话套话，多了些实在性、人情味。而被央视主播打断抚河决堤汇报的官员，在灾情万分危急的时刻，接受 3 分多钟的采访居然一口气讲出不下 10 位领导人的名字。打断被采访官员的主持人能受到公众热赞,显现了公众对官话套话的厌恶。

省级党校图书馆要端正价值观,要有一个良好的群众观点和群众意识,更要成为宣扬群众观点的大书柜。我们党一直对"官话套话"这一问题给予高度关注。毛泽东曾写过几篇相关文章,批评党内的文风不正问题。以后党的历届领导人都强调了党内文风问题的重要性。文风问题之所以重要,是因为从本质上来说,它反映的是党的群众路线问题,是领导干部与人民群众之间的有效交流与沟通问题。在社会主义市场经济条件下,当然不能搬用战争时期群众工作的路径和方法,但"代表中国最广大人民的根本利益"、"一切为了群众,一切依靠群众"的群众观点的本质仍是我们须臾不能忘记的基本原则。"官话套话"问题难以克服,与当今的社会背景有一定关系。近年来,网络为人们的表达提供了广阔的空间和平台,领导干部的言行举止往往面临一定的压力:一个领导干部说错了一句话,可能就会引发网民的热议热炒。于是,出于自我保护的意识和敏感,一些领导干部的表达就变得越来越小心。在这样的背景下,使用一些"官话套话"就比较"保险"。但是,上文的两则热议事件,显现了"官话套话"的处世哲学受到人们的厌恶,同时也对党员干部的素养提出了更高的要求。因此,省级党校图书馆在端正价值观的基础上,要成为宣扬群众观点的大书柜。首先,图书馆要推荐好我党历史上有关群众观点的理论资料。虽然我们不能完全照搬革命战争和计划经济时期具体的群众工作方法,但通过对过去经验教训的总结和对理论的再学习,仍然可以指导我们当今的实践。其次,省级党校图书馆可以试着结合主体班次的学习,利用全省共享的党校图书馆数字资源共享平台,介绍党员干部有关群众观点的体会与实践经验。在社会主义市场经济中,利益主体的多元化、贫富差距的扩大,使得追求公平、正义和法治的群众工作主题与过去有着不同的含义。同时,公开、透明和信息化的条件给我们群众工作的方法既带来挑战也带来机遇。我们不可能也不应该简单套用战争时期发动群众的办法,而应该在实践中不断创新、不断改进工作方法。另外,省级党校图书馆作为宣扬群众观点的大书柜,也可以给党校的教研人员提供丰富的理论与实践资料,为教研人员在此方面的研究提供帮助。

三 做好信息保障，展现本校成果

重视和善于学习，是我们党在长期实践中形成的优良传统。80 多年来，我们党总是根据形势和任务的变化向全党提出学习的任务。面对世界的新变化、形势的新发展，党中央又把建设马克思主义学习型政党的重大任务提到全党面前。重视学习、善于学习，努力掌握和运用一切科学的新思想、新知识、新经验，顺应时代发展实现知识的不断更新，不仅是当今世界的要求，也是推进改革开放和社会主义现代化建设的要求，更是我们党保持和发展先进性、巩固执政地位的要求。党校肩负着坚持在实践中检验真理、发展真理的任务；肩负着坚持运用马克思主义立场、观点、方法准确把握当今世界发展大势，准确把握社会主义初级阶段基本国情，准确把握改革发展实际的任务；肩负着及时总结党领导人民创造的新鲜经验的任务，不断作出新的理论概括，用发展着的马克思主义指导新的实践的任务。省级党校图书馆应该做好针对性的信息保障。引导读者着眼完善知识结构，广泛学习哲学、历史和优秀传统文化，学习现代市场经济、现代国际关系、现代管理等方面知识，不断开阔视野、扩大知识面。

建设马克思主义学习型政党要求把学习党的理论与学习专业技能、各种新知识结合起来，不断丰富拓展学习内容。党校的教研人员不仅着眼提高理论素养，深入学习马克思主义理论特别是马克思主义中国化最新成果，努力掌握贯穿其中的立场观点方法，而且在调查研究中不断提高运用科学理论分析解决实际问题的能力，形成了不少具有可操作性的理论成果，为政府的决策提供了不少有价值的参考资料。省级党校图书馆可以着重展现本校的科研成果，不仅可以为本校作好宣传，而且可以给党员干部的学习书柜提供最直接的实践资料，使他们更好地从事本职工作。

参考文献

《第七次全国国民阅读调查显示：中国人越来越爱读书》，《光明日报》2010 年 4 月 20 日。

王世伟：《近年来市民阅读率是下降还是上升？》，《图书情报工作》2010 年第 5 期。

《大学校长不能太"根叔"》，http://view.news.qq.com。

《央视主播打断抚河决堤汇报，直问群众有没有转移》，http://news.sohu.com。

图书馆在学习型政党建设中的地位和作用初探

钟海雷[*]

摘　要　文章认为图书馆在学习型政党建设中占有重要地位，起到其他机构不可替代的作用。如果这种作用不能有效地发挥，必然会影响到学习型政党建设的成效。在服务于"学习型政党"这一特殊的读者群时，图书馆将面临地理分布广泛和知识需求广泛的挑战。图书馆必须加强服务创新、制度创新、技术创新，从而提高自己的知识服务能力和普遍服务能力以应对。

关键词　学习型政党　图书馆　图书馆联盟　知识服务能力

一　引子

在高速发展的信息化社会，知识是最重要的经济资源。在这样的社会中，要求领导者每天都要学习，每个人都要学习，一辈子都要学习，只有不断地学习才能保持可持续的竞争力。学习是领导者的核心竞争力。

中国共产党历来重视学习，党的十七届四中全会通过的《中共中央关于加强和改进新形势下党的建设若干重大问题的决定》，引人注目地提出："把建设马克思主义学习型政党作为重大而紧迫的战略任务抓紧抓好。"

二　图书馆在学习型政党建设中占有重要地位，起到不可替代的作用

能否正确认识图书馆在学习型政党建设中的地位和作用，不仅关系到图书馆是否能在学习型政党建设中履行好自己的职责，发挥好自己的作用，也关系

---

[*] 钟海雷，男，1968年生，中共广西壮族自治区委员会党校图书馆馆员。

到学习型政党建设的思路。笔者认为图书馆在学习型政党建设中占有重要地位，起到不可替代的作用。下面就从三个角度对此进行说明。

（一）从读者调查的角度看图书馆在学习型政党建设中的地位和作用

学习型政党不是抽象的，而是由每一个具体的学习型成员组成。为了了解党员干部读书现状，人民论坛杂志社2009年上半年在全国范围内组织了"万名党政干部阅读状况调查"。样本取自10多个省、市、自治区，主要集中在北京、天津、河南、河北、四川、贵州、山西、陕西、山东、内蒙古、浙江、江苏等地。共发放问卷11000份，回收有效问卷10047份。在"您认为获取知识的最佳途径是什么"的提问中，70.3%的受访者选择"读书"；其他依次为"参加系统培训"、"他人的言传身教"、"听讲座"。

"读书"被绝大多数党员认为是获取知识的最佳途径。图书馆以实现和保障公民基本阅读权利为职责。对于偏爱通过"读书"来获取知识的党员来说，图书馆就是他们获得知识的主要渠道（假设图书馆真正实现了阮冈纳赞图书馆五定律的要求，做到了"在节省他们时间的前提下提供了他们需要的图书"），图书馆在学习型政党建设中的重要地位不言自明。

（二）从图书馆传播知识的优势看图书馆在建设学习型政党中的地位和作用

图书馆的活动是"对文献进行系统收集、加工、保管、传递，对文献中的知识或信息进行组织、整理、交流，以便用户能够从文献实体、书目信息以及知识三个层面上获得他的资源。"图书馆作为文献与读者之间的中介，为读者提供知识服务，致力于促进人类知识的传播、交流与利用。

相对于其他传播知识的渠道，图书馆传播知识有这些优势，它是面向全体社会成员的，作用于每个社会成员的一生，在范围上更具广泛性，在方式上更具灵活性，在内容上更具多样性，在选择上更具自主性。并且这种知识传播的目的并不限于传播文化知识和专业技能，而是注重提高人的整体素质，促进人的全面发展。可以说，图书馆是没有围墙的大学，是终身教育的最高学府，可以全面满足党员干部获取知识的需要，是他们有效获取知识的重要渠道。图书馆传播知识的这些优势决定了它在学习型社会、学习型政党的创建中起着重要的、其他机构所无法替代的作用。

(三)从《图书馆服务宣言》和《关于推进学习型党组织建设的意见》的对比看图书馆在学习型政党建设中的地位和作用

为了对全社会做出行业承诺,图书馆界在2008年10月发布了《图书馆服务宣言》(以下简称《宣言》),《宣言》是对图书馆核心价值观的系统表述,也是现代图书馆功能的说明,蕴含了图书馆长期以来理论探索和实践探索中被普遍认同的理念。

为了推动学习型政党建设,中央办公厅于2010年2月8日印发《关于推进学习型党组织建设的意见》(以下简称《意见》),《意见》就建设学习型党组织进行了深入的分析、具体的部署和详细的要求。

比较这两个重要的文件,有助于我们揭示图书馆和学习型政党建设两者之间的关系。

《宣言》:"图书馆以建设学习型社会为己任。"这是《意见》和《宣言》在"学习型"这个要素上的一致。

《意见》:"……积极推动党员干部学习人类社会创造的一切文明成果,学习现代化建设所需要的经济、政治、文化、科技、社会和国际等各方面知识,学习反映当代世界发展趋势的现代市场经济、现代国际关系、现代社会管理和现代信息技术等方面知识。"《宣言》:"图书馆是通向知识之门,它通过系统收集、保存与组织文献信息,实现传播知识,传承文明的社会功能。"这是需求和服务的直接呼应。

《宣言》:"图书馆是公民终身学习的没有围墙的学校,为公民终身学习创造机会和条件。"《意见》:"……牢固确立党组织全员学习、党员终身学习的理念。"学习型政党的终身学习理念,离不开终身教育体系的支撑,而图书馆就是终身教育体系可能最早的、而且是最自觉和最重要的倡导者和践行者。

《宣言》:"图书馆,特别是公共图书馆,以实现和保障公民基本阅读权利为职责,通过对全社会成员实行平等服务,维护公民享受图书馆服务的权利。"《意见》:"要注意抓好离退休人员、偏远地区农村党员、非公有制经济组织和新社会组织中党员、下岗失业人员和流动人口中党员的学习,努力使建设学习型党组织的任务覆盖到每个基层党组织、每个党员。"这是图书馆普遍原则、平等原则和《意见》"覆盖"要求的一致。

只有539字的《宣言》,发布日期比《意见》早了14个月,却和《意见》

有诸多的一致,这不仅凸显了在相同的历史条件下,党的事业发展和图书馆事业的发展,在价值取向和方法偏好上的一致,同时也提醒我们,图书馆在学习型政党建设中占有重要地位。

三 图书馆如何在学习型政党建设中更好地发挥作用

首先,要对学习型政党建设的重要性有充分的认识;其次,要在分析"学习型政党"读者群需求的基础上,有针对性地进行服务创新和制度创新,提高图书馆的服务能力。

(一)充分认识建设学习型政党的重要性

英国哲学家培根说过,知识就是力量。其实,无知也是力量,只是它是一种愚昧的、灾难性的、破坏性的力量。当一个人不具有"知识的力量"的时候,他就必然会具备"无知的力量",二者必居其一。领导者的学习效能具有社会公共放大性,领导者是引导、率领社会的关键性少数,一个人的无知仅仅导致一个人的失败,而一个国家领导群体的无知就会导致整个国家的失利。学习型政党建设,是中国社会发展的基础和保障,是中国社会进步的强大推动力。图书馆在学习型政党建设中不能放弃自己的责任。

(二)认识"学习型政党"读者群需求的全局性特点

图书馆要为学习型政党建设作出贡献,就要为党员用户提供满意的知识服务。首先要做好党员读者的需求分析,揭示其需求特点,然后采取相应的措施。对于"学习型政党"读者群,重要的是揭示其知识需求的全局性特点。

1. 党员地理分布广泛的特点对图书馆普遍服务能力形成挑战

我们党拥有7500万党员、352万个基层组织、17万个基层党委,是有严密组织纪律的世界上最庞大的政治组织。党员几乎遍布全国的每一座乡村和城市的每一条街道,对图书馆服务的需求呈现出明显的区域分散特点,而我国的公共图书馆系统并不能很好地满足这种广泛分布的需求。

国际图联曾经规定,每1.5公里半径内、平均2万人左右要拥有一所图书馆。在欧美图书馆事业发达的国家要求,步行10-15分钟距离内,能找到一所图书馆。我国文化部《2000年中国文化发展战略》报告提出,20万人的居民区有一所公共图书馆。

从上述情况看，发达国家对社区图书馆的要求是很高的，而我国的规定相对是较低的。但就是这样相对较低的指标，很多地方都不能达到。例如，据 2005 年底统计，在全国经济相对发达的广东省全省平均 69 万人才有一所图书馆，人均藏书仅仅 0.32 册，图书增量只有 0.02 册。

这种读者地理分布的广泛性特点是对图书馆普遍服务能力的挑战。

"普遍服务"内含"就近服务"之义。图书馆资源人人可获取，图书馆服务人人可获得。这是图书馆普遍服务的基本要义。提供这种惠及人人的普遍服务，是图书馆为了维护信息公平而必须遵循的服务原则。如果图书馆所提供的服务，只有一部分人能够获得而另一部分人无法获得，那么这种服务便是一种不公平服务，这样的服务不能称其为普遍服务。在"无法获得图书馆服务"的原因中，空间距离（路程距离）障碍是重要原因之一。消除这种空间距离障碍的最好办法就是加大图书馆的设立密度或扩展图书馆服务的空间覆盖范围，使有经常利用图书馆愿望的人群都能不受空间距离障碍的限制。

2. 党员知识需求广泛的特点对图书馆知识服务能力形成挑战

本文所说的知识需求，不仅指有明确目标的文献需求和信息需求，还包括以知识创新和实践创新为目的的一种模糊的、复合的需求。与此相对应的知识服务能力也有两个层次，一是图书馆满足读者的文献需求和信息需求的能力，二是协助用户完成知识创新或实践创新的深度服务能力，包括需求分析、知识提取、知识序化、知识推送等能力。

在学习型政党建设中，党员干部的知识需求呈现出内容要求广泛的特点，这有以下几点原因：①中国共产党有 7500 万党员，成员众多，每名党员根据实际需要自主进行个性化学习，在将数量庞大的组织成员的个性化学习进行集合以后，就必然会呈现出内容的广泛性。②中国共产党是国家执政党，其成员的实践活动涉及人类活动的一切领域，所需要运用的知识涉及人类知识的一切领域，需要学习的内容也必然涉及人类知识的一切领域。③党组织或其成员的学习，往往是带着解决实践中遇到的新问题的目的进行的，这是学习型党组织建设的要求。在解决实际问题过程中产生的知识需求都带有强烈的实践创新和知识创新指向，带来的是创新性而非经验性的学习，其知识需求呈现出模糊性以及跨学科、跨领域的特性，或者说是十分明显的广泛性。

图书馆作为一个机构，系统地收集、保存与组织文献信息，是人类知识的收藏体，为读者提供知识服务，然而对单个的图书馆而言，其所能收藏和利用的文献仅仅是人类活动产生的文献的一个部分，所能提供的知识服务受到本身文献资源和人力资源的限制。

读者的知识需求和图书馆知识服务能力之间的矛盾一直以来都存在，图书馆在面对"学习型政党"用户群时，这种资源不足和需求广泛的矛盾将更加凸显。图书馆的知识服务能力面临知识需求广泛性的严峻挑战。

（三）针对"学习型政党"读者群的需求特点，提高服务能力

如前所述，地理分布的广泛性特点对图书馆普遍服务能力形成挑战，知识需求的广泛性特点对图书馆的知识服务能力形成挑战。面对挑战，图书馆传统的服务模式和制度模式已显得力不从心，图书馆唯有大胆探索，进行服务创新和制度创新，提高自身的普遍服务能力和知识服务能力以应对。

1. 图书馆联盟：一种提高知识服务能力的创新

建立图书馆联盟是提高知识服务能力的有效方法。所谓图书馆联盟是指为了实现资源共享、利益互惠等目的而组织起来的、受共同认可的合同和协议制约的图书馆合作组织和机构。为了说明问题，笔者选取了国内实践图书馆联盟的两个样本。

（1）虚拟的图书馆联合参考咨询服务。中心机房设在广东省图书馆的"联合参考咨询网"是以数字图书馆馆藏资源为基础，以因特网的丰富信息资源和各种信息搜寻技术为依托，为社会提供免费的网上参考咨询和文献远程传递服务。关于联盟的宗旨，联合参考咨询网资源共享协议的第一条写到："公共图书馆是社会平等的公器。为了维护公民获得平等阅读的权利；为了让更多的人读更多的书，为了让全国广大山区、农村、边疆、海岛的人民能够与北京、上海、广州等大城市一样，方便地获得文献资源和进行学术研究与交流，我们合作建立面向全国公共图书馆和广大读者的联合参考咨询网。"

截至2010年7月，加入联合参考咨询网的合作图书馆已有77家（其中省级图书馆12家），分布在全国各地，该咨询网由馆员在线接受读者咨询，不仅实现了信息资源共享，还实现了人力资源共享，据网站提供的数据，2010年1月至3月的咨询数量达201938人次，传递文献达607786篇。

（2）虚实结合的图书馆联盟服务。吉林省图书馆联盟由13家公共系统、高校系统、科研系统图书馆共同发起成立，以"政府主导、统筹规划、先易后难、

以小促大、循序渐进"为原则,目标是建立吉林省文献保障系统,已经进入了实质性的运作阶段,联盟在资源建设、一站式书目查询、馆际互借、成员馆之间通阅、联合参考咨询服务、联合采购等方面进行合作。截至 2010 年 7 月,已有成员馆 29 家。该联盟还以帮扶的方式参加基层图书馆、图书室的建设,力图把图书馆的服务向农村延伸。

从以上两个样本可以看到,图书馆联盟实现了跨地区、跨组织的信息资源和人力资源共享,成员馆可以从联盟的其他成员那里获得资源(包括文献资源和人力资源)为本馆用户服务,也可以开放本馆资源为其他成员馆的用户服务。每个成员馆因此拥有了更强大的知识服务能力,并延伸了服务的空间。从读者的角度来看,只要成为一个图书馆的用户,就可以以这个图书馆为入口,享有联盟的全部资源。

在为学习型政党建设提供服务的过程中,以提高知识服务能力为目的,图书馆应该加大力度推进图书馆联盟的发展。

2. 总分馆制:一种提高普遍服务能力的创新

近年来图书馆普遍平等服务的理念开始得到广泛认同,图书馆也一直在努力探索普遍平等服务的理念和我国图书馆具体实践相结合的有效途径,总分馆制就是一种有益的探索。为了说明问题,笔者选取较早实践总分馆制,并且取得了良好效果的哈尔滨市图书馆作为例子。

有感于公共图书馆越建越大,规模上去了,服务辐射力却不理想的状况,2006 年,哈尔滨市图书馆提出了总分馆制的办馆模式并开始实施。总分馆制以市图书馆为总馆,在远离图书馆及人口相对比较密集的街区,建立若干规范的社区分馆,形成布局合理、方便读者利用的图书馆服务网络体系。经过几年来的逐步探索,哈尔滨市图书馆已经成功地实现了总馆、分馆之间的一体化管理。截至 2010 年,哈尔滨市图书馆的分馆总数达 36 个。在统一的网络平台下,总馆对分馆实行远程监控、统一管理。总分馆资源共享,图书可通借通还。很多市民发现家门口有了图书馆。哈尔滨市图书馆建设仍未止步。今后力求达到公交车主干道四站地或居民步行 15 至 20 分钟就有一个图书馆,服务措施方便读者,完善预约及配送机制,使读者更加便利地利用图书馆。

目前图书馆的服务向广大农村的覆盖还缺少成功样本,笔者以为随着农村物质生活水平提高,人们将更加注重对精神生活的追求,图书馆可以借鉴总分馆制在城市成功的经验,把分馆建到农村,依托网络把城乡图书馆服务连成为一个整体,使农村党员干部在学习型政党建设活动中,得到优质的图书馆服务。

3. 高校图书馆的开放:提高图书馆行业总体服务能力的捷径

我国的高校图书馆系统不但图书馆数量多、规模大,而且在文献资源、人力资源等方面都具有较大优势。截至2004年全国共有普通高校和成人高校2236所,也就是说全国共有高校图书馆2236所,藏书总量达112540.36万册,电子图书1296494片。高校图书馆还拥有完备的人才队伍,掌握着国内最先进的网络技术服务手段。可以说每一名得到高校图书馆服务的读者都是信息的富翁,"如此巨大的资源却基本上只有高校自身在使用,这不能不说是一种资源上的巨大浪费","高校图书馆为社会和社区居民服务,既是社会和社区发展和建设的需要,也是高校图书馆自身发展的需要。同时也是高校图书馆完善自我,提高效益,回报社会的一种重要策略"。

我国的中大型图书馆主要集中在城市。一般而言,一座城市的高校图书馆藏书量要大于该城市公共图书馆的藏书量,这主要得益于最近十几年来高等教育的迅猛发展。如果我们能将高校图书馆的资源对社会开放,必将极大提高图书馆作为一个行业服务于公众的能力。

高校图书馆向社会开放还有诸多障碍和实际困难,可喜的是,高校图书馆从未停止这方面的探索,并积累了不少成功的实践经验,有的让读者进入了校园,也有的把服务延伸到了校园以外网络所能到达的空间。在建设学习型政党、学习型社会的大背景下,高校图书馆有必要加快步伐,总结经验并加以推广,在丰富而宝贵的资源和社会的迫切需求之间搭起一座贯通的桥梁。

4. 技术创新

前文提到几个实例,无论是哈尔滨总分馆模式还是吉林省图书馆联盟,也无论是虚拟联合参考咨询还是高校图书馆的开放延伸服务,这些都离不开信息技术的支持。在这些服务创新和制度创新的背后,我们都看到了技术创新的巨大身影。有人说,在互联网的时代图书馆的生存和发展面临着巨大的挑战,这种说法不无道理。但是我们也要认识到,图书馆并不是被隔离在互联网之外,只要愿意努力,我们也可以学习和运用好互联网技术,使互联网成为我们的盟友。如果我们关注读者的需求,以满足读者的需求为工作的重心,新技术的出现从来都不是挑战,而是推动事业进步的契机。

把今天图书馆的操作方式和二十年前相比较,有时真会给人一种恍如隔世之感。由于过去二十年里,我们把不断出现的新技术积极地运用于图书馆的实践,图书馆随着信息技术的发展一直在不断向前。"目前看来,信息革命远未结束,如果说馄饨无序中必将诞生新的数字秩序,现在我们所能看到的,还只是黎明前夜的点点星光。"在技术创新的大路上,我们刚刚起步,在未来的知识生态环境里,技术创新将是我们工作的常态。把最先进的技术手段应用于图书馆活动的各个环节,不仅是图书馆事业发展的需要,也是建设学习型社会、建设学习型政党的需要。

四 结语

从某种意义上说,图书馆就是人类知识资源的管理者,并可以把这些知识输入到学习者的头脑中。图书馆在学习型政党建设中占有极其重要的地位,其作用是其他机构无法取代的。如果这种作用不能有效地发挥,必然会影响到学习型政党建设的成效。为着要履行好自己的职责,图书馆必须也成为一个学习型的组织,从更新观念、整合资源、创新服务等各个方面入手,提高履行自身职责的能力。

最后要说的是,目前人们对图书馆在建设学习型政党、学习型社会中的重要地位和作用认识还是不足的,尤其是对图书馆尚未完全显示出来的巨大潜力认识不足,这对于学习型政党的建设是十分不利的。本文不揣愚陋,希望能引起大家的思考,给出有建设性的意见。

参考文献

《关注干部读书:万名党政干部阅读状况调查》,http://blog.sina.com.cn/。

于良芝:《图书馆学导论》,科学出版社,2003。

刘小兵:《关于再造学习型政府与社会科学发展的深度思考》,《桂海论丛》2010年第3期。

周世砗:《高校图书馆为社区服务研究》,《图书馆论坛》2007年第6期。

蒋永福:《现代图书馆的五大基本理念》,《图书情报工作》2009年第11期。

黄长著:《网络环境下图书情报学科与实践发展趋势》,社会科学文献出版社，2010。

《联合参考咨询网资源共享协议》，http://www.ucdrs.net。

吴爱云、孙秀萍：《创共建共享模式　构建公共文化服务体系——吉林省公共图书馆与高校图书馆共建共享的实践与探索》，《辽宁教育行政学院学报》2008年第12期。

哈尔滨图书馆：《不求最大最全　但求更多人共享——哈尔滨图书馆服务网络建设探索公共文化服务新思路》，http://www.hrblib.net.cn。

范并思、刘炜：《在新的信息与技术环境中感受图书馆的律动：信息技术篇》，《中国图书馆学报》2009年第5期。

教育部发展规划司：《2004年中国教育统计年鉴》，人民教育出版社，2005年。

图书馆在学习型政党建设中的地位和作用

戴 萍[*]

摘 要 通过对图书馆的特征和图书馆利用历史经验的分析，指出图书馆是学习型政党教育体系的重要环节，构建学习型政党是图书馆精神的体现。并从宏观上阐述了图书馆在学习型政党中的作用，论述了图书馆知识服务的意义，图书馆实施知识服务的手段。构建学习型政党离不开图书馆，作为文化资源丰富的图书馆，必须围绕学习型政党建设的主题，不断研究新问题、探索新情况、拓展新的服务领域，最大限度地发挥出图书馆的作用。

关键词 学习型政党 图书馆 信息服务 知识服务 终身学习

重视学习、坚持学习是中国共产党一贯坚持的优良传统，但学习型政党的提出则是近些年的事情。自学习型社会建设得到中央重视以来，2001年5月，时任中组部部长的曾庆红同志在中央工作会议上进一步提出了"学习型政党"的概念，他指出："创建学习型社会，首先是要把我们党建设成学习型政党。"此后，党的十六大、十七大等纷纷对其进行了阐述。

创建学习型政党是一项长期的工程，离不开图书馆的积极参与。图书馆应在加强自身业务建设的基础上，充分利用资源优势，拓展服务领域，为建设学习型政党增力加油、节时增效、提供全程服务。

一 整合图书馆资源，为学习型政党建设提供资源保障

图书馆作为重要的社会文化教育和知识服务机构，必然要为全体党员提供多样化的教育服务。不同年龄、不同层次、不同类型、不同职业、不同文化背

---

[*] 戴萍，女，1973年生，军事图书资料馆，馆员。

景的党员,他们对学习的要求是不一样的,我们必须有不同层次、不同类型、不同手段的学习模式供学习者选择。因此,国家必须尽快建立具有多样化模式的教育体系,同时也要提倡和鼓励多样化的教育服务。

目前要真正建设学习型政党,必须在全体党员中形成人人学习、终身学习的氛围,使学习成为全体党员的自觉意识、终身习惯和思维方式。随着我国社会改革事业的不断深化发展,我国的阶级和阶层发生了巨大的变化。过去相对封闭的环境所产生的公众对体制的依赖性、依附性已经减弱,独立性、民主性、多元性开始显现。而学习型政党的建设无疑是和谐社会构建的重要组成部分,也是建设和谐社会的必由之路,两者相辅相成,互为依托。

世界上许多发达国家的图书馆已经进入了全社会化流通体制,图书馆的藏书已经成为社会财富。近年来,知识爆炸,科技飞跃,信息量剧增。据统计,每隔3-5年科技知识就要增加一倍,20世纪80年代全世界每年发表的论文已达500万篇,科学知识每年的增长率达12.5%,这就要求学习者持续不断地学习,如果停止学习,就会很快被时代所淘汰。而当学习者面对海量的信息和知识时,肯定会无从下手。图书馆全面系统地收藏人类所创造和积累的各种信息资源,并对其进行归类、编目索引,学习者在图书馆里可以很容易地获得所需要的信息。

因此,要建设学习型政党,除了党中央的政策支持外,还要有更多人、更多组织的参与和重视。图书馆有丰富的资源,是人类知识的储存地,是知识的海洋、智慧的源泉,在加强自身业务建设的同时,以党的核心思想为指导,为个人、单位和社会提供服务,参与学习型政党的建设。

二 图书馆是学习型政党的教育基地

图书馆人一定要站在时代的高度,进一步提高对建设学习型政党的认识。一是思想上要高度重视,二是业务上要用心钻研,三是服务上要深入细致,使图书馆在学习型政党的建设中发挥出最大的力量。

学习型政党的本质就在于全体党员须时时学习、终身学习,学习新知识和新技术,学习生存和发展的本领。图书馆作为储藏图书、传递信息、普及知识、对外交流的知识服务机构以其开放性、公共性必然成为党员终生学习的基地,它与社会上其他各种终身学习机构相比具有得天独厚的资源优势。

西方经济发达国家都极其重视发挥图书馆的教育作用,制定各种政策法规,规范和促进图书馆事业的发展。1968年美国学者罗伯特·哈钦斯提出学习型社会,他认为学习已经不再是每个公民的义务,而是每个公民的社会责任,学习已成为个性化学习,作为社会必须向公民提供发展所需的教育和学习机会。综观历史,图书馆一直是人们自主学习、获取知识的重要场所,并在社会进步和科技发展中发挥着重要作用。著名数学家陈景润证明了哥德巴赫猜想"1+2"的问题,他的成功就离不开图书馆的帮助。

美国全国近1/3的人在学完义务教育后,还要学习多种多样的继续教育课程。图书馆为他们提供各种教育班,发挥着地区教育中心的职能。在英国,继续教育有很多种方式和课程,不论参加哪一种学习或者自学,学习场所都以图书馆为主。在澳大利亚、日本及许多欧盟国家,都非常重视图书馆的作用,建立了图书馆方便利用的体制。

图书馆以往的学习,多是政治学习、学历教育和岗位培训,学习内容较陈旧,针对性不强,对个人及整个图书馆都缺乏实际指导。创建学习型图书馆与传统的图书馆的政治学习及业务学习有着共同性的一面,但更有本质性的区别:它不能单纯靠行政命令来推行,也不是每周专门安排一个单元时间就了事,它需要图书馆领导及每位馆员都必须充分理解学习型图书馆的真谛,认识到不改变旧的观念已不能适应时代的变革和发展。因此学习内容要以整个图书馆的长期发展为导向,以个人的事业发展为依据,以工作的实际需要为核心,按需要设置学习内容,做到学以致用,用而择学。

三 学习型政党建设是图书馆精神的体现

早在1876年,著名的图书馆学家杜威便指出,图书馆是学校,图书馆员是广义的教师。可以说图书馆是一所"没有围墙的"全民大学。

学习型图书馆是学习型社会的根基,是最重要、最有效的学习型组织,建立学习型图书馆在我国具有基础性、战略性,有决定性意义。图书馆是人类知识的宝库,是搜集整理、开发利用文献信息资源,为政治、经济、文化、教育、科研服务的重要场所,是传播和交流知识信息的中心,是重要的思想文化阵地,是国民进行学习、获取知识的主要基地与保障体系,是唯一对所有人开放,提供永久服务的文化教育机构。这里环境幽雅、清新肃穆,充满着深厚的文化氛围，弥漫着学习气氛。图书馆文献资源藏量丰富、品种多样（书、报、刊、电子文献、视听文献等等）、载体各异（印刷型、非印刷型、缩微型、视听型、电子型、计算机阅读型等），可对人们的思想道德、文化修养、职业技能等各方面进行全方位教育。随着信息技术、计算机技术、通讯技术和网络技术的发展，图书馆正在用这些现代化的技术手段武装自己，并朝着电子化、数字化、网络化的方向发展。图书馆所从事的工作就是对信息知识的管理，使杂乱无章的知识信息经过整序、分类、编目，成为有规律可循、便于查找、能够使用的文献信息。还有各种有效的知识竞赛和读书活动的组织、开展及指导等，这些优势无疑为促进组织的学习，推动学习型组织的形成起到了如虎添翼的作用。

建设学习型政党的重要渠道是抓源头，特别要重视图书馆在建设学习型政党中的作用。利用专业队伍进行学习型政党建设的理念宣传，提供图书资料和网络消息等资源保障和对口服务。主要服务内容有：基础辅导，根据党员的学习实际，有针对性地通过培训、参观、网络等介绍图书馆概况、数字图书馆使用、检索工具及阅读方法等学习的形式、技巧，调动党员的学习积极性、创造性；图书服务，根据各部门集中学习和党员自学计划，定向购置相关图书，并提供党员个人来馆、送书上门等节约服务，网络服务。根据党员集中学习和自学的读书计划，有针对性地提供电子书刊、科技成果、视频材料、学习交流等专业网站，同时利用网络实施咨询、服务，创建知识共享、服务及时、学习愉快的现代化平台，个性化服务，针对党员的特殊情况、特殊要求进行思想、知识、技能等特殊服务，实施党员理论业务、工作及个人观念不同的超越服务。

四　图书馆的未来在于向学习型图书馆转型

学习型图书馆是建立在学习型组织理论基础上的。学习型组织是美国当代最杰出的管理大师麻省理工学院博士彼得·圣吉（P. Senge）首先提出来的，其理论精髓体现在《第五项修炼——学习型组织的艺术与实务》一书。所谓学习型组织的五项修炼是指：A. 自我超越；B. 改善心智模式；C. 建立共同愿景；D. 团队学习；E. 系统思考。我国学者提出学习型组织的六大要素：A. 拥有终身学习的理念和机制；B. 建有多元回馈和开放的学习系统；C. 形成学习共享与互动的组织氛围；D. 具有实现共同愿望的不断增长的学习力；E. 工作学习化使成员活出生命意义；F. 学习工作化使组织不断创新发展。大家都认识到"学习型组织"是未来组织成功的模式。它也将成为图书馆管理者必然的选择。

　　学习型图书馆是现代社会中深具学习氛围的学习型组织，这种形态的图书馆除了有全体馆员和读者之间的密切学习、互动与知识分享外，更应透过对话和讨论提炼出组织的共同目标，进而为实现组织的目标而努力。图书馆应该借用学习型组织的理论这一先进的科学管理理念，把其引入到图书馆的建设发展中来，结合新形式下图书馆的自身特点，构建学习型图书馆。这种学习型图书馆可以理解为：一个在不断变化发展的环境中，能够迅速吸收新观念、新知识、新技术，并在实践中应用、改善和提高，解决无先例可循的实际问题，是个人和组织为了共同理想、共同目标，共同学习、共同发展的图书馆。它包括两个层面和两个方面的含义。两个层面中：基本层面是指传统意义上的馆员队伍建设，包括学历结构、文化素质、业务水平、职业道德；高级层面则是指一种学习能力与工作实践的有机结合，个人发展和组织目标的有机结合。两个方面是指图书馆的个体与整体：个体方面，图书馆每个馆员都必须有学习愿望、学习目标、学习计划和学习能力，并付诸行动；整体方面，全馆必须有一种良好的学习氛围和健全的学习机制（组织、制度和管理），有整体的学习规划和明确的学习目的。

　　随着网络信息资源的发展，知识服务的竞争已不是主要取决于服务提供者拥有资源的数量，而是需要服务者通过自身服务能力的提高来重建服务优势。这些能力应该是一种系统的能力、专业的能力、富于创造性的能力、给用户充分信任感的能力，具体而言，包括知识分析能力、知识重组和开发能力、知识提供能力等。

　　图书馆要想在构建学习型政党中发挥作用，自身必须成为学习型组织的先行者。图书馆员必须首先成为学习型人才，通过不断地系统培训，熟练地掌握文献信息的收集、归纳、加工等一系列服务技能，主动为公众提供个性化、特色化的信息服务。在业务工作中要不断将创新思维运用到解决实际问题的工作中，从而培养图书馆新的业务服务增长点。因此，图书馆的终身教育职能对于社会的贡献将是不可估量的。图书馆界应该充分认识到这一点，善于抓住机遇，发挥自己的独特优势，把自己建成学习型图书馆、公民终身学习的学校、终身教育中心，大力推进学习型社会建设，使我国成为世界上最大的全民学习和终身学习的学习型社会。

五 结论

人类社会的进步、时代的发展，需要创新，需要与时俱进。创新与发展，需要学习，学习是获取生存与发展的基本条件，是谋求发展的第一要务。况且21世纪是知识经济时代、网络信息时代。处于这样一个时代，学习的创造性和灵活性在知识经济中越来越重要，而经验和传统的作用都在降低。学习不论对于个人还是整个组织机构，甚至整个国家来说都是至关重要的。因此，推进全民终身学习、创建学习型社会，是当今世界的一种教育思潮，是21世纪人类进步的共同要求，有其顺应历史发展的必然趋势；它是进入知识经济信息时代的必然选择，也是保持个人、社会和经济可持续发展的不竭动力。

建设学习型政党，是我们党在新形势下加强执政能力建设的战略举措，是时代发展的必然要求。建设学习型政党，是一项关乎国家、集体、家庭和个人全面发展的民生工程，是人与社会、人与人的和谐和可持续发展的重要条件，文化知识的主题本质就是人的外化，展现的是人的生存、发展形式和发展程度，文化的发展是人的发展的映射，学习型政党是和谐社会的反映。图书馆作为打造学习型政党的重要阵地，在引领社会学习风尚、推进党员终身学习热潮的形成、创建信息公开公平的社会体系的建设中，将发挥巨大的作用。

新时期的图书馆在继续承担保存文化遗产的同时，更重要的任务就是通过发挥自身的信息资源优势，推动和谐社会的构建，而和谐社会在构建过程中也会促进图书馆事业的进步和发展，从而形成良性互动。

参考文献

任秋芳：《学习型社会图书馆的职能转变》，《安阳师范学院学报》2003年第3期。
张世新：《发挥图书馆在建设学习型政党中的作用》，《党建研究》2008年第7期。
林波：《论学习型城市中的公共图书馆建设》，《图书馆学刊》2003年第3期。
郭雷：《图书馆如何成为学习型组织》，《图书馆学刊》2003年第4期。
蒋红：《论学习型社会中的图书馆》，《图书馆学刊》2003年第6期。

图书馆在学习型政党建设中的地位和作用研究

鲜 鹏[*]

摘 要 图书馆追求知识价值社会化的本质属性和作为社会文化教育机构的公共服务属性,决定了它在学习型政党建设中的重要地位和作用。图书馆是建设学习型政党的重要知识平台、教育基地和信息中心,可以为学习型政党建设营造良好的社会氛围,创造基本的学习条件,提供优质的知识信息服务,在建设学习型政党中发挥知识导航功能。

关键词 图书馆 学习型政党 建设 地位 作用

学习是一个人获取知识、提高素质、增长才干的重要途径,是一个社会保持生机活力、实现发展进步的重要条件,是一个国家、一个民族、一个政党取得进步的根基。建设马克思主义学习型政党,是党的十七届四中全会从全面推进中国特色社会主义伟大事业和党的建设新的伟大工程全局出发,提出的一项重大战略任务,是我们党深刻总结革命、建设和改革实践得出的必然结论,也是我们党带领人民在中国特色社会主义道路上实现民族伟大复兴的现实需要。

中国共产党作为建设中国特色社会主义事业的领导核心,是一个拥有近7600万党员的大党,如果每一个党员干部都成为学习型党员,每一个党组织都成为学习型组织,全党形成浓厚的学习氛围,就能够影响和带动全社会的学习,加快学习型社会建设的进程;就能在学习中提升竞争力,增强创造力,跟上时代的发展,应对时代的挑战。因此,建设学习型政党具有十分重要的意义。图书馆作为重要的文化科学教育机构,作为社会公众接受终身学习和教育的重要

---

[*] 鲜鹏,男,1967年生,中共甘肃省委党校图书馆副馆长,副研究馆员。

基地，理应在学习型政党建设中占据重要地位，发挥重要作用。

一 学习型政党的概念及其特征

（一）学习型政党的概念

所谓学习型政党，就是以人的素质提高和人的全面发展为创建的根本宗旨，并最终以党员干部素质率先发展影响、辐射、带动全社会公民素质的全面发展，其实质是一种现代化建设体现在人的发展方面的发展模式。学习型政党不是撇开原有的党组织去创造一个新组织，而是对党组织原有的学习理念、行为、制度等进行更新和完善，不断强化党组织原有的学习机能，并赋予它新的功能。

（二）学习型政党的特征

学习型政党，既具有一般学习型组织的共性，也具有自己的特性，主要有五大基本特征：

一是更加强烈的求知欲望。在当前全球化、信息化条件下，一个组织系统只有不停地保持与外界进行能量和信息的交换，才能够保持自身良性循环，否则这个组织系统必将发生衰竭乃至被时代所淘汰。因此，学习型政党的首要特征就是，具有强烈的从外界摄取并消化、创新知识信息的内在要求和动力，从而能够通过知识信息的交换源源不断地获得自身发展壮大的动力。

二是更加完备的学习机制。建设学习型政党，不是一般性地强调学习的必要性、重要性和倡导某种学习方法，而是创造出一整套适合全球化时代经济社会发展要求的学习理论、技术和方法，形成一整套体现个体党员学习、终身学习的学习机制；不仅创新各级党组织的学习内容、学习方法、学习载体和学习机制，而且赋予各级党组织更加完备的学习功能，从而大大提升党组织的学习力和学习成效。

三是更加持久的创新功能。以学习推动创新，把学习作为创新的源动力，是我们党各级组织的一大特征。创新是一个民族进步的灵魂，是一个国家兴旺发达的不竭动力，也是一个政党永葆生机的源泉。世界局势的新变化和我国改革开放与现代化建设的伟大实践迫切要求我们党加强学习，以马克思主义的理论勇气，总结实践的新经验，借鉴当代人类文明的有益成果，在理论上不断扩展新视野，作出新概括。

四是更强的自我完善功能。当前,随着党的队伍不断壮大,特别是随着我国改革开放不断深入,党组织的发展及自我完善面临着许多机遇和挑战。面对新情况,我们没有现成的模式,只有在干中学、学中干,才能不断校正和修补发展中的缺失,达到吐故纳新、建立良性的自我更新能力的目标,做到与时俱进。

五是更好的社会导向功能。党组织的社会导向功能是指它对其他组织演进和发展起示范和引导的作用,这是由我们党的执政党地位所决定的。我们要建设学习型社会,就必须首先建设学习型政党,通过学习型党组织的示范带动作用,引导全社会明确学习的极端重要性和紧迫性,增强学习的主动性和自觉性,在全社会积极营造人人学习、终身学习的学习环境。

二 图书馆的本质属性决定了它在学习型政党建设中的重要地位

(一)图书馆的本质属性

关于图书馆的本质属性,有很多种概括。白清礼先生认为,图书馆虽然按不同的划分标准有不同的类型,但不管哪一类型的图书馆,其目的都是为了满足用户的知识需求,因此,图书馆的本质属性就是追求知识价值的社会化。知识价值的社会化是指图书馆利用一定的服务方式,将知识内容、知识意识、知识方法等在社会中扩散,为用户所理解和接受,并内化为思想,指导用户行动的过程。图书馆作为知识信息交流和传播的中介,必须以自己特有的方式满足用户的知识需求,担负起知识社会化的重任。

同时,笔者认为,不管哪一类型的图书馆,其职能不外乎保存人类文化遗产、开展社会教育、传递科学信息和开发智力资源四种,都属于非营利性的公益性文化教育机构,具有明显的公共服务属性。这种公共服务属性包含以下几层意思:首先,图书馆是公共文化教育机构。图书馆被称为"没有围墙的大学"、"终身大学"、"居民的第二起居室",图书馆丰富的馆藏以及各种良好的服务设施能为不同层次、不同需求的人们开展学习研究和文化娱乐提供便利条件,其大众教育模式和全民学习、终身学习的特点是其他教育机构无法比拟的。其次,图书馆为全社会或者区域共有,面向全体公民开放。图书馆是人类文明发展的产物,其收藏的文化宝藏是千百年来全体劳动人民共同创造的智慧结晶,理应由全社会共同享有。每一个人都有平等享受图书馆服务的权利,而不受年龄、种族、性别、宗教信仰、国籍、语言和社会地位的限制。再次,图书馆服务实行免费原则。图书馆属于社会公益事业的一部分,其经费来源于政府财政拨款,就是为所有公民服务的,其服务也就没有理由收费。

(二)图书馆在学习型政党建设中的重要地位

图书馆追求知识价值社会化的本质属性和作为社会文化教育机构的公共服务属性,决定了它在学习型政党建设中的重要地位。

1. 图书馆是建设学习型政党的重要知识平台

建设学习型政党的核心是学习,学习是接受知识信息的过程,其实质就是追求知识价值的社会化。图书馆作为追求知识价值社会化的知识信息中心,在学习型政党建设中处于举足轻重的地位,为建设学习型政党提供了重要的知识平台。

图书馆肩负着保存人类文化遗产、传递知识信息、进行社会教育和提高大众科学文化水平的神圣使命,自然成为人们追求知识的重要所在。图书馆收藏的大量文献信息资源具有长期性、连续性、稳定性和创新性的特点,是求知者和学习者可资利用的重要知识信息资源。图书馆收藏这些资源的目的就是为了追求这些资源知识价值的社会化,而图书馆的公共服务属性又决定了这些知识资源的利用不受限制。因此,图书馆是建设学习型政党的理想的知识平台。首先,图书馆所提供的知识信息资源经过组织和整理,具有系统性、全面性和有序性的特点,可以面向所有的个体党员和党组织开放,最大限度地满足不同层次、不同身份和职业需求的个体党员的知识需求。其次,图书馆拥有多种载体的文献信息资源,个体党员可以借助网络、多媒体计算机等现代化工具自主学习,自由选择学习内容和把握学习进度,成为获取知识的主人。再次,图书馆员的敬业精神和耐心周到的服务,其他读者旺盛的求知欲望,都为学习型政党建设提供了一个良好的学习环境,会熏陶、教育和引导个体党员更好地利用图书馆勤奋学习、不断汲取知识营养。

2. 图书馆是建设学习型政党的重要教育基地

建设学习型政党就是要使每一个党员、每一个党组织和整个党都成为学习的楷模,通过学习接受教育,养成自觉学习的习惯。其根本目的是推动党员干部多学习、多读书,提高党员素质和党组织的战斗力,增强党的生机和活力;

其实质就是在党员和党组织中进行的继续教育，而且是一种终身继续教育。图书馆作为"没有围墙的大学"、"终身大学"，是学校教育之外读书学习、接受教育的重要补充，是开展继续教育的理想场所，当然也是建设学习型政党的重要教育基地。

首先，图书馆可以为这种继续教育提供学习的好去处，图书馆有着优雅的环境、宽敞的馆舍、丰富的馆藏和浓厚的学习风气，营造了一种强烈的文化氛围，能给学习者提供良好的学习环境，为个体党员更新知识、充实自己、接受继续教育提供方便。其次，与学校教育及其他教育形式相比，图书馆在教育对象、教育内容、教育年限上不存在特定限制，为每一个社会成员提供平等的接受学习教育的机会，面向各年龄段、各社会阶层、各种职业的读者提供全方位、全过程的教育，当然也为建设学习型政党提供全方位、全过程的教育服务。再次，图书馆是知识的海洋，图书馆拥有丰富的文献信息资源，特别是近年来数字图书馆的发展使信息资源形态更加多样化，形成传统文献资源、多媒体资源、数据库资源、网上动态信息资源等资源集成的新格局，这就为图书馆服务于学习型政党建设提供了强有力的知识资源保障。最后，图书馆的环境有利于读者独立学习、独立思考、独立研究，而优秀的图书馆员不但是知识信息的管理者、传播者，同时也是某一学科领域的专家，这种既像老师，又像专家，又像信息工作者的三重身份对读者的学习能起到很好的教育辅导作用。这不仅使图书馆的文献信息资源得到充分利用，而且大大提高了读者的学习效率，节省了读者的时间。在建设学习型政党中，图书馆可以通过自身努力，使党员个体成为图书馆的现实读者和潜在读者，从而成为建设学习型政党的重要教育基地。

3. 图书馆是建设学习型政党的重要信息中心

建设学习型政党，重要的是使党的整个机体不停地保持与外界的能量和信息交换，不断从外界摄取并消化、吸收、创新知识信息，从而源源不断地获得自身发展壮大的动力。图书馆作为知识信息中心，其基本职能就是搜集知识信息并进行加工、整理、存储、管理和提供使用，因此，图书馆有能力为学习型政党建设提供信息保障，成为建设学习型政党的重要信息中心。

首先，建设学习型政党，就是要以学习推动创新，而任何创新都必须依赖前人或他人的知识成果，图书馆作为人类知识的宝库，历来是收集、储存他人或前人知识成果的地方，以学习推动创新，就必须充分吸收利用图书馆储存的知识信息。其次，身处信息化社会这个大背景下，知识信息的生产呈几何倍数在增长，建设学习型政党就需要适应社会发展的新形势，不断利用这些知识信息进行创新，以此推动经济社会的发展和党自身的发展。图书馆可以凭借自身的优势，利用现代化的技术手段，为学习型政党建设提供充足的知识和信息。最后，图书馆作为知识信息的集散地，可以通过日常服务和举办展览、讲座、学习沙龙、专题报告会等多种多样的读者活动，传递信息并为个体党员和党组织提供信息交流的便利条件，帮助个体党员和各级党组织及时更新知识信息，从而成为建设学习型政党的重要信息中心。

三 图书馆应该在学习型政党建设中发挥重要作用

（一）积极营造建设学习型政党的良好社会氛围

学习型政党，是指一种人人学习，时时学习，处处学习，不断实践、不断创新、不断进步的政治组织。因此，学习是学习型政党的最鲜明的特征，建设学习型政党，各级党组织首先要成为学习型组织。要学习就需要一种良好的学习环境和氛围，建设学习型政党同样需要良好的社会氛围。图书馆作为社会文化教育机构，具有天然的学术和文化氛围，可以为建设学习型政党营造良好的社会氛围。首先，建设学习型政党强调的是一种重视学习的社会理念和机制，社会提供良好的学习环境，人人学习，终身学习。图书馆作为学习的最佳场所，能够为建设学习型政党提供一个优雅的环境，一处在图书馆的书山学海中，人们就会自发产生学无止境的心态，激发学习的欲望，激励人们学习的主动性和积极性，从而成为建设学习型政党的理想园地。其次，让党员个体树立终身学习的观念是建设学习型政党的重要前提。终身学习单凭个人的自觉是很难做到的，需要在全社会营造一种学习气氛，相互带动，潜移默化，使学习成为习惯。图书馆可以通过开办一些有关学习型政党建设的宣传读书活动，面向广大党员广泛进行宣传和带动，在党员和党组织中树立"活到老，学到老"、"终身学习，终身受益"的学习观念，使学习成为党员和党组织的自觉行动。

（二）努力为建设学习型政党创造基本的学习条件

学习需要动力，也需要具备基本的学习条件。图书馆可以通过自身的努力为建设学习型政党创造基本的学习条件。首先，图书馆的社会教育职能与建设学习型政党的最终目的相一致，那就是实现人的全面发展。因此，图书馆的服务以及图书馆开展的各项工作，其最终目的就是提供社会教育活动和学习服务及场所，这既是建设学习型政党的重要组成部分，也是建设学习型政党必不可少的物质基础条件。其次，图书馆自主、灵活的服务方式为建设学习型政党创造了良好的学习条件。在建设学习型政党中，个体党员生活在不同的环境中，身处于不同的行业，工作在不同的岗位，各自的年龄、学历、阅历及学习能力存在很大差别，因此对于学习服务系统（学习媒体、助学、时间安排等）的要求千差万别。而图书馆从各个方面都可以满足这种差异化的学习需求，为建设学习型政党提供从时间到空间再到形式和内容的方方面面的学习条件。再次，现代图书馆的发展，特别是数字图书馆的发展，为建设学习型政党提供了良好的技术条件。图书馆可以通过数字图书馆网络，利用现代技术条件，突破时间和空间上的限制，为建设学习型政党提供零距离服务，使学习者在任何时候、任何地点都能找到其适合的教育内容和教育方式从事学习。

（三）积极为建设学习型政党提供优质的知识信息服务

建设学习型政党是一个吸收知识信息的过程，图书馆作为知识信息服务中心，可以为建设学习型政党提供优质的知识信息服务。首先从知识信息的搜集方面来说，知识信息爆炸和信息泛滥的分散无序现象给学习者利用知识信息带来很多困难，而图书馆的知识信息服务可以对各种知识信息资源进行识别、筛选、过滤、控制、描述、评价，并组织成目录信息或提供源站点地址供学习者选择，这将极大地提高学习者的学习效率。其次，图书馆可以通过知识信息重组，对学习型政党建设中的特定知识信息需求进行定向搜寻与分析加工，向个体党员和党组织提供高附加值的信息产品，提高学习者的学习质量。再次，图书馆可以通过参考咨询服务，在学习型政党建设中当好信息中介，提供信息引荐服务。或者直接解决学习者遇到的各种疑难问题，或者为各级领导决策提供参考服务，或者直接为经济社会发展服务，从而提高学习型政党建设的成效。

（四）努力在建设学习型政党中发挥知识导航功能

建设学习型政党是一个求知和创新的过程，这个过程就是在知识的海洋中，寻找与采集对自己需要和发展有用的知识，组织起我们所需要的知识模式，创造出我们未来的知识工具与知识智慧。而图书馆的一项基本职能就是提供知识导航。图书馆知识导航是从读者实际需要出发,设身处地为读者着想,并以满足读者的阅读需求为根本目标,提供不同的知识、信息服务。在建设学习型政党中,图书馆可以充分发挥知识导航功能,利用知识导航员在知识创新及知识服务中积累的集体智慧和个人智慧,引领学习型政党建设。首先,图书馆可以做学习型政党建设的知识提供与知识中介者,在学习者与知识信息之间发挥桥梁和纽带作用。其次,图书馆可以做建设学习型政党的知识组织与知识创建者,为学习者组织知识资源,并提供快速访问通道。再次,图书馆可以做建设学习型政党的知识引导与教育者,教育辅导和正确指导个体党员与党组织掌握各种知识信息的检索方法,学会利用和评价知识信息。

参考文献

百度知道,http://zhidao.baidu.com/question。

新华网,http://news.xinhuanet.com。

白清礼:《图书馆本质属性新论》,《现代情报》2010年第1期。

郭海明:《公共服务体系下的图书馆服务的"公共性"解读》,《图书馆建设》2008年第10期。

苏海燕、刘孝文:《图书馆在学习型社会中的定位》,《大学图书情报学刊》2005年第2期。

刘岚:《图书馆是构建学习型社会的中坚力量》,《图书馆理论与实践》2004年第1期。

李淑芬:《论图书馆在构建学习型社会中的地位、作用与对策》,《现代情报》2004年第7期。

苏治平:《图书馆是实施和实现"学习型社会"的基本条件》,《四川图书馆学报》2004年第5期。

冼爱文:《知识导航——学习型社会图书馆员的中心任务》,《情报科学》2004年第9期。

创建学习型军校图书馆
为学习型政党建设提供文献资源保障

谢 萱*

摘 要 "学习型组织"作为一种重要的管理思想,对当今世界各行各业的管理都产生着深远的影响,军校图书馆也不例外。本文论述了学习型组织的理论背景;阐述了建设学习型图书馆的必要性;提出了建立学习型图书馆的要素;并就如何为学习型政党建设提供全方位的文献资源保障提供了几点建议。

关键词 学习型组织 军校图书馆 学习型政党 文献资源

党的十七届四中全会把建设马克思主义学习型政党作为重大而紧迫的战略任务,鲜明地提到全党的面前,要求广大党员和领导干部努力学习马克思主义理论,牢固树立科学的世界观和方法论。这是我们党面对复杂多变的国内外形势和艰巨繁重的中国特色社会主义建设任务提出的新要求。历史经验告诉我们,任务越是艰巨繁重,越是要加强马克思主义理论和党的路线方针政策及现代化建设所需要的经济、政治、文化、科技等方面知识的学习,唯此才能不断提高领导水平和执政能力,推动社会主义现代化建设顺利发展。

作为收集、加工整理、管理维护、开发传递信息资源的军校图书馆,是军队院校的文献信息中心,是为教学和科学研究服务的学术性机构,是院校教育信息化建设的重要基地。在当今大力提倡建立学习型政党的热潮中,军校图书馆应及时调整自己的步伐,与时俱进,在积极创建学习型图书馆的同时,培育高素质图书馆人才,提高图书馆管理水平,努力为学习型政党建设提供全方位的文献资源保障。

---

* 谢萱,女,1962年生,中国人民解放军国防科学技术大学图书馆副馆长,副研究馆员。

一 学习型组织的理论背景

学习型组织管理理论是美国麻省理工史隆管理学院彼得·圣吉教授与其同事及企业界人士经过十几年的努力研究和实践,以系统动力学为核心,提出的一种先进的现代管理科学理论。其理论精髓体现在《第五项修炼———学习型组织的艺术与实务》一书中,圣吉认为:"真正能在未来脱颖而出的组织,是那些能组织各阶层的成员都致力于学习的组织,即所谓的'学习型组织'(Learning Organization)。"要想使组织成为一个学习型组织必须经由"五项修炼",即:系统思维(Systematic Thinking)、自我精进(Personal Mastery)、改变心智模式(Mentai Model)、建立共同愿景(Building Vision)及团队学习(Team Learning)。学习型组织管理理论是一种宏观理论,它适用于各种组织。图书馆作为一种组织形式,也就产生了学习型图书馆这一概念,其基本含义是:以图书馆战略发展目标为图书馆员的共同奋斗方向,以提高馆员的综合素质,推进图书馆实现现代化为目的,通过建立社会化、开放式的终身教育网络体系,更新馆员的学习观念和学习行为,使图书馆在未来发展中具有不竭的创造力和竞争力。

二 创建学习型图书馆的必要性

(一)适应知识经济时代发展的需要

知识经济时代以知识为基础,注重创新和超越,以人为中心,注重个性,崇尚多元和多样化,国际化和全球化,它使整个社会的发展变得日益丰富,发展速度日益加快,以至每个人、每一个组织都面临着前所未有的挑战与发展机遇。军校图书馆要生存就必须具备不断发展和不断创新的能力,而这种能力的获得又必须以其所拥有的学习能力来保障。

(二)提高馆员综合素质的需要

信息时代,迫切需要军校图书馆积极增加新的服务项目,开辟新的服务领域,因此要求图书馆员应有较高的综合素质,以适应新技术条件下军校图书馆的发展需要。建立学习型图书馆,借助组织学习,不同程度地提高图书馆人员的文化素质、业务能力和管理水平,对于图书馆人员整体素质的提高将起到积极的促进作用。

（三）军校图书馆管理改革的需要

军校图书馆的生存和发展离不开学习型图书馆。真正有生命力的图书馆应是那些善于学习、不断创新的图书馆。军校图书馆面临着十分严峻的竞争环境和很多复杂的实际问题，迫切需要全面增强自身活力，提高竞争能力。而当前学习型图书馆的提出无疑是为图书馆"全面增强体质"提供了一剂良药，是全面提升图书馆竞争力的有效途径。

（四）提升军校图书馆竞争力的需要

知识经济条件下的竞争是知识和知识创新能力的竞争。军校图书馆的竞争能力就是持续不断地开发、更新、创造新知识，并迅速地转为信息产品或知识产品的服务能力。一句话，就是处理知识的能力，它决定了图书馆的竞争力。所以我们要在军校图书馆内加快创建"学习型组织"，来提高组织成员的学习能力，最终达到提高组织的竞争力。学习型组织融入了当代"终身教育"的思想，把学习作为组织的生命源泉。21世纪对军校图书馆提出了非常高的要求，图书馆必须加强团队学习，努力构建"学习型组织"，才能获得可持续发展的核心竞争力。学习本身是一个复杂的系统工程。图书馆不仅可以从各方面吸收新知识，弥补自身的不足，还能提升馆员获取知识的效率，从而提高信息知识的利用率。图书馆要把人才作为组织的重要财富，为他们个人发展和学习创造条件。要尊重、引导、激励馆员学习的自觉性和积极性，创造宽松的学习环境，培养全新的思维方式，使他们创造知识和利用知识的综合素质得到提高，从而全面提高图书馆的综合竞争力。

三 建立学习型图书馆的要素

（一）提高认识，树立终身学习的理念

军校图书馆的发展，靠知识，靠科学，靠人才。今天的正规教育仅仅是终身学习进程中的一个相对短暂的阶段。通过实践不断地学习则是一个持续的、尤为重要的过程。只有对此有了深刻的认识，在学习上才会有永恒的动力。因此，建立学习型图书馆的最重要的一步就是全体成员达成学习的共识，切实提高图书馆上下对建立学习型图书馆重要性的认识，激发他们的学习热情与参与

意识。只有广大图书馆员、尤其是图书馆领导都领悟到学习型组织理论的真谛，认识到不改变旧观念已不能适应时代的变革发展，从观念上彻底更新，促进终身学习理念的生成，才可能满腔热情，全身心投入，与其他员工同心协力共创学习型图书馆，真正推进学习型图书馆建立活动的顺利开展。

（二）营造建立学习型图书馆的良好氛围

由于体制的原因，相当一部分图书馆员缺乏自我发展、自我激励、自我积累、自我约束的强大动力和压力，造成他们不求上进，得过且过的情形。对此，图书馆要努力创造一个良好的竞争环境，在群体中营造浓厚的学习氛围，引导馆员正确看待当前形势，清醒地认识到只有不断地学习、更新知识，掌握新的理论和技能，才能紧跟信息时代的步伐，从而激发图书馆员的学习热情和参与意识，使他们在富有生机活力的环境中学习和工作，克服无所作为、不求上进、贪图清闲的消极懒惰思想，在不同岗位上奋发有为。

（三）建立科学合理的考核、奖励机制

考核和奖励一直是图书馆组织内部普遍的话题。主要原因：一是对于图书馆组织而言，如何考核馆员的绩效，奖励谁、惩罚谁，昭示着某个图书馆组织的价值标准，关系到某个图书馆今后的发展方向；对于馆员来讲，图书馆如何评价自己，关系到每个人的切身利益，关系到自身价值是否得到充分肯定，甚至关系到自身的去留。二是如何客观、公正、科学地考核和评价馆员以及对馆员进行奖罚，目前仍然是图书馆界的一大难题，这一难题同样摆在考核、评价和奖惩馆员的学习绩效方面。管理者们大都通晓这样一些经验或道理：人们会去做能受到奖励的事情；受到奖励的事情是会重复的；你想要什么，就该奖励什么等等。借助于上述经验和道理，我们在构建学习型图书馆组织时，提倡更多地运用以下奖励方式：要建立完整的馆员学习档案（对个人的工作资历、工作理念与奋斗目标、工作、学习和从事科学研究情况的记录、学习目标、学习内容、具体学习效果、评鉴与反馈，参与专业活动的记录、相关专业技术认证文件复印件等，都要一一具体反映）；针对每个具体馆员的学习计划包括科研进程，都要定时进行检查、确保每个人的每项计划都能落实到位，防止流于形式、不讲效果；向参加学习并获得合格成绩的馆员颁发证书；在图书馆内部简报上发表有关学习体会的文章；对通过学习获得知识、技术、技能的人进行物质和

精神奖励，对在学术研究成绩突出、科研成果颇丰的馆员给予特别的奖励，并公开地给予表扬肯定；对以部门为单位的团队取得的学习成绩和进步予以奖励；在图书馆管理层和全馆大会上安排时间汇报学习经验；对馆员的综合评价包括学习绩效部分等等。这些措施，将有助于学习型图书馆组织的长期性和稳定性。总之，建立学习型图书馆组织，必须以提高图书馆的整体效能为目标，以系统的组织为形式，以优良的环境为平台。

（四）管理的改革和创新

我们应将学习型组织理论创造性地运用到军校图书馆的改革和管理工作中，按学习型组织理论，构建学习型图书馆的内部管理体制，建立起一套适应经济和社会发展需要，适应激烈市场竞争的机制。实践中要紧密结合军校图书馆实际，解放思想，更新观念，大胆实践，根据学习型组织结构扁平化、交流信息化、组织开放化、员工与管理者关系由从属关系转变为伙伴关系、能够不断调整内部结构关系等特点，分层次建立目标及岗位责任制，强化在其位、任其职、谋其政的观念，形成互动、互助、互补的部门理念。规范管理工作流程，强化团队精神，努力发挥每个人的主观能动性和创造性，把学习变成个人需要，把管理中的"制度+控制"变为"学习+激励"。要使图书馆管理模式由控制、指挥为主，转向以人为本，自我控制为主。使图书馆管理机构更加柔性化，使其能够根据时代的发展，超前和及时地作出相应的变化。学习型组织的实质就是创新，是学习的创新，管理的创新和工作方式方法的创新，所以变革创新，是创建学习型图书馆的关键。

四 为学习型政党建设提供全方位文献资源保障

（一）做好基础辅导

根据党员的学习实际，有针对性地介绍图书馆概况、布局、项目、网上查询方法、数字资源的使用方法、检索工具等，使党员更好地利用图书馆。

（二）定向图书服务

根据党内集体学习和党员自学计划，定向购置相关图书，推荐相关书目和新书，适时通报最新图书动态，方便党员借阅。

(三)提供导读服务

根据党员的读书计划,有针对性地提供最新的出版物和书目、文摘报道等,定期将网上某一领域的知识建成专业网站。

(四)提炼述评服务

根据党员工作需要,就有关主题的不同观点进行整理,提炼出有代表性的理论、观点、方法。

(五)组织辅导互动

对党员个人学习进行指导,组织座谈会、调研会、辩论会等。组织专家、读者、馆员就党员提出的重大或热点专题进行辅导、讲座、座谈、研讨等,组织志趣相投、业务相通的党员干部互动交流。

(六)成果交流展示

将党员的学习成果结集出版或在图书馆军、民网交流、发布等。

(七)定制个性化服务

图书馆提供自动频道资源,供党员集体或个人自行设定个性化门户入口,提供个性化藏书目录、新闻订阅、新到资料通知等等。

参考文献

黄铁苗:《建设学习型政党是重大而紧迫的战略任务》,《光明日报》2010年1月26。

(美)彼得·圣吉著,郭进隆译:《第五项修炼———学习型组织的艺术与实务》,三联书店出版社,1994年10月。

吴彩凤:《学习型图书馆的模式与构建》,《图书馆》2002年第6期。

张雪松:《图书馆——网络时代的学习型组织》,《现代情报》2002年第4期。

张世新、张汉平:《笔谈图书馆在建设学习型政党的作用》,《文献信息论坛》2008第2期。

网络环境下充分发挥党校图书馆在学习型政党建设中的作用

赵明芳* 王甜甜**

摘 要 建设学习型政党,加强学习是党组织建设的永恒主题。在网络环境下党校图书馆要应对和克服在建设学习型政党中的问题和不足,从图书馆文献资源建设、服务、管理和人才队伍等方面加强建设,为发挥党校在我们党建设学习型政党中的主阵地作用提供文献信息保障和智力支持。

关键词 网络环境 学习型政党 党校图书馆 文献资源建设 图书馆管理

学习是生存的前提、发展的关键。加强学习是党组织建设的永恒主题。党的十六届四中全会强调"努力建设学习型政党"。十七届四中全会对加强和改进党的建设又作出了六大部署,其中建设学习型政党排在第一位,强调这是重大而紧迫的战略任务,要抓紧抓好。全会明确提出要"充分发挥党校在建设马克思主义学习型政党中的重要作用"。长期以来,党校担负着理想信念教育和党的理论建设、提高党员干部政治素质和理论修养的重任,党校图书馆要应对和克服在建设学习型政党中的问题和不足,从文献资源建设、服务、管理和人才队伍等多方面加强建设,为发挥党校在我们党建设学习型政党中的主阵地作用提供文献信息保障和智力支持。

一 网络环境下发挥党校图书馆在学习型政党建设中作用的意义

党校是学习、宣传、研究马克思主义理论的阵地和党性锻炼的熔炉,担负

---

* 赵明芳,女,1961年生,中央党校图书馆,中国干部学习网编辑,副研究委员。
** 王甜甜,女,1982年生,中央党校图书馆,中国干部学习网编辑、艺术设计。

着党的思想政治教育和理论建设的重任，担负着提高广大党员政治素质、理论修养和党性意识的重任。党校图书馆是学习型组织的倡导者和建设者，是党的事业的重要组成部分，将党校图书馆建设成学习型组织是建设学习型政党的一个重要方面。党校图书馆还是党校的信息资源中心，现藏有大量党政干部用书，订阅中国期刊全文数据库等许多文献，是发挥党校在我们党建设学习型政党中主阵地作用的文献信息保障和智力支持。如何用好现有资源实现资源共享，在网络环境下挖掘新的资源，为推动学习型政党建设提供更有力的文献保证、信息支撑和知识支持将有重大意义。

网络环境下发挥党校图书馆在学习型政党建设中的作用，也是积极响应党中央的号召，充分挖掘各种信息资源的最大功能，服务教学、服务教员、服务领导干部及学员学习的需要，是深入贯彻落实科学发展观的具体实践。学习型政党建设是根据中国国情及中国政党建设的实际发展需要，是时代对于我们党提出的必然要求，也是执政的中国共产党居安思危、加强自身建设的必然选择，是一项重大而紧迫的战略任务。建设学习型政党，对于中国特色社会主义伟大事业和党的建设新的伟大工程都具有重大的现实意义和深远的历史意义。为了更好地完成这一任务，积极发挥党校作用，迫切需要各级党校图书馆提供强有力的信息支撑和知识支持。应对和克服在建设学习型政党中的问题和不足，需要从文献资源建设、服务、管理和人才队伍建设等方面加强党校图书馆建设，从而提高服务水平，充分发挥党校图书馆在建设学习型政党进程中的作用。

总之，发挥好图书馆的作用是党校在建设马克思主义学习型政党中发挥主阵地作用的一个有效手段。

二 网络环境下在学习型政党建设中党校图书馆建设面临的不足与挑战

近年来，党校图书馆的发展在整体上取得了一些成绩，得到了长足发展，主要表现在：首先是各级领导高度重视党校图书馆建设。对于党校图书馆的建设和发展，各级领导非常重视，中央党校作为牵头单位发挥了较好的作用，定期召开党校图书馆工作会议，制定本行业年度中长远发展规划、全国图书馆的工作条例、数字资源建设指南等相关文件。各级党校领导也积极响应中央的号召，认真落实关于党校图书馆发展的决定。其次是党校图书馆现代化数字化水平得到普遍提高。党校图书馆的自动化、数字化、网络化水平正逐年提高，党校图书馆正从传统图书馆向现代化图书馆迈进。特别是中央党校图书馆，在大力建设数字图书馆的同时，还创办了中国干部学习网。再次是党校图书馆的人才素质逐步提高，团队构成趋于合理。但我们应该认识到，党校图书馆还存在一些与新形势下的干部教育和建设学习型政党需要不相适应的因素，主要表现在：

（一）各地党校图书馆资源建设不平衡

党校图书馆资源建设不平衡主要表现在地域上的不平衡及文献资源类型上的不平衡。从地域上来看，东南部发达地区党校图书馆的资源建设优越于西北落后地区，省级以上党校图书馆资源建设优越于地市级基层馆的资源建设。发达地区及省级以上党校图书馆无论从资金的投入还是图书馆的现代化、信息化、数字化的水平以及人才素质上来看都远远高出落后地区及基层馆。从文献的构成来看，落后地区党校图书馆，馆藏纸质文献资源的比例占绝大多数，电子资源相对较少。

（二）现有的服务手段和方式不能满足党校图书馆读者对文献信息的需求

目前大多数党校图书馆还是"以书为本"，依靠图书外借和开放一些阅览室等进行浅层次的、简单的、被动的文献服务，信息服务质量不高。另外，高质量的文献信息知识的参考咨询、网上参考咨询以及对读者培训工作做得还很不够。有限的文献资源、简单的图书馆服务不能满足党校图书馆读者更深层次的需求，使读者产生对图书馆的失望而不去利用图书馆，从而影响了图书馆的利用率。

（三）党校图书馆合作水平不高

图书馆之间的合作已成共识，合作可以利用有限的人力、物力发挥最大的效应。目前党校图书馆的合作水平较低，各党校图书馆都希望建成大而全、小而全的图书馆，重复建设浪费很严重。党校系统图书馆之间的合作，党校与高校图书馆、公共图书馆之间的合作等工作都没有开展起来，没有发挥群策群力的作用。

（四）人才队伍有待加强

近几年来，党校图书馆的人才队伍虽然有所改观，构成也越来越合理，但广大的基层图书馆还是存在着专业人才短缺问题，知识结构老化，人才队伍高龄化的情况，这样的人才队伍，不论是从服务理念上还是从服务技术上都不能跟上学习型政党建设的服务要求。

三 网络环境下发挥党校图书馆在学习型政党建设作用中的文献信息支撑功能

发挥党校图书馆在学习型政党建设作用中的文献信息支撑作用，彰显党校信息资源中心的价值应从以下几方面着手：

（一）有针对性地加强专题文献资源建设

党校图书馆是党校的信息资源中心。除了现有珍藏的党政干部用书、中国期刊全文数据库、哲学社会科学专辑等文献外，还要不断根据党建党史等学科建设发展需要，及时跟踪这些学科领域最新的发展动态和最新的科研成果。要着力把握以下四个方面的专题资料搜集与馆藏：

首先是推进马克思主义中国化、时代化、大众化方面的专题资料搜集。这些专题资料是建设马克思主义学习型政党的基本理论依据。其次是中国特色社会主义理论体系方面的专题资料搜集。用中国特色社会主义理论体系武装全党，是建设马克思主义学习型政党的长期战略任务。再次是关于社会主义核心价值体系方面的专题资料搜集。树立社会主义核心价值体系是建设马克思主义学习型政党的重要任务。最后是关于建设学习型党组织方面的专题资料搜集。建设学习型党组织是建设马克思主义学习型政党的基础工程。

（二）加强网上资源多样性建设

发挥党校图书馆在学习型政党建设中的作用，建立党校特色资源数据库，包括"专题库"、"案例库"、"课题库"、"政策库"等数据库，还要用好网络与网站。加强数字图书馆建设力度和网上多种信息资源建设，建立网上研究。要不断丰富网上资源，及时更新内容。加强多方面的服务功能：多媒体信息、特色品牌数据库、邮件服务系统、课件和视频点播、动态信息、网络导航，还有面向全球的开放式链接等,使网络成为传播马克思主义中国化理论成果的阵地。

(三)加强各党校图书馆之间的馆际合作。

党校图书馆只有做到协调管理、分工协作、联合建设,才能建立起丰富的文献信息资源保障体系,才能克服党校图书馆发展不平衡的障碍,带领全体党校图书馆共同发展。因此,既要加强全国党校系统内图书馆的纵向合作,还要加强和本市国家图书馆、公共图书馆、各大高校图书馆的横向合作。要统筹规划,制订统一标准、统一软件、统一人员培训,分清主次,合理建库,把各级各地的党校图书馆置身于党校图书馆大系统、全国图书馆大系统之中去。逐步实现资源共享,为推动学习型政党建设提供文献保证、信息支撑和知识支持。

四 网络环境下发挥党校图书馆在学习型政党建设作用中的服务功能

随着网络信息技术的发展,图书馆的服务不再仅仅是借借还还的简单形式。社会需求的扩展变化以及现代信息技术的发展迫使图书馆服务一定要寻求新的发展空间、拓展新的服务。在网络环境下,党校图书馆的建设与发展更应该突出党校特色、党建特色、干部教育特色和思想理论特色,为党校的教学科研服务、为网上干部教育和党员教育服务、为领导决策服务、为建立网上马克思主义舆论阵地服务。同时,为了加强信息资源的有效利用,在网络环境下也应发挥党校图书馆的社会功能,即以党校为中心逐步向社会扩展的服务功能。总之,在网络环境下发挥党校图书馆在学习型政党建设中作用的主要途径有以下几点:

(一)加强战略性集成性知识化服务能力

党校图书馆要不断加强战略性集成性知识化服务能力,通过能力创新来提升对科技自主创新的支撑水平;打造数字化网络化环境下新的文献情报服务模式,通过服务创新来支持能力创新;构建能够灵活集成和盘活多方资源的新型运行机制,通过机制体制创新来推动有限资源下的能力与服务创新,快速可靠地建设党校集成的新型知识服务平台,构造国际一流、国内领先的文献情报服务能力。以数字图书馆为核心,以若干特色化的情报服务中心为枢纽,以一系列特色化信息服务单元为节点,集成整合多层次资源、有机融合全国党校系统、全方位连接党校系统资源,形成一个资源丰富、无缝连接、覆盖党校、服务全国的强大的公共文献信息集成服务平台。建立符合党校创新跨越和可持续发展的文献情报服务运行体制机制,建立一支专业化国际化的文献情报队伍。

(二)建立灵活多样的服务方式

网络环境下党校图书馆的服务方式要针对学员的实际需要和教学部门的需要,建立以现代信息技术手段为依托,以网络信息资源为主导的创新型信息服务模式,即对某一特定领域或某一特定用户的信息需求,把信息资源共建共享体系下各有关要素有机地链接成一个整体,使用户得到面向主题的信息服务。在建设学习型政党活动中,需要开展以下服务:①基础辅导,根据党员的学习实际,有针对性地介绍图书馆概况、布局、项目、网上查询法、数字图书使用法、检索工具等,使党员更好地利用图书馆;②图书服务,根据党内集体学习和党员自学计划,定向购置相关图书,推荐相关书目和新书,适时通报最新图书动态,方便党员借阅;③导读服务,根据党员的读书计划,有针对性地提供最新的出版物和书目、文摘、报道等,定期将网上某一领域的知识建成专业网站;④述评服务,根据党员工作需要,就有关主题的不同观点进行整理,提炼出有代表性的理论、观点、方法;⑤学习辅导,对党员个人学习进行指导,组织座谈会、调研会、辩论会等;⑥互动协调,组织专家、读者、馆员就党员提出的重大或热点专题进行辅导、讲座、座谈、研讨等,组织志趣相投、业务相通的党员干部互动交流;⑦创新导航,结合党员学习的体会心得,寻找用于创新的知识,为党员创新提供服务;⑧成果交流,将党员的学习成果结集出版或在图书馆内外网交流、发布等;⑨个性化服务,图书馆提供自动频道资源,供党员集体或个人自行设定个性化门户入口;提供个性化藏书目录、新闻订阅、新到资料通知等等。

(三)建立新型知识服务平台

图书馆提供社会的服务程度和水平能成为图书馆优劣的评价指标。图书是向社会服务的资源,图书馆是科学、文化普及的重地,因此,可以不定期地举办各种论坛、科普、文化讲座以及馆藏特色介绍等一系列讲座,充分发挥图书馆的资源优势和文化传播优势,推动学习型政党、学习型社会的建设。

(四)加强网络环境下的主动服务

在网络环境下尽可能多地提供先进的技术手段方便读者,建立读者信息查询系统的九大功能：读者定制、读者信息、书刊借阅、借阅历史、违章欠款、预约委托、到书情况、书刊遗失、借阅规则；此外还有新书通报，可以查阅最近一个月中的任何时间，各个库室新书的情况；有预约到书通知、邮件催还服务、续借服务、预约服务、文献传递服务等，但是党校图书馆在网络环境下主动服务方面还有许多工作要做：如入藏新书邮件推送服务——是以 E-mail 的方式定期向本校读者推送感兴趣的本馆入藏新书；查收查引（查找收录/被引用情况）——通过本馆文献资源、网上数据库及馆际互借方式查询文献收录及被引用检索情况，查找文献被 SCI、EI、ISTP 等收录及被引用情况；代查代检馆藏文献资料、光盘资源、网络数据库资源以及因特网资源的服务；定题服务——针对我校的主要学科的研究课题的需要，进行文献资料的收集、筛选、整理，并定期或不定期地提供给读者，直至课题完成的连续性服务；信息推送服务——满足用户的不同需求，可就某一专题，定期整理、编辑最新动态信息简报，推送到用户。为用户掌握学科、行业信息动态提供服务；原文传递服务——是为平台注册用户提供的原文文献查找、文献电子版或复印版的文献原文传递服务等诸多服务；数据挖掘服务和信息呼叫中心服务等。

总之，网络环境下发挥党校图书馆在学习型政党建设中作用，对提升党校图书馆服务能力，对提高党校图书馆的服务水平、提升对党校教学科研自主创新的支撑水平和建立数字化网络化环境下新的文献情报服务模式都能够起到良好的促进作用。

五　加强图书馆管理机制和人才队伍建设

构建和谐图书馆就是要图书馆从科学管理到人本管理，是其摆脱过去因过度的制度管理或者定量管理产生的服务僵化，在图书馆管理中运用"以人为本"的管理体制，充分体现馆员的主体作用，更好地发挥他们的积极性和创造性，充分发挥其在建设学习型政党中的作用。

（一）建立健全合理的管理机制

建立健全合理的用人机制、育人机制、竞争机制、流动机制、决策机制，要以人为本地制订合理的规章制度、合理规范工作计划、科学地配置设备等，最终激发馆员的自尊心、责任感、成就感，提供具有吸引力的、有利于个人成长的发展空间，增强图书馆的活力，形成良好的图书馆组织文化。

（二）加强人才队伍建设

随着学习型政党建设需要和党校图书馆服务与管理模式的转变，图书馆员在图书馆中承担的角色必将发生重大转变，图书馆员的角色在工作的广度、深度上都得到了更大的扩展，同时他们面临着一些全新的任务。他们的整体素质、知识水平及技术能力将直接影响用户对党校图书馆的信任度。因此，图书馆信息服务队伍应具有敏锐的信息意识，能跟踪和捕捉有价值的信息源，善于从信息角度去观察事物，思考问题，全面掌握图书馆学、信息学和计算机网络等新知识，同时具备良好的团队精神和组织管理经验，从传统的资源管理者转变为网络导航员、网络合作员、网络信息资源建设者、网络用户的培训员、以及网络系统维护员。党校图书馆能否在建设学习型政党中发挥应有的作用，关键体现在馆员的知识和技能上。因此，打造一支树立终身学习的观念、具有多学科的复合型人才队伍，是党校图书馆信息服务赖以长远发展的不竭动力。

参考文献

解正轩：《把学习型政党建设摆在战略位置》，《解放军报》2009年12月07日。

王江渝：《充分发挥党校作用　为建设学习型政党作贡献》，http://www.qthdaily.com。

王增红：《论信息时代图书馆服务模式的创新》，《重庆图情研究》2008年第2期。

张世新：《发挥图书馆在建设学习型政党中的作用》，中组部党建研究网，2008年7月16日。

钟晨：《党校在建设学习型政党进程中发挥作用的措施探讨》，《成都大学学报（教育科学版）》2008年第8期。

胡锦涛：《以改革创新精神全面推进党校工作》，http://politics.people.com.cn。

励小捷：《建设学习型政党是一项战略任务》，《甘肃日报》2009年11月2日。

李景田：《中央党校在党和国家事业中的重要作用》，人民网，2010年6月7日。

建设"中国干部学习网"推动学习型组织建设

聂金菊* 高 也** 魏晓婧***

摘 要 随着信息数字化、网络化时代的到来，读者获取信息和知识的目的、方式与途径发生了巨大的变化，领导干部原来的一些学习的组织方法、机制已不完全适应时代的要求。只有创新学习内容、改变学习方法、树立新的学习理念、采用适应时代需求的新的网络学习载体，才能全面提升领导干部素质，提高党的执政能力，全面适应执政新环境和新任务的需要。

关键词 学习理念 干部学习 学习型政党 网络学习平台 学习机制

根据党的十六大确定的建设"全民学习、终身学习"的学习型社会要求，中国共产党理应走在其他组织前面，把自身塑造成学习型的政党。加快向学习型政党的转变，是我们党带领全国人民实现现代化的基本要求，也是巩固党的执政地位的迫切需要。重视学习、善于学习，是我们党的政治优势，也是我们党各级组织的显著特征。

加快学习型政党建设，首先是加强党员领导干部学习的组织和学习能力的提升。学习能力从某种程度上说也是生产力，是创新和创造一切物质和精神财富的原动力。

随着执政环境的深刻变化，领导干部原来的一些学习的组织方法、机制已不完全适应时代的要求。只有创新学习内容、改变学习方法、树立新的学习理念、采用适应时代需求的新的学习载体，才能全面提升领导干部素质，提高党

---

* 聂金菊，女，1984年生，中共中央党校中国干部学习网英文编辑。
** 高也，男，1987年生，中共中央党校中国干部学习网编辑。
*** 魏晓婧，女，1984年生，中共中央党校中国干部学习网编辑。

的执政能力，适应执政新环境和新任务的需要。

我们认为，推动学习型政党建设应从下述几个方面进行：

一　树立新的学习理念

所谓学习理念，就是对学习的根本看法，它具有先导性，决定着学习的态度和学习的深度、广度。加强学习，就要破除不合时宜的旧观念，以新的视角、新的境界对待学习。

（一）树立终身学习的理念

江泽民同志指出："学习非一朝一夕的事，不可能毕其功于一役。要树立终身学习的观念，养成勤读书、勤思考的习惯。"当前，知识的更新周期越来越短，新观念、新知识层出不穷，现有知识在不断老化。如果不努力学习新知识，就会落后于时代，甚至被淘汰。因此，作为新时期的党员干部，更应该发扬终身学习的精神，保持共产党人的先进性。在学习上要少些"毕业"意识，多些"毕生"意识，从一次性、间断性学习转变为持续性、长久性学习。要防止和克服"文凭到手、学习到头"的毕业心理，"差不多"的满足心理，"慢慢来"的懈怠心理，"完成任务"的应付心理，切实把学习作为终身任务，发扬学而不厌、锲而不舍的精神，终身勤学不辍，不断吸收新信息，获取新知识，以积极应对新的挑战。

（二）树立学习即责任的理念

当今时代，我们党所处的环境、面临的形势和肩负的重任都发生了很大变化，这就对每个党员干部提出了很多新要求。如果不抓紧学习新知识、积累新经验、增长新本领，就不可能适应形势和任务的要求，先进性就无从谈起。宋朝词人张孝祥说过"学者政之出，政者学之施"，"政不于学，则无道揆法守"。意思是说，治理国家的方法都是所学知识的实践，如果治理国家的人不学习，那么就无法制定出法制规章来治理国家了。一个领导干部，其肩负的是富民和发展的重任，他必须能够科学决策、依法执政，方能造福百姓，如果他手握权力却知识浅薄，必将影响党和人民的事业。我们在工作中也发现，有些干部由于长期忽视了学习，个人素质严重滑坡、人格堕落，最终做出了愚蠢出格之事，甚至走上了违法乱纪的不归路。因此，我们应该培养党员干部的学习责任意识，为其学习奠定意识基础。

(三) 树立"工作学习化、学习工作化"的理念

进入知识经济时代,工作与学习合二为一是必然趋势。这个理念有三个特点:一是"交融",即学习之中有工作,工作之中有学习;二是"互动",即学习促进工作,工作促进学习;三是"转化",即学习成果能够转化为工作成果,工作成果也能转化为学习成果。各项工作与学习有着高度的契合性。我们强调学习,主要是引导广大党员干部立足岗位学习新理论、新知识、新技能,而开展工作的过程本身就是学习提高的过程。因此,我们认为工作和学习是浑然一体的,我们要把学习和工作有机结合起来,不仅作为一种基本的工作方式,也要作为基本的工作态度和生活方式。

(四) 树立学习即修养的理念,把学习培养成个人的爱好和情趣

习近平同志指出:"传统文化中的许多优秀典籍蕴涵着做人做事和治国理政的道理。领导干部要通过研读优秀传统文化书籍,不断提高人文素养和精神境界。"读书足以怡情,足以傅彩,足以长才。其怡情也,最见于独处幽居之时;其傅彩也,最见于高谈阔论之中;其长才也,最见于处世判事之际。在我们日常人际交往中,也不难发现凡是注重学习的人,往往情趣高雅,看待问题、处理事情也显得得体周到,与之交流总能有所收获提升;反之,一个在学习道路上停滞不前的人,很容易就表现出他的粗俗肤浅、言语匮乏和思维空洞。朱熹曰:"立身以立学为先,立学以读书为本。"因此,党员干部要把学习作为培养自身修养的途径,多一些阅读、少一些应酬,多一些思考、少一些浮躁,这样方能具备"从此静窗闻细韵,琴声长伴读书人"的"宁静致远"的品行。

二 采用新的学习方法

我们都知道,方法正确,往往可以事半功倍。正确的学习方法首先是"三知道",即知道为何学,知道学什么,以及知道怎么学。明学,即充分认识学习的意义;知学,即知道什么领域是自身最迫切需要掌握的知识。会学,即掌握正确的学习方法来提高学习的效率。

其次,创新学习载体,搭建开放的学习平台。这里是指建立一个网络学习平台,这是一个适应时代发展需求的新的有效的学习载体。随着信息数字化、网络化时代的到来,读者获取信息和知识的目的、方式与途径发生了巨大的变

化,依靠传统课堂、书本的学习模式已经不能适应人们学习的需要。现代信息技术的发展,信息数字化、网络化的趋势已经不可逆转并逐渐被运用于学习实践。数字时代网络学习平台的信息服务模式有以下几大优点:

(一)多样化的信息载体

科学技术的发展和数字技术在网络学习平台的广泛应用使文献信息资源在数量和形式上发生了显著变化。文献载体突破了传统的纸质载体,使得缩微型、机读型、视听型、多媒体型等新型文献载体应运产生,并且以信息储存量大、保存时间长、便于检索与共享为特征。网络学习平台利用现代科学技术,将书、刊、报等文献原始数据制成计算机网络可使用的数据,通过建立和购买数据库,链接镜像站点等方式,使文献信息量大大增加,形成了信息载体多样化的格局。

(二)远程化的信息传递

网络信息服务与传统信息服务要求是有根本区别的,它打破了传统信息服务的空间概念,超越了空间的局限,用户可随时随地获取资源服务,真正达到了用户远程获取信息资源,足不出户就可以利用网络学习平台的效果。

(三)开放化的服务时间

网络学习平台是全开放的,可以超越时间的控制,真正可以为用户提供 24×7 的服务,即一天24小时,一周7天不间断服务。将网络信息服务运用于现代数字图书馆,可使图书馆信息服务不受开馆和闭馆时间的限制,更不受节假日的限制。

(四)多样化的信息服务内容

在数字时代,网络学习信息服务的形式是多种多样的。网络学习平台可以开通多种信息咨询频道和学习资料库,并可以与专家在网络上进行互动连线、学习咨询、知识问答,同时也开辟出诸如电子邮件、学科资源导航、专题定题服务等新的服务空间。

(五)共享化的信息资源

多样化的信息载体与远程化的信息传递是共享化的信息资源的坚实基础。网络学习平台的实现,可借助互联网相互交换数字化的文献信息,包括机读目录、电子出版物等,可同时向多个用户提供就同一信息进行查询和服务,以满足用户对文献信息日益增长的需求，体现了信息资源共享化的跨地域、跨行业、跨国界的资源无线与服务无限的特征，实现了真正意义上的信息资源利用共享化。

因此，为了实现"建设社会主义学习型政党"的要求，为了从动态上保持党的先进性，党员干部就应充分利用良好的网络平台和优质的信息服务平台来提升自己，最终做到"运筹帷幄之中，决胜千里之外"。也正是在这个趋势的推动下，中国干部学习网应运而生，为建设马克思主义学习型政党提供了一个全新的学习平台。以下结合干部学习网的建设，分析如何建设干部网络学习平台。

1. 干部学习网是党员干部提高自身综合素养的平台

开展网络学习，硬件设施是基础，关键在于网络学习资源的优化与整合。第一，干部学习网把宣传党的理论创新成果作为重点，以提高党员干部的思想理论素养为己任，积极引导党员干部学习中国特色社会主义理论体系，提升执政能力。思想理论建设是党的建设的根本。思想理论建设的重要任务是用马克思主义理论武装全党。政治上的清醒和坚定来自于理论上的清醒和坚定。理论武装工作搞好了，全党的马克思主义理论素养提高了，党的事业的胜利发展就有了根本的保证。毛泽东同志说："领导我们事业的核心力量是中国共产党，指导我们行动的理论基础是马克思列宁主义。"因此，用科学理论武装全党，不断提高全党的马克思主义水平，对提高全党的执政能力非常之重要。"干部学习网"开辟了核心栏目"马克思主义理论"，其中包括了马列著作、马列主义研究、毛泽东著作、毛泽东思想研究和中国特色社会主义等，借助中央党校科研力量的优势，系统收集和整理了关于马克思主义理论的著作、理论以及研究成果，是党员干部系统全面地学习马克思主义理论的便捷平台；另外，干部学习网还进行了大胆尝试，创办了网络期刊"思想"栏目，这是为全党同志和全体人民提供的一个思想理论创新的阵地。在这里，全党和全国人民可以直抒胸臆，针砭时评，为我国的社会主义建设出谋划策。第二，干部学习网致力于构建党员干部的社会主义核心价值体系，引导其建立正确的世界观、人生观、价值观，并运用于日常的工作和生活。开展网络学习，要加大学习资源建设，科学整合网络资源、合理利用。干部学习网对人民网、新华网等国家级网站资源进行了一定的选择和整理，将党的重要会议部署、战略决策和精神指示充实到这个学习平台，使广大党员干部及时地接受中央讯息，与中央保持统一，提高工作效率；随时关注国内外动态，上传涉及国家建设的理论性、权威性的文章和讯息，让党员干部时刻把握时代脉搏,做出正确决策,比如"社会热点"、"海外采风"、"经济时空"、"名家访谈"等;开设"政策法规"、"决策参考"、"领导艺术"、"廉风教育"等栏目,为党员干部的实际工作提供借鉴,提高其思想政治修养和自我修养,引导党员干部树立正确的权力观、地位观、利益观,树立科学的发展观和正确的政绩观。第三,干部学习网开辟的"读书"、"文学"栏目,包括好书推荐和新书排行榜,采用以互联网为载体向高中级干部推荐重点学习书目的制度,从战略高度上整体布局建设学习型政党的计划,能够很好地引导党员干部多读书,读好书,善读书,促进党内学习风气的形成。第四,开设"中国共产党历史"、"老报刊"、"中共党史人物"等栏目,其中囊括了从中国共产党创建时期开始到改革开放和全面建设小康社会期间的历史,还收集有珍藏的老照片、老期刊等。培根说,"读史可以明智"。通过对中国共产党历史的解读,可以为广大党员干部的工作和生活提供借鉴,提高其思考问题、解决问题的能力,而且可以增强民族自豪感,提高民族凝聚力。第五,干部学习网还开辟了一些精品专题数据库,如"新华社专供信息"、"北大数字资源"、"政策法规"和"网上舆情"等,为党员干部提供了最便捷的、全方位的服务,大大提高了工作效率。

2. 干部学习网是基层党组织和党员之间学习交流的平台

党的基层组织是党在社会基层组织中的战斗堡垒,是党的全部工作和战斗力的基础,是贯彻"三个代表"重要思想的组织者、推动者和实践者。党制定的路线、方针、政策,提出的目标任务最终要靠党的基层组织团结和带领广大干部群众去实现。党能不能保持先进性,一方面取决于党自身制定的路线、方针、政策是否正确,另一方面取决于党的基层组织对党制定的路线、方针、政策执行得如何。因此,保持党的先进性,必须与加强基层党组织先进性建设紧密结合起来,认真研究实现基层党组织先进性的方法和途径,建设学习型政党,也必须从建设精良的基层党组织抓起。现在,基层党组织非常分散,加之社会主义市场经济下党员的流动性显著,如何解决这两个问题,直接关系到建设学习型政党的成败。针对这种情况,干部学习网专门开辟了"学习培训"栏目,包括中央党校的"学习培训信息"、"精品专题课件"、"党课指南"、"支部生活"等,方便基层党组织和地党员进行随时、随地的学习。另外,干部学习网的"专家在线"、"在线交流"、"论坛"等栏目,方便广大党员交流心得体会,同时还会有在线专家进行一定的指导，为党员干部支招，排忧解难。这能够很好地巩固共产党的组织基础，推动学习型政党建设。

3. 干部学习网是全党和全国人民互动交流的平台

网络学习平台是开放式的、双向的和虚拟的，"论坛"、"贴吧"和"在线交流"的开设也为广大群众提供了一个倾吐心意的平台，使党员干部能够在一定程度上了解群众的利益关切、政治诉求、思想活动和价值取向、普遍问题和民生百态，及时调整工作方向，更好地服务人民。

三 建立健全学习机制

干部学习网络平台的建设，重点是资源，但资源完备仅意味着软件设施的齐备。要实现建设学习型政党的目标，使组织及其成员保持旺盛的网络学习能力，必须强化制度建设，建立一套保证和推动全党重视学习、善于学习的有效机制。而且有效健全的机制还有助于组织内部的管理，是管理成熟的标志。

1. 投入机制

要注重在信息网络建设和知识传播条件上进行投入，加强对党员和干部的各级教育培训机构，对各基层党组织的学习场所（网络设施）、设施等硬件设施的建设。

2. 激励机制

要建立并完善倡导网络学习的激励机制，最大限度地激发个体和团体的潜能，形成推动单位发展的强大动力。竞争环境是产生激励的有效动因，要使竞争在一个组织内部真正发挥激励作用，关键是要有考核，要有客观合理、适用的标准及严格执行标准的配套规定。从中央到地方的党委组织部门要建立党员干部的网络学习考评机制，并将其与党建工作考核和干部考核相结合，督促党员干部积极参与网络学习。另外，树立典型，加强宣传。建议各级党的组织、单位和部门，每年评选出积极参与网络学习或对干部网络学习建设作出突出贡献的先进党支部和党员领导干部，并给予必要的精神和物质奖励，激发广大党员干部的网络学习热情和动力。

3. 保障机制

首先，要注重对网站工作人员的各种技能培训，提高其政治素质、理论素养、业务能力和服务质量，并及时引进专业人员加盟，提升团队力量，打造高品质的干部网络学习的服务团队。其次，干部学习网的资源一定要有理论性、权威性、原创性、趣味性，要提供党员干部需要学习的、想要学习的内容，并进行时时更新。再次，提高党员干部对开展网络化学习的便捷性的认识，营造共同愿景下的良好的网络学习氛围。最后，要健全组织、带动学习，建章立制，规范学习。各级党组织要建好本部门、本单位的网络学习活动领导小组，制定一定的网络学习规章制度，带动大家积极参与网络学习，并开展学习讨论活动，进行总结等。

以上是我们在共同建设"中国干部学习网"并在网上开展学习培训工作实践过程中的一点体会和感悟，我们希望"中国干部学习网"能成为广大党员干部学习理论知识的平台，也希望"中国干部学习网"能在建设学习型政党、提高党的执政能力方面发挥积极的作用。

参考文献

吴昌森：《以网络学习推进学习型党组织建设》，《丽水日报》2010年5月9日。

高献涛：《树立全新的学恶习理念》，《秘书》2004年第7期。

杨永志、朱健：《打造互联网建设马克思主义学习型政党的新平台》，http://www.zzdjw.com。

浅论中央党校干部学习网的建设

余 玥* 马瑞芳**

摘 要 办好马克思主义理论宣传的网络阵地，宣传好中国特色的社会主义理论体系，始终是党的宣传工作的中心内容。为了响应习近平校长的领导干部要"爱读书、读好书、善读书"的号召，中央党校干部学习网适时成立，通过建设中国干部学习网，我们需要总结出办好宣传马克思主义理论网络站点的经验，以供实践参考。

关键词 马克思主义理论宣传　网站建设　中国干部学习网

创办研究、传播马克思主义、毛泽东思想和中国特色社会主义理论的网络阵地是中央党校义不容辞的责任。中共中央党校是党的培养领导干部的学校，是马克思主义理论研究和宣传的重要阵地，担负着研究、传播马克思主义中国化理论成果的重任。如何利用中央党校的这一优势资源，结合最新的网络技术，建立网上研究、传播马克思主义中国化的理论成果的阵地，真正把马克思主义的最新成果传播到民众中去，让广大党员群众受教育、得实惠，贯彻落实习近平校长提出的"爱读书、读好书、善读书"的指示精神，具有重要的实践价值。

一 中央党校干部学习网建设目的

中央党校干部学习网为中共中央党校主管，中共中央党校图书馆主办。开办网站的目的是让广大的党员干部能从中学习到东西，领悟到东西，向全党提供一个资源独特、内容严肃、学术权威的学习交流平台。

胡锦涛总书记要求我们"只争朝夕地学习，如饥似渴地学习，持之以恒地

---

* 余玥，1984年生，中共中央党校干部学习网。
** 马瑞芳，1984年生，中共中央党校干部学习网。

学习"。习近平同志提出要"愿学、勤学、真学、深学、善学"。学习应该成为全国党政干部的一种积极的生活态度、一种神圣的工作责任、一种紧迫的重大任务、一种崇高的精神境界、一种执着的人生追求。中国干部学习网就是要在这样一个学习已然成为全党意识的大氛围中，在党的理论建设的高起点上，深入研究和宣传马克思主义中国化最新发展成果，深入研究和宣传建设中国特色社会主义理论与实践，推动党的理论创新，真正起到可让全国党员干部学习参考的作用，使理论成为一种普遍的需要。

二 中国干部学习网建设面临的环境

中央党校干部学习网的建设面临着极其复杂的外部环境。表现在如下几个方面：

（1）从数量上看，相关党校信息网站数量比以前有不同幅度的增加，党校信息网站初具规模。目前国内建成并提供服务的党校网站约 170 个以上。全国有 1/2 的省级党校已经建成校园网，市县党校在基础好一些的省份如广东、北京、江苏也开始有组织、有步骤地逐步建设。这一部分党校 Web 服务器多放在校内机房，通过国内主要 ISP 接入，提供一个或数个固定 IP，通过域名解析，将本单位网站发布上网，如江苏省委党校（http：sdx.js.cn）、上海市委党校（http：dx.sh.cn）等。有些党校因为本校园网尚未建设，所以采取虚拟主机或服务器托管办法。还有很多党校采用了政府上网的域名 .gov，或 .gov.cn，如广东省委党校（http：.gov.cn）。这些网站栏目多、涵盖面广、信息量大，其中很多已有相当的规模和影响力。

（2）从分布形态上看，网站的分布很不均衡，东西部差别较大。经济发达的京津沪地区及东部沿海地区的网站建设，无论是数量上还是质量上都远胜于西部地区。仅从中文雅虎搜索到的 99 个党校网站看，真正属于党校网站的有 56 个，其中，京津及沿海地区的信息网站 47 个，占 80% 以上，西北地区仅有 9 个，不足 20%。

（3）从建站的规模上看，目前我国党校建站规模还比较小。我国规模较大的网站有上百个页面，信息量要在百兆以上。而多数党校网站处于初级阶段，往往只有几个页面，信息量不足 10 兆，轻点几下，整个网站就一览无余。

（4）从内容上看，党校信息网站的功能定位差异较大。具体表现为：部分省级党校对网站的功能有较深的理解，类目设置逻辑性较强，网上资源较丰富，内容更新及时。而一些党校网站仅仅只是一块"招牌"，功能定位不明确，有形式主义、赶潮流之嫌，内容也较空洞，打开网站只看到校情总况、校内机构介绍等，对于公众比较关心的思想理论的学习及党的方针政策的研究较缺乏。从服务功能上看，也有较大的差别。少部分党校网站服务功能比较齐全，既有大量的多媒体信息、特色品牌数据库、邮件服务系统、课件和视频点播、动态信息、网络导航，还有面向全球的开放式链接等。而大多数的党校网站，服务形式单一，没有特色据库作为依托，用户量访问少，服务功能、检索功能、交流功能、导航功能等还有待于进一步开发。

三　中央党校干部学习网建设初期面临的困难

近年来对我们工作和学习影响最大的变革，莫过于互联网技术的发展。图书在这场技术革命中由纸质图书逐渐演变为数字图书，人们的阅读习惯也渐渐转为在电脑、手机等电子设备上阅读，慢慢接受了数字图书这种快速、高效、节能的阅读方式。党校图书馆经历了从传统图书馆到数字图书馆的转变，数字资源在馆藏中所占的比重越来越大，数字资源建设已成为党校图书馆文献资源建设的重要组成部分。党校图书馆网站是与读者进行网上交流，为读者提供数字资源服务的最佳平台，它为党校的教学和科研提供了很大的帮助。互联网环境有着突飞猛进的发展，数字资源的质量和数量都以高速度增长着，在这场数字化的浪潮中，党校图书馆网站也在不断的发展中凸显出许多问题。

（1）经费短缺，数字资源购买数量不多，且更新不及时，读者无法使用最全最新的数字资源；网络设备陈旧，运行缓慢，效率不高，使读者易产生厌烦情绪。

（2）各党校图书馆网站各自为政，资源重复建设，缺乏有机的共建共享，各馆的特色数据库建设不突出。

（3）网站信息更新缓慢，栏目设置没有根据需求的变化而调整，甚至有些网站建设完成后就没有改变过，不能适应时代的发展和读者的需求；网站安全性不高，技术手段落后，存在主页被篡改、数据库被注入等系统安全性漏洞。

（4）缺乏与读者的沟通与互动，许多新读者不知道如何使用网站的资源，甚至一些老读者也不能正确高效地利用网站的资源，很难找到自己所需要的信息；缺少读者需求传达的途径。

（5）工作人员技术薄弱，缺少既熟悉数字情报专业知识，又精通网络技术、计算机操作、网站建设和数据库维护的专业技术性人才。较低的人员知识结构阻碍了党校图书馆网站进一步发展。

四 中央党校干部学习网建设的思考

（1）加大经费投入。网站建设是一项系统的工程，主要经费需求包括数字资源的购置与更新，特色数据库的建设和共享，网站系统软件的开发和维护，操作系统、数据库软件的购置、服务器等网络设备的购置，网络宽带的接入和工作人员的技术培训等费用。服务器设备是网站运行的载体，网站访问速度的快慢，很大程度上取决于服务器设备的优劣与网站软件设计的好坏。一台好的服务器不仅能提高网站的访问速度，提高用户使用效率和满意度，而且对后期维护的投入也是非常少的，没有因为部件陈旧而时常升级的烦恼。同时，设计良好、算法优秀的网站软件对访问速度的提升也是立竿见影的。电子期刊、学位论文、统计数据库及视频点播等各种数字资源是图书馆网站的核心资源，这部分资源是否有使用价值直接关系到整个网站的生存。图书馆要在经费有限的情况下，让读者参与进来，了解他们的需求，把钱花在刀刃上，精挑细选，多购置重要又实用的数字资源，尽量满足各学科各专业读者的需求。

（2）加强馆际合作，建立数字资源共建共享机制。各馆应互相交流经验教训，积极响应中央党校的部署，开展特色数据库的建设工作。特色数据库的建设是一项庞大的、系统的、长期的工程。首先，特色数据库选题非常重要，要根据本省市特色或学校自身的特点，紧密围绕教学需要，进行深入全面的调研，通过信息的分析和科学论证，制定长期的实施目标和短期计划。其次，专题确定后就要持之以恒地做下去，不仅要确保所建数据库的完整性和可用性，还要确保唯一性，避免重复建设。在建设过程中，各馆要遵循中央党校制定的统一的技术标准和规范，做好人员培训工作。要充分发扬互联网"人人为我、我为人人"的共享精神，消除信息孤岛，形成互联网上党校图书馆特色资源的整体优势，实现优秀的资源全国范围内共享，这对党校图书馆数字化的发展是大有裨益的。

（3）网站建设的管理与维护。网站首页既要符合党校的特色，又要体现图书馆的书卷味和文化气息。网站结构、色彩、动画、图片等元素的设计要符合大众审美观,做到简单明了、典雅大方、风格统一,切不可浓妆,过分地追求视觉冲击力反而容易使读者产生厌烦情绪。栏目设置要清晰合理,导航明确,重点突出,做好网站地图,并制作"使用指南"栏目,对本网站的使用方法做指导性的说明。要把重要的、常用的数字资源放置在醒目的位置,读者一进入网站就能看到,使大家很容易地找到所需要的资源。数字图书阅读器软件也要放在比较容易找到的位置,供读者下载安装。要在党校网站主页上做好图书馆网站的超链接,并留好与党校其他网络系统的接口,与数字校园形成一体,保证系统的可扩展性。一个完整的图书馆网站系统的资源是非常庞大的,如何使读者在资源的海洋中快速找到自己所需的资源,这就要依赖于检索系统。检索系统主要包括传统书刊的书目信息检索和数字信息检索等,检索方式要简单易用,既要有简单的初级检索方式,又要有符合多条件查询的高级检索功能,检索速度要快捷高效,方便各类读者的检索需求。网站的后期维护非常重要,管理员要及时更新馆里的一些重要新闻,与读者有关的通知、公告都要及时发布,撤销过时的信息,新购买和更新的数字资源上网后要第一时间对外发布信息。栏目的设置也不是一成不变的,网站运行一段时间后,可根据读者需求增删一些栏目。管理员在日常工作中要时常检查网页是否能正常打开,是否出现死链,数字资源能否正常下载。在网站建设初期就要做好整体规划,网站开发要采用最新的成熟的技术,代码编写要符合国家规范,安装软硬件防火墙与网页防篡改设备或软件,安装正版杀毒软件,并对系统漏洞实施全方位的扫描,不定期更新系统漏洞补丁。系统密码的设置要复杂,并由专人管理,严格按照密码管理规范操作。做好网站程序和数据库的备份工作,采用自动化在线备份方式,降低由维护员操作带来的风险,使灾难出现后能快速恢复到正常状态。网站系统可采用双机集群方式运行,主服务器出现问题或检修时能迅速自动切换到另一台服务器运行,保证系统 7×24 小时稳定运行。

(4) 加强与读者的沟通与互动。读者能否正确认识和使用网站,对网站的发展至关重要。网站开通后要召开发布会,向教师和学员系统全面地介绍网站使用方法和数字资源建设情况,并做成视频课件的形式发布在网站上,供大家随时点击观看。要定期召开数字资源发布会,系统地讲解数字资源的检索、下载与阅读方法,对一些新购置或试用的数字资源要重点推荐,并请大家提出使用意见,以供图书馆采购参考。对新入学的学员,可举办网络信息查询技巧培训班,采用集中授课的方式,教授使用图书馆网站资源的技巧。有条件的图书馆可开设电子阅览室,使没有电脑的读者能集中使用数字资源,更能方便管理员和读者一对一的交流。读者的满意程度最能反映出图书馆服务质量的高低,因此,在网站上开通读者提供建议与意见的通道是很有必要的。如在图书馆网站醒目的位置设置"参考咨询"栏目,总结出读者使用中常见的一些问题,并做系统性地问答。要开设网上论坛、电子邮件咨询、电话咨询等功能,及时对读者提出的问题进行一对一回答,加强与读者的沟通互动。

(5) 培养复合型、创新型、技能型服务人才,提高网站和资源建设的质量。图书馆要建立一支素质过硬的人才队伍。党校图书馆开办多年了,一些老同志掌握着传统图书情报等方面的扎实知识,但是,他们的学历较低,知识结构单一,对计算机操作和网络技术方面的知识更是一知半解,为此要加强对这方面工作人员的培训,拓宽现有人员的知识结构。图书馆员要培养自己的信息观念,加强外语、计算机操作、网络技术、多媒体技术的学习,使自己既能做好图书馆的传统工作,又能符合新时期图书馆数字化服务的新要求,能为读者提供更好的服务。图书馆应大力引进有成熟工作经验的人才或计算机专业的毕业生,他们掌握着比较前沿的互联网技术,对网站的开发管理和软硬件技术都比较精通,同时思想比较开阔,接受新事物的能力强,是图书馆网站建设的主力军,可让他们完全参与网站的建设、运行和系统管理工作。要提供每位馆员培训和外出深造的机会,制定培养计划,学习先进的技术知识,并加强与兄弟单位的互相学习与交流。今后图书馆新进工作人员可向精通网络技术的人才倾斜,为图书馆向数字化、信息化、网络化发展做好人才储备。

参考文献

柳丹枫:《对党校系统互联网站建设和发展的战略思考》,《情报资料工作》2004年第2期。

孙庆华:《党校图书馆网站与数字资源建设的探索》,《中共福建省委党校学报》2010年第1期。

图书馆在学习型政党建设中的地位和作用

徐璞英[*]

摘　要　建设学习型政党是新形势下加强我们党执政能力建设的战略举措，需要丰富的知识、信息、资源作为其强大的支撑。图书馆在建设学习型政党中具有重要的地位和作用，能满足广大党员不断增长的学习需求；能提供广泛的、不断更新的知识；能提供综合性服务。要更好发挥图书馆在学习型政党建设中的作用，必须做好基础辅导，建立学习型政党特色资料库、数据库，实现传统载体阅读上的延伸和创新，提供专题咨询服务，提供网上服务，提高服务质量等项工作。

关键词　图书馆　学习型政党　知识信息支撑　综合服务　网络服务　特色服务

图书馆是公共文化服务体系的重要组成部分，承担着传承人类文明、传播知识信息的职责，是社会教育的学校，终身学习的场所。党中央关于建设学习型社会、学习型政党的战略部署，极大地激发了人们对信息与知识的渴求，也给图书馆事业带来了新的发展机遇。无论是公共图书馆，还是高校图书馆，无论是党校图书馆，还是社科院图书馆，尽管优势各异，但是作为公共文化服务体系的重要组成部分，传播文化、提供知识教育的重要阵地的职责是相同的。在学习型社会、学习型政党的建设中，都具有重要的地位和作用。各系统图书馆要携手并进，不断转变观念，积极创新，促进图书馆事业的快速稳步发展，为建设学习型社会、学习型政党作出新的贡献。

---

[*] 徐璞英，女，1950 年生，中共浙江省委党校，研究馆员。

一 建设学习型政党是新形势下加强我们党执政能力建设的战略举措,需要丰富的知识、信息、资源作为其强大的支撑

我们党历来重视学习,善于学习,这是我们党的先进性所决定的。党的十七届四中全会进一步指出,要把建设马克思主义学习型政党作为党的思想建设的首要任务,作为重大而紧迫的战略任务抓紧抓好。今年2月,中共中央办公厅又印发《关于推进学习型党组织建设的意见》,要求各级党员认真学习经典理论、科学发展观、社会主义核心价值体系、综合知识以及中华文化、党史与先进人物等,并强调指出:这对于各级党组织,都是一项重大任务。

建设马克思主义学习型政党具有以下重大意义。

首先,我国正处于改革的攻坚期、发展的关键期、矛盾的凸显期。经济体制深刻变革,社会结构深刻变动,利益格局深刻调整,思想观念深刻变化,大量新的难题需要我们党去破解,新的挑战需要我们党去应对,新的风险需要我们党去化解。对于共产党员特别是各级领导干部来讲,原有的理论功底和知识储备已经远远不够用了。况且高速运行、复杂关联、瞬息万变的现代社会,需要执政党和社会的管理者具有很强的应变能力。事到临头,容不得临阵磨枪,必须靠平时经常学习的积累。

其次,经济全球化和信息社会的到来,不仅带来了"信息爆炸",而且使全球思想文化交流交融交锋呈现新特点。媒体成为反映民意的重要渠道,对社会生活的影响大大增强,必须予以高度重视。但人为的炒作又往往会歪曲真相,误导舆论。大量相互矛盾的信息真假难辨,各种不同的建议鱼龙混杂,遇到利益冲突更是相关群体各持己见。这就对共产党员特别是各级领导干部的鉴别能力提出了很高的要求。既要善于从海量信息中提取精华,摒弃垃圾,又要抵御敌对意识形态的渗透和文化霸权主义;既要通过各种信息渠道广泛了解民情民意,又要避免为少数人的偏激情绪宣泄所惑,更要防备被那些耸人听闻的伪科学和"爆料"所"忽悠"。要具有这样的水平和能力,必须学习学习再学习。

再次,知识经济时代科学技术突飞猛进,知识急速爆炸迅速更新。尤其是当前处于经济转型升级的关键时期,无论是自主创新,还是引进先进技术,发展新兴产业,决策者和管理者都不仅要了解相关的科技知识,而且要知道他们

的应用条件及其对经济社会发展的影响。能不能不断地吸取和掌握新知识,是保持先进性的重要条件。这就需要广大党员特别是党的干部通过学习不断地拓宽视野,增加"内存"。

总之,建设学习型政党,是我们党在新形势下加强执政能力建设的战略举措,是时代发展的必然要求。要实现这一目标,需要丰富多彩的知识、信息、资源作为其强大的支撑。图书馆作为传播科学文化知识、进行社会教育的场所,知识、信息、资源的集散地,是广大党员和社会公众学习新知识、了解新信息、增长新本领的大学校;是全力推动学习型组织、学习型政党和学习型社会建设的重要阵地,无疑会对创建学习型政党、学习型社会起到重要的推动作用。

二 图书馆在建设学习型政党中具有重要的地位和作用

要建设学习型政党,在全体党员中形成人人学习、终身学习的氛围,使学习成为全体党员的自觉意识、终身习惯和思维方式,任务还相当艰巨。要增强党员队伍的学习意识,提高学习的自觉性、主动性、系统性;要形成科学的学习制度,对党员的学习进行必要的引导、管理和督促;要提供必要的学习材料和获得信息的途径,等等。图书馆作为传播科学文化知识、进行社会教育的场所,具有丰富的图书资源、网络信息资源和专业技术人员,能为全力推动学习型组织、学习型政党和学习型社会建设提供高效服务。图书馆要利用自身资源优势,在学习型政党的建设中发挥最大的作用。

(一)建设学习型政党要求提高学习的主动性,图书馆能够满足广大党员不断增长的学习需求

建设学习型政党要求党员的学习变被动为主动,从"注入式"转变为"寻找式",这就迫切需要能够获取各种知识的便利场所。图书馆作为党和政府向人民群众提供公共文化服务,保障人民基本文化权益而进行的一种制度安排,是实现公共文化服务公益性、便利性、均等性、普惠性的重要窗口,是向每一位公民敞开的终身学习的殿堂,能够为党员的终身学习提供优质的公共服务。它能面对党员随时随地学习的要求,利用先进技术,创新服务模式,拓展服务渠道,通过丰富多彩的文化教育活动满足党员的阅读需求、信息需求、文化需求以及知识需求。它能依托互联网,提供覆盖数字电视、智能移动终端等新兴媒体的数字图书馆服务,创造图书馆服务与用户空间的有机融合,为用户提供到

身边、到桌面、不受时间和空间限制的图书馆服务。图书馆所提供的教育目的并不限于文化知识和专业技能的传授,而是注重提高人的整体素质,促进人的全面发展,并且这种教育贯穿于每个社会成员的一生,在学习范围上更具广泛性,在学习方式上更具灵活性,在学习内容上更具个性化。可以说,图书馆是没有围墙的大学,是社会教育的最高学府,承担着提高公民思想道德素质和科学文化素质,推动社会进步的重要职责,在学习型政党的建设中起着特殊的、其他教育机构所无法替代的重要作用,能够满足广大党员不断增长的学习需求。

(二)建设学习型政党拓展了学习的广泛性,图书馆能够提供广泛的、不断更新的知识

马克思主义学习型政党不仅要努力学习马列主义、毛泽东思想、邓小平理论和"三个代表"重要思想,学习科学发展观的理论与实践,学习社会主义核心价值体系,学习党建理论和党史知识,还要广泛学习哲学、政治、经济、社会、文化、科技、国际等综合知识,学习博大精深的中华文化,学习人类文明的一切优秀成果。图书馆可以为建设学习型政党提供丰富的知识资源。"书籍是人类进步的阶梯",图书馆拥有丰富的馆藏资源而且源源不断地增加新的信息资源,是民族文化的宝库,是知识和信息的集散地。人类的思想成果和各学科的知识成果源源不断地汇集到这里,经过图书馆员的组织和整理后,形成一个有序的信息资源集合,为党员学习知识、了解信息、完善自我提供了内容丰富、形式多样、使用便捷的资源。

(三)建立学习型政党要求学习的综合性,图书馆能提供综合性服务

马克思主义政党不是仅仅为增加知识而学习,而是为了指导实践、改造社会、完善自身而学习。这样的学习决不会局限在学科领域内,而是以问题为中心,具有很强的综合性。图书馆能够利用先进的知识组织工具,对多种载体、多种类型、分散异构的信息资源进行深入挖掘,再现其知识关联关系,形成一个有机的知识网络,从而增强知识提供与知识服务能力。同时,不同系统、不同地域的图书馆之间通过文献信息资源的共建共享,已经在全国形成一个分级分布的文献资源、保障体系,为学习型社会提供强大的资源支撑。图书馆拥有一支具有较高思想文化素质和专业知识与技能的馆员队伍,他们能够成为知识

导航员，面对信息化、网络化环境，提高信息的收集、组织、加工与服务能力，利用新的技术，进行知识挖掘与知识发现，帮助党员掌握获取知识与信息的途径和方法，解答党员在学习过程中遇到的各种问题，为党员提供优质的知识与信息服务，使广大党员自我学习、获取知识的过程更加顺畅。

三 更好发挥图书馆在学习型政党建设中的作用

在为建设学习型政党、学习型社会服务的工作中，图书馆有大量工作可做。例如：

(1) 基础辅导。目前我国 7000 多万共产党员的文化程度参差不齐，大多数党员还没有受过利用图书馆的专门训练。图书馆应该根据党员利用图书馆学习的实际需要，有针对性地通过培训、参观、网络等介绍图书馆概况、数字图书馆使用方法、检索工具及阅读方法等学习的形式、技巧，调动党员的学习积极性、创造性，帮助党员更好地利用图书馆，通过内容丰富、轻松愉悦的阅读活动，培养阅读习惯，引导阅读趋势，提高阅读能力，为建设学习型政党营造良好氛围。

(2) 建立学习型政党特色资料库、数据库。可以通过对所在地区的各部门各单位进行走访调研和需求分析，整理一套内容涵盖政治理论、市场经济、公共行政、工商管理、法制、科技、历史、文学、语言文字、艺术等方面的，比较系统、比较权威的，具有较强的思想性、科学性、针对性的基本知识学习读本，成立专门的学习型政党特色资料库。对已有的资料进行调整规范，对缺乏的资料及时采购，为建设学习型政党提供图书资源保障。利用剪报系统搜集整理各级党报关于学习型政党建设的最新理论创新与实践成果，建立学习型党组织的专题，等等。所有这些资料都可以实现数字化，建立学习型政党特色数据库，方便党员网上学习。

(3) 将传统、现代和创新结合起来，及时充实最新资源，实现传统载体阅读上的延伸和创新，满足党员不断变化的对知识、信息的需求。报纸、期刊、图书等纸质文献，由于携带方便，符合人们的阅读习惯，经常受到广大党员和读者的青睐。但是现代信息技术的飞速发展，使传统的知识、信息载体不断发生变化，衍生出新的载体，也产生出新的知识、信息获取方法和阅读方法。因此，图书馆要将网络和传统载体的优点结合起来，及时充实最新资源。不但根据各部门集中学习和党员自学计划，定向购置相关的纸质图书、报纸、期刊，还要考虑知识、信息的时效性，及时购买和发布电子图书、报纸、期刊和各种数字资源，让广大党员不受时间和地点的限制，通过网络、全新的接收器或掌上阅读器、手机等在第一时间就得到图书馆提供的知识、信息，实现传统载体阅读上的延伸和创新，满足学习型政党建设中不断增长的对知识、信息的需求。

（4）提供专题咨询服务。可以根据党内集体学习和党员自学计划，定向购置相关图书，推荐相关书目和新书，适时通报最新图书动态，方便党员借阅；根据党员的读书计划，有针对性地提供最新的出版物和书目、文摘、报道等；根据学习研究的问题，提供系统的包括世情、国情、省情等专题资料；对于一些有争议或探讨中的问题，围绕有关主题对相关的不同观点进行整理，提炼出有代表性的理论、观点、方法等等。图书馆还可以为党员集体或个人设定个性化门户入口，提供个性化藏书目录、新闻订阅、新到资料通知等等。

（5）提供网上服务。面对信息内容知识化、信息形式多媒体化、信息处理智能化、信息交流国际化、信息传输高速化，建立一个快捷完备的信息保障体系，是学习型政党取得主动权的关键。图书馆可以充分利用其先进的网络化、数字化技术和信息服务优势，完善网络资源，提供专业网站导航，建立一个符合学习型政党需要的电子书刊、科技成果、视频材料、学习交流等多平台的学习资源数据库，利用网络实施咨询服务，创建知识共享、服务及时、学习愉快的现代化平台；节省广大党员的学习时间，增强学习效果。并对党员的研究课题、论文、体会、心得等成果在党建学习网上宣传、交流、发布。

（6）有针对性地举办各种报告会、讲座、读书会，组织座谈会、调研会、辩论会等，组织专家、读者、馆员就党员提出的重大或热点专题进行辅导、研讨，组织志趣相投、业务相通的党员干部互动交流。开展这些活动，可以由图书馆根据建设学习型政党的总体安排，大的方向按照图书馆自身工作系统安排，单独举行；也可以和当地党组织一起，根据学习型政党建设的具体学习内容和学习安排联合举办，使报告、讲座、调研、座谈、交流等更有针对性。

（7）提高服务质量。图书馆人一定要站在时代的高度，进一步提高对建设学习型政党的认识，将其作为一项政治责任对待。业务上用心钻研，服务上深入细致，提升水平，更好地服务于学习型政党的建设。要从服务内容、服务过程、服务效果上不断努力，使图书馆在学习型政党的建设中发挥出最大的力量。

图书馆内部首先要形成浓烈的学习氛围，真正掌握和运用科学的新思想、新知识、新经验，为更好地建设学习型政党服务打下坚实的基础。还可以设立专门的学习型政党服务队伍，有组织有制度、持续深入开展各项活动。主动在服务区域内各部门进行学习型政党建设的理念宣传，并详细了解、调研各部门的学习时间、学习资料、学习需要等实际情况，制定相应服务计划、实施方案。图书馆员要从传统的资源管理者转变为网络导航员、网络合作员、网络信息资源建设者、网络用户的培训员，以及网络系统维护员，不断提高服务质量。

参考文献

张世新：《发挥图书馆在建设学习型政党中的作用》，《党建研究》2008年第7期。

陈润平、唐金秀：《高校图书馆如何参与学习型政党建设》，《人民论坛学术前沿》（总第290期）2010年6月13日。

《方正阿帕比推出"党建"数字图书馆系统》，人民网，2010年4月14日。

赵成清：《论公共图书馆在学习型社会中的地位和作用》，《图书馆学刊》2004年第4期。

刘涛：《党校图书馆在建设学习型政党中的作用探析》，《农业图书情报学刊》2009年第6期。

发挥党校图书馆二次文献开发在建设学习型党校中的作用
——以黑龙江省党校图书馆《信息周报》读者问卷调查为例

洪伟达*

摘　要　党校图书馆二次文献开发能够为学员拓宽信息获取渠道、为教师提供多样化的信息服务方式、为学生丰富课外教学模式。本文通过对黑龙江省委党校图书馆《信息周报》的读者问卷调查分析，得出图书馆二次文献开发在建设学习型党校中发挥了重要的作用，并介绍相关办报经验。

关键词　二次文献开发　《信息周报》　党校图书馆　学习型党校

胡锦涛总书记2009年10月27日在同全国党校工作会议代表座谈时发表重要讲话，强调党校"要充分发挥建设学习型政党的积极推动作用，大力发扬我们党勤于学习、善于学习的优良传统，努力传授现代科学文化知识、我国优秀文化、人类文明有益成果，在促进学习型政党建设进而促进学习型社会建设方面发挥积极推动作用"。党的十七届四中全会提出，要把建设学习型政党作为一项重大而紧迫的战略任务。党校作为学习、研究和宣传马克思列宁主义、毛泽东思想、邓小平理论、"三个代表"重要思想及科学发展观等重大战略思想的重要阵地，必须充分发挥在建设马克思主义学习型政党中的重要作用。为了更好地完成这一重大战略任务，迫切需要党校图书馆提供强有力的信息和知识的保障与支撑。党校图书馆应充分发挥在馆藏、人员、信息等方面的优势，通过课堂等多种形式进行思想理论宣传，也可充分发挥党校

---

*　洪伟达，男，1982年生，中共黑龙江省委党校图书馆，助理馆员。

图书馆的信息优势，开拓通过创办自建刊物（报纸、期刊、指南、手册等）或经过信息加工整合后的二次文献，使其成为建设学习型党校的倡导者、推动者和建设者。

为了更好地为党校学员学习及教学科研工作服务，更好地建设学习型党校，中共黑龙江省委党校图书馆（以下简称我馆）自 1997 年起开办了内部刊物——《信息周报》。《信息周报》创办 13 年来会定期进行读者问卷调查，用以了解读者的信息需求及提供更好的信息服务以及深入研究党校图书馆二次文献开发在学习型党校中的作用。本文以 2009 年 11 月开展的《信息周报》读者问卷调查结果为主，探究《信息周报》在建设学习型党校中的重要作用，并针对调查结论提出《信息周报》的改进建议。

一 问卷调查概况

（一）调查目的

通过问卷调查，了解读者对《信息周报》的阅读情况和评价，获得读者对我馆二次文献开发服务的意见和反馈，并有针对性地分析研究《信息周报》在印刷效果、版面设计、内容选择、栏目设置等方面的优缺点，进而提出合理化的改进方案以提高《信息周报》的信息服务质量。

（二）调查的时间、地点与方式

本次问卷调查的时间为 2009 年 11 月，主要采取纸质问卷调查的方式，在学员课堂、各教研部办公室及研究生寝室等地点同时进行。

（三）调查范围

调查对象覆盖范围较广，涉及在校学习的学员（包括政治和经济方向两个厅级班学员，政治、经济、科教文卫方向三个正处级班学员）、8 个教研室的教师及所有研究生近 300 人，约占读者总数的 2/3 以上。

（四）调查内容设计

本次调查问卷的内容主要涉及读者"个人信息"、"阅读习惯"及"《信息周报》相关调查"三方面。

二 问卷调查结果及统计分析

本次问卷调查共发放问卷275份，收回270份，回收率为98.1%，其中有效问卷268份。调查对象中，学员占调查总人数的75%，教师占调查总人数的9.3%，研究生占调查总人数的15.7%。调查对象覆盖面广，调查结果具有一定的代表性。

（一）关于读者个人资料调查

调查数据显示，《信息周报》的读者群涵盖了各个年龄段：35岁以下的读者占8.3%，35~45岁占22.8%，45~55岁占57.4%，55岁以上占11.5%。其学历构成大致为：大专学历占6.8%，本科学历占59.2%，硕士学历占28.3%，博士学历占5.7%。其职业分布为：党政机关占52.4%，公检法系统占7.3%，教育研究机构占24.3%，医疗卫生领域占3.9%，其余岗位占12.1%。

通过以上数据可知，目前《信息周报》的读者群呈现年龄跨度大并相对集中、学历层次较高、就职单位相对密集等特点。这就要求《信息周报》的内容设置与版面设计针对工作性质及读者构成特点提供高层次、个性化、有针对性的信息服务。

（二）关于阅读习惯调查

关于读者阅读习惯的调查主要从信息获取渠道、报纸阅读频率、倾向的报纸类型、报纸阅读目的四个方面展开，调查结果见图1、图2和表1、表2。

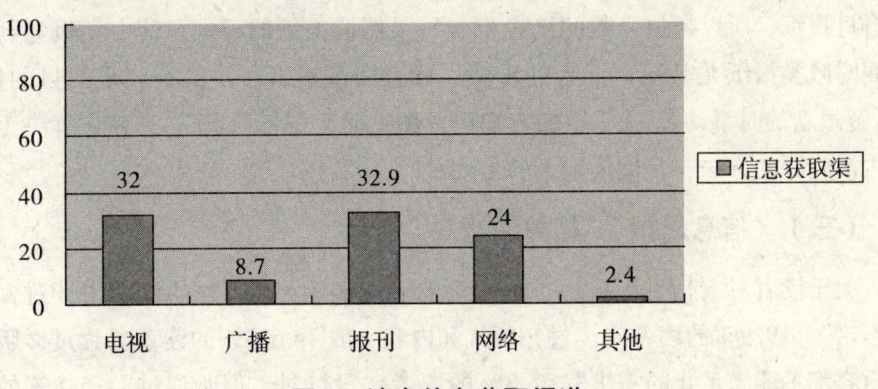

图1 读者信息获取渠道

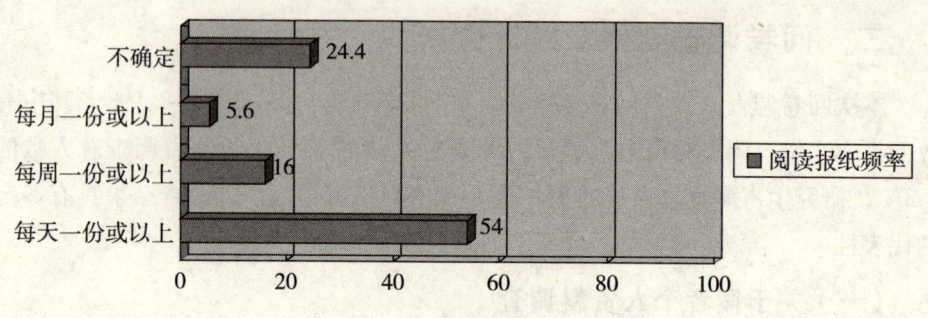

图2 报纸阅读频率

表1 读者倾向的报纸类型

读者倾向的报纸类型	党报党刊	新闻时政类	都市生活类	学习研究类	文体娱乐类	其他
所占比例	30.4%	24.6%	22%	13.9%	4.8%	4.3%

表2 读者阅读报纸的目的

阅读目的	了解最新的时事动态	增加新知识、新见闻、积累谈资	寻求解决工作或生活问题的方法	消遣娱乐，调节紧张的工作和学习	其他
所占比例	39.5%	28.8%	14.8%	13.8%	3.1%

通过以上图表可知，目前《信息周报》的多数读者仍以传统媒体（报纸、电视等）为获取信息的主要手段，新型媒体（如网络）的使用尚显不足，这一点在年龄较大的学员中体现的尤为明显。由于学员的所在单位及各个教研室都有自订报纸，所以超过半数的读者都有每天阅读报纸的习惯，其中党报党刊及新闻时政类报纸尤其受到读者的青睐。读者阅读报纸往往具有较强的目的性，"了解最新的时事动态"、"增加新知识、新见闻，积累谈资"、"寻求解决工作或生活问题的方法"是阅读报纸的主要目的。

（三）《信息周报》相关调查

关于读者对《信息周报》了解程度的调查显示：60.7%的读者"读过，感觉不错"，19.9%的读者"读过，版式和内容一般"，6.3%的读者"读过，版式和内容都不能满足我的需求"，7.3%的读者"没读过，但听说过"，5.8%的读者"没读过，也没听说过"。可见，我馆《信息周报》创办了12年，在学员、教职工以及研究生中拥有较高的认知度和影响力。

读者对《信息周报》的整体评价调查显示（见图3），多数读者对《信息周报》的整体评价较高。同时，读者对《信息周报》的版面设计、印刷效果，评价调查也显示（见图4），多数读者表示满意。多数读者喜欢《信息周报》的理由是"能够及时反映党和国家时事政治最新动态"（约占31.7%）、"内容精炼"（约占27.6%）、"资料丰富，观点权威"（约占22%）及"具有党校和行政学院特色"（约占18.7%）。而且《热点聚焦》和《探索与证明》等栏目较为受欢迎（见图5）。可见，我馆开发的二次文献《信息周报》紧扣当下国家政治经济社会发展脉搏，反映本地区发展现状，具有本校特色以及较强的现实性和较深的理论性。

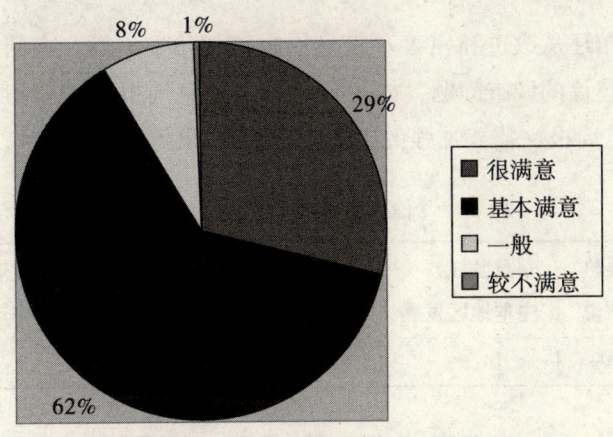

图3 读者对《信息周报》的整体评价

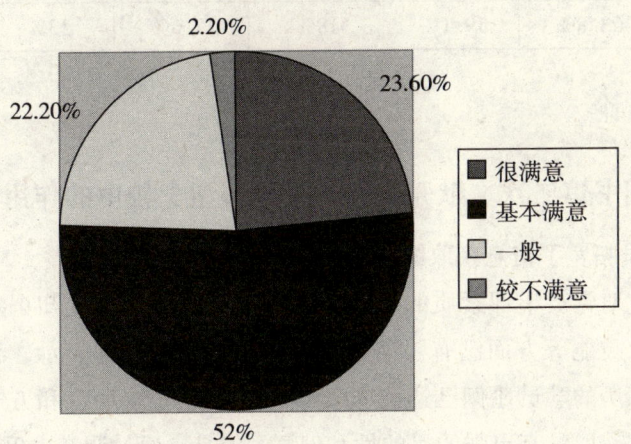

图4 读者对《信息周报》的版面设计与印刷效果评价

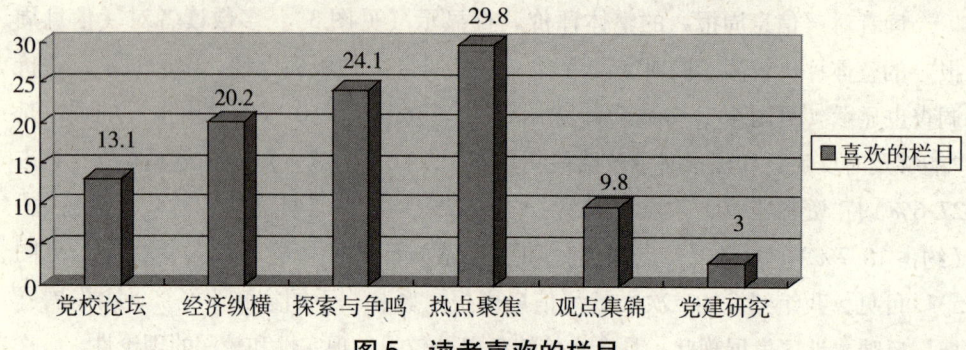

图5 读者喜欢的栏目

此外，我馆还从改进和完善《信息周报》的角度出发，在问卷中设置了反映读者意见和建议的调查问题，如"你认为《信息周报》需要拓展的内容"和"你认为《信息周报》需要加强的属性"，调查结果见表3和表4。

表3 《信息周报》需要拓展的内容

内容	社会热点评说	立足龙江，关注本地区发展	民生热点报道	校内专家学者观点	时事政治新闻	政府工作动态	党政领导言论
所占比例	20.4%	16.3%	16.1%	16%	14.8%	9.3%	7.1%

表4 《信息周报》需要加强的属性

属性	时效性	深度	可读性	权威性	信息量	广度
所占比例	23.8%	19.1%	18%	17.6%	13%	8.5%

三 结论

（一）图书馆二次文献开发在建设学习型党校中的作用

1. 为学员拓宽了信息获取渠道

随着我党对党员干部素质的重视，党员干部的科学文化知识水平、学习能力及信息获取技能等方面已有了明显的提高。据调查数据显示，我校目前具有本科及以上学历的学员比例已达到90%以上，信息获取渠道和方式也更加丰富和多元，信息获取具有更强的目的性和偏好。但是，通过调查也反映出一些现象和问题，如读者在获取信息的过程中过于偏重纸质文献（尤其是报纸）、对于报纸以外的其他载体形式关注得较少、运用以网络等新信息载体获取手段的能力较弱等。

图书馆通过二次文献开发是在本馆的馆藏资源基础上结合数字信息资源、网络信息资源，运用现代信息技术手段为读者提供的全方位的信息服务。图书馆拥有不同专业和知识背景的学科馆员，他们通过开发、利用、整合等信息组织方式对现有资源进行重组，消除"信息熵"，为党员干部特别是在党校学习的学员架起了一座信息获取的高速公路，拓展了其信息获取渠道和方式。我馆在二次文献开发过程中选择了《信息周报》的形式，通过对时事性学术信息的摘录，突出当下学术的研究前沿、热点以及部分独特视角，有助于读者在短时间内获得内容更加丰富和宽泛的学术信息，发挥了原有馆藏资源的价值及各类型信息资源整合的优势。

2. 为教师提供多样化的信息服务方式

为教学和科研服务是党校图书馆的首要任务，党校图书馆通过多种形式对教师的教学与科研需求进行跟踪，并在此基础上提供二次文献开发服务，使图书馆的信息服务更为多样化和具有针对性。例如，我馆主办的《信息周报》经常开展用户需求调查，针对教师在教学与科研中集中产生的咨询问题，可以围绕具体班次的教学需求进行选题，而且可根据科研重点将某一方面或领域的信息加以筛选并在几期报纸中进行集中而深入的报道，从而更好地完成"教研参考"的办报定位。根据调查，《信息周报》被领导采用、进入课堂和科研成果转化的比例分别为 41.5%、36.2% 和 23% 以上。此外，《信息周报》还对教师的教学、科研进行跟踪服务，开辟了《党校论坛》栏目，集中报道校内专家学者近期的学术观点及成果，从而增大了教师在校内外的学术影响力。

3. 为学生丰富了课外教学模式

党校全日制研究生的培养作为党校的一个亮点，不仅是学习型党校的重要工作内容，同时还是党校为党的事业培养后继人才的重任的体现。在这方面，党校图书馆同样应该发挥更为重要的作用，既要通过传统的方式（如积极与研究生沟通，了解并购进他们需要的相关书籍）为课堂教学提供信息服务保障，又要通过二次文献开发丰富研究生培养的课外教学模式。

研究生阶段是学员知识积累和学术思维形成的关键时期，获得方便、快捷、全面的信息和知识就显得尤为重要。《信息周报》强调"时政性"，具有"权威性"等特点,突出重点地摘编当前国内外和省内重大政治时事报道以及对相关热点的专家解读,对近期形成的新观点、新动态、新资料、新成果进行精要摘编和跟踪推送,并以背景资料实现知识链接。这种相关知识介绍与链接不仅深化了论题,而且从纵、横两个方面拓展了研究的视野,可作为课堂教学的有益补充。

(二)《信息周报》存在的不足及改进建议

1. 提高排版印刷的质量和效果

对于一份报纸来说,版面设计以及印刷质量和效果对读者阅读有着重要的影响,优良的内容与外观质量会给读者带来愉悦的阅读心情。《信息周报》在版面设计、印刷质量及整体效果等方面还略为欠缺。通过调查可以看出,虽然读者对《信息周报》的整体评价较高,但仍有超过1/5的读者认为其版面设计及印刷质量和效果有待改进。针对这些问题,建议通过如下措施加以改进:

第一,完善硬件。目前,由于硬件条件的限制,《信息周报》仍采用黑白纸质印刷,原有的速印机和打印机因为老旧不仅不能满足读者多种形式的阅读需求,甚至无法保证每次的印刷质量,因此亟需对硬件设备进行更新和升级,如购置具有激光彩色打印功能的打印机和速印机等。第二,更新软件。图书馆应通过积极参与全国书报刊展会增加与同行进行交流、学习相关报纸和期刊成功经验的机会,学习目前先进的排版、制版、印刷技术,提高《信息周报》的印刷质量与效果,如适当地增加图片信息并采用彩色印刷的方式。通过以上手段,使《信息周报》在排版和印刷的质量和效果上更上一层楼,达到排版漂亮、版式新颖、印刷清晰。

2. 增强信息的深度和广度,强化龙江地域特色

第一,扩展信息来源,增加版面。目前,《信息周报》所摘录的信息仍以当周见诸报纸和期刊的文章为主,来自网络的信息比例仍显不足。随着读者对信息时效性的要求越来越高,适当增加网络信息资源内容有利于扩充本馆原有的馆藏资源,发挥信息的时效性与价值。此外,《信息周报》应通过扩充版面增加信息量,由目前的四版逐步变为八版、十二版、十六版甚至更多,并根据当期的主题需要进行版面设计,由定版数改为不定版数。

第二,增强信息的深度,丰富栏目设置,加快《信息周报》向研究型刊物转变。《信息周报》秉承"最小原则"理念办报,选择"小报"的载体形式,具有快捷、精要、简便等优点,但由于版面的限制,对重点、热点及焦点事件

往往不能深入、细致地报道，特别是结合教学重点课题、重点学科建设写出的综述和报告分量少，使信息的覆盖面和深度受到一定的影响，无法根据读者的不同需求开展个性化服务。因此，建议《信息周报》对于读者关心的党和国家的重大事件、社会热点的解读和评说、本地区的发展动态以及相关事件的校内专家学者的观点等重要内容进行深入、及时地报道，设立专栏、专刊乃至专报，做到从理论上予以导向性的解读，从资料性上予以聚合；注重对相关领域研究的后续报道，积极与读者联系并取得反馈意见。此外，《信息周报》应增加与学员的互动交流，通过组织研讨会、学习班、读书沙龙等形式对学员进行课堂外的教育，并选取优秀的学习心得、读书体会、好书推荐等文章刊登在《信息周报》上，使学员感到《信息周报》不仅是党校之报，更是学员之报。

第三，关注本省和本地党校系统发展，增强地方特色。《信息周报》要立足于反映本地区改革发展的实际，总结我校及我省党校系统教师队伍建设、教改实验和教育科研的先进经验，探讨在创新教育等过程中党校教育及教师课堂教学的得失；以我省党校系统的理论刊物为依托，培养教学科研骨干，帮助基层党校解决课题研究、教学改革等方面的实际困难，积极为我省党校教育科研服务。例如，在办好《党校论坛》的基础上，可以增加《党校博士论坛》、《青年教师讲堂》、《连线基层》等栏目，更好地为我校以及我省党校系统的教学科研工作服务。此外，《信息周报》应进一步强化地域特色，关注我省改革开放和建设小康社会最新进展以及省委省政府的相关政策和决议，适当选登一些本地经济建设、传统文化沿革、知名风土文物和重点人文景观等方面的研究成果，对"八大经济区"和"十大工程"等重要举措设立专栏进行跟踪报道。

3. 加强编辑素质培养和读者信息素养教育

第一，提高编辑的理论素养和业务能力。首先，要提高编辑人员的理论素养，使"政治性"、"理论性"、"学术性"、"时效性"的办报理念，深入人心，编辑人员应具备信息学、情报学、图书馆学等等方面的知识、编写文摘综述和研究报告的知识与技巧以及搜集专业情报的"慧眼"与能力；还应通晓情报信息理论，娴熟自如地运用情报手段，并能主动地吸收新的知识，加强关于社会科学新学科、新理论、新思想、新概念、新方法的知识修养，并不断更新、扩张知识结构，增加知识储备。其次，加强编辑的业务能力。《信息周报》的多数编辑由于没有受过连续出版物相关领域的专业培训，往往靠经验和感觉进行版面设计与内容编辑，致使出版流程不够专业、工作效率不高。因此，需要制定定期学习制度，提高编辑人员的编辑知识、文字功底，加大专业知识培训力度，提高其出版编辑技巧与相关设计软件的应用技能。

第二，加强读者（特别是学员）的信息素养教育。信息素养最初由美国信息产业协会主席保罗·泽考斯基提出，包括文化素养、信息意识和信息技能三个方面。随着时代的发展，其内涵也更加丰富和完善，具体包括信息意识，获取信息的能力，信息加工利用、创新与传播能力等内容。领导干部的信息素养就是指领导干部通过后天的学习、实践所培育的，在信息社会中获取、处理、开发、利用以及创新信息的一种综合性的信息素质和修养。党校图书馆的读者大多是领导干部，一方面他们对信息资源（特别是经过加工整理的知识）具有强烈的需求；另一方面他们接受新型技术的能力相对较弱，因此需要开展信息素养教育，使其具有驾驭信息活动的能力，具备较高的信息素质，成为推动中国现代文明发展的高智能复合型领导人才。此外，是否具有良好的信息素养作为干部综合素质的一部分，在信息社会已成为衡量每一个领导干部是否合格的重要标志。党校图书馆作为党校的文献信息中心和教学、科研的学术性机构，应担负起提高学员信息素质教育的重担。为此，党校可效仿高校，开设以培养信息检索和利用为中心的"领导干部信息素养"课程，并将其列入教学计划，使学员学会检索信息的技能，掌握图书馆所采用的现代技术方法，了解馆藏资源和数字化建设情况以及如何使用馆藏资源和网络环境下的信息资源，从而更好地利用图书馆。图书馆的信息素养教育应强调个性化的培训，注重提高学员现代信息意识、信息分析能力以及信息检索和获取有用信息的能力，尤其是强化学员对现代即时性动态信息、情报获取的科学方法的掌握与运用，强调用户培训工作的主动性、针对性、适用性和实践性，不断满足学员的新需求，提高学员检索过程的查全率和查准率，使其能及时、快速地从庞大的文献信息海洋中获取自己所需要的知识，为学员在今后工作和生活中的自助服务打下良好的基础。

4. 改进出版方式，拓展覆盖范围

目前，虽然《信息周报》受到广大读者的肯定，但是存在着异地传递不方便、阅读不方便、查询不方便等问题，加之目前《信息周报》仍未对地市级党校开展发行工作，使《信息周报》的覆盖面受到一定的影响。建议首先将《信息周报》的发行范围扩展到地市级党校，并逐渐辐射到县区级党校，使《信

周报》的影响力增至全省党校系统。此外，可加大对《信息周报》的数字化和网络化进程，充分发挥网络信息资源优势开展个性化的信息推送服务，使读者能够通过网络在线浏览当期《信息周报》的电子版，通过数据库提供过期报纸的回溯检索服务，并将其并入我省党校系统信息资源整合的全景之中。为此，应尽快制定《黑龙江省党校系统数字图书馆建设规划（2011年-2015年）》，建设我省党校虚拟专用网络（VPN），并与各市县级党校签订了共建共享协议，实现我省党校系统数字信息资源共建共享。具体的组织和整合方式是：采用较独立和自由的合作形式，主要由党校系统核心成员（参与系统管理以及所有业务和服务定制的省委党校）和合作成员（参与部分业务和服务管理的部分市级党校）组成；成立一个合理有效的运行和管理机制和组织机构，统筹协调全省各地党校数字图书馆信息资源的整合；加大具有党校图书馆特色的专题数据库群的建设力度，并利用VPN虚拟网络向全省各市级党校全部开放，对我馆外购的数字资源努力申请实现向各市级党校开放试用，最终实现包括图书、期刊、报纸等文献资源，数字信息资源、特色馆藏资源在内的不同类型、不同级次（一次和二次）资源的省内无障碍链接。

参考文献

刘涛：《党校图书馆在建设学习型政党中的作用探析》，《农业图书情报学刊》2009年第6期。

杨丰全：《论党校图书馆在领导干部信息素养教育中的作用》，《理论学习与探索》2009年第4期。

第三部分

图书馆与社会发展

图书馆建设与社区发展探讨

邱晓辉[*]

摘　要　社区图书馆建设是图书馆事业发展的主要部分，又是一个城市地方文化建设和社区服务的一部分。建立社区图书馆，可以有效地提高社区文化层次，丰富人们业余生活，加强社区精神文明建设，促进社区文化的形成，满足人们文化生活的需求，进一步完善社区功能。具体论述了加快社区图书馆建设的必要性、现代社区图书馆的构建、社区图书馆建设存在的问题、加快社区图书馆建设的对策和现代社区图书馆创新发展的思路等。

关键词　现代　社区图书馆　服务　图书馆建设　城市发展

社区图书馆是图书馆的一种特殊类型，它依托于社区，通过对文献信息的选择、组织、储存和传递为社区居民服务，是社区的文化教育机构和社区信息交流中心。

一　加快社区图书馆建设的必要性

（一）社区图书馆以特有的生存方式服务于人民群众

第一，布局设置突出地域性。社区图书馆是根据现代居民聚居的不同地域与地缘关系重构组成的，数量多，分布广，弥补了市、区两级公共图书馆由于行政区划设置所形成的布局与规模上辐射力的不足，延伸了公共图书馆的服务功能。第二，构建模式不拘一格。我国社区图书馆建设呈现出多元化发展的好势头，有街道办事处出资办的社区图书馆；有政府资助，社区居委会主导开办的社区图书馆；有开发商或物业公司开办的小区图书馆（室）；有小区单位资助

---

[*]　邱晓辉，男，1960年生，山东省济宁市图书馆期刊部，副研究馆员。

的社区图书馆；有市、区公共图书馆在社区设立的分馆或流通站等，这些多元化的构建模式是与当今多元化的社会特征相适应的。第三，服务灵活便利快捷。社区图书馆贴近社会、贴近居民，以其地域亲和力和阅读便利、借阅快捷的优势，满足了居民就近阅读的需求，成为居民身边的图书馆，这是其他类型图书馆无法替代的。

（二）社区图书馆在社区文化和教育方面发挥的作用

社区图书馆为社区居民的学习提供了一个学习场所，社区居民可以利用身边的图书馆从事学习和文化休闲，以满足居民的文化和精神的需要；同时，社区图书馆通过开展丰富多彩的读书活动，使社区居民共同学习、探讨，以便社区居民相互沟通，加深了解，增加感情，从而为社区创造和谐、互助、友爱、向上的人际关系，使社区居民更自觉、更积极地参与创建学习型社区。社区图书馆在建设学习型社区中的作用日益显示出来。实践证明，社区图书馆是建设学习型社区的重要基础设施，在整个图书馆体系中有十分重要的位置。只有社区图书馆普及和发展起来，才能真正建立起健全的公共图书馆服务体系。从某种意义上讲，只有社区图书馆繁荣，我国图书馆事业才算是真正的繁荣。因此，我们主张在图书馆事业建设上，一手抓提高，即抓数字图书馆建设；另一手抓普及，即抓社区图书馆建设。

二 现代社区图书馆的构建

社区图书馆是城市中心馆的服务节点，它通过城市中心馆及相关知识资源的利用，实现为社区服务的目标。因此，立足于服务，建设符合自身社区特点和需求的知识、信息资源的服务平台，是现代社区图书馆建设的主要途径。

（1）把社区图书馆构筑成社区居民"终身教育、学习"的服务平台。公共图书馆的社会价值体现之一，是她的社会教育职能。著名图书馆学家刘国均先生认为"学校所培养训练之成绩，转将依赖图书馆教育之维持而不坠"，因此，他指出"图书馆在教育上之价值，有时竟过于学校也"。因此可以看出，在当今一个"以知识为基础的、注重学习的创造性社会"中，图书馆教育在社会"终身教育"系统中，占据着重要的地位。构筑一个以知识资源传播与利用为主体的，集学习、教育、辅导、培训为一体的"终身教育、学习"中心，是建设社区图书馆服务平台的主要内容之一。在这个终身教育、学习中心，人们不但可获得他们所需的知识学习资源，还可以获得学习过程中问题的辅导或培训，可参与和享受远程学习、教育讲座系列等社会教育活动。

(2) 把社区图书馆办成现代科技信息资源共享服务平台。现代科学技术的发展，不仅促进了人类新知识、新信息的积累与增长，同时，也加剧了知识的更新替代。因此，如何提高现代科学知识、信息的传播速度，实现知识资源的有效利用与共享，已成为现代图书馆服务所面临的一个时代命题。资源是宝贵的，但更宝贵的是有效利用资源，实现资源共享的智慧。

资源共享已成为全球有识之士的共识，并成为推动当代科学技术应用与发展的趋势。因此，作为社区公共信息、科技、知识传播服务平台的社区图书馆，应立足于知识资源共享平台的构建。通过信息、知识资源的整合，打造出一个人们获取信息、学习知识的共享平台。在这个共享平台中，人们不仅可获取包括书本及多种类型载体的知识与信息，还能通过这个共享平台所提供的互联网络接口，获取网络虚拟世界里的各种知识和信息。

(3) 把社区图书馆打造成现代科技、文化、知识、信息的服务平台。21世纪的图书馆是虚拟图书馆与传统图书馆互为结合的混合体，打造适应现代社区发展需要的，集科技普及，文化、信息传播的服务平台，也是社区图书馆建设的重要目标之一。

为此，在构建、完善社区图书馆服务体系过程中，应在注重服务空间、检索工具等资源利用服务平台建设的同时，还应立足于服务项目、内容的构建，它包括：①直接提供显性知识信息资源服务；②提供通过智能化手段，在大量显性信息当中，开发出的隐性知识服务；③提供包括网络化知识元数据库的服务；④提供包括发展的专业知识库和知识仓库的服务；⑤提供包括针对人们特殊需求的，解决具体问题方案的服务等。

(4) 把社区图书馆建设成弘扬先进文化，传播社会文明的传播服务平台。社区图书馆作为文化传播的载体，是弘扬社会主义先进文化的阵地，它在推动和促进社区社会文明进步方面，具有不可替代的作用。

目前，在我国以"地缘关系为纽带"所形成的社区文化中，其个性特征，不仅具有历史文化与现代文化的有机统一；也包含了民俗文化与现代主流文化的有机统一。因此，其外在的形象与精神内质，既包含着进步的方面，也有落后的方面。其文化传统，既有精华，但也不乏糟粕。为此，建设一个以弘扬先进文化，宣传优秀传统文化的社区图书馆服务传播平台，不仅是建设文明社区的要求，也是时代发展的必然要求。

把社区图书馆建设成先进文化的传播平台，目的就在于大力弘扬和宣传社会主义先进文化，改造和抵制落后文化、腐朽文化，挖掘和传承优秀文化的传统。通过吸纳现代文明的优秀成果，大力推进社区传统文化的创新，从而提升社区传统文化、优秀文化的感召力、凝聚力和生命力，促进现代社区文化、文明的与时俱进。

应该说，社区图书馆是现代图书馆服务的实施主体。不论是在城市社区，或是乡村社区，社区图书馆在提供服务方面，都具有其独特的优势。服务地域上便利，服务群体的稳定以及提供服务快捷、便利，在推进公共图书馆社会化服务方面，社区图书馆具有不可替代的作用，扮演着重要的角色。

三 社区图书馆建设存在的问题

（一）社区图书馆建设缺乏必要的法律依据

社区图书馆建设完全依据各级组织的关注程度、意愿、经济条件与人为的决定，因而在数量、质量、设施、人员条件、经费、服务时间、服务内容上得不到有效的保证。

（二）政府各级组织重视程度不够

政府及各级组织不是将图书馆作为社会文化建设的必备设施来建设，往往出于形势需要或上级要求，而不是作为提高民族素质、社会进步必备条件的公益事业去办，只建馆而没有后续的投入和管理。因此，社区图书馆功能不健全，作用难以得到充分发挥。

（三）各社区图书馆实际情况所限

各社区都有自己的实际困难，主要困难是经费短缺、物资条件匮乏，缺少懂图书馆业务的人员。社区自身的经济事业发展、维护社会治安、解决居民生活困难等一些关系国计民生的急迫任务有待解决，在客观上也使社区建设难于顾及图书馆事业。尤其是一些社区中工人、个体劳动者、家庭妇女等比例很大，文化素质偏低，也有很多生活条件比较贫困的居民缺乏文化学习和利用图书馆的意识。

四 加快社区图书馆建设的对策

（一）为社区图书馆的建设提供法律保障

目前，社区图书馆的建设还处于一种无序状态，有许多地方的社区图书馆建设还得不到应有的重视，社区图书馆成了一个可有可无的摆设。随着社会的发展，这个问题必须摆到各级政府的议事日程。最近，上海市和深圳市分别出台了有关《公共图书馆的管理办法》，这虽然只是一个地方性文件，但使社区图书馆的发展有章可循。

（二）加强社区图书馆的硬件建设

社区图书馆要开展各项服务工作，不能只是一个简单的阅览室。目前，大部分社区图书馆都因陋就简，使用旧有的民房作为馆舍，没有自己的专门建筑。这样不仅服务功能受到影响，而且作为文化设施，其标志性也不强。社区图书馆应有自己的专门建筑，并应在藏书量、阅览座位等指标上达到一定的要求。

（三）开展多种多样的服务

可以针对儿童、青少年、中青年、中老年、残疾人、下岗职工、现役军人等提供多种方式的服务，也可以通过开展各种报告会、演讲会、交流会、科普活动等，为社区居民提供各种各样的信息，使社区图书馆真正成为居民生活中的一个不可缺少的部分。如上海市长宁区天山街道图书馆在社区的支持下，开辟天山社区十大学习角，成立居民读书会，开办下岗职工读书指导站，创办社区读书节，广泛开展小型多样的导读活动，激发了社区居民读书求知的兴趣，上海市浦东新区梅园街道图书馆举办的"百家学习型家庭读书交流活动""百家党员家庭读书演讲会"等活动，对营造全民学习的氛围、推动学习型社区的建设发挥了积极作用。

（四）建设特色社区图书馆

特色图书馆在国外称为特别图书馆，如盲人图书馆、音乐图书馆、咖啡文献图书馆等。建特色图书馆的目的在于扩展图书馆的功能，不再固守传统职能、陈旧格局。特色图书馆应该强调"特"字，特色就是要体现在特色文化信息资源的建设和利用上。特色图书馆的建设,要从本地历史、经济、文化的特色出发来考虑。特色文献的范围很广,一是以人物为主的特色文献,二是以历史事件为主的特色文献,三是以地方经济、文化、旅游等为主的特色文献。社区图书馆受各方面条件的限制,藏书体系很不健全。因此,搞特色图书馆是其发展的一个方向,如在教育密集的社区,社区图书馆的藏书应以青少年读物、教学参考为主;在老年人较为集中的社区,可以老年读物和医疗保健书刊为主。有了特色馆藏,就要搞名副其实的特色服务。

五 现代社区图书馆创新发展的思路

采取积极的社区图书馆发展策略,立足于社区服务,加快社区图书馆服务网点建设,使社区图书馆真正成为现代社会服务窗口,使社区图书馆成为"资源服务中心、学习指导服务中心、信息交流服务中心"。

(一)提高社区图书馆的服务水平

要提高社区图书馆的服务水平,立足于服务,发展现代社区图书馆建设,应当说是我国公共图书馆事业的一个时代命题。因为社区图书馆不仅是我国公共图书馆事业的重要组成部分,它还是公共图书馆的社区服务的重要主体之一。可以说,服务是"贯穿于社区图书馆发展的主线,是社区图书馆的核心价值观",没有服务或缺失服务,社区图书馆便失去其存在的价值。

①增强社区图书馆服务的亲和力。对于图书馆服务来讲,没有比亲和力更能够体现"读者至上"的原则,即便服务的内容再好,服务的项目再多,如果缺乏亲和力,任何服务都不可能达到最终的目标。因此,在发展社区图书馆服务过程中,应注重体现社区图书馆服务的亲和力。服务亲和力应具体体现为"便利、及时、关爱"。②互动式服务是现代社会倡导的一种新的服务理念,它讲求的是与服务对象之间的交流与沟通。通过交流与沟通,及时对用户需求做出反映,提供服务。对于图书馆服务而言,互动式服务讲求的是与读者之间的交流。如果没有与读者之间的良好沟通,就不可能提供优良的服务。③对于社区图书馆来讲,增进服务的亲切感、信任感,不仅是服务亲和力的一种具体体现,也是提高读者利用图书馆服务的基本前提。

(二)发展"一站式多元化"服务模式

多元化服务是现代图书馆倡导的一种新型的服务理念,也是公共图书馆服务发展的基本目标之一。在现代图书馆服务中，多元化体现为提供服务的多资源、多渠道、多方式、多类型以及多项目、内容的集成性。

"一站式多元化"服务概念，源自于"电子政务"框架构想，是在电子政务建设过程中，为提高用户服务满意度而提出的服务理念。它是指"基于一个统一的服务平台之下，通过资源的整合，为用户提供跨平台的'多元化'服务"。

应该说"一站式多元化"服务理念，是应时代发展的要求而逐步产生形成的。第一，随着科学技术的不断发展，现代知识资源也呈现出了多元化发展的趋势，不论是资源的存贮载体，或是资源的表现形态，还是知识、信息的多渠道传播，多类型载体存贮方式等，都为图书馆的资源服务方式，提出了多元化服务的要求。第二，人们知识需求的不断提高，多元化的信息、知识需求，对公共图书馆服务提出了更高的要求，不论是来馆读者或是网络读者，都要求在一个地方即可查到所需要的各种类型的文献信息，这就要求传统的图书馆服务模式由"多站式"向"一站式"服务发展。第三，对于图书馆服务而言，读者多元化的服务要求，已不仅仅是提供包括文献资源信息，或根据读者所需查询文献提供的数据条目，而是朝着问题解决方案所提供服务方面发展。

（三）加强图书馆从业人员的业务培训

社区图书馆管理员综合素质的提高是社区图书馆可持续发展的关键所在。首先要选拔政治思想好，热爱图书馆工作，热心为民众服务并具备高中以上文化程度的人员从事图书馆工作，同时，采取多种方式对他们进行继续教育培训，只有通过接受继续教育，提高其政治素质、业务素质和运用计算机网络的技能，才能很好地适应现代社区图书馆管理的要求，把社区图书馆办得更好。

加快社区图书馆建设势在必行，它不但是城市文明建设的要求，也是增进社区群众之间的感情、形成较好的人际关系，创造和谐、友善、互助的现代文明社区的要求，也是推进社区现代文明发展的必然要求，它与正在积极进行的大中城市图书馆数字化、网络化建设同样重要，发展社区图书馆事业并逐步向现代化迈进，是市场经济条件下图书馆生存、发展的途径。

重视加快社区图书馆建设的必要性，针对社区图书馆建设中存在的问题，我们要提出相应的解决方法，包括提供法律保障，开展多种多样的服务，建设特色社区图书馆等。

参考文献

王维新：《对我国社区图书馆发展若干问题的思考》，《图书馆学研究》1999 年第 5 期。

程亚男：《再论图书馆服务》，《中国图书馆学报》2002 年第 4 期。

吴建中：《21 世纪图书馆新论》（第二版），上海科技文献出版社，2003。

张玮：《社区图书馆发展现状与对策研究》，《河南图书馆学刊》1999 年第 5 期。

滨海新区公共文化信息服务所面临的问题与对策

郝沐平[*]

摘 要 文章分析了滨海新区文化建设和公共文化信息服务体系建设中存在的主要问题;在此基础上,提出了实施系列化创新工程,构建"滨海公共文化信息服务网络"的应对之策;并阐述了实施系列化创新工程已具备的条件和基础以及应采取的保障措施。

关键词 滨海新区 公共文化 信息服务 图书馆 创新工程

一 引言

由于历史、地域、经济等多方面的原因,滨海新区各城区、功能区经济、社会和文化发展不均衡,新区的文化建设和公共文化服务体系建设仍面临着一些突出问题,与实现和保障人民群众基本文化权益的任务还有不少差距。问题主要表现在三个方面:一是城区和功能区存在着文化发展不协调现象,某些欠发达区域文化建设面临着资金不足、人才匮乏、软硬件落后等突出问题;二是公共文化资源区域分布不平衡,文化信息资源供给不足,造成了城乡、区域之间的"信息鸿沟",严重影响了公共文化服务的开展和公共文化权益实现的均等化,这已成为滨海公共文化服务体系建设中的薄弱环节;三是农村基层群众和外来务工人员文化生活贫乏,文化权益难以保障。针对上述问题,新区应借助信息技术的发展和国家"三网融合"的契机,积极开展公共文化服务的实践,在所有权不变更的情况下,打破各城区、功能区等文化资源条块分割的状况,通过实施系列创新工程,加工、整合、优化和盘活公共文化信息资源,构建覆

---

[*] 郝沐平,男,1960年生,天津经济技术开发区泰达图书馆,研究馆员,博士后。

盖城乡、运行高效的"滨海公共文化信息服务网络",实现城乡居民均衡享有优质公共文化服务,促进文化产品和服务在全滨海的流通,开辟一条解决区域间文化发展不平衡、文化资源配置不合理、欠发达区域公共文化事业落后的新路子,使滨海基层公共文化服务初步实现均等化,开辟公共文化服务可持续发展的新局面。

二 透视深圳、浦东图书馆发展之路

近几年来,国际上数字图书馆的发展引起了国内有关单位的高度重视,2000年,中国国家图书馆启动了二期工程建设,其目的就是建设中国国家数字图书馆国家中心,为中国数字图书馆工程建设打下良好的基础,促进中国数字图书馆的发展。

2003~2005年,深圳市实施了"图书馆城"建设计划,三年基本实现了每1.5万人拥有一个社区图书馆的建设目标;2008年,深圳图书馆又研发推出了"城市街区24小时自助图书馆系统",建成了40个自助图书馆网点,解决了群众上网阅读难的问题。

浦东新区图书馆是按照上海市总分馆制的要求建设的,即上海图书馆作为市级分中心是各区县支中心的总馆,各区县公共图书馆支中心又是各街道乡镇图书馆的总馆,各街镇图书馆基层服务点负责居委村级基层服务点的业务指导和业务联系;同时,市级总馆对全市的专业人员的教育培训进行统筹和落实,从而建立起运行有效的长效管理体制,实现跨地区、跨行业、跨系统的文化信息资源的共享,实现了文化信息服务布局的创新。

作为中国经济发展第三级的滨海新区,目前,有塘沽、汉沽、大港三家原行政区图书馆和泰达图书馆。据了解,保税区和中新生态城管委会也在积极筹备建设图书馆,塘沽城区也在准备建设一个新馆,而滨海新区作为一个新的行政区,并没有自己的区级图书馆,随着形势的发展,新区早晚也会考虑建设一个什么样的区级图书馆问题,必然要面对滨海新区图书馆事业如何发展的问题。

国际图联(IFLA)(国际图书馆协会与机构联合会,International Federation of Library Associations and Institutions)20世纪70年代颁布了"公共图书馆标准":每5万人应有一所公共图书馆,人均拥有藏书量最少3册;一座图书馆服务辐射半径通行标准为4公里。20世纪80年代至90年代初,欧洲各城市就基本达到平均每 10 万人拥有图书馆 15 座的水平。

《国家"十一五"时期文化发展规划纲要》和《国民经济与社会发展第十一个五年规划纲要》为包括公共图书馆事业在内的公共文化事业提出了具有划时代意义的建设目标———建立覆盖全社会的公共文化服务体系；《国家"十一五"时期文化发展规划纲要》还提出："以实现和保障公民基本文化权益、满足人民群众基本文化需求为目标，坚持公共服务普遍均等原则，兼顾城乡之间、地区之间的协调发展，统筹规划，合理安排，形成实用、便捷、高效的公共文化服务网络。"目前，新区的文化设施、服务网络和文化产品远未达到基本满足居民就近便捷享受文化服务的需求；在农村、外来务工集居的地区，公共文化服务的情况更是不尽如人意。从各国图书馆的利用率来看，随着网络技术的不断发展，读者到馆率不断下降，人们获取信息、知识的方式方法已发生了根本性变化；同时图书馆的资源建设和服务观念也从以文献为中心转移到以读者（用户）为中心。读者对信息的需求不再满足于单一的有形载体的馆藏信息服务，迫切需求内容新颖全面、类型完整、形式多样、来源广泛的经过提炼加工的精、准、尖、新、专、深的信息。读者的这种全方位、综合化、高要求的信息需求，显然不是一个图书馆传统服务模式所能够满足和完成的。

三　滨海新区公共文化信息服务应对之策

滨海新区应以贯彻胡锦涛总书记和温家宝总理对滨海新区提出的一系列重要指示精神为指导，以落实市委市政府关于"打好文化大发展大繁荣攻坚战"的重大决策为根据，以滨海新区区委区政府召开的宣传思想文化工作会议暨争当文化大发展大繁荣排头兵动员大会提出的工作要求为目标，树立新的文化发展观，以公共文化领域信息化创新为主要内容，以信息网络为传播手段，对传统文化业务流程进行创新性改造和重组，对文化信息资源进行数字化加工、存储、整合，建设系列化创新工程，以创新文化服务方式，为公众提供便捷的公共文化信息服务。

为此，新区应在"十二五"期间，在滨海各城区、功能区公共文化领域，全面构建"滨海公共文化信息服务网络体系"，主要建设目标内容，是实施"六个一"创新工程，即完成"一个数字图书馆、一个系统、一个资源库、一批信息点、一个虚拟广场、一个平台"等工程的建设。

（一）创新信息资源共享模式： 建设一座数字图书馆

建设滨海数字图书馆、现代化书库、多功能读者服务区等附属设施用房。按照"整体规划、统一标准、资源共享"的原则，实施滨海新区公共图书馆联盟发展模式。以图书馆信息网络和计算机检索网的高度统一，构建区域电子化、数字化、网络化的虚拟空间，通过一个统一的门户对读者提供服务，满足读者对信息的需求，使滨海公共文化信息资源得以最大限度地利用。

（二）创新信息化建设模式： 建设一个滨海文化信息中心系统

在新区文化广播电视局机关建设信息中心系统，作为公共文化信息服务网络的核心主系统，搭建一个大型的文化信息中心系统控制中枢，通过政府专线和其他网络方式，连接全滨海所有城区、功能区各文化单位，形成虚拟网。

（三）创新资源开发模式： 共建大型资源数据库

采用"统一规划，整合资源，协同建设，统一推广"的统筹建设策略。建设一个滨海大型文化资源数据库，以实现文化信息资源数字化。对滨海文化系统各行业的传统书刊、影视、艺术、音乐、美术、文物等文化资源进行加工、整理、分类、存储，并实现上述功能集成。

（四）创新区域网络文化主阵地模式：共建"滨海文化网"等一批公共文化信息服务网点

"滨海文化网"作为建设文化电子政府的网络发布媒体，作为滨海公共文化信息服务体系的核心平台，在全面实现"网上办公"功能，方便群众在网上办事的基础上，在"十二五"期间，应用高科技服务方式，将之发展成为滨海网络文化的主阵地。公共文化信息服务目标，最终是要建设一批面向社会的公共型网络文化服务终端，方便群众获取文化信息。

（五）创新文化艺术展示模式： 建设一座虚拟文化广场

以"数字滨海"为网络环境，以现实公共文化场馆为原形，建设新区城区、功能区一批虚拟现实艺术、美术、文物、音乐、剧院、艺术教育等公共文化场馆，形成滨海新区虚拟公共文化艺术广场。

（六）创新文化产业信息服务模式：建设一个文化产业信息网公共平台

开发建设"文化产业信息服务网"，网上宣传展示滨海新闻出版、广播影视、文化娱乐和艺术演艺、美术动画等领域的优势文化产业、优势产品和产业项目，向国内外推介，促进滨海文化产业实施"走出去"战略，吸引国内外文化产业投资商投资滨海文化产业项目；为各类文化产业项目交流、交易搭建网络平台，丰富文化产业项目商业配对洽谈活动内容。

四 已具备的条件与基础

（1）2010年1月，滨海新区政府机构正式成立，构建了精简高效统一的管理机构，为统一编制和实施发展规划、统一产业布局和结构调整、统一大型基础设施和公共设施建设、统一社会管理等奠定了良好基础，为"滨海公共文化信息服务网络"的实施创造了更加有力的体制保证。

（2）塘沽、汉沽、大港三大城区和先进制造业产业功能区中的经济技术开发区已建有图书馆，且部分图书馆开展了延伸服务，在一定程度上提高了公共文化服务的能力。未来，在某些功能区还会出现新的图书馆，这为"滨海公共文化信息服务网络"的实施奠定了一定的工作基础。

（3）天津市政府启动的"无线城市"建设，以及国家电信网、广播电视网（有线电视网）、互联网融合发展，实现三网互联互通，为"十二五"期间构建"滨海公共文化信息服务网络"提供了网络平台，节省了网络通信网的投资。同时，"三网融合"也为构建"滨海公共文化信息服务网络"提供了难得的机遇，为新区内实现公共文化信息服务全覆盖，实现资源共享创造了条件和基础。"六个一"创新工程建成后，新区内公众可用电视遥控器、手机查看信息，随需选择网络和终端，只要拉一条线或无线接入即可完成以通信、电视、上网等方式获取信息。

（4）国内有较强的软件技术力量，可与之进行合作开发与研究。方正公司、北大、清华、国家图书馆、中科院等单位都有一些专项研究成果可在"六个一"创新工程中采用。本着引进、吸收、消化、发展的原则，也可利用国外的先进技术来缩短开发周期，加速发展"滨海公共文化信息服务网络"的建设。

（5）国内与"六个一"相关的课题研发也为实施创新工程提供了一定的宝

贵经验。

（6）数字出版业迅猛发展，其产值2009年首度超越传统书刊出版物；数字阅读市场正在逐步形成，使数字阅读（电子阅读）成了阅读的发展方向。由于电子书便携、容易使用、大容量的特点非常适合现代生活，数字版权和互联网技术的发展，使电子书的用户可以以更低的价钱方便地购买到更多的图书，为电子书的流行奠定了基础，也为未来滨海数字图书馆得以充分利用，充分发挥"滨海公共文化信息服务网络"的作用提供了良好的外部环境。

五 保障措施

数字图书馆已不再是传统意义上的图书馆概念，而是一个综合性信息资源组织，是一个知识中心。这个知识中心只是借用了"图书馆"的基本概念，但其基本内涵、外延都有所更新和扩展。数字图书馆就是对有高度价值的图像、文本、语音、音响、影像、影视、软件和科学数据等多媒体信息进行收集，组织规范性的加工，进行高质量保存和管理，实施新的增值，并提供在广域网上高速横向跨库连接的电子存取服务。它的主要特点是：信息存储数字化、传递网络化、资源共享化。

实施"六个一"创新工程的根本目的，是以建设滨海数字图书馆为抓手和突破口，构建覆盖滨海新区所有区域的公共文化信息服务网络，在公共文化服务方面赶超深圳和上海浦东。所谓公共文化信息服务网络，是指借助互联网（未来借助"三网融合"），对公共文化信息服务进行数字化加工、存储、整合并向大众进行传播服务的系统化创新工程。

（一）按照规划方案，建立一批公共文化信息服务项目

制定颁发《关于构建滨海公共文化信息服务体系技术实施方案》，要求各单位按照此方案的总体规划，完成各单位文化信息服务项目设计，目标是完成建设一个向大众传播公共文化信息、有自身特色的公共文化信息服务点，已列入各城区、功能区《文化信息化建设"十二五"规划》的可设计成为专项项目，报区文广局综合，以形成滨海公共文化信息服务体系。注重"公共文化信息项目"立项，争取区政府发展改革、财政等有关部门的支持，在2011年批准"滨海数字图书馆"等公共文化信息化项目的立项，获得项目建设资金或获得文化发展专项资金。

（二）构建公共文化信息服务基层网点

要求各文化单位以自身文化信息资源为服务单位，设立公共文化信息服务传播点，以网站、网页或在公共场所所建大屏幕触摸屏等形式完成，各城区、功能区文化局要继续推进文化信息资源共享工程，图书馆要继续扩大其延伸服务，建设一批包括图书展览的电子文化公共服务网点。

（三）重视资源建设，提倡共建共享

滨海公共图书馆联盟应以网络为基础，以知识导航为动力，以资源共建共享为导向，建立新区公共图书馆统一的专业技术指标、统一的服务平台、统一的物流系统和统一的服务规范，形成一个集中与分散相结合的放射状网络信息资源管理与开发模式，该模式以尽量对所有信息资源完全覆盖而各图书馆之间馆藏互不重复且又各具特色为原则。新区各单位要盘点现存资源，高度重视做好数字化工作，对今后生产的信息资源，要同时考虑数字化和资源再生。要用科学的方法存储管理信息资源，尽力做到网络互联互通，资源服从整合共享，避免成为信息的孤岛，最大限度地提供公共文化信息内容服务。

六　结语

与上海、深圳等先进地区相比，我们借助信息技术的发展，突破了上海、深圳两地的文化发展模式，通过实施系列化创新工程，我们不仅节省了大量人力、物力和财力，而且，在公共文化事业发展方面，进行了多项创新，开创了全国先河，其基本特征是在不改变各文化单位行政隶属关系、人事和财政关系的情况下，通过共建共享，真正实现了文化信息资源对全社会的全覆盖。公共文化信息服务网络促进了公共文化资源使用效益的大幅提高，在全滨海公共文化事业区域间发展不平衡、服务水平较低等问题上取得了重要突破；未来，随着创新工程的完成，使我们创新了对欠发达区域文化事业的扶持模式，基本解决了公共文化资源区域分布不平衡问题和区域间公益文化事业发展的差距；创新了公共文化服务的理念和方式，提高了公共文化资源的使用效率；创新了文化事业单位运行管理机制，提高了基层文化单位的公共服务水平；创新了公共文化服务的手段，增强了公共文化服务的能力。当然，作为系统工程，公共文化信息服务网络也许并不仅仅限于"数字化信息"，它其实还应包括各种途径、各种方式的公共文化信息服务，如电台、宣传手册、户外广告等等，都应纳入这个网络的范围，未来只有整合各类公共文化资源并在服务模式上进行大胆创新，完善的公共文化信息服务网络系统才能真正建立起来。或许到"十二五"规划完成时，人们才能真正地看到，经过十年建设的滨海新区，不仅是经济强区，更是创新的文化强区。

参考文献

陈威：《公共文化服务体系研究》，深圳报业集团出版社，2006。

郝沭平：《虚拟图书馆及其相关问题研究》，《现代图书情报技术》2001年第2期。

北京城区基层图书馆
发展现状及对策研究

李广立[*]

摘 要 公共图书馆作为一种公共产品,它的发展有赖于政府投资,有赖于政府承担其建立、维持和管理等义务。公共服务型政府的建设为公共图书馆的发展提供了较好的保障,构建适应本地需求的公共文化服务体系成为各级政府的重要职能之一。本文选取北京城区的基层图书馆为研究对象,指出其发展过程中取得的成绩及尚存在的问题,并且针对其发展不足提出相应的发展策略和建议。

关键词 基层图书馆 公共文化服务 建设模式

一 导论

近些年来,随着我国经济社会的全面发展,公共文化服务体系建设逐步得到中央和地方各级政府的高度重视。2007年6月,中共中央政治局召开会议,专门研究加强我国公共文化服务体系建设问题,明确提出了覆盖全社会的公共文化服务体系的基本框架,并指出构建公共文化服务体系的根本目的在于实现和保障公众的基本文化权利,满足公众的基本文化需求。公共图书馆是我国公共文化服务体系的重要组成部分,而《国家"十一五"时期文化发展规划纲要》第三部分对公共文化服务的关注与重视,则标志着我国公共图书馆事业建设高潮的来临以及公共图书馆在构建和谐社会中不可替代的重要作用及其历史使命的全面确立。

近几年来,按照构建公共文化服务体系的总体战略要求,全国各地因地制

---

[*] 李广立,男,1980年生,中国社会科学院文献信息中心,助理研究员。

宜地积极探索构建公共图书馆服务体系的实现方式，基层图书馆得到一定程度的发展，并且涌现出了以"嘉兴模式"、"苏州模式"、"佛山禅城区模式"等为代表的公共图书馆总分馆制，还有深圳"图书馆之城"、广东"流动图书馆"、佛山"联合图书馆"、东莞"图书馆集群"、天津"图书馆延伸服务"等形式多样的中心图书馆延伸服务的创新举措。特别是从 2007 年起公共图书馆免费服务的快速推进，降低了公共图书馆服务的门槛，让所有人能够平等、无障碍地走进公共图书馆，使得全民共享公共图书馆服务通过服务网点的延伸和服务门槛的降低正在逐步变为现实。

北京市作为全国的政治和文化中心，在基层图书馆的建设方面也做了不少工作和努力，并建立了以区（县）图书馆为依托，街道（乡镇）图书馆为支点的"中心馆—分馆制"模式，建立起"一卡通"借阅体系、图书"统采统编配送体系"等。但是，总体来看全市的基层图书馆建设还处于始发阶段，与北京市政府提出的构建覆盖城乡惠及全民的公共图书馆服务体系还有一定差距。根据 2009 年 5 月《京华时报》联合"望京网"就望京社区的娱乐休闲、公共交通、购物饮食等各项生活设施的需求意见进行的调查数据显示，多数网友都选择了图书馆和便民菜市。可见，公众对基层图书馆有着强烈的需求，同时也折射出基层公共图书馆建设不足的现状。

二 北京城区基层图书馆发展现状

北京城八区城市化程度高，且发展较为均衡，随着将北京市建设成为"现代化国际大都市"口号的提出，更为北京市的城市建设加足马力。作为具有悠久文化历史的大型城市，北京市近些年的巨大发展有目共睹。雄厚的经济实力为本地的公共图书馆建设提供了一定的资金保障。同时，各级政府也在逐渐从管理型政府转化为服务型政府，政府的财政支出重点不再仅仅局限于经济投资，而更多地体现在为社会提供公共服务和产品上，由政府财政支持公共文化服务机构已逐渐成为政府与社会的共识。北京市近年来的公共文化服务体系建设有了较大幅度的提升，尤其是在基础设施的建设方面。据统计，全市现有 2609 个社区、184 个乡镇、138 条街道和 3955 个行政村中，只有 300 个社区、6 条街道没有文化站、文化室或文化中心。从 2004 年至今，北京市在公共文化服务方面已经投资了大约 16 亿元。北京城区基层图书馆建设作为全市公共文化服务体系建设的一部分，在取得一定成绩的同时也存在诸多问题与不足。

（一）建设成就

新中国成立以来，作为北京市公共文化服务体系建设重要组成部分的公共图书馆建设取得了丰硕成果。从建国初期仅有的一所市立图书馆和一所儿童图书馆到如今全市 317 家公共图书馆，从"单馆服务、自我发展"的建设模式发展到"分工合作、资源共享、联合服务、整体发展"的服务体系建设，从闭架索书到实现开架借阅，公共图书馆事业稳步发展。随着科技的进步和本地经济的高速发展，北京市公共图书馆建设又迎来了新的发展机遇，在馆藏规模建设、文献资源建设、数字工程建设等方面又取得了新的成就。与此同时，基层图书馆建设也实现了从无到有，从小规模发展到全面铺开的历史跨越。

1. 区级公共图书馆建设成绩显著

20 世纪 80 年代末，城八区才完全实现各区拥有自己的区级图书馆的愿望。20 世纪 90 年代以来，在北京市和各区县文化局的直接领导下，北京市各区县图书馆在馆舍面积、建设特色馆藏以及文献开发与利用等方面做了许多工作，其中城八区的区级图书馆均完成新馆建设或旧馆改造工作，极大地改善了区级图书馆的硬件建设，使区级公共图书馆进入到良性发展阶段。全市目前共有区县图书馆 19 个，少年儿童图书馆 4 个。在 2004 年文化部开展的全国公共图书馆评估定级中，北京市共有 12 家区县图书馆被定为一级图书馆，城八区区级图书馆全部列入其中。区级图书馆无论在硬件建设、馆藏、购书经费，还是读者数量等方面都已具有相当大的规模。此外，随着近些年公共图书馆服务意识的不断增强，各区级图书馆还积极开展了学习论坛讲座、书画比赛、演讲比赛、征文比赛等群众喜闻乐见的文化活动，突显了良好的社会效益。

2. 街道图书馆建设初具规模

北京市城八区街道图书馆事业经历了从五六十年代的生成、七八十年代的成长和九十年代的大发展几大阶段，特别是从本世纪初开始呈现了你追我赶、蓬勃发展的良好势头。2002 年颁布的《北京市公共图书馆条例》中第一次明确规定："街道（乡镇）图书馆的建筑面积应当达到 100 平方米以上，阅览座位应当达到 30 席以上，年入藏信息资料不得少于 1000 册（件）。"从此，北京市街道（乡镇）图书馆在全市有了统一的建设标准和法律依据。中心四城区的街道图书馆建设还在全市发展环境下率先实现了"四个全部"，即全部建立了街道图书馆、全部加入了北京市公共图书馆计算机联网和"一卡通"服务、全部加入了各区级图书馆配送中心、全部安装了全国文化信息资源共享工程软件。在全市范围内初步实现了统采统编、馆际通借、网络检索、网上阅读、资源共享的强大功能体系。

3. 社区图书馆建设方兴未艾

相对于街道图书馆的建设，北京市社区图书馆建设起步较晚，在建设模式、管理机制、服务内容与方式、功能定位与可持续发展等方面仍处于探索阶段。20世纪90年代以来，随着我国城乡建设住宅的小区化，各地的城市和乡镇地区开始形成以社区为单位的区域化建筑格局。由于社区服务和社区文化理念的不断增强，作为基层文化服务重要组成部分的社区图书馆这一新类型开始出现并逐步发展。社区图书馆也以其更贴近公众、利用便利、服务灵活而成为全面普及公共图书馆服务、保障公众对图书馆信息和服务平等获取的最佳选择。社区图书馆作为区级和街道图书馆的拓展与延伸，极大地补充和方便了读者对公共图书馆的利用。

4. 建设模式基本确立

经过数十年的发展，北京市公共图书馆系统已经初步建立了以区（县）图书馆为依托，街道（乡镇）图书馆为支点的"中心馆—分馆制"基层图书馆建设模式，总分馆制的推广为区、街道、社区等基层图书馆的发展完善提供了新的发展模式，基层图书馆真正成为城市图书馆网的重要组成部分。同时，全市公共图书馆系统还建立起资源共享体系、"一卡通"借阅体系、图书"统采统编配送体系"和网上检索、阅览、咨询服务体系。目前，全市各级公共图书馆的联合检索、馆际互借、资源共享和"一卡通"服务已覆盖到22个区（县）图书馆（含少儿图书馆），159家街道乡镇级图书馆及部分社区图书馆。在北京市委、市政府大力倡导发展基层文化的号召下，在各区县政府的支持和积极参与基层图书馆建设之下，全市公共图书馆四级服务网络体系已基本形成。

5. 法制机制建设初见成效

为了保障公共图书馆事业的发展，满足人民群众对科学文化知识的强烈需求，促进全市社会主义物质文明和精神文明建设，北京市根据其实际情况制定了《北京市图书馆条例》，该《条例》已于2002年7月18日由北京市第十一届人民代表大会常务委员会第三十五次会议通过，并自2002年11月1日起施行。

作为我国第一部综合性图书馆法规，《北京市图书馆条例》以法制建设为突破口，是北京市政府通过立法的方式振兴区域图书馆事业的有效尝试。条例中对各级公共图书馆的发展与保障、图书馆设置、图书馆服务和读者权益保障、文献信息资源建设等方面做了详细的规定和描述。该条例的制定和实施为北京市的基层图书馆发展提供了强有力的法律保障。

（二）存在问题与不足

近十年来，借助城市经济的发展和文化的建设，北京城区的基层图书馆有了较好的发展环境和发展趋势，应当说近年来北京市基层图书馆的建设是历史上最好的发展时期。在此期间，城八区内各区、街道、社区图书馆建设都有了长足的发展和突破。然而，随着北京市城区街道、社区图书馆的不断增多，各种各样的问题也开始显现，与国外发达国家相比仍处于发展的始发阶段，要真正成为本市公共图书馆服务体系的重要组成部分，尚需相关管理部门和业内从业人员做出更加艰苦细致的工作。

1. 认知度较低，缺乏吸引力

《北京晚报》近两年来也曾陆续刊发关于街道、社区图书馆利用率低的报道，如：2008年2月13日的题为"社区图书馆为何少人问津"和2009年9月7日的题为"天通苑社区图书馆门可罗雀"的报道等等。基层图书馆在居民中缺乏影响力，认知度不高从一定程度上导致了"图书馆闲置"、"利用率低"的普遍现象。造成这种现象的原因是多方面的，但宣传力度不够和基层图书馆缺乏吸引力、服务也有待完善是不争的事实。虽然在2008年国图免费办理读者卡的带动下，北京市的公共图书馆绝大部分也都已经实现了免费办理，但实际情况是很多市民并不了解这一政策。此外，街道、社区图书馆馆藏图书量和更新频率有限，无法满足各个年龄层居民的读书需求；管理思想相对落后，很多图书馆仍不能积极主动地以居民需求为目标调整发展策略；大多数图书馆还停留在单纯借还图书的基础功能层面。与国外基层图书馆相比，北京城区基层图书馆的功能相对太过单一，尚未成为大中型图书馆的有益补充，距离推动全民阅读的重要场所和社区信息中心的功能定位也有较大距离。

2. 开放时间不尽合理

居民对街道、社区图书馆不尽满意的另一主要原因还集中在基层图书馆不尽合理的开放时间上。白天在街道、社区活动的人以老年人和婴幼儿为主，相比起看书，有时间的老人们似乎更热衷于跳舞、打牌、下棋等活动。年轻人下班后图书馆也人去灯熄。周六、周日高挂"免战牌"，将居民拒之门外，而这个时候正是居民有时间读书的时候，从而导致虽然距离上接近了居民，而服务上却远离了居民的事实。虽然图书馆界一直在倡导"以读者需求"为导向的读者服务原则，但实际行动则多留于表面，真正的"顾客导向"并未渗透到其实际工作中去。

3. 发展尚不平衡，布局有待调整

虽然经过多年的发展，北京城区基层图书馆的数量有了较大增长，但是和国际标准还有较大差距，特别是社区图书馆的建设明显落后。从城八区总体来看，现共有常住人口1043.9万人，按照每2万人拥有一个公共图书馆的比例，至少需要约500个公共图书馆，这对当前的北京城区来说只是一个不可企及的数字。相对于北京城区广大区域和密集的人口而言，目前的基层图书馆辐射范围仍然较小，尚未达到步行20分钟内就有社区图书馆的要求，新建社区的图书馆建立更是没有跟上。此外，首都核心区（东城区、西城区、崇文区、宣武区）和城市功能拓展区（朝阳区、丰台区、石景山、海淀区）在基层图书馆的建设方面也有较大差距，四个首都核心区的街道、社区图书馆在数量和建设质量上都有较大优势，而四个城市功能拓展区的街道图书馆，特别是社区图书馆的建设则相对落后和不足，如拥有50万人口的北京市朝阳区的望京地区，竟没有一家公共图书馆。

4. 总分馆制有待改进

通过在基层建立分馆的确可以解决部分街道、社区图书馆建设不足的问题，西城、崇文、宣武的区图书馆目前都已把辖区内的街道馆称作自己的分馆。但是，与国外公共图书馆的总分馆制相比较，这种所谓的分馆是十分不彻底的，因为其人权、财权、管理权、房产权并没有得到根本的划分和解决。一些图书馆在条件不成熟的情况下大打总分馆牌，纷纷将街道和社区图书馆挂上分馆招牌，并一次性投入资金，之后却因体制未能理顺而疏于监管，资金也无保障，甚至文献数据亦不能统一，根本无法实现资源共享，最终使分馆空有其名，任其自生自灭，非但没有实现效益，反而造成了资源浪费。

5. 一体化建设尚需完善

虽然北京市已经初步形成了比较完备的公共图书馆服务网络，但受经济条

件和政治体制的局限，纳入到北京市四级公共图书馆服务体系的基层图书馆数量还十分有限，并未形成较大的规模，与建设全市公共图书馆一体化的目标也有很大差距。绝大部分街道、社区图书馆只实现了"通借"，而未实现"通还"，即一个通用借书证，只能在哪儿借的书，就在哪儿还，不能实现异地还书。基层图书馆如果不能实现"通借通还"，它的读者服务就会大打折扣。此外，北京市城区的公共图书馆服务网络的范围还十分有限，绝大部分都是各级公共图书馆，而数量众多的高校图书馆、企事业单位图书馆、科研院所图书馆并未纳入到该体系中来，在业务上也少有往来，全市图书馆系统一体化进程也有待加快。

三 北京城区基层图书馆发展对策

（一）基本建设原则

针对北京城区基层图书馆发展的现状，尤其是发展过程中存在的种种问题，有必要在今后的基层图书馆建设中坚持一定的原则，以便做到有章可循、有的放矢，使基层图书馆建设工作真正造福于民。

1. 科学规划分步实施的原则

基层图书馆建设是基层文化设施建设的一部分，需要与本市的经济社会发展水平相适应，与居民的文化需求相吻合。因此，基层图书馆建设并不是简单的项目建设，应从全市形态变化、居民构成特点、财政承担能力等各方面统筹考虑，先规划，再建设，科学规划，先易后难，分步实施。可以先试点，如先建立由专人负责的"团体借阅服务"，随着读者数量的增多，在条件成熟后再设立实体图书馆，这样既可以满足公众的文化需求，又可以避免不必要的资源浪费。

2. 注重实效整合资源的原则

基层图书馆的馆舍及后续管理都需要必要的资金支撑，目前完全依靠各级财政有相当难度。在目前的现实情况下，建议可以争取辖区单位的支持，包括开发建设中的相互支持，并充分调动街道社区以及有关职能部门的积极性。由于各区、街道、社区各级别图书馆的服务侧重点应有所不同，如何针对这种不同开展相应的服务才是关键，例如根据小区居民的需要进行资源建设，还需要有专门的图书馆管理人员深入调查研究。

3. 因地制宜的原则

除了馆舍和内部硬件设施外，基层图书馆建设的成功与否，在很大程度上取决于内部管理和读者的参与程度，而管理经验的积累和居民阅读习惯的养成是一个长期的过程，在这期间可以参照发达国家的理念，结合本地的实际，鼓励基层有所创新。例如，随着北京城市公共交通的不断扩展和完善，特别是轨道交通的快速发展，可以尝试在地铁口设立社区图书馆的方式，这样可以让更多的市民能够享受到发达的公共文化服务网络带来的便利。

（二）改进措施及建议

服务于社会是基层图书馆存在的根本，作为非营利的信息、教育服务机构，利用先进的信息技术、网络技术，为民众提供平等的服务，使公众能够最大受益应是基层图书馆追求的目标。随着城市环境日益变化，城市基层图书馆的发展和服务必须适应城市的变化。公共服务型政府的责任是为社会公众提供有效的公共产品和公共服务，建设公共服务型政府的核心在于以人为本，强调追求公共利益和优质服务，并且重视公众满意度，公共财政对基层图书馆投入经费的增加只是基层图书馆生存和发展的基础，如何发挥其作用，达到物尽其用的效果更为关键。基层图书馆的进一步发展离不开政府公共方针、政策的保障和公共财政的支持，同时也需要加强对其自身的管理和服务创新。

1. 加强自身宣传，树立品牌意识

随着北京城区基层图书馆硬件设施的不断完善，加强自身宣传成为基层图书馆的又一工作重点，利用网络媒体和电视媒体是基层图书馆加强自身宣传的有效途径。近几年来，借助每年"世界读书日"，北京市委宣传部等部门和机构联合推出了"北京市全民读书月"、"书香北京——文化盛典"等一系列阅读活动，值得继续推广和创新。随着现代图书馆服务方式的日益多元化和服务手段的日趋智能化，读者教育工作就显得尤为重要。要倡导全民阅读，基层公共图书馆应该配合相关宣传部门和各种媒体承担起两项任务：一是培养公众的阅读习惯，唤起阅读兴趣；二是要引导公众阅读、特别是中小学生的阅读，做好阅读推荐工作。以此为契机，基层图书馆必须广泛深入地向社会宣传介绍自己，告诉大家如何使用图书馆，真正让基层图书馆为广大读者所熟知和了解，才能使大量购置的图书馆信息资源真正做到物尽其用、物超所值，让图书馆开发的各种服务真正为读者所享用，最终让基层图书馆成为全民教育和终身学习的重

要基地。此外，还可以在条件相对成熟的时候，统一各级公共图书馆的标识，从而将基层图书馆打造成公共文化服务的一个品牌。

2. 拓展服务内容，吸引公众"注意力"

对于现代城市图书馆的功能定位，荷兰图书馆学家舒茨说过："每个城市都需要有图书馆，不仅用来收藏印刷资料，而且用来提供人们开展文化娱乐活动。图书馆不只是藏书的地方，更是一个社会的、文化的中心。"因此，现代城市的图书馆已经不再是寻常意义上的社会文化设施，除了阅读功能、信息传播功能，它还分担着城市的终身教育和娱乐、休闲功能，甚至政治功能。城市图书馆的整体布局、窗口设置、环境修饰上都应该努力体现"休闲交互求知"的现代图书馆功能。培养和带动全社会爱书、读书的良好风尚，提高市民的思想道德素质和科学文化素质，成为大众教育的活动中心和信息中心。服务内容的拓展有利于基层图书馆由传统图书馆服务向具有知识内涵、科技内涵的现代化服务方向发展，由以文献提供为主的一元服务向包括文化教育服务在内的多元服务拓展，由"管理读者"向"关怀读者"转变，进而建立一套适应新时期读者需求、适应基层图书馆发展潮流的新的公共图书馆服务体系。

3. 调整开放时间，创新服务方式

针对基层图书馆开放时间不尽合理的事实，相关管理部门一方面可以根据公众实际需求做出适当调整，例如将开放时间整体延长或者后移一到两小时，这样可以产生一个时间差，方便大家利用基层图书馆。另一方面，还可以借助"北京市公共图书馆计算机信息服务网络"的强大功能，加快联网建设，联网图书馆之间实现"异地通还"，即无论在全市哪个公共图书馆借的书，都可以在就近的街道、社区图书馆归还。如果能进一步达到"通借通还"，对于公众而言都将是极大的方便，同时也从一定程度上解决了开放时间不足的问题。在技术层面也可以加以创新，比如适当引进一定数量的"城市街区自助图书馆"，可以在不具备设立专人管理条件的街道和社区，为当地居民提供24小时全天候图书借还服务，从而大大减少读者借还图书中所受时间和空间上的限制。

4. 整体规划，加强新建社区图书馆建设

北京市城区基层图书馆是全市公共文化体系的有机组成部分，更是全市公共图书馆系统的重要组成部分。北京市的基层图书馆在数量上的确走在了全国基层图书馆建设的前列，但我们也要正视布局有待调整的事实。基层图书馆的

建设是一个逐步发展完善的过程，切不可盲目追求速度，只是为了响应上级政策，而做些表面工作，这样不但造成公共资源的极大浪费，更起不到方便居民阅读的作用。针对北京城八区的街道、社区图书馆都是街道办事处兴建，且购书经费还比较有限的事实，将城区内所有基层图书馆作为一个整体来规划是十分必要的，应该先集中力量优先解决好街道图书馆的相关问题，再解决社区图书馆的普及问题，否则哪个也抓不起来、做不好，真正的三四级体系即便是建立起来，也是问题一大堆，难以达到预期的效果。此外，新建社区的图书馆配套建设应该得到相关管理部门的高度重视。社区图书馆以其贴近居民成为全面普及图书馆服务、保障人们对图书馆信息和服务的平等获取的最佳选择，将图书馆建设纳入社区建设的总体规划中、在建设社区的同时就建设好图书馆不仅是必要的而且也是可行的。

5. 逐步完善现行总分馆制

国内外的经验已经表明，总分馆制不是原有单体图书馆的翻牌，不是图书馆之间的松散联盟，而是以体制创新为基础的区域性图书馆融合。因此，要实现总分馆制一定要得到各级政府的长期支持，充分发挥政府的指导和决策作用，为图书馆间的资源共享、互通互联提供政策保障和经费保障。北京市城区公共图书馆应该抓住历史机遇逐渐突破旧的体制框架以谋求更大的发展空间。如果能够打破原有行政管理体制的束缚，逐渐实现彻底的一体化融合，实现由行政管理向行业管理的转变，我市城区的公共图书馆事业将产生质的飞跃，并实现跨越式发展。

6. 积极推进一体化进程

公共文化场所是人民群众享受公共文化的最基本的场所，只有形成一个遍及全市，合理布局、公平准入的公共文化设施网络，才能实现构建公共文化服务体系的目的，基层图书馆一体化建设也是如此。北京市城区目前的这种一体化只是实现了大部分各级公共图书馆的资源共享、通借通还服务，随着体制的改革、社会的调整，除了在区、街道、社区图书馆之间实现一体化服务，基层图书馆还应该寻求与本地中小学、高校和科研院所的图书馆合作，进一步推进整个图书馆系统的一体化服务。公共图书馆服务体系建设中有硬件、软件两方面的投入。硬件主要指馆舍等基础设施，这是最基本的服务保障和开展业务的保障，目前这方面已经引起了各级政府的重视，投入也比较大。但是在硬件建设中还有缺项，就是购书等运行经费保障不足。与其他非公共图书馆系统的协作恰恰可以解决经费不足的问题，同时还能实现资源利用的最大化。

四 小结

时代在进步，社会在发展，公共图书馆事业，特别是基层图书馆的建设与发展是一个长期的过程，而且是同公众的需求紧密相连的，相关政府管理部门应当紧跟公众需求，在政策法规、基础设施建设、现代服务手段运用、人才队伍建设、运作经费等方面给予基层图书馆更多的支持和帮助，以满足大众的文化需求。在 2009 年 12 月召开的北京市公共图书馆馆长工作会上，北京市文化局副巡视员、首都图书馆馆长倪晓建对未来公共图书馆的主要工作进行了部署，并明确指出将加强对北京市各区县、街乡、社区、行政村图书馆（室）建设的指导，进一步构建、完善全市公共图书馆四级服务体系。我们相信在相关管理部门和从业者以及各方社会力量的共同协作下，北京市城区基层图书馆事业必将拥有更加美好的未来，并为增强北京市城市文化软实力作出自己的贡献。

参考文献

白淑春：《城市图书馆资源的整合与创办社区图书馆的途径》，《当代图书馆》2008 年第 1 期。

程亚男：《深圳建设"图书馆之城"研究》，《深图通讯》2005 年第 2 期。

崔凤雷：《倪晓建：让图书馆深入人心》，《高校图书馆工作》2005 年第 3 期。

陈玉荣：《对公共图书馆公益性服务的思考》，《当代图书馆》2009 年 6 月第 2 期。

黄文镝、赵爱杰：《我国城市图书馆研究综述》，《图书馆建设》2007 年第 1 期。

黄涛、杨玉麟：《2002 - 2007 年我国基层图书馆研究综述》，《图书馆论坛》2008 年第 6 期。

蒋颖、顾红、彭绪庶：《苏南基层图书馆的创新与发展——对昆山、张家港的调研报告》，中国大地出版社，2008。

李东来：《城市图书馆集群化管理研究与实践》，北京图书馆出版，2005。

李诚：《诹议社区图书馆对国际化大都市的贡献》，《图书馆学刊》2002 年第

4 期。

李淑华:《基层图书馆在公共文化服务体系中的作用及发展对策》,《科技情报开发与经济》2007 年第 1 期。

束漫:《公共图书馆服务研究》,国家图书馆出版社,2009。

石末:《社区图书馆——公共图书馆的延伸》,《中国成人教育》2007 年第 4 期。

吴建中:《中国公共图书馆事业的回顾与展望》,《河南图书馆学刊》2001 年第 8 期。

熊军:《城市中心图书馆的基层延伸服务网络》,《深图通讯》2008 年第 2 期。

赵燕群:《城市公共图书馆路向先行者》,《图书馆论坛》2007 年第 1 期。

国外社区图书馆的构建对我国社区图书馆建设的启示

马 慧[*]

摘 要 社区图书馆在经济发达国家已相当成熟,在我国,人们对社区图书馆及其在社区建设中的作用还没有形成共识。本文介绍了国外一些社区图书馆的发展状况和构建方式,并提出我国社区图书馆建设的一些构想。

关键词 国外 社区图书馆 构建 启示

一 引言

社区是聚集在一定地域范围内的社会群体或社会组织。社区图书馆是通过文献信息的选择、组合、贮存和传递来为社区内所有居民服务的图书馆。它依据人口分布而不是行政区划来设置,具有区域性、全民性、系统性和多样性等特征。社区图书馆是普及科学文化知识和提高全民素质,活跃社区居民文化生活以及增强社区凝聚力的有效途径之一,但在我国,人们对社区图书馆及其在社区建设中的作用还没有形成共识。因此,积极开展社区图书馆建设的研究与实践已是图书馆工作者的当务之急,本文试就我国社区图书馆的建设方面谈谈自己的看法。

二 社区图书馆的定义

社区(community)一词源自拉丁文,有"伴侣、共同关系及感情"的含意。后来西方社会学家又定义为"居住在一定地域范围内的城市居民所组成的社会共同体",所以社区建设不仅要有现代化建筑群,更重要的是使社区居民形成一种和谐美满的共同生活方式。

---

[*] 马慧,女,1972年生,云南红河学院图书馆,副研究馆员。

社区图书馆（community library）是根据现代都市居住形式而产生的一种新的图书馆形式，文化建设是其灵魂，而构建社区图书馆又是文化建设中的一块基石，社区图书馆在我国还是一个新生事物，但在经济发达国家发展相当成熟，考察和总结国外社区图书馆发展现状，吸取有益的经验和教训是十分必要的，以下介绍国外一些社区图书馆的发展状况和构建模式，以期对我国的社区图书馆建设能有所启发。

三　国外社区图书馆的发展状况及其文化构建模式

在不少发达国家，社区图书馆的建立、发展和普及已有多年历史，不管是城镇还是乡村，社区图书馆相当普及并已成为公共图书馆网络的重要组成部分，广大市民利用社区图书馆获取文献信息已经成为生活习惯。

（一）英国：藏书利用率最高的社区图书馆

英国公共图书馆之父爱德华早在1848年就号召建立免费的公共图书馆，因此，今天英国的公共图书馆已经发展得非常成熟，是人均占有图书馆份额最多的国家，平均1.2万人就拥有一座图书馆。社区图书馆更是密布全国，且具有相当的规模和馆藏，从藏书内容来看，他们很注意藏书特色，有为各国侨民学习语言用的"spoken word"专架；在唐人街的社区图书馆里有30%的中文图书；在爱丁堡中心图书馆有苏格兰民族文献阅览室、爱丁堡地方文献阅览室。在每个社区图书馆都有为儿童服务的专门阅览室或专门座位，还有为残疾人服务的图书、电子读物和设施，极大地方便了人们对图书馆的使用。英国的社区图书馆起步早，设馆多，规模大，注重藏书建设，是利用率最高的社区图书馆，其在藏书建设方面的经验很值得我们借鉴。

（二）美国：与市民生活如影随形的社区图书馆

20世纪70年代社区图书馆在美国得到了普及。今天，社区图书馆遍布美国的各个角落，无论市民居住地如何变迁，基本上可以在离家2公里左右的范围内找到一个图书馆。如位于美国加州的旧金山市，人口大约77.7万，面积119平方公里，是美国人口比较集中的一个城市。在这样规模的城市里，除了位于市中心的旧金山公共图书馆总馆，还有27个均匀地散布在各个社区的分支图书馆，相当于每4.25平方公里范围内就有一个图书馆。社区图书馆与市民生活可谓如影随形，成为美国人日常生活中重要组成部分。

美国是世界上社区图书馆最发达的国家之一，社区图书馆已经成为集学习、信息交流与娱乐为一体的充满活力的社区中心。其服务加强了社区建设，提高了社区居民个人素质，成为居民了解社区、融入社区的门户。美国社区图书馆在服务方面对我国社区图书馆建设具有重要的借鉴作用。

（三）日本：以特色服务取胜的社区图书馆

日本的社区文化建设起步较早，为了保护自己的文化，丰富居民的生活，日本在社区建设方面下了很大力气，尤其是在社区文化建设上。日本社区图书馆以各种各样的特色服务得到了社区居民的认可，如小川町投资15亿日元建设的小川町社区图书馆。到这里你会发现，它有一些其他图书馆所没有的活动空间，它的存在让人难以相信你是置身于一座图书馆之中。图书馆楼层之间的天井与玻璃隔墙给人一种视野开阔的感觉，由于室内装潢大量采用了当地生产的日本和纸，使这里不仅充满了地方的乡土特色，也使来到这里的社区居民备感亲切，有一种归属感。图书馆的馆内设施从儿童图书室，到阳光充实的咖啡厅以及可以表演茶道的日本茶室，可谓应有尽有。而设备齐全的影像设备和漂亮的放映大厅也使社区居民在此可以享受高水平的影视服务。为了吸引更多的社区居民来馆，同时也是为了弘扬地区文化，小川町社区图书馆还有计划地举办本地出身画家、摄影家的艺术作品展。以往，一说到图书馆，就使人想到那是一个供研究学者出入的地方。如今这种综合型图书馆的出现，使图书馆正成为一个一般居民光顾的场所，它对加强社区凝聚力、活跃社区居民文化生活起着越来越重要的作用。

这不仅是一个超前的举措，也符合未来图书馆的发展方向。社区图书馆要贴近社区居民，为社区居民提供学习研究的场所，也要根据时代现实的要求，使得社区图书馆在丰富社区居民生活中起到重要作用，因此很值得借鉴。

（四）韩国：注重人文关怀的社区图书馆

近年来，韩国特别重视社区图书馆建设，韩国社区图书馆以"关怀人，发展人，凝聚社区"为主旨，从法律的高度明确图书馆的地域规范、建筑技术标准、周边环境条件，统一规划建设，实行科学管理，给读者以人文关怀。这是对公民享有社会文化成果权利的最有利的保障。

从韩国的社区图书馆建设中我们得到的最大启示就是人文理念。社区图书馆作为基层图书馆组织，它深入社区，服务于最基层的群众，要真正的实现它的价值，就必须贴近群众，建立充满人性化的社区图书馆。因此，我国社区图书馆的建筑、规模、设计、地理环境、管理、服务的选择都要考虑到人的因素，都要体现"以人为本"的理念，让社区居民处处能感觉到"人文"的存在，社区图书馆才能真正融入社区文化建设中。

四 对我国社区图书馆建设的启示

社区是社会的基本单元，构建和谐社会离不开和谐社区。随着我国经济社会的发展和人民生活水平的提高，加强社区图书馆建设，既是满足人们日益增长的精神文化生活、提高生活质量的需要，又是建设社会主义和谐社会的必然趋势。"他山之石，可以攻玉"，虽然以上各国社会体制、文化背景不同，目前我国社区图书馆建设也无法与他们相比，但是学习并借鉴其先进经验对解决我国社区图书馆建设中存在的诸多问题具有很强的现实意义。

（一）我国社区图书馆建设中存在的问题

目前，我国许多大城市社区图书馆的发展已呈现良好的势头，并为社区居民带来了切实的方便和服务。但我国社区图书馆建设中仍存在许多问题：第一，社区图书馆的地区发展不平衡。社区图书馆发展较好的多为东部沿海发达地区的大城市，而中西部地区的公共图书馆建设仍然很滞后，在有些地区甚至还是空白。第二，社区图书馆建设缺少规划，许多地区建设社区图书馆只是为了响应上级政策，表面工作多，实际内容少，缺乏规划和管理，不但没有起到方便居民的作用，反而造成了浪费。第三，社区图书馆在实际操作中重建设，轻服务。据了解，目前很多社区已经建立了图书馆或图书室，但居民利用率很低，究其原因，是因为社区图书馆服务内容和服务形式单一，在距离上接近居民，而在服务上却远离居民。第四，社区图书馆缺乏政策保证，从社区图书馆的建设要求、标准到资金来源和管理模式，都没有政策保证。这也是社区图书馆发展不够稳定、迅速的重要原因。第五，社区图书馆已经成为图书馆事业发展中的一支较为活跃的新生力量，其在社区文化建设中的作用已引起了社会各界的广泛关注，社区图书馆应积极参与社区文化建设，进一步繁荣社区经济。

（二）对我国新建社区图书馆建设的一些构想

1. 社区图书馆建设要全面规划、统筹安排

对新建社区图书馆的建设要由政府进行全面规划，科学地制定社区图书馆的发展计划和实施进程，做到协调发展。针对我国实际情况，可借鉴国外的总分馆模式，由街道办事处负责统一组织，选择条件较好的社区建立总馆，在其他社区设立分馆或图书室。总分馆实行文献资源采购、编目、用户服务等方面的统一组织，对人员、经费、设备进行统一管理。同时最好与市、区公共图书馆联网，建立协作网络体系，接受上级公共图书馆的指导，开展各种合作。

2. 要加强对社区居民信息需求的调查，做好馆藏建设工作

新建社区图书馆要真正发挥贴近居民的优势，就要了解社区居民的需求，针对需求开展服务。对居民信息需求的调查可采用问卷调查、实地访问、电话采访和网络调查等方式进行。调查内容要包括居民的年龄、受教育水平、工作性质和休闲娱乐偏好等多个方面。

对调查结果要汇总到总馆统一进行分析，确定各社区共有的一般需求和各社区特有的需求。对于一般需求由总馆统一购置相应的图书期刊，分发到各图书室；各社区图书可定期进行交换、流通，这样可以最大限度地节约资源；对于各社区的特别需求，可以在社区图书室建立相应的特色馆藏，对于特色馆藏的建设要由总馆统一规划，各图书室不可雷同。通过在基础馆藏的基础上建设特色馆藏，既能满足各社区用户共有的、普遍的需求，又能满足特定用户群体的特别需求。

3. 充分利用现代信息技术，加强网络建设，提供网络信息服务

为适应信息社会读者对信息的需求，新建社区图书馆要站在一个新的高度，着眼于长远发展，把社区图书馆建成适应信息社会需要的小型多样、灵活方便的网络化新型社区信息中心。社区内总分馆应建立统一的网络，并设立相应的网站；同时与市、区公共图书馆实现网络互联，加大对网络信息资源的开发，充分利用网络的便利性开展馆际合作，提供网络咨询服务（如劳动就业咨询、心理咨询、法律咨询等），开展网络教育和读者培训，加强社区居民与图书馆的沟通和交流。总馆应聘任专、兼职的信息咨询员，组成信息咨询服务组。专门负责解答用户的咨询问题，对于仍解答不了的问题，可通过网络向市、区公共图书馆请求帮助和指导。

4. 密切与社区的联系，贴近社区生活，使社区图书馆真正成为社区的文化中心

社区是社区图书馆赖以生存的基础，密切与社区的联系，社区图书馆才能体现其存在的价值，拥有广阔的发展前景。首先，在管理人员配备上，可与社区失业人员的安置结合起来，经过一定的专业培训，让其负责一些辅助性工作。其次，在服务上要切实树立"用户至上"的理念，服务内容要针对居民需求、服务态度要温和友好、服务方式要易于接受，使居民们走进社区图书馆有回家的感觉。再次，社区图书馆要积极参加社区的各种活动，做好信息服务工作，还可以充分利用这一优势与居委会合作开展各种社区活动，如可以举办"如何处理好工作与家庭的关系"、"如何减轻紧张工作的压力"等讲座，解决一些工作与家庭、个人与社会之间的矛盾。社区图书馆还可以组织一些文艺沙龙和读书协会，经常请作家诗人介绍自己的新作，邀请专家学者作最新科技成果报告，还可以在寒暑假，举办相应适合中、小学生的各种活动，让孩子们从中获得新知。

通过这些活动，提高社区居民对社区图书馆的参与和利用，使居民真正感觉到社区图书馆是居民生活中不可缺少的服务者，使社区图书馆真正融入社区、贴近居民，成为社区精神文明建设的前沿阵地。

5. 在工作中优化服务意识，创新服务方式

增强服务意识、讲求服务效益、主动服务社会是图书馆可持续发展的理念。社区图书馆要注重社会需求、改善服务方式、扩大服务领域、建立读者第一的服务机制。首先，要调整工作方向，改变重藏轻用、重积累、轻开发的运营观念；讲求创新和效益，建立和完善图书馆效益服务目标的管理机制。开设多种特色的图书馆服务，开展丰富多彩的文化活动，流动图书车借阅，以及各社区协调发展、协同作战的服务活动。尤其要关注社会弱势群体，不断扩大服务项目，满足社区居民对文化、教育、生活的全面需求。

五　结语

这些年，我国大量的农村人口涌入市区，社会流动人员越来越多，急需建立一种新的社区管理模式。社区图书馆最大的优势在于它分布在居民区，可以随时为社区居民服务，使社区居民在日常生活中接受文化教育，提高文化涵养，促进社区物质文明和精神文明协调发展，推动社区的经济繁荣，使社会长治久安。社区图书馆建设成为社区文化建设的一个重要部分已经越来越多的得到人们的认可。

社区图书馆是现代文明城市所必需的文化设施之一，重视我国社区图书馆的建设对于繁荣城市文化、提升城市品位、提高市民素质、促进精神文明建设具有重要意义。我们相信在不久的将来，社区图书馆将遍布我国城市的各个社区，成为城市文化建设的新亮点。

参考文献

王红：《浅议我国社区图书馆建设模式》，《农业图书情报学刊》2006年第11期。

（英）皮尔索（Pearsall·J）编《牛津简明英语词典》，外语教学与研究出版社，2003。

张彤：《国内外城市社区图书馆发展现状》、《国内外城市社区图书馆发展现状的比较与思考》，《图书馆工作与研究》2006年第5期。

秦淑贞：《英国社区图书馆见闻与中国的社区图书馆建设》，《中国图书馆学报》2003年第3期。

石烈娟：《美国社区图书馆服务及其启示》，《图书馆》2009年第2期。

张暄：《日本社区图书馆以特色服务取胜》，《社区》2008年第1期。

田蔚蔚：《中国社区图书馆发展途径研究》，《科技创新导报》2008年第25期。

李娟：《澳大利亚社区图书馆的管理与服务》，《高等函授学报（哲学社会科学版）》2008年第10期。

李忠霞：《新建社区图书馆建设探讨》，《图书馆论坛》2007年第8期。

吕玗：《珠海社区图书馆建设现状调查分析与发展思考》，《图书馆论坛》2009年第8期。

高海英：《社区图书馆建设探要》，《图书馆学刊》2009年第12期。

我国农村信息化测评模型
研究述评

梁春阳*

摘　要　对我国目前关于农村信息化建设水平测评的诸种代表性模型的基本内容、突出特点、存在的缺陷，进行了具体分析与评价。

关键词　农村信息化　农村信息化测评　农村信息化测评模型研究

近年来，我国学者对于农村信息化建设水平测评的理论与实践进行了较系统的探索，形成了数种相关模型，为我们深化这一领域的研究奠定了必要的基础。在此，我们对已有的重要研究成果进行具体的述评。

一　"6大类25项子类指标体系"述评

该测评模型依据农村信息化理论，将农村信息化建设概括为农村信息资源的开发利用、农村信息网络建设、农业信息技术应用、农业信息产业发展、农村信息人才、农村信息化外部环境等6个要素，按照科学性、系统性、典型性和可操作性等原则，筛选出适合我国农村信息化发展实际的25项具体指标，形成测评体系。据此，作者对我国31个省、市、自治区的农村信息化发展水平进行了测评与分析，并对东、中、西部农村信息化水平进行了比较研究。

此测评模型应该说是目前为止我国关于农村信息化水平测评较为成熟的指标体系之一。它应用了我国目前认可程度较高的"农村信息化六要素"理论，将其六大要素作为测评体系的一级指标，在此级指标之下，又设计了相应的若干二级指标。二级指标的选取，基本上体现了系统性、典型性和可操作性，指标数量亦适中，即能够从整体上反映我国农村信息化的主要方面，又不至于繁

---

* 梁春阳，女，1956年生，中共宁夏回族自治区委员会党校科研部，研究馆员。

琐、纷杂，理论性与应用性结合较好。

但此测评模型在科学性方面还有一些值得商榷之处。

（1）"农业信息产业"子系统的指标体系不能科学反映"农业信息产业"水平。首先，"农业信息产业"属下的四个二级指标中，"信息产业基础设施建设投资占全部基础设施建设投资"、"信息产业研究与开发经费占各地 GDP 比重"属于综合经济的范畴，其与农业的直接关联度显然不及与工业、服务业的关联度，以此类指标作为"农业信息产业"水平测度主体指标，并占据了 51%的权重，颇有牵强附会之嫌。其次，将"农村人均邮电业务量"纳入"农业信息产业"范畴，亦有所不妥——此指标所反映的实质内容是通信业在农村的发展水平，侧重于国家或地区信息产业本身的状况，而不是农业中的信息产业状况。

（2）个别一级指标的设立，不能够全面反映农村信息化的某类子系统。如"农村信息人才"及属下 3 项二级指标的设立，仅仅能够反映农村信息化主体中的一小部分内容，未能全面体现对农村信息化主体主要内容的测评，因为农村的信息化，绝不是仅靠信息中心从业人员、信息员、科技人员的能力就能如期实现的，更主要的还要靠亿万农民的积极参与。

（3）个别二级指标归类不科学。如"农业信息产业"中的"农村人均邮电业务量"与"农村信息资源"中的"电话通话次数"大体属同一类指标——从不同角度反映着农村信息资源传递或流通水平的高低，而在该模型中，这两个指标被归入了不同的一级指标体系中。

二 "7 大代表性指标体系"述评

该测评模型根据信息化的基本要素，参考国家信息化指标体系，结合我国农村信息化发展特点，按照全面性、可操作性、科学性、可比性、前瞻性原则，并考虑到数据的可获得性、准确性以及统计口径的一致性，选取了能够代表农村信息化基础设施、农村信息化人力资源、农村信息技术普及与应用的 7 项典型指标，形成相应的测评体系，据此，研究者对我国 31 个省、市、自治区的农村信息化发展水平进行了测算与分析。

此测评模型突出的优点在于：简明扼要，以最典型的指标反映农村信息化整体水平，其数据的可获得性、应用的可操作性、方法的通用性也是显而易见的。

然而，此测评模型的缺陷也是显而易见的。

（1）指标类型在比例结构上严重失调。农村信息化的内容或农村信息化建设的基本要素至少应包括农村信息化发展环境、农村信息化基础设施、农村信息化资源体系、农村信息化服务体系、信息化主体体系。而此测评模型的7项指标中，有6项为农村信息化基础设施领域，仅有1项为农村信息化服务体系或服务主体方面的。在农村信息化的各大基本内容中，有关基础设施领域的指标占85.7%，主体体系的指标占14.3%，其他领域的指标则为0，指标选取的比例结构严重失调。

（2）与"综合评价指标系统"名实不符。此测评模型名曰"农村信息化水平综合评价指标体系"，但其选取的指标不仅少，而且过窄，仅以涉及两个领域的代表性指标作为测评农村信息化整体水平的模型，显然是片面的。

三 "5大类14项子类指标体系"述评

该测评模型在参照国家信息化指标构成方案的前提下，结合我国农村实际，遵循系统性、全面性、普适性和尽量量化的原则，从经济实力指数、信息基础设施指数、信息终端设备指数、人力指数、信息领域指数等5个方面，选取了具有代表性的14项具体指标，构建出农村信息化评价指标体系，据此，研究者对我国四大地区农村信息化总体水平进行了测评与比较研究。

此测评模型的优点在于：①将某些制约农村信息化建设的宏观因素纳入指标体系之中，从更广阔的视野来评判一个地区的农村信息化发展水平；②对农村信息化人力资源的认识比较到位，能够抓住信息化主体的内涵并设计与之相应的测评指标；③将信息资源的利用，放到了一级测评系统之中，较好地反映了农村信息化的实质，并针对这一实质内容设计了相应的二级测评指标。此外，此测评模型共选择了14项具体指标，具有较突出的简明性。

此测评模型的不足之处在于以下三个方面。

（1）宏观指标在"经济实力指数"中所占的比重过大，影响指标体系的科学性。此测评模型的"经济实力指数"子系统中的3项指标，均为宏观经济指标，与农村信息化的联系过于间接，况且占据了整个指标数的21.4%，势必影响到农村信息化水平测评的科学性。

（2）一些关键性指标的可获得性较差，影响指标体系的客观性。此测评模型中"农村信息基础设施指数"的4个指标"用地区通信设施的总体数量代替"，农村信息服务人员数量指标"用电信和其他信息传输服务业职工人数代替"，农村互联网用户比例"用地区综合互联网用户比例代替"，在总共14项指标中，有6项指标的数据是通过"代替"来解决的，"代替品"占全部测评指标数的42.9%，较严重地影响了指标体系的客观性。

（3）个别一级指标属下具体项目的选择矫枉过正，影响指标体系的全面性。如"人力指数"，虽然克服了其他一些测评模型所存在的指标选取忽视农村信息化主体中亿万农民状况的弊病，但仅以"15岁以上成人识字率"来反映农民信息化人力水平，也存在着片面性。

此外，将"信息终端设备指数"从"信息基础设施指数"中提取出来，单独设为一级类目，有多大的合理性，值得商榷。

四 "4大模块20项子类指标体系"述评

该测评模型将农村信息化水平测评置于全国信息化建设中观领域之中，结合现有的统计资料体系，按照客观性、系统性、代表性、可操作性、可比较性原则，从农业信息资源开发与利用能力、农村信息装备及基本设施建设、农村信息化主体水平、农村信息化的经济与社会环境等4个模块，选取了20项具体指标，设计出了相应的测评体系，并据此对西部某少数民族自治区的农村信息化水平进行了测评与分析。

此测评模型的优点在于：

（1）指标数据的可获得性较好，20项指标的数据均出自于国家及各省、市、自治区的权威统计资料，或出自权威的年度研究报告中，其完整性和连续性的特点有力地支撑着测评模型的可获得性和可操作性。

（2）指标体系在一定程度上反映了农村信息化在经济社会发展方面的绩效状况，"农村信息化的经济与社会环境指数"子系统的5项指标，从农村经济与农村社会两个方面体现着农村信息化在经济社会领域中宏观绩效的大小。

（3）便于进行比较研究，其具体指标数据的可获得性、完整性、连续性等特点，为应用指数法进行地区间农村信息化水平比较研究，提供了系统化的数据支撑。

此测评模型的不足之处在于以下三个方面。

(1) 缺少农村户均计算机拥有量。农村户均计算机拥有量或农村每百户计算机拥有量情况,是农村信息化硬件指标中不可或缺的重要指标之一,离开了这一指标,农村信息化水平测评模型势必存在重大缺憾。

(2) 缺少农村计算机信息网络状况方面的指标。与农村户均计算机指标相适应,农村计算机信息网络状况的优劣,亦是反映农村信息化水平最具代表性的指标之一,农村信息化水平测评模型缺少了这方面的具体指标,则很难做到完整性。

(3) 缺少信息技术应用方面的指标。信息技术的普及与应用,是农村信息化建设的实质与目标所在,也是衡量一个地区农村信息化水平或信息化绩效高低的主要指标所在,农村信息化水平测评模型缺少了这方面的具体指标,则很难做到客观性。

五 "6 大领域 23 项子类指标体系及 5 大领域 20 项子类指标体系"述评

"6 大领域 23 项子类指标体系"测评模型以农村信息化工作评价试点为基础,以对北京市农村信息化指标体系构建和信息化水平测度为项目依托,结合国家信息化指标体系和其他指标体系,及北京市农村的实际情况,遵循可比性、前瞻性、可操作性、阶段性、扩展性、客观性原则,应用农村信息化产业链理论,设计了一套包括农村信息资源建设、农村信息网络建设、农村信息化政策支持、农村信息技术应用、农村信息人才培养、农村信息产业发展等 6 个一级指标、23 个二级指标的农村信息化评价指标体系。"5 大领域 20 项子类指标体系"依据农业信息化概念,借鉴国内外的信息化指标体系构建,在国信办县域信息化指南的框架下,结合天津农业信息化的实际情况和未来发展趋势,按照整体性和系统性、可操作性和可比性、阶段性和动态性、前瞻性和扩展性的原则,从农业信息化基础设施、农业信息资源建设、农业信息技术应用、农业信息化人才资源和农业信息化外部环境等 5 大领域,选取了 20 个具体指标,构建了农业信息化测评指标体系。

以上两个测评模型的优点在于:

(1) 体系较完整,信息化基础建设、信息资源、信息网络、信息产业、信息技术应用、信息化人才、信息化政策、信息化外部环境等农村信息化的方方面面，均有相应的子系统及具体指标。

（2）选取的指标具体、典型，上述两个测评模型的共同特点便是紧扣农村的信息化具体领域，密切联系农村与信息化直接相关的实际生产、生活，采集典型性指标。

以上两个测评模型的不足之处在于以下两个方面。

（1）指标的可获得性、可比较性相对较弱。两个测评模型的指标数据来源有相当多的为"网络查询"或"调查问卷"，与权威统计资料相比，数据获得及数据本身的"通用性"明显较差，进而影响和制约着农村信息化水平的比较研究。

（2）缺乏反映农村信息化水平的间接指标体系。信息化的一个突出优势在于，其对经济、社会的促进作用不仅体现在直接的方面，更重要的还反映在间接的方面——信息资源、信息技术在各行各业、各个领域的渗透与普及，进而产生"倍增"效益。农村信息化水平测评理应选取相应的指标体系，来客观反映此类间接效益。而上述两个测评模型恰恰在这方面存在明显缺陷。

六 "农业信息化水平'波拉特法'测评体系"述评

有学者采用"波拉特法"对我国农业信息化水平进行测算，开辟了农业信息化或农村信息化水平测评理论与实践研究的新路径。该测算模式首先是对农业第一信息部门的界定及其产值的测算：主要是农林牧渔服务业以及科研、教育、邮电通信业中为农业服务的行业，测算其创造的 GDP 值。其次是对农业第二信息部门产值的测算：将农林牧渔业中的各类专业、技术人员中的 50% 归入农业第二信息部门的信息劳动者；将农林牧渔业中的国家机关、党群组织、企业单位及办事人员和有关人员人数的 30% 归入农业第二信息部门；将农林牧渔业中商业工作人员、服务性工作人员、生产运输工人和有关人员的 10% 归入农业第二信息部门；将农林牧渔生产劳动者人数的 1% 归入第二信息部门，把以上人数的总和作为我国农业第二信息部门的信息劳动者人数，通过"波拉特法"的相应计算方法，测算出农业第二信息部门创造的 GDP 值。最后，测算出农业第一信息部门与农业第二信息部门创造的 GDP 值之和占全部 GDP 比重，以此比重的大小，作为评价一个地区农业或农村信息化水平的计量指标。

此种测评模式的突出优点在于：①探索了农村信息经济规模与水平的计量

研究路径，使"波拉特法"在中国农村信息经济中得到了具体应用；②从农业的"第一信息部门"和"第二信息部门"两个领域，提供了测评其信息 GDP 值和信息劳动者所占比重的计量方法，具有一定的开创性意义。

此种测评模式的不足之处在于以下两个方面。

（1）农业"第一信息部门"的界定过窄，难以客观全面反映农业领域的直接信息经济规模与水平。此测评模式将农业"第一信息部门"仅限定于"农林牧渔服务业以及科研、教育、邮电通信业中为农业服务的行业"，显然是将农林牧渔服务业以外的最大的行业——农林牧渔生产业排除出农业第一信息部门，这无疑是片面的。因为在以产业化为特征的现代农林牧渔生产领域，有着众多的以农林牧渔技术开发或技术推广普及为主业的生产部门，而且这些部门的产业规模较之专门的农林牧渔服务业有过之而无不及，将其排除出农业"第一信息部门"，则难以客观全面反映农业领域的直接信息经济规模与水平。

（2）农业第二信息部门的信息劳动者人数确定不够科学，难以从整体上真实反映农业领域的间接信息经济规模与水平。农业第二信息部门创造的 GDP 值有赖于通过对农业第二信息部门信息劳动者人数的确定而测定，此类信息劳动者人数确定的真实与否，直接影响着第二信息部门创造的 GDP 值的科学性。此测评模式"将农林牧渔业中的国家机关、党群组织、企业单位及办事人员和有关人员人数的 30% 归入农业第二信息部门；将农林牧渔业中商业工作人员、服务性工作人员、生产运输工人和有关人员的 10% 归入农业第二信息部门；将农林牧渔生产劳动者人数的 1% 归入第二信息部门，把以上人数的总和作为我国农业第二信息部门的信息劳动者人数"的科学依据何在，并没有严谨的论证和检验，因而难以从整体上真实反映农业领域的间接信息经济规模与水平。

综上，目前我国关于农村信息化水平测评模型研究虽然取得了重大突破，但仍处于艰辛的探索阶段，被社会认可的科学、系统、全面、成熟的测评模型尚未确立，还有待于农村信息化理论研究者的继续努力。

健全西部民族地区农村信息化
发展模式的思考

李习文*

摘　要　近些年来，我国西部民族地区在农村信息化发展进程中涌现出了甘肃"金塔模式"、"宁夏模式"、广西"北流模式"、"贵州模式"等具体发展经验，对于加速西部民族地区农村现代化发展起到了重要推进作用。然而，上述模式也还存在着一些共同的现实问题和缺陷，亟待加以分析与解决。

关键词　农村信息化　西部民族地区农村信息化　农村信息化发展模式

农村信息化建设模式，是指农村信息化建设主体、信息服务客体、信息服务内容、信息传输载体以及信息化建设策略等诸要素间相互作用的方式。它是联结和表征农村信息化建设这一系统工程的各种形式。具体而言，农村信息化建设模式，就是将农村信息化所包含的"八大内容"、"六大要素"、"六大主体"，整合成有机的运行体系并在农村现代化进程中发挥推进作用的方式。

从目前我国农村基层信息化建设模式的探索与运用情况来看，大体有"政府主导型"、"社会参与型"、"政府指导、多方推进型"三类模式。其中，"政府指导、多方推进"模式特别适合商品经济意识薄弱及贫困地区的农村信息化建设。为此，近些年来，我国西部民族地区在农村信息化发展进程中大都采用此类模式，并在实践中涌现出了甘肃"金塔模式"、"宁夏模式"、广西"北流模式"、"贵州模式"等具体发展经验，对于加速西部民族地区农村信息化发展起到了重要推进作用。与此同时，上述模式也还存在着一些现实问题和缺陷，亟待分析与解决。

---

* 李习文，男，1958年生，宁夏社会科学院图书资料中心主任，研究馆员。

一　西部民族地区农村信息化发展模式存在的缺陷分析

目前，西部民族地区农村信息化发展模式存在的缺陷，大体可以归结为一句话：长效机制还需不断巩固。具体表现在以下几点。

其一，农村信息化队伍不够稳定。西部民族地区现有的村级信息员队伍中，在文化水平、专业技术、服务能力、信息意识等方面的差异性很大，有相当部分信息员难以胜任现代市场经济条件下为农民提供"广、快、精、准、新"的信息服务工作；一些地方的村级信息员仍处于兼职、业余状态，尚未达到专职化的基本要求；许多地方的村级信息员"本土化"率很低，有"散摊子"的隐患；一些地方的村级信息员待遇较低，且不稳定。这些问题对于稳定农村信息员队伍和完善新农村信息化运行的长效机制是极为不利的。

其二，农村信息消费市场不够旺盛。据研究资料显示，目前西部民族地区农村的人均文化娱乐、交通和通讯支出水平落后于全国农村平均值34.49个百分点，落后于东部地区96.76个百分点，落后于中部地区40个百分点，加之农民整体的信息意识、农业商品化和农村市场化程度相对较低，导致信息资源供求市场总体不旺，信息化运行的市场动力不强，制约了本地区农村信息化运行长效机制的健全与完善。

其三，农村信息资源不够对口。在特色农业数据库建设、"智能农业"系统推广普及等信息资源开发、信息系统应用等方面，西部民族地区还亟待健全与完善，尤其是面向农牧民的法律、科技、教育、文化、卫生、计生等更为广泛的信息资源建设还有待加强，为农民提供全方位、多角度、本地化、个性化的数据库相对较少，能够体现本县、乡镇、行政村产业特点、基本情况的具有农村信息服务站特色的个性化数据库建设尚未起步。

之所以存在上述缺陷，究其原因，主要有以下几点。

一是政府对农村信息化队伍建设缺乏必要的配套制度。有关部门对村级信息员队伍建设在农村信息化运行机制中的关键性作用认识不足，一些乡、村对村级信息员的选任工作不够重视，未能做到"优选、专职"，而是由村干部兼任。更为重要的一点是，多数地方目前尚未确立有关村级信息员的选任条件、程序、工作职责、评价体系、业务培训、基本待遇等相关制度，致使村级信息员队伍建设缺乏必要的制度保障。

二是信息消费市场体系建设滞后。信息消费市场的盛与衰,很大程度上取决于市场体系是否完善。信息消费市场体系不仅涉及信息商品交易场所,而且涉及交换的主体、客体、信息商品交换的运行机制、交换活动管理等等。广义的信息市场是指信息商品交换关系的总和。这里所说的信息商品,既包括各种有形和无形的信息商品,也包括各种信息咨询服务;所说的交换关系,既包括买卖双方在特定场所的交换关系,也包括不在特定场所的交换关系。目前,我国城市的信息消费市场体系已基本形成,并发挥着应有的功能和作用。而在农村,尤其是在市场经济渗透度相对不高的西部民族地区的农村,信息消费还刚刚起步,信息消费市场体系的各个要素均未发育成熟,系统化的结构尚未形成,导致该地区农村信息消费市场不旺,进而制约着农村信息产业的蓬勃发展及信息技术的全面普及。

三是信息资源建设的"统筹协调、共建共享"体系缺失。信息资源建设是信息化建设的核心,而农村信息资源的内容则涉及方方面面。要切实建设体系完备、内容丰富、方便实用的农村信息资源系统,真正发挥信息资源在农村经济社会发展进程中的作用,必须做到"统筹协调、共建共享"。而目前,西部民族地区在农村信息资源建设领域,缺乏应有的统筹协调领导体制和共建共享运行机制,各自为政、盲目建库,重复浪费与特色数据匮乏现象并存,致使有关农村信息资源"爆炸"与缺失同时成为制约信息化发展的主要因素。

二 健全与完善西部民族地区农村信息化发展模式的宏观思考

从宏观方面讲,健全的西部民族地区农村信息化发展模式应当是:农村信息化与西部大开发互融互动,与城乡一体化建设互融互动,与农业产业化发展互融互动。

其一,农村信息化与西部大开发互融互动。应将农村信息化作为西部大开发的重点内容之一,提升至推进国家科学、协调、可持续发展的战略高度,予以高度重视。我国自20世纪90年代末开始实施的西部大开发战略,至今已整整10年了。这10年,是西部地区尤其是西部民族地区经济发展成就最为辉煌的时期,西部大开发的10年成就为西部民族地区的经济腾飞奠定了坚实的基础,也为该地区由传统经济形态向现代经济形态过渡,实现跨越式发展准备了重要条件。应该讲，通过10年的基础性大开发，西部民族地区的物质经济发展基础已有了质的改善，当务之急是尽快奠定与物质经济发展基础相对应的信息经济或知识经济发展基础，为该地区的跨越式发展提供信息与知识支撑。为此，国家应将信息化建设尤其是农村信息化建设作为今后西部大开发的核心内容，纳入宏观规划并安排实施具体的项目，使农村信息化建设如同生态建设、交通建设、水利建设等大开发"硬件"建设一样，取得举世瞩目的成效，为西部民族地区的科学发展、协调发展、可持续发展奠定"软件"基础。

其二，农村信息化与城乡一体化建设互融互动。将信息化作为西部少数民族地区城乡一体化建设不可或缺的子系统，列入各级政府城乡一体化建设规划之中。城乡一体化是指城乡人口、技术、资本、资源等要素相互融合，互为资源，互为市场，互相服务，逐步达到城乡之间在经济、社会、文化、生态上协调发展的过程。实现城乡一体化关键在于以工业化的思路调整农业、提升农业、发展农业，以城市化的思路改造农村、建设农村、繁荣农村，以社会化的思路转移农民、保障农民、富裕农民，逐步缩小城乡差别，最终实现城乡经济、社会、文化的完全融合。这里所说的"以工业化的思路"显然指的是新型工业化的思路，即以信息化与工业化相融合的现代工业化思路来完成城乡一体化的历史使命。当代社会背景下，离开了信息化就不可能实现真正意义上的城乡一体化。因而，在西部少数民族地区城乡一体化建设中，必须将信息化作为必备的子系统，予以高度重视，纳入建设规划，以信息化为手段，促进城乡人口、技术、资本、资源等要素相互融合，互为资源，互为市场，互相服务，实现城乡经济社会协调发展。

其三，农村信息化与农业产业化发展互融互动。将信息化与农业产业化的互融互动作为西部少数民族地区新农村建设重点内容，实现信息化建设与新农村建设的全面对接。发展现代农业是社会主义新农村建设的首要任务，是以科学发展观统领农村工作的必然要求。此次新农村建设之所以"新"，一个主要的方面便是在知识经济的社会大背景下，将农业、农村、农民的现代化和科学技术普及有机融合，实现与信息社会相适应的农村建设新架构，要切实实现这一战略，必须尽快奠定坚实的信息化基础。只有这样，才能早日实现"生产发展、生活宽裕、乡风文明、村容整洁、管理民主"的新农村建设目标。西部民族地区应将适时提升农业信息化的战略地位，将其纳入新农村建设的核心规划之中。

各级政府及相关决策部门应把农业信息化放在与农业产业化同等重要的战略地位，予以统筹规划、协调发展。应抓住社会主义新农村建设的历史机遇，围绕"加速发展农村经济、尽快提高农民收入"这个中心，重视信息资源在农村经济发展中的重大作用，在制定农业产业化发展规划的同时，制定出与之相配套的农业信息化发展的中长期规划，并将两个规划有机结合，形成系统的互融互动运行机制，促进农业产业化和农业信息化的共同发展。

要切实将上述"三个互融互动"落到实处，还需有相应的配套举措。其中，应考虑的重点内容至少有以下五个方面。

——提升农业信息化的战略地位，将其纳入新农村建设的宏观规划之中。各级政府及相关决策部门应抓住社会主义新农村建设的历史机遇，围绕加速发展农村经济、尽快提高农民收入这个中心，在制定农业产业化发展规划的同时，制定出本地区农业信息化发展的中长期规划，并将两个规划有机结合，形成系统化的互融互动运行机制，促进农业产业化和农业信息化的共同发展。应将农业信息化发展的具体目标、配套举措落实到各地新农村建设规划之中，把信息化作为新农村建设的一个子系统，以推进农业现代化的发展。应建立体系完备、运转顺畅的农业信息化领导、服务体系，将信息资源的开发与利用扎扎实实地落实到每一个村庄乃至于每个农户，使广大农民切切实实地从信息化中获得实惠。应尽快实现信息资源开发及服务与农业产业化主导产业发展的有机融合，形成特色产业和特色信息资源基地合二为一，通过农业信息化发展，尽快实现农业现代化。

——加大乡镇及村级信息服务站点的建设力度，完善农村信息服务体系。应尽快健全乡镇信息服务机构，使之成为全球信息网络系统中的成员之一，平等无阻地享受来自世界各地的公共信息资源，通过信息网络将本地农业经济纳入全球经济轨道，并尽快步入农业现代化发展之路。应尽快在村级建立起信息服务站点，使信息资源与服务切实普及至乡村，进而实现信息资源、信息技术、信息服务的全民普及。应注重将乡镇及村级信息服务站点建设与当地的文化事业站点建设、中小学教育信息化建设有机结合起来，实行"三位一体"的体制和运行机制，实现信息服务效益的最大化。

——完善农业信息数据库系统，为农业产业化提供全方位的信息资源和信息系统服务。应建立健全省级农业信息网络中心及连接县、乡（镇）、村农业信息服务站点的农业信息网络体系。应结合西部民族地区农业产业特色,重点开发农业资源数据库、农产品市场信息库、农业科研及实用技术推广信息库、农业综合开发项目数据库、农村教育数据库、农民和农村经济统计数据库、农业发展招商引资数据库、农业及农村政策数据库、小城镇建设数据库等农业信息数据库,为西部民族地区农业产业化发展提供系统化的信息资源保障。应从农业生产、农业管理、农产品流通、农业预测预警、农业专家智能系统、农业政策法规诸领域,建立健全"农业110快速反应"信息服务体系及运作机制,为农业产业化提供经常性的信息咨询服务。

——全力解决农业信息化建设中"最后一公里"的问题,尽快实现信息资源和信息服务进村入户。应通过资金的多元化投入机制和利益循环机制,有效解决信息化投入与产出、信息产品的针对性和适用性、信息服务市场化与信息普遍服务原则之间的矛盾;应以村级信息服务站为重点,建设连接乡镇与农户之间的信息桥梁,并充分发挥其纽带中介作用;应在条件成熟的地区,建设与普及"三电合一"(电视、电话、电脑三种信息载体合一)的农业信息服务新模式,大规模提高信息服务进户率,并总结经验,不断扩大普及范围。

——迅速扩大农业信息技术应用队伍,全面提高农业信息化主体素质。应重视农林牧类高等职业院校及中等专业学校的办学规模和质量,加大投资力度,创新办学模式,扩大招生对象,以农业产业化需求来确定相关的专业设置,以实用技术普及应用为主要教育内容,以实地操作、实习为主要学习方式,将各类农林牧业知识技术与信息技术、信息资源开发利用有效结合,将成人教育与普通中、高等教育有机结合,对现有农业就业者和潜在农业就业者实施全面素质教育,培养和造就一批有技术、懂经营、会管理的社会主义新农民,全面提高西部民族地区农业信息化主体素质,为早日实现农业现代化提供人才保障。

三 健全与完善西部民族地区农村信息化发展模式的微观思考

从微观方面讲,健全与完善的西部民族地区农村信息化发展模式,应当形成以下基本构架及运行机制。

一是将农村信息化建设作为"一把手"工程。由省、自治区党委书记、政府主席担任信息化领导小组组长、副组长,各相关厅局(部、委、办)的"一把手"任信息化领导小组成员。各市、县（区）、乡（镇）的信息化领导组织均依此构成，确保对农村信息化工作的强势领导、多方推进。

二是搭建一个大平台。省、自治区统一建设中心平台，各市（盟）县（旗）、各厅局不再单独投资建设物理分平台，实现资源共享、互联互通。

三是修建一条信息高速公路。建设覆盖全省（区）的以光纤通信网络为主的，辅以无线宽带 WIMAX 的数字化大容量、高速率的通信网，因地制宜地选择网络接入方式，真正实现农村网络全覆盖。

四是共建一个涉农数据库。以打破条块分割，消除信息垄断，实现共建共享为目标，通过归口建设的办法，统一全省（区）的涉农数据库建设，杜绝重复建设。

五是整建一个"呼叫中心"。在整合科技厅、科协、农牧厅等已有各类涉农呼叫中心的基础上，建设全省（区）统一的"三农呼叫中心"，使之上联省（区）农村综合信息网，下联各农村信息服务站，以"扁平化"的服务体系，让农民在任何时间、任何地点都能方便快捷地获得信息服务。

六是构建一个信息终端。将多项服务全部集成在村级信息服务站，实现"三网一馆一院"（即村级信息服务站为互联网网站、农村文化网网站、农村党员教育培训网网站、数字化图书馆、互联网电影院）功能，达到一站多用的效能。

要使上述模式与运行机制切实取得成效，西部民族地区还应从以下诸方面采取具体的发展对策。

其一，出台具体政策，鼓励农村信息服务站实行企业化生存与发展。通过政策引导，使各村级信息服务站在确保为"三农"提供公益服务的同时，开展农资销售、农副产品代销、网上金融活动、物流转送等多种经营性服务，把每个行政村信息服务站建设成为一个具有生存之道的微型企业。

其二，创建"电子农务中心"，强化网络经营功能。以县信息中心和各行政村信息服务站的固定资产，注册成立贴近农民、贴近市场的电子商务企业，以发挥其信息来源广、信息内容新、信息分析准、信息反馈快的优势，使本地的特色农副产品通过正规的电子商务渠道，以合理的市场价格销售至世界各地，充分显现网络营销的"倍增"收益，切实实现"小农户"与"大市场"全面对接。

其三，大规模实施"新型农民信息化培训工程"，全面提高农民的信息意识和信息能力。在对所有农村信息服务站的信息员进行全员技能培训的基础上，全面实施对所有农民的信息化知识与技能培训普及工作，对培训内容、标准、进度制定出具体的考核验收细则，使"新型农民信息化培训工程"成为继"在农村扫除文盲"活动的又一全民提高素质的战略举措，并通过"既轰轰烈烈又扎扎实实"的工作，切实收到实效。

其四，丰富 IPTV 节目内容的地方特色，创办地方电视农业频道，向广大农牧民免费提供适宜宁夏农业、农村、农民特点的专项电视服务，使广播电视"村村通"工程充分发挥其应有的社会效益。各省、自治区政府应像创办公共频道和卫视频道那样，适时投入人、财、物等要素，创办使本省（区）川区、山区、牧区的农牧民均可有效收看的"农业频道"，在此基础上，根据本地农牧民的信息需求特点，不断健全和完善电视栏目和播放内容，做到定向服务与定题服务，普遍服务与特别服务有机结合，切实发挥目前农村信息资源流通与传播的主渠道作用。与此同时，不断丰富 IPTV 节目的地方特色，大规模充实为西部民族地区"三农"提供个性化信息服务的内容，进一步满足广大农牧民对电视事业的期望。

其五，完善省（区）农村综合信息网和"三农"呼叫中心的功能，使之真正成为广大农民的"知音网"、"连心线"。在现有基础上，逐步完善省（区）农村综合信息网和"三农"呼叫中心的多元化服务功能，逐步拓宽信息服务范围，注重聘请法律、教育、文化、卫生等各界专家，为农牧民提供全方位、多角度的网络信息服务，使得农民在任何时间、任何地点，都能以最快捷、最方便的方式得到信息技术、信息资源、信息服务带来的实惠。

其六，强化农村专业协会的信息化职能，将信息技术应用及信息资源开发利用渗透于农村各类具体的产业之中。为此，具体的强化举措可考虑以下几点：

（1）整合组织，扩大规模，形成网络。将全区产业类别相同的农村专业协会有机地整合为主旨统一、互为支撑、资源共建、信息共享的"网络共同体"，并和全国、全世界的与本产业密切相关的信息服务组织相链接，真正发挥"大市场"中介职能。

（2）加大队伍建设力度，迅速提高主体水平。政府应对农村专业协会骨干人员提供免费的信息技术应用、产业知识普及、供求市场分析培训，尽快形成一支既有本产业专业知识,又具备网络信息技能,且有一定市场分析水平的农村信息咨询服务队伍。

(3) 对"市场化运作、会员制管理"模式加以深入探索与全面总结,争取早日形成系统的、可供"复制"的典型机制,为建立农村基层信息员队伍发展长效机制,开拓路径。

其七,适时扩大智能农业示范区域、产业的范围,使智能农业尽快形成规模,产生规模效益,进而有效地扩大示范效应,带动宁夏农村信息化的规模发展。虽然近几年西部民族地区的智能农业示范取得了令人鼓舞的成效,但毕竟其规模和产业覆盖面还十分有限,智能农业所带来的收益在西部民族地区全部农业收益中所占比重还很小,尚难以有效地体现信息化给农业生产带来的"倍增"效益,也制约着广大农民对信息化"好处"的切身感受,同时也制约着农业产业化层次的提升。所以,应在国家863计划"智能化农业信息处理系统示范区"工程已取得成功的基础上,一方面积极深化这一大课题的研究,另一方面则应将前期的科研成果在更大的区域、更广的产业范围推广普及,逐步增加智能农业在西部民族地区全部农业收益中所占的比重,大规模提高科技、信息对农业的贡献率,推进西部民族地区农业现代化的规模发展。

少数民族偏远地区的文献信息资源如何在网络平台上发挥更大作用

阿布都热扎克·沙依木* 朱一凡**

摘 要 本文针对少数民族偏远地区如何在网络平台上发挥民族文献信息资源的作用进行了论述；简要阐明了少数民族文献信息资源的收集范围、类型及其作用，指出其文献信息具有不可替代的独特作用；介绍了"新疆哲学社会科学"网站的建立和运用状况；最后对民族地方文献资源的建设与服务提出设想和展望，认为文献资源数字化是保存和利用的最佳方式，建立专题数据库，进一步发挥其效益，同时还应创新服务方式和创新队伍建设，更好地做好少数民族地区民族文献信息资源的服务工作。

关键词 少数民族地区 新疆 文献信息资源 网络平台 作用

新疆地处西北边陲，面积 160 多万平方公里，人口 2100 万，是一个多民族聚居的自治区，有 47 个民族，其中世居民族 13 个，包括维、汉、哈、回、蒙、锡伯等。新疆目前有 5 个民族自治州、6 个民族自治县，43 个民族乡。由于种种原因，新疆社会经济发展相对滞后，各项主要经济指标均排在全国下游水平，因而使我们社科院图书馆事业发展受到严重阻碍，主要表现在：一是经费的投入在财政总支出中所占比重比较低；二是有关部门对图书馆事业的重大意义认识不足，重视不够；三是图书馆基础设施陈旧落后，人员队伍素质相对偏低。尽管如此，我们从未放弃我们的图书馆事业，坚持不懈地在我们的工作领域中努力探索，进一步解放思想，开阔思路，不断推动社科信息工作走向前进。因为我们深知，在促进少数民族地区社会经济文化发展中，民族地区的图书馆事

---

* 阿布都热扎克·沙依木，维吾尔族，男，1957 年生，新疆社会科学院副院长，编审。
** 朱一凡，男，1961 年生，新疆社会科学院图书馆信息研究室主任，副研究馆员。

业具有特别重要的意义与不可替代的作用。

众所周知，民族地区社科图书馆为科研服务主要表现在两个方面：一方面是为民族学科建设服务。如这些图书馆紧密结合地方民族特色和特色学科研究，将民族文献资源建设作为重点，采取加大投入、划拨专款等措施，确保民族学科所需文献资料的收集、整理和开发，大量编制各种书目、索引、提要等；另一方面是开展全方位、深层次、多角度的科研课题服务。为满足科研服务日趋增多的需求，一般都通过提供原始文献，编辑专题性文摘、索引等二次文献，撰写述评、综述等三次文献，以消息、通讯、快报等方式，有针对性地对文献进行深加工。在此有必要简要介绍一下少数民族文献信息资源的范围、类型及其作用。

一 少数民族文献信息资源的收集范围、类型及其作用

少数民族各个时期的文献如实地反映了少数民族历史变化的发展及其独特的风土人情，是一种不可替代的文献资源。

民族地方文献的收集工作，首先应该把握该民族的历史概况、社会发展与地方文献形成的关系，再根据本民族的特点，调查了解地方文献资料在民族地区的流传形式、保存情况，进行有步骤、有计划地挖掘。

地方文献的形成与民族地区社会发展、文化、经济有着密切的联系，同时也与语言文字有密切的联系。有些民族的社会发展较为迅速，文化上受汉文化的影响较大，所以地方文献中正式出版物占的比例也较大。而有的民族没有自己的文字，只能把本民族的各种历史事件、传说故事、风俗习惯采用各种不同方式进行记载。各民族地方文献形成与形式的差异，必然带来民族地区图书馆收集工作的特殊性，收集范围也不能限制于地方志、人物志、革命史料、科技史志及本地区发行的一切正式出版物，还应该包括民族地区采用不同方式方法记载流传下来的一切能反映民族地区风貌的，反映政治、经济、山川、自然资源方面的资料。非正规出版物是构成民族地方文献资料的重要组成部分。它包括：①民族中为了反映某一历史事件，纪念历史人物等各种事件记载的碑刻、石刻，民族自然村的乡规民约碑、人物题记等。这些碑刻可以复制为拓片、照片进行收集。②由于边域纠纷冲突引起，对边疆领土划分、冲突事件进行具体记载的各种抄本、图册。③各个民族家庭中、自然村中对各种事件记载的家谱、

村谱、户籍册、统计表。④至今流传在民族群众中的各种经卷、史诗及各民族采用不同方式对本民族事件记载的各种抄本、稿本。⑤能够为研究民族历史、民间艺术提供一定研究资料的画册、画卷及能够反映某一历史风貌的照片图册。

民族地方文献的作用。民族地方文献一向为本地区图书馆收集的重点,甚至将某些地方文献资料视为"镇馆之宝"。一般来说,民族地方文献具有以下几方面的作用:一是用于研究民族族源问题。地方文献资料中的家谱、族谱、村史对这方面有着具体的记载,家谱中记载着家族的变迁。这给研究该民族与外来民族提供了具有一定参考价值的文字根据。二是用于研究民族文化的形成及民族文学的演变过程。这些丰富的地方文献资料为研究民族民间文学的发生发展,研究民族的历史和语言的发展,民族诗歌的源流及文字使用方面提供了不可多得的资料。三是用于研究民族中的宗教信仰和自然崇拜。地方文献资料中的各种传说故事、经卷、神话、叙事长诗,还有在部分民间艺人中演唱的曲抄本、民歌,对各时期宗教的兴盛、自然崇拜的形式都有记载。四是用于研究民族艺术史、音乐史。五是用于研究民族科学技术的发展。民族地方文献中有不少记载民族建筑风格、建筑形式及建筑过程的数据,地方疾病的防治以及历史上民族地区有特色的各种生产技术资料,为社会科学研究提供了不可多得的原始材料。

以上对少数民族文献信息资源的范围、类型及其作用进行了简要阐述,如何将这些文献资源充分发挥其最大效益,尤其是在网络环境中我们如何应对,这是摆在我们社科文献工作者面前的最现实和最紧要的任务。在此对我们新疆社会科学院"新疆哲学社会科学"网站的基本状况和民族文献信息资源在网络平台上的利用作一简述。

二 "新疆哲学社会科学"网站的建立和运用

与兄弟院相比,新疆社会科学院网络化建设相对滞后,经过多方努力,直到 2005 年 5 月才开通局域网,经过两年运转和筹备,2007 年 4 月"新疆哲学社会科学"网站正式挂牌成立,后又开通了维文版,目前在积极准备,争取早日开办哈文版。2008 年 7 月对网站进行了大规模调整,对网站整个页面进行了整体改版,并采用新疆天山网的文件处理系统,确保网站的安全运行。开辟有几十个栏目,如"最新动态"、"理论前沿"、"经济与社会"、"民族与宗教"、"中亚研究"、"新疆历史"、"社科评论"、"专家著述",以及"哲学研究"、"法治时空"、"和谐社会"、"少数民族文学"、"游牧文化"、"民族语言与文化"等等,在国内外的影响日趋提高。五年来,网站建设不断进行,设备也在不断更新,硬件设施不断完善,同时还加强了对网站的管理工作。明确了网站工作人员的工作职责,通过集中和个别培训,培养了一批稳定的信息员队伍,对发布信息进行审核签发,保证信息发布的安全性。

除保证网站的正常运转外,我们积极尝试将社科文献信息工作如何在网站这个平台上发挥积极作用。目前我们做了以下的工作:一是将图书馆书目数据库提交网络供局域网内的读者检索,他们足不出户就能了解到是否有他们所需的文献资料、是否借出、何时归还等信息。利用网络可以向读者推荐新书、预约借书,发表意见和建议。馆员可以发布书评、通知到书、催还逾期图书等;二是将每年搜集到的新疆地方社科文献题录挂到局域网内,以方便读者检索,能使他们及时了解各学科的最新研究动态,并为他们搜集资料提供了"向导"和"导航"工具;三是将我们加工整理的"新疆大事记"、"区情文摘"、"周边国家动态"、"县域经济决策参考"定期或不定期地在网上发布。通过网络平台,使我们的社科信息产品最大限度地发挥了其作用,也极大满足了科研工作者的社科文献需求。但作为民族地区社科文献产品的提供者,我们要以人为本,围绕服务对象,突出文献资源的民族特色和地方特点,提高民族文献的网络化、数字化服务水平,这些都是我们民族地区社科文献工作者立足于信息社会的根本保证。随着数字化图书馆技术的成熟和普及,民族地方文献资源的数字化建设也显得日趋重要,这是一项功在当代,利在千秋的大事,既有利于长久保存这些珍贵的地方文献,也便于研究者方便快捷检索,笔者对此项工作谈一点儿设想。

三 民族地方文献资源建设与服务的设想与展望

在网络环境下,通过技术手段,将民族地方文献资源数字化,对充分发挥民族文献的价值、满足读者对民族文献信息资源的需求、提高民族地区图书馆的服务水平都有重要作用。由于民族地方文献形式和语言文字的多样性,为保持碑文、木刻、图片、手稿、族系家谱等版本原貌,应通过扫描,以图像存贮方式作为原版显示,并录入必要的检索标引字段,作为建库的知识点,从而达到完成各种载体的文献信息数字化。虽然这种方式要占用较大的存贮空间，但最重要的是保持民族文献的原汁原味，能真实反映出地方文献的特色。

建立专题文献数据库。随着科研网、局域网等多种网络的开通，人们对民族地方文献信息的网上需求越来越多，开发建设民族地方文献信息数据库势在必行。所以，应选择特定专题，由小到大，从简单到复杂，将散见于地方文献中的有关资料信息汇集起来，建立专题文献信息数据库，供读者检索使用。这样不仅省时省力，而且比制成卡片或印刷成册更能发挥民族地方文献资源效益。至于对多媒体形式的民族地方文献，可暂时只建立目录数据库，适当揭示报道馆藏状况，待多媒体数字化转换技术成熟之后再予以建库。

少数民族地区社科院图书馆应建立一支高素质的民族地方文献专家队伍。要使少数民族地区社科图书馆的民族地方文献信息资源建设达到现代化水平，使其充分得到有效的开发与利用，关键在于建立一支民族地方文献专家队伍。就专职民族地方文献工作队伍而言，应由操作型、研究型、管理型三种专业人员组成。后两种人员应当是复合型人才，对民族地方文献各学科及相关学科的基础知识都应有所了解，是"百科全书"式的全才。他们还得在民族文献学的某个领域、某一方面或对某一个学科有较深的造诣。只有由这样的专家组成的民族地方文献资源建设队伍，才能生产出高品质、多档次、受欢迎的民族地方文献信息新产品。

此外，创新服务方式也是重要一环。首先针对本地区所承担的项目的具体情况，开展有目的、有计划的服务。其次，在文献信息服务中应突出民族特色与地方特色。应充分利用新疆资源的优势，建立特色馆藏，搞好特色服务。要切实根据新疆所拥有的丰富的矿藏资源、石油天然气资源、旅游资源、水资源、生态资源等优势资源，建立我区独具特色的地方文献、历史文献和少数民族语言文献等一系列特色馆藏资源，为我区自然资源的分布、特点、储存量、市场价值、市场需求、市场动态等相关问题开展深入研究提供条件。

培养创新服务队伍，促进民族地方文献资源的服务。要有一批掌握一种以上民族语言文字，能够从事某一民族文字文献的开发与利用的少数民族专业人才，使之真正能为各民族读者提供深层次、多元化的服务，这是保持和发展我们图书馆民族特色的关键所在；同时，随着图书馆自动化程度的提升，服务内容的深化，图书文献工作者还要不断给自己"充电"，除了学习传统技能外，网络知识、检索技能、服务手段（如馆际互借、网络传输、发送电子邮件、远程登录、解答咨询等）都要学习并熟练掌握，还必须熟悉不同用户的信息需求。只有这样，才能满足读者需求，向读者提供高质量的服务。

总之，网络环境下的少数民族地区图书馆不仅要根据读者要求，有计划地组织网上资源，以满足读者多方面、多层次的需求，而且要创新服务体系，充分挖掘和利用地方民族文献资源的价值，增强自身的活力，坚持以特色求发展，做好少数民族地区民族文献信息资源的服务工作。

参考文献

邓立恒：《基于网络的个性化信息服务研究》，《科技情报开发与经济》2009年第7期。

李杰：《我国的民族文献及其建设》，《图书馆》1992年第5期。

包金玲：《加强民族地方文献建设》，《内蒙古图书馆工作》2002年第2期。

中国民族图书馆编《民族图书馆学研究》，辽宁民族出版社，2002。

宁夏信息服务业现状、问题及对策

马淑萍*

摘　要　本文通过分析宁夏信息服务业基本现状和存在问题上，提出了大力引进战略投资者，推进产业结构优化升级，加快结构调整，加强企业自主创新等发展宁夏信息服务业的对策。

关键词　信息服务业　信息产业　现状　对策

信息服务业主要包括新闻出版、广播电视、广告电信、科技情报、图书资料等传统行业。现代信息服务业除了传统行业外，还包括软件服务业、信息处理服务业、信息提供服务业、现代咨询业、数据库、信息系统、网络服务、信息咨询服务等。信息服务业是整个信息产业的主体，它既是一个传统的行业，又是一个新兴的有着巨大潜力的产业。针对宁夏信息服务业发展的现状和存在的问题，如何制订宁夏信息服务业的发展对策是值得思考的问题。

一　宁夏信息服务业的现状

（1）基础网络已经形成。目前，宁夏电信光缆线路总长度达 3.2 万公里，广播电视光缆干线共约 2000 公里。全区固定电话 117.2 万部，普及率 18.6 部/百人；移动电话 346 万部，普及率 55.7 部/百人。新一代无线宽带 3G 通信网络在银川等主要市、县（区）实现了城区的覆盖。建成了全区广电数字平台，完成了全区 85% 有线电视用户的数字平移，电视综合覆盖率 88.8%，广播综合覆盖率 92.9%。全区计算机拥有量 70 万台，互联网用户 34 万户，普及率达 5.6%。全区 191 个乡镇、466 个社区、75% 的行政村（约 1750 个）通过光纤直

---

* 马淑萍，女，1959 年生，宁夏社会科学院图书资料中心，副研究馆员。

连、ADSL 等方式通了宽带，全区网络出口总带宽达 60GB，居西部省区前列。信息基础设施的不断完善有效支撑了信息化推进工作的快速发展。

(2) 电子政务有了较大发展。宁夏区信息中心平台已基本建成，形成了高速宽带的党政内网和政务专网，为互联互通、信息共享奠定了基础。建设了自治区党委和政府数据中心，实现了与自治区党政各部门、人大、政协、检察院以及 5 市、22 个县（区）和部分大型企业，共 196 个网络节点、网络带宽为 100 - 1000M 高速连接，自治区、市、县三级党务内网和政务专网能够满足所有上网单位之间横向和纵向的信息传输；开通了宁夏区人民政府互联网门户网站，实现了大部分政务信息的公开；2009 年依托自治区政府专网平台，区政务服务中心建设了行政审批信息管理系统，进驻政务中心的 77 个单位、843 项审批服务事项实现了网上业务办公，累计受理行政审批服务事项 22.6 万件。

(3) 新农村信息服务取得了突破性进展。依托自治区信息中心平台建设了互联网电视（IPTV）平台，在全国首次实现了电信、广电和计算机网的"三网融合"，走在了全国前列。整合了多个涉农部门的信息资源，建设了"宁夏农村综合信息服务网"，实现了商务信息、市场信息、农业科技等各类信息的下达和上传发布。建立了为"三农"服务的呼叫中心，通过网络呼叫和远程视频对话，800 多位农业科技专家在线为农民答疑解惑。通过 2800 多个信息服务站，为农民提供信息查询、市场价格、生产经营、文化生活等信息服务。发布农产品供求信息 3.5 万多条，新农村信息化取得了突破性进展，我区被工业和信息化部授予国家级新农村信息化省域示范。

(4) 教育有了较大的发展。目前，中小学已建成计算机教室 4000 多个，计算机多媒体教室 4200 个，中小学校校园网 600 多个，高于全国平均水平，中小学生接受信息技术教育的普及率已达到 80% 以上。建立了区、市、县学校四级教师现代教育技术应用培训网络，85% 的中小学教师接受了信息技术培训。宁夏大学开通了宁夏教育信息资源网、宁夏教育信息网、宁夏职业技术教育网、宁夏大中专毕业生就业指导网等网站。2003 年，我区重点实施了国家农村中小学现代远程教育工程，累计投入资金 1.2 亿元，共建设 3568 个教学光盘播放点，2155 个卫星教学收视点和 279 个农村初中计算机教室，比国家规划提前一年。

(5) 企业信息服务稳步发展。截至目前，全区 70% 以上的大中型企业和 40% 的中小企业实施了不同程度和不同规模的信息化应用。其中，80% 的大型企业应用企业资源计划系统（ERP）、计算机辅助设计/计算机辅助制造（CAD/CAM）、客户关系管理（CRM）、供应链管理（SCM）等先进信息技术的水平不断提高，90%的企业建立了企业内部局域网，开发和使用了业务应用信息系统。其中宁煤集团、银川小巨人等大中型企业组织攻克了一批制造业信息化技术难题，传统产业加快了采用信息技术改造升级步伐，西北轴承股份有限公司、新瑞长城机床有限公司、启元药业有限公司等一批机械、机床、医药企业充分利用现代信息技术进行升级改造。部分高载能企业积极推进工业化与信息化的深度融合，实现设计研发信息化、生产装备自动化、生产过程智能化、企业管理网络化，工业主要污染物排放总量和提高工业固体废弃物综合利用率的作用得到有效发挥，节能的贡献明显增大。

（6）信息服务发展环境逐步优化。近年来，由于得到宁夏区党委、政府以及各有关部门的重视，宁夏信息服务发展环境逐步优化。2007年出台了《自治区党委、人民政府关于集中信息资源建设信息中心平台的决定》（宁党发〔2007〕19号），整合全区信息资源，全力推进自治区信息中心平台建设，将农村信息化列为信息中心平台优先建设的应用系统，有力地推进了全区信息化建设进程。

（7）图书馆事业得到了长足的发展。省、市、县公共图书馆共有21个，藏书410多万册。其中宁夏区图书馆藏书300万册。高校图书馆5个，藏书215万多册。其中规模最大的宁夏大学图书馆，藏书达129万多册。目前图书馆信息化发展较快，区内具有一定规模的图书馆几乎都实现了自动化管理，计算机和网络化已经达到了一定的规模和水平。图书馆自动化的发展，使图书馆的业务工作和服务手段有了很大改变，从而提高了图书馆的总体水平。如新落成的新馆四层的计算机网络中心承担着计算机网络系统运行，网站维护与发布，数字化信息资源的存贮、管理以及全国文化信息资源共享工程宁夏分中心的技术保障工作。目前已经在采访、编目、流通、连续出版物、书目检索等方面全面投入运行。这标志着区图书馆的自动化工作达到了一个新的高度。

二　宁夏信息服务业发展存在的问题

宁夏信息服务业近几年发展较快，但是与发达省份相比，整体水平仍然较低，还存在一些问题，如信息资源的开发利用程度较低；信息服务业规模较小，市场竞争力不强；信息服务意识有待进一步提高；信息技术推广应用广度和深度不够；人才和基础工作薄弱；信息服务业的产业化、市场化程度不高。具体如下：

（1）经济基础薄弱。经济基础薄弱是制约信息服务业发展的主要因素。改革开放以来，宁夏经济发展以前所未有的规模和力度向现代化迈进。但是，由于以往经济基础薄弱，工业化发展水平很低，宁夏目前的经济整体实力和人均国内生产总值仍处在相对较低的水平。在如此薄弱的经济基础之上发展现代化的信息产业是十分困难的。

（2）信息产业结构不合理，产品附加值较低。宁夏信息服务业在资金、技术、人才和产业规模等方面更是落后于电子信息产业和邮电通讯业。就信息服务业内部而言，"重建轻用"的现象非常普遍，大量的硬件设备因没有信息资源的支撑而处于闲置状态，得不到有效的利用，从长远来看，将会制约电子信息产业及邮电通信业的发展。另外，产品附加值也较低，多数产品处于价值链的低端，附加值不高，代表当今世界信息技术、信息产业发展方向的产品，适应国际国内当前市场需求的新产品、高端产品很少，名牌产品更少。

（3）自主创新能力有待加强。近几年来，宁夏信息产业没有重大项目，难以支撑信息产业高速增长。高端人才缺乏、研发投入不足以及产学研结合较差，从而导致创新能力较弱，这已经成为制约宁夏信息产业发展的重要因素。

（4）电信网络规模较大，但运行效率低下。近年来，宁夏电信实现了大规模、跳跃式飞速发展。但也存在着一些问题：一是现有网络资源利用率低。二是有效益有需求的地方仍显能力不足，而农村及山区的通信能力富裕，未充分利用。三是网络运行效益不高。电信行业对公共基础设施的投资短期内无法收回，造成投入产出比例失调。四是高效益业务尚未形成。现有电信业务中国内长话、本地网电话略有盈余，国际长话、电报、数据都是亏损，缺乏高收益业务支撑，宁夏电信公司收入和效益就难以提高。

（5）软件市场环境不够完善，科技成果转化率低。虽然宁夏软件业具有一定的发展优势，但其总体水平仍处于初级阶段。大多数企业规模小、人员分散、研发资金投入不足，抗风险能力差，特别是软件市场的环境不够完善，软件盗版现象仍十分严重，已占领的市场份额亦有缩小之势。宁夏的科技实力在全国的排名很低，科技成果的转化与发达省份相比还存在很大差距。技术市场不健全，科技资源难以有效流动，科技成果难以转化为有效的生产力。

(6) 信息服务人才发展滞后。宁夏农业技术人员数量偏少,这与宁夏提出的调整农业产业结构、发展优质特色农业的要求不相适应;科研、工程技术人员比例偏低,比例不仅低于全国平均水平,而且比西部平均水平还低很多;技术人才在所有制间分布不合理,国有企事业单位人才集中约占80%,非国有特别是非公有制经济企业人才严重不足;人才年龄结构不合理,尤其是高层次人才老龄化问题严重。宁夏不仅在人才结构方面存在问题,而且在人才流失方面的问题也颇为严重。

三 宁夏信息服务业的发展对策

从以上的分析可以看出,宁夏信息服务业具备了一定的优势,但是,也同样存在一些问题,因此,应该抓住机遇,迎接挑战,探索宁夏信息服务业的发展对策:

(1) 大力引进战略投资者。信息产业是高技术、高投入、高风险、高回报的产业,比其他任何产业更急需引进战略投资者。第一,要全方位参与其他省(区)合作,采取合资、合作、产权转让等多种方式,有针对性地大力招商引资,主动融入国内东中西互动的开发格局,快速壮大产业规模。第二,瞄准信息产业国际、国内有知名品牌、核心技术、销售网络和雄厚资金实力的大公司,引进技术、资金、人才。第三,引进中国信息产业集团等战略投资者建设和经营宁夏软件,以带动宁夏信息服务业的基地建设和管理体制创新。

(2) 推进信息产业结构优化升级,加快结构调整。当前数字化、网络化、智能化发展迅速,各类信息不断升级换代,传统产业改造的需求不断增强,为宁夏产业结构调整带来新的机遇。因此,宁夏应以自主创新为核心,围绕信息服务业的宏观发展目标,进一步突出重点,筛选出若干较大战略产品,确定一批重点领域,发展一批重大技术,实现技术和服务业的跨越发展,提升宁夏信息服务业的核心竞争力,加大结构调整力度,进一步加快信息服务业的发展。围绕结构调整,运用信息技术改造提升传统产业,大力推进电子信息服务业的基地建设,充分发挥聚集效应,促进结构升级,围绕经济社会发展和信息化建设需求,根据数字化、网络化等总体趋势,大力发展信息服务业,加强信息资源开发和共享,进一步优化信息服务业的整体结构。

(3) 加强企业自主创新。创新是一个民族进步的灵魂,也是提升产业整体技术水平和核心竞争力的关键。目前，创新能力弱是制约宁夏信息服务业加快发展的根本因素。因此，必须以提高原始创新为奋斗方向，以集成创新和消化吸收再创新为重点，在提高全行业的创新能力方面有所作为、有所突破。企业是技术创新的主体。大中型企业要在已具备一定规模优势和市场潜在优势的产业领域，积极整合科技资源，努力加快消化吸收再创新和集成创新的步伐，支撑产业发展。各个企业都应积极制定有远见、重创新的产品研发规划，加大科技投入，保证现有的研究开发中心做到机构到位、人员到位和资金到位，打破封闭的研发方式，通过构建产业联盟、技术联盟和加强产学研结合的方式，迅速扩大研发规模和速度。

（4）抓好核心基础产业。国家在"十一五"规划中把软件、集成电路和新元件确定为核心基础产业，它们是整个信息服务业的基础和核心，在整个电子信息发展过程中具有十分重要的地位。当前，从世界范围看，电子信息产业的竞争主要集中在这几个领域内。宁夏这三大产业中的软件和新元器件已经有了一些基础，可望成为宁夏信息服务业的新的增长点。但是这三大产业发展的势头很猛，市场竞争激烈，因此，宁夏必须依托其科技资源和人力资源优势，紧紧抓住全球制造业梯度转移的机遇，加快制定落实有关政策，加强对优势企业的指导和服务，在规划、资金、项目、专利申请等方面提供有效的帮助，促进企业做大做强。只有抓好这些核心基础产业，宁夏信息服务业的发展才具备了一定基础，而这些核心基础产业也有望成为宁夏信息服务业的特色优势产业。

（5）发展信息服务业的软环境。发展信息服务业的有关政策、法律、法规、制度、技术标准和人才构成了信息服务业的软环境。宁夏政府要营造一种良好的信息服务发展的软环境，就必须转变政府职能，最大限度地减少政府行政审批事项，提高工作效率，必须对现行的软环境进行完善性、时效性、适应性以及配套性的评价，对不适应新形势的条款进行修订，对没有法律法规可依的，应根据国家有关政策，尽快研究制定试行的管理办法。

（6）加强信息服务业人才队伍的建设。人才对信息服务业的发展起着不可忽视的作用。宁夏要抓住机遇，赢得发展，就必须实施人才战略。一是吸引人才。要建立合理的报酬机制和有效的人员配置机制，使员工学有所用，物有所值，给予职工一定的富有挑战性的工作，从而激发职工生产积极性。二是培养人才。要树立"教育优先，以人为本"的观念，抓好职工在职培训。认真制订人才培训计划，建立健全培训激励机制，加强与各高等院校的合作，充分发挥他们的优势，引导他们在专业设置、课程安排方面充分考虑信息服务业人才的巨大需求，为我区重点培养信息技术、信息服务、信息管理等专业人才。三是留住人才。要改革和完善人事制度，通过事业的发展来留住人才，通过提高人才的基本待遇，解除人才的后顾之忧来稳定人才，通过情感交流和心理沟通来稳定人才。

当今是信息和网络的时代，整个社会的信息化是不可逆转的，世界经济全球化、信息化、网络化的快速发展态势，对于我们来说是机遇又是挑战，建设数字宁夏需要政府、企业和全区人民的通力合作，我们要通过法律和经济的调控手段，实现"数字宁夏"建设的良性循环，以不断推进宁夏社会经济的可持续健康发展。

宁夏农村信息服务现状评价分析

张玉梅[*]

摘　要　本文在对宁夏农村信息化前期调研的基础上,详细介绍了宁夏农村信息化的发展现状,归纳出了几点典型的做法,系统地分析了信息化建设过程中呈现出的不足之处。

关键字　宁夏农村　信息服务　评价　分析

"十一五"期间,宁夏的农村信息化走上了快速发展的轨道,进入了多层次推进的新阶段,全区农村的信息化水平明显提高,信息资源逐渐服务到农村,提高了农民的生活水平。本文在对宁夏农村信息化充分调研的基础上,探讨了宁夏农村信息服务的发展现状、特点及经验,进一步剖析出了一些尚需解决的问题。

一　宁夏农村信息化发展现状

宁夏农村信息化建设立足农村、面向农业、服务农民,把信息化工作的着眼点放在农民如何得实惠上,放在推动农村经济社会的发展上,放在探索长效机制上,形成了特色,取得了实际的效果。

（一）完善的农村信息服务体系

通过通信网络的建设和改造,宁夏已初步建成大容量、高速率、覆盖全区城乡的信息通信网络。自治区核心网络到五个地市的骨干带宽达到58G,到各县的带宽达到千兆以上,县到乡、乡到行政村带宽百兆以上。通过EPON、ADSL

---

[*] 张玉梅,女,1982年生,宁夏社会科学院图书资料中心,助理馆员。

和WIMAX无线宽带接入三种方式实现了全区191个乡镇、1700多个行政村通宽带、通IPTV，平均速率达3M。自治区涉农信息资源和服务平台的建设使用为农民提供全方位信息服务。互联网电视（IPTV）实现了60套电视节目转播、72小时时移和视频点播等功能，拥有了农村党建、文化共享、视频点播、股票信息、互联网信息等频道和增值服务，发展IPTV用户3440户。三农呼叫中心整合多个涉农部门资源，通过视频、语音等多种形式800多位农业科技专家为农民提供农业、医疗卫生、社保、劳务输出、创业等方面的咨询服务。宁夏农村综合信息服务网整合8个部门30多类涉农信息，内容涵盖农林技术、农产品供求、气象与防灾减灾等方面，容量达7GB，并实现了商务、市场、科技等信息的上传下达、浏览查阅。按照"五个一标准"在全区2362个行政村建设了2802个农村信息服务站，实现了互联网经营、农村党员干部教育、文化信息资源共享三项功能。基本形成信息网络基础设施齐全的农村信息服务体系。

（二）农民生产生活方式多样化

农村信息服务站充分发挥服务"三农"的职能，大量采集、整理、发布农林科技、农业生产资料及农产品供求信息，切实解决农民生产、市场对接、科技服务等问题。例如，银川市贺兰县特产张亮香瓜、金山西瓜、丁北西芹、五星茄子等优质特色瓜菜，2009年通过张亮村、金山村等村信息服务站在区内外各涉农网站累计发布信息4000余条，吸引了来自河北、江苏、上海、吉林、四川、重庆等10余个省市的客商，实现农产品交易1200余万元。信息服务站在广大农村传播先进文化、组织开展健康有益、丰富多彩的文体活动，改变农民生活方式。例如，固原市马园村农民由于文化水平低，对《古兰经》无法正确深刻理解，信息员皮学亮针对这一情况，从互联网上下载阿訇讲座、动画视频，并组织村民收看，以生动、形象的方式引导农民正确理解《古兰经》，累计组织村民集中观看16次，参加村民2600人。截至目前，三农呼叫中心专家讲课、培训630次，通过12346特服电话解答各类问题15000次。农村综合信息网发展种养殖大户，种子、化肥等生产资料供应商300家会员，网站访问量累计到了109万人次。截至目前，通过2800多个信息服务站，发布农产品供求信息5.2万多条，实现农产品网上销售收入8.8亿元，组织群众收看互联网电视和进行农村党员远程培训15万多场次，受益农民达210万人次。通过农村信息服务，有力地促进了农民生产生活方式的改变。

（三）城乡一体化进程已逐步形成

宁夏在推进信息化过程中，把突破口选在农村，将公共服务向农村延伸，城乡共建平台，共享服务，让农民率先享受到信息化成果，解决城乡二元问题，推进城乡一体化进程。自2009年3月工信部批准宁夏银川市金凤区为国家信息化推进城乡一体化试点后，确定了建设金凤区城乡一体化综合信息管理与服务平台，建设城乡综合管理系统、城乡综合服务系统和城乡产业发展三类系统的工作思路。目前，金凤区城乡一体化综合管理与服务平台初步建成，搭建起了连接金凤区59个党政部门、7个镇（街道办事处）及57个行政村（社区）的公共综合信息服务网络，为金凤区机关干部、镇（街道）、村（居）工作人员及广大群众提供一点式登录，一站式服务的业务办公、行政许可、需求查询等应用。围绕民生问题，梳理了包括婚姻登记、卫生许可、招工登记等多项服务事项并实现网上发布和办理。利用综合信息服务平台，发布各种特色产业供求信息千余条，居民缴纳话费15.6万元，提供家政服务7000多次，5万名失地农民通过网络实现了在本村办理和领取养老保险，120家农家乐上网，每天吸引5000市民前往消费，解决了1.5万名失地农民的再就业，三级服务机构办理各类服务2600余件，农民逐步享受到了城市化的公共服务，促进了城乡一体化进程。

（四）形成了多种信息模式共存的信息化大环境

在信息化发展的过程中，各地通过发挥地区优势产业，在信息服务逐渐深入的同时，逐渐形成了多种服务模式共存的局面：贺兰县以信息化推进水产养殖业现代化发展的"龙头企业+信息技术集成+产业协会+农户"基本模式，将信息技术应用与信息服务扩展至产业协会各会员，进而辐射至所有水产养殖户，实现本产业的信息化全覆盖；中卫沙坡头区镇罗镇是日光温棚蔬菜集中产销地，由蔬菜育苗企业通过装备信息化手段，应用西部电子农务平台，尤其广泛应用平台中的三农呼叫中心、科技110系统以及蔬菜市场价格信息系统，指导菜农种植、病虫害防治应用远程视频专家诊断等功能，形成了辐射全市及周边地区的"企业+信息技术集成+基地"的信息服务基本模式，为干旱半干旱地区农业信息化发展起到了重要示范作用。宁夏塞外香面粉有限公司运用信息设备和手段，扩大优质粮食基地的建设，按照现代农业企业"订单农业"的标准化要求，形成了"龙头企业+科研+基地+农户"的信息服务模式，实现了信息化与农业产业化的有机融合，为青铜峡市的农业现代化发展，起到了积极的推进作用。中宁县长山头农业科技服务有限公司在实践中探索出的"科技特派员与农村信息员合二为一"的信息服务模式，在促进当地农民增产增收方面取得了突出成效。

二 宁夏农村信息化建设中的典型做法

宁夏遵循信息化发展的基本规律，以"平台上移，服务下延"为思路，结合实际，大胆创新，强势推进，使得信息服务延伸到基层，为农民提供更加有效的信息服务，同时也呈现出了如下几个典型做法：

（一）科学指导，规划先行

宁夏信息化建设在充分试点的基础上，制定了《宁夏回族自治区社会主义新农村信息化实施方案》，确定了一条"平台上移、服务下延，低成本、高效益"的农村信息化之路，农村信息化建设取得了较好的成效。为巩固、完善和提升我区农村信息化成效，推动我区农村信息化省域示范迈上新台阶，编制并印发了《2009－2012年宁夏回族自治区农村信息化建设规划与实施方案》，确定了一个涉农信息资源和服务平台、三大支撑体系、五项建设重点的总体框架，指导并规范未来三年宁夏农村信息化建设工作。

（二）强势推进，形成合力

宁夏成立了由书记、主席任组长、副组长，相关部门负责人为成员的高规格的信息化领导小组。5个市和22个县（区）分别成立了以"一把手"为组长，分管领导具体抓，其他部门积极参与、配合协作的领导体制，提高了权威性和执行力，加快了农村信息化建设的进度。同时各涉农相关部门争取国家相关部委投资，各级政府落实运营维护投资，组织帮扶单位及社会力量积极投资，共同参与到农村信息化建设中。

（三）平台上移，服务下延

宁夏农村信息化建设的平台、网络和数据库建设等基础工作，全部由自治区统一来做，即"平台上移"，将农村党员干部现代远程教育和文化信息资源共享工程等在一个平台上运行，在一个界面上提供信息查询、互联网经营、培训和文化传播等多项服务,并不断拓展服务功能。按照"五个一"建设标准,在行政村建设多功能信息服务站,使农产品信息发布、文化娱乐、思想政治教育、消费维权在一个信息服务站和终端上实现,即"服务下延",延伸到基层,延伸到农民中。

三 宁夏农村信息服务过程中尚且存在的问题

宁夏农村信息化工程的建设,为社会主义新农村建设发挥了重要作用,深受基层特别是农民群众的欢迎。它虽然取得了一定成绩,但仍然存在着不足之处:

(一)基层信息点的作用发挥与自治区党委、政府的要求有一定的距离

从宁夏总体情况看,普遍存在"上热下冷"的局面。自治区各级部门和县市政府都能贯彻和执行自治区党委、政府加快新农村信息化建设的决定,积极性高,都能结合本部门职能创造性开展工作,全力推进。制定建设方案、出台政策、配备信息设备、培训人员,到了基层,行政村村干部和农民对充分利用先进信息手段认识不足、热情不高,从随机抽查行政村信息点情况看,大多是大门紧闭。究其原因,主要是基层领导干部对新农村信息点作用认识不足,农民的信息意识淡薄,加之服务跟不上,造成目前行政村信息点作用发挥不大。目前,大部分设在村部的信息点,其作用仅仅停留在对本村党员开展远程教育、组织村民培训、放网络电影或登陆到三农呼叫中心视频系统听专家讲课。信息点设在村部,有的村部不在村民聚集区,村民也不愿去,加之大部分信息员是兼职,因此信息点很难保证做到固定时间开放以方便村民。

(二)行政村信息点运行长效机制尚未建立起来

行政村信息点装备容易,只要在能通电话和宽带的地方,信息员会操作电脑,就能实现与外界进行互联网的接通。但要达到建设之初的目标,实现"三项功能"(党员远程教育、文化资源共享、农业科技信息查询)并能保持长久的运行和服务的目标,还相距较远。从目前情况看,大多数信息点都属于低层次低水平的状况。首先表现在部分信息点设在村部,而造成村部的作息时间不能保证村民随到随用方便查询的状况;其次是村民需要信息服务的热情不高;再

次是信息员待遇低，尤其是南部山区和川区的一些市县，没有专职信息员，配的都是兼职信息员，待遇低，且不能按时正常发放，导致信息员不能保证信息点经常开放。加上信息点要提供免费服务产生一定费用，增加了村委会上的负担，村干部积极性也不高。就是有专职信息员的信息点，对调动信息员的积极性没有严格的管理办法、考核制度、激励机制，信息员的服务也是处于被动状态。村信息员文化水平低，全区专职信息员文化程度具有大专文化程度不足40%，兼职的信息员文化水平就更低，信息点服务也跟不上，这些都造成信息点作用难以很好地发挥。

四 加快宁夏农村信息化建设的对策

针对目前在宁夏农村信息化存在的问题，结合当前全区信息化的发展现状及农村的实际情况，提出以下几点对策：

（一）配套完善的信息设备，是开展信息服务的基础

建议通讯部门按照自治区党委、政府的统一部署，进一步完善农村通信基础设施，积极创造条件，推动电话、宽带网、移动通信网络向行政村和自然村延伸。信息化的硬件设施是关系到信息服务的运行环境和外部条件。目前仍有一些地方还不通宽带，制约了农村信息化的建设。现有的信息点大都配备了电脑、电话、打印机、音箱设备，有条件的地方，还应配备视频、数码相机以及简单的数码存储和加工设备等，对配备的设备纳入国有资产管理，进行固定资产登记，实行县配、乡管、村用，充分用好设备。

（二）强化信息员队伍的建设，是发挥信息服务的关键

一是要充分发挥信息员的作用，就必须明确职责，固定信息点开放时间，落实服务责任。向村民公布信息员电话和监督电话，尽可能做到村民随时方便应用，信息员无条件服务，并保证信息员待遇，明确任务。以县为单位强化信息员管理，制定切实可行的考核管理办法，签订目标责任书，采取奖勤罚懒措施，对信息员的管理纳入正规渠道。争取把每个信息点建成真正为农服务的平台和窗口。二是强化培训，提升服务水平。对信息点进行业务技能考核，水平有限的要进行强化培训和提高。做到能熟练操作信息设备，群众提出的信息能及时准确查询，能下载群众需要的各类信息，收集和处理本村信息在网上进行

发布，能做到简单故障及时排除和修复，以保证信息的畅通。三是规范管理，引入激励竞争机制。对现有信息员实行阶段目标综合考核和评价，结合民意测验，能胜任工作的，信息员要相对固定，效果明显的要奖励，不能胜任的要提出警告、整改和调整，并纳入动态管理，做到能进能出，引进竞争机制。

（三）增加投入，是推进新农村信息化建设的保证

信息点的建设及信息服务工作，要提出结合实际的建设要求，信息员的待遇，要明确统一标准，尽可能纳入县级财政专项预算，要做长期打算。从目前情况看，绝大多数行政村信息点依赖政府。有条件的信息点，在做好为农服务的前提下，允许和鼓励其作为农村合作组织、协会、园区、企业、大户的信息积聚场所。按照市场运行机制，对信息点实行股份或其他形式的经营，鼓励和培育涉农企业用科技特派员创业形式，实现信息服务三农和企业经营融为一体，研究和建立政府、社会、市场等资源的多元化投入体系。

（四）探索符合市场经济条件运行的新机制，是新农村信息化建设可持续发展的保障

针对行政村信息点运行长效机制问题，可采取以下两点措施：

（1）对各县市信息点建设和运行，按照市场机制原则，进行分门别类的界定和定位，分类指导。根据具体情况确定信息点能否发展成为信息特派员的微型企业。如果适合创业的信息点，就鼓励和培育信息点变为经济实体和微型企业。鼓励农村信息员向信息科技特派员转变，在转换过程中，希望政府保留待遇，给一个过渡期。如果不能创业，就必须界定为公益性信息点，按照要求进行考核和管理，根据承担的公益任务，由村干部兼任信息员，确定合适的兼职待遇。

（2）鼓励、引导和培育涉农企业、协会、各类农村经济组织等参与新农村信息化建设，以信息特派员身份创新基层信息服务运行机制。探索市场经济条件下，农村基层信息服务新模式。允许有实力的涉农企业，整体承包或出资经营现有政府已建设起来的网络系统，作为资产入股，做到自负盈亏，自我发展。

（五）追求多类型服务模式，是信息化真正为民的重要举措

一是实施"基础提升"计划，建设和完善全区通信大本地网一体化工程、

信息中心平台提升工程、区域信息平台建设工程、自然资源与空间地理基础信息库建设工程，为我区信息化发展提供较好的网络、平台等基础支撑。二是实施"信息惠民"计划，建设和完善社会保障"一卡通"工程、全员人口宏观管理建设工程、农村信息化提升工程，切实为民生服务提供保障。三是实施"信息助政"计划，建设和完善政务服务五级联动工程、政法综合信息网建设工程、纪检监察与网络舆情监测信息化建设工程、财政统计信息化建设工程，切实提高政府效能和公共服务能力。四是实施"信息兴业"计划，建设和完善两化融合工程、信息产业提升工程、物流业信息化建设工程，助推经济结构方式的调整和发展方式的转变。

参考文献

宁夏回族自治区经济和信息化委员会信息化推进处：《部门上半年工作总结》，2010 年 7 月。

宁夏科技厅农村科技发展中心：《2010 年宁夏农村信息化工作汇报》，2010 年 9 月。

宁夏社会科学院图书资料中心信息化调研组：《2010 宁夏农村信息化调研资料》，2010 年 9 月。

第四部分

图书馆与电子图书

阅读的变革与图书馆策略

曾敏灵[*]

摘　要　通过对当前网络阅读发展的趋势、特点和图书馆服务困境的分析，探讨了图书馆应对网络阅读所带来的冲击须遵循的途径与方法。

关键词　网络阅读　图书馆

中国新闻出版研究院（原名中国出版科学研究所）于 2009 年 4 月发布的第六次全国国民阅读调查结果显示，我国国民图书阅读率从 1999 年的 60.4% 下降为 2008 年的 49.3%，同期的网络阅读率则从 3.7% 攀升到 46.7%，对此，郝振省院长认为："传统图书阅读率下降已不可避免，网络阅读的兴起不可逆转。"

研究网络阅读的特点，探讨传统阅读与网络阅读的差异、现状和发展趋势，对于图书馆创造性地开展服务具有十分重要的意义。

一　阅读的时代特征

（一）纸本阅读与网络阅读并存

根据 CNNIC（中国互联网络信息中心）的报告，截至 2008 年底，中国网民规模达到 2.98 亿人，继 2008 年 6 月中国网民规模超过美国，成为全球第一之后，中国的互联网普及率再次实现飞跃，赶上并超过了全球平均水平。互联网的普及促进了网路阅读的飞速发展，对传统阅读的影响越来越深。

由于网络上自由、开放、多媒体与数字文本的特色，改变了人们的阅读方式，例如，因为阅读电子版的小说需要较长的时间，人们会选择较长的空档来看电子小说，印刷式的小说因为可以随看随停，所以会安排在一些琐碎的时间

---

[*] 曾敏灵，女，1972 年生，中共广州市委党校图书馆，副研究馆员。

来阅读（午休、睡觉前）。至于印刷形态的阅读内容会偏向专业性，电子形态的阅读内容就会倾向阅读娱乐、小说、新闻性，而且往往是选择性地阅读所需的部分，而甚少将整份读物从头到尾看完。当然，e时代的大众阅读习惯是否会全盘改变，尚存有许多的变量。翻开中外出版史，当图像媒介出现时，人们曾担忧文字和书本何时会被取代，未来当电子文本随着电子书的功能逐渐完备，电子纸以及先进的阅读器屏幕能够呈现和纸张一样细腻的质量，而且能够以更低的价格提供取得阅读的内容，并以更有效的方式来储存内容，甚至能够透过内容的超级链接，不断让读者进一步去发掘更详细的数据。

由于网络阅读自身仍存在着诸多的缺陷和问题，其中最难克服的即其非经典化、文化积淀问题，而这却是传统阅读之所长。因此，至少在目前看来，传统的纸质阅读与网络阅读由于它们各自鲜明的特点，在未来一段时期仍将共存。

（二）深阅读与浅阅读互存

读者通过有目的性地长时间阅读和反思，从而获取知识，有思考、有乐趣，并能提升自己个人修养、品位，称之为"深阅读"或叫"知识阅读"。相反，读者只以了解信息、娱乐休闲，迅速消化与吸收、抛弃与更新、理解与遗忘称之为"浅阅读"或叫"知道阅读"。

阅读的方式不在乎是深和浅，在乎的是读与不读的选择。不可否认，"浅阅读"在当今时代有其存在的合理性，能够迅速获取信息资源，拓宽知识面，新兴阅读载体尤其是网络的兴起慢慢地带我们迈进了一个"浅阅读"时代。浅阅读是深阅读的补充。越来越多的人从过去的"知识分子"转变为"知道分子"。浅阅读可以激发读者兴趣，让阅读者发现什么才值得深阅读，而深阅读培养的思考习惯，能使浅阅读的选择更为精细和准确，又从"知道分子"转向为"知识分子"。有些读者是通过网络等媒体强大的宣传攻势，或在网络上随意浏览的无意识中被作品的精彩内容吸引着，同时纸质载体的作品也出版了，在书店或网上购书阅读，再经过自己的深度阅读、深度思考、分析，从而汲取知识，提高读者的思考能力、逻辑能力和感悟能力，从而转向为深阅读。从某种意义上说，网络的"书香"提升了深阅读的关注度，也拆除了有纸、无纸的阅读边界。两种阅读观的意义在于它们都能同时存在，并且让人各取所需，因此，"深浅"之间完全可以相得益彰互为补足。

(三)读者即作者

互联网在改变人们阅读方式的同时,由于其独特的交互性,还改变了人们阅读的被动状态,彻底颠覆了传统的作者与读者间的关系。在网络上不只阅读,也可以书写,使得"人人都是作者"成为可能。像 WIKI 百科、社区论坛等都是阅读与创作浑然一体,这也标志着阅读已经从 1.0 进入了 2.0,从单纯的"阅读"变成双向的"阅作"。根据美国的一项研究显示,在 2004 年时,美国一亿两千万的网络使用者中,约有 7% 表示自己曾制作博客。这表示约有八百万的美国人曾尝试在网络上发布自己的创作。因为读者可以随时反映意见,使得网络上的文本没有所谓的完稿日,使得文本内容每天更新,也使得编辑过程更加透明化。此外,诸如互动诗之类的题材,让作者与读者共同完成作品,作者提供基本的素质,读者利用自己的生活经验及想象,协力创造出一个艺术品。

二 网络阅读对图书馆的影响

(一)利用图书馆方式的改变

数字化时代的阅读方式,截然不同于工业时代、农业时代。如果我们还把阅读理解成端坐在书桌前的认真研读,那显然是有些不合时宜了。利用零碎的时间和一切可能的形式进行阅读,已成为数字化时代阅读者的特征之一。

据美国互联网调查机构皮尤网络与美国生活项目调查数据显示,在 2007 年一年中,有超过一半的美国人访问了图书馆的资料,他们中许多人通过计算机进行了在线访问而不是直接阅读资料。调查显示,与非互联网用户相比,光顾图书馆的互联网用户超过了二倍。在所有年龄段的美国人中,超过 2/3 的人表示他们利用计算机在线访问图书馆的资料。65% 的人用计算机查找信息,62% 的人使用计算机核查图书馆的资源。

(二)传统管理与时代的落差

图书馆是一个收集、整理、保存、传播信息文献资源并提供利用的科学、文化、教育和科研的公益性服务机构。藏书量大是图书馆的最大特点,最大的特点在读者使用过程中就是最大的缺点。传统图书馆馆藏主要以纸质印刷载体典藏资源为主,用卡片式按书名、作者、分类号等著录方式来排列,读者难以在庞大的专门贮存书库中找出自己喜欢阅读的书籍，因藏书量大，馆藏布局不清，对图书馆分类编目的中图法不熟，检索困难，一时难于找到需要的书籍。现代图书馆以电子书刊和数字化文献信息资源为主，能快速便捷以书名、著者等方式检索到有关图书，但使用者在检索技能上存在差异，从而产生高科技的恐惧感，更难适应现代科技信息技术发达带来的便利。同时图书馆很多时候让读者觉得更像是以赢利性为目的的服务经营单位。在网络没有普及前，图书馆是最主要的信息资源的提供者；在网络普及的时代，进馆门槛高、免费服务少、收费服务多、工作人员的态度不热情、对高科技的恐惧感等一系列客观条件让读者望而却步。

（三）信息获取途径的多元选择

现在虽然有很多大型图书馆开展图书数字化资源的共享服务，但受技术、身份、服务等条件的限制，图书馆所提倡的资源共享其实是一个口号，形式大于内容。人们不能在图书馆的空间里自由自在的获取信息资源而转向互联网、电视、多媒体等多种获取信息来源的途径。Google 数字图书馆让网民可以免费阅读没有版权的图书，特别是那些绝版的珍贵文献可以成为网络资源的一部分而被自由阅读；在网络上使用者还可享受到足不出户就能阅读到各种丰富的信息资源，电子报刊和电子图书的出现，使人们成为"秀才不出门，能知天下事"的文人。网络对于那些在数字时代成长起来的年轻人来说，最大的吸引力在于突破了传统的阅读习惯，同时能够满足人们交流沟通的需求。

三 图书馆应对网络阅读的策略

（一）倡导全民阅读

温家宝总理在 2009 年 2 月 28 日与网民互动时说的："我非常希望提倡全民读书。我愿意看到人们在坐地铁的时候能够手里拿上一本书，因为我一直认为，知识不仅给人力量，还给人安全，给人幸福。多读书吧，这就是我的希望。"

图书馆作为社会重要阅读空间，以其专业性、权威性和丰富的文献信息资源，成为读书活动的一个主要阵地。它旨在支持那些有能力阅读的人去阅读，通过阅读让人们得到心灵的慰藉，享受阅读的乐趣。因而，图书馆在提高国民阅读率中具有不可比拟的优势。为了提高国民阅读率，构建全民阅读的学习型社会，图书馆应致力于养成国民阅读习惯，提升国民阅读风气，让社会各阶层都能有阅读的机会。如坚持不懈地开展各种类型的阅读推广活动，建立系统的阅读推广计划，努力提高阅读品位，培养阅读"定力"，在全社会形成长期的阅读效应；图书馆应利用网络平台，将专家评书、馆员荐书、读者品书三者结合起来，为读者提供一个自由开放的书评园地，并在此基础上，建立一个相对成熟的专家书评数据库，真正承担起面向社会的导读工作，扩大图书馆在提高国民阅读率中的功效。因此，公共图书馆和其他类型的图书馆有必要对服务工作重新定位，把"为社会成员提供终身学习的机会"作为一项历史性的责任去完成，把创建学习型社会、推动全民阅读作为一项中心工作来抓，在传承文明、传播先进文化、建设学习型社会中更应起引导全民阅读的积极作用。

（二）馆藏和服务的专业性、针对性

网络时代，信息冗余、无序给知识自组织带来的并非"无限空间"，而是信息匮乏和屏蔽，只能阻断知识自组织的进程——思维。因此，网络时代的图书馆应当以特定范畴的系统性知识建构其"专业"基础，并依此将针对性的知识整合到知识的学习、创新和运用的实际思维当中去。"专业"的核心就是为特定群体的知识保障而组织知识。我们已经进入了网络时代，进入了共建共享知识资源的无限信息空间，我们所要做的就是将自己的"有限"融入网络的"无限"，在对网络"无限"的开发与建设中达到"专业"的"系统"和"针对"。网络时代，藏书建设无须也无力再片面追求"大而全"或"小而全"，而应将策略转向一定知识深度的系统性，即侧重专业知识承传与积淀的经典收藏，代表专业知识的发展源流、体系结构及主要学派，形成专业知识建构的主干，构成专业领域内知识保障的基础。

（三）技术引领服务

信息技术的发展、互联网的普及、数字化信息时代的到来，挑战了传统图书馆的资源结构，以印刷载体文献资源的传统服务依然存在。数字化的兴起，新的传播方式的广泛使用，将高科技手段引入图书馆的数字化服务，为读者获取信息资源提供了新的方式和管道。数字化图书馆通过信息技术、计算机、网络等手段创新数字化服务新方式，将传统的服务优势充分利用并与现代数字化服务融合，冲破空间、地理位置、身份、种族等限制，扩大读者群，为有需要

的读者提供丰富的馆藏资源,合作型服务真正做到藏富于民。运用新的移动通信技术形成移动数字图书馆以短信服务、WAP 网站、RSS 信息聚合以及手机图书馆等数字化服务模块。

如国家图书馆目前可以为已注册的读者利用手机提供 20 余种报纸和 1000 余种图书的资源,数字化国图还将目光投向北京 300 万数字电视的用户,计划通过专家推介图书的"一日一书"等节目将数字图书馆的服务送到千家万户。

(四)提升图书馆的网络知名度

在商品经济的全面作用下,营销已成为各产业领域组织发展的必要手段和重要支撑,作为知识与信息服务的图书馆也不例外。图书馆引入营销理念,是从根本上改变图书馆服务质量和市场形象,提高图书馆信息资源利用率的必要手段。开展多种形式的网络信息营销活动,不同于传统的追求经济效益的市场营销,它所追求的主要目标是:以用户(读者)为中心,及时了解、预测用户的信息需求,针对用户的信息需求特点,利用网络技术及图书情报专业的技术方法,开发信息产品并推向市场,并且关注其社会服务效果即用户的满意程度。要注重网上评估与用户反馈分析,通过分析图书馆网站的访问率、营销方式,有利于开展关系营销,锁定特殊客户群,实现吸引新客户,或通过各种数字化资源的利用率以及网络信息需要的满足率等来评估其信息服务是否实现留住旧客户的目标。

(五)共享人才技术资源

网络时代,读者的需求越来越多元化和个性化,图书馆需要根据各自不同的读者对象和读者需求建立充分满足需求的馆藏资源。在网络环境中,各图书馆重复建设相同的信息资源是没有任何意义的。只有各图书馆都具有各自特色的数字文献资源,网络才真正是资源丰富的宝库。如在互联网上的 WWW 虚拟图书馆就是这样一个由世界各地不同学科的信息资源共同构成的资料库,如生物学方面的信息资源由哈佛大学负责,化学方面的信息资源由加州洛杉矶大学负责等等。每个单位都开发一个 Web 服务器,由它与其他学科的 Web 服务器相联,然后将这些分布在各地的各学科服务器联结在一起,共同构成设在瑞士的主服务器上的虚拟图书馆。

总之,正如北京大学教授王余光所说:"网络改变一代人的阅读习惯,是自然而然的事情。读书不一定就高尚，读网也不一定就堕落。……无论阅读哪种媒体都要面临一个内容选择的问题。……对读书的引导应该提倡读什么，而不是通过什么读。"因此，图书馆应该义不容辞地承担起对知识的引导和传承、教育的责任，以传统的阅读精神引导网络阅读，以达到获得知识和乐趣的目的。

参考文献

《温家宝提倡全民多读书 赞成设立全国读书节》http：//book.people.com.cn，新华网，2009年3月2日。

《第五次国民阅读调查：网络阅读首次超过图书阅读》，http://tech.sina.com.cn。

《第二十一次中国互联网络发展状况统计报告》，http：//www.cnnic.net.cn，2008年1月7日。

汪秋萍、王宏伟：《数字阅读书香弥漫e时代》，《新华日报》2009年4月23日。

刘莉：《公共图书馆网络阅读与网络指导工作探索》，《农业图书情报学刊》2009年第6期。

刘澜：《网络阅读的现状与发展探析》，《大学图书情报学刊》2009第27卷第2期。

林晓霞：《"全民阅读"在网络时代的价值和意义》，《福建图书馆理论与实践》2009第29卷第1期。

电子书对图书馆的影响与挑战

李文姬*

摘 要 随着电子书信息技术的不断发展,载体形式的变化对读者的阅读方式、图书馆的管理方式和服务方式产生了巨大的影响,本文通过从电子书的概念及特点出发,分析了电子书给图书馆带来的影响作用,并提出了面向读者的电子书利用与服务的新思路。

关键词 图书馆 电子书 读者服务 影响

知识经济时代,知识信息增量巨大,新的信息载体层出不穷。一种新的文献载体——电子图书已经出现,它是信息时代技术发展的必然产物。电子图书的出现,对图书馆的发展是机遇,更是挑战。

一 什么是电子书?

虽然电子书被 IT 行业者看作是新的热点,但是仍有很多人不知道何为电子书。

目前国内学术界以及社会各界初步将电子书认定为:"电子书代表人们所阅读的数字化出版物,从而区别于以纸张为载体的传统出版物,电子书是利用计算机技术将一定的文字、图片、声音、影像等信息,通过数码方式记录在以光、电、磁为介质的设备中,借助于特定的设备来读取、复制、传输。"

它由三要素构成:①E-book 的内容,它主要是以特殊的格式制作而成,可在有线或无线网络上传播的图书,一般由专门的网站组织而成。②电子书的阅读器,它包括桌面上的个人计算机、个人手持数字设备(PDA)、专门的电子设备(如"翰林电子书")。③电子书的阅读软件,如 Adobe 公司的 AcrobatReader、

---

* 李文姬,女,1975 年生,广州市社会科学院文献信息中心,助理研究员。

微软的 MicrosoftReader、超星公司的 SSReader 等。可以看出,无论是电子书的内容、阅读设备,还是电子书的阅读软件,甚至是网络出版都被冠以电子书的头衔。电子书的出现,是书籍发展的一大飞跃。

二 电子书的特点

随着网络信息技术的飞速发展,书籍的无纸化阅读已经成为一种潮流,在网络上,各种格式的电子书随处可见。与传统的图书相比,电子书具有如下的主要特点:

(1) 具有高度灵活性。电子书不仅能展现纸质图书上的文字、图片内容,保持纸质书的原版原式,同时还可附带音频、视频等多媒体内容,比传统纸质图书的表现形式更加多样化,已经不是单靠图文并茂可以形容的了。

(2) 传播面广,传播速度快。互联网是电子书传播的高速公路。网络技术的迅猛发展以及网络上信息的高速传输,使电子图书的复制更加迅捷、方便、廉价。

(3) 具有较强的技术性。电子书是一种"无纸的书",没有传统图书的纸质介质。传统图书的信息是以实物的形式存在的,而电子书的信息是以数字形式存在的。数字图书的传播和使用需要利用数字编码的存储技术、加工技术和传播技术。

(4) 更新速度快。由于电子书的特殊形式,它的出版发行,甚至更新速度比一般传统书籍都快。

(5) 易检索性。电子书以数字形式存储,检索起来十分方便快捷。这为学术研究提供了极大的便利,节省了人们宝贵的劳动和时间,加速了知识的利用、管理、加工和再生产。

(6) 易存储性。1G 的硬盘可以存储大约 2 万多本电子书。1 台笔记电脑可以成为你的图书馆。这极大地方便了书籍的保存和阅读,也节约了人们有限的生活空间。这使普通读拥有图书馆不再是什么新鲜事。

(7) 个性化的阅读方式。在手持式电子图书阅读终端和带有阅读电子图书功能的手机雨后春笋般出现在地铁和公交车中的时候,读者的阅读方式已经不在局限于离开网络或图书馆的时候就无书可读了,而是随时随地地可以在家、公交车、地铁等公共场所进行阅读。

(8) 携带的方便性。除了可以用电脑存储外，电子书还可通过移动存储设备保存。这又形成了电子书的一大优点：易携带。外出时你可以十分方便地携带大量的书，甚至是一座图书馆。

正是由于电子书借助传统的书籍阅读方式，并综合了网络技术和个人电脑技术的特点，成为未来几年中发展的趋势。

三 电子书对图书馆的影响

图书馆在将电子数据库和电子杂志纳入馆藏之后，必然将电子书作为其服务内容中的一个重要部分。电子书的引进和使用涉及图书馆的方方面面。

(1) 对采购工作的影响。相对传统图书，电子书具有如此众多的优越性，可以预见未来图书形式将由传统图书向电子书过渡。但是就初期而言，图书馆需要购置媒介电子书的载体形式——阅读器，正如 20 年前图书馆在采购录音带的同时，还要买录音机提供给读者使用一样。但是相信随着电子书阅读器逐步成为大众消费产品，图书馆对阅读器的采购压力将减轻，就像现在录音带仍在采购，但读者不再用图书馆的录音机了。另一方面面对数量众多的电子书出版商和多种多样的发行和出版模式，图书馆并无现成的管理框架和模式可以拿来应对电子书的采购。如果采购工作缺乏沟通的话，电子版馆藏和印刷版馆藏就很难进行统一的建设规划和使用评估。

(2) 对编目工作的影响。目前国内还没有系统的电子书书目数据库。随着电子书内容的增长，建立相应的书目数据库将变得十分必要。电子书编目需要相应的标准。EBX 标准对电子书的元数据格式提供了两种形式：扩展元数据和简明元数据。MARC21 是目前图书馆电子书书目信息交换普遍接受的标准格式。我国对中文网络信息的元数据标准的研究还刚刚起步，如何借鉴国外研究成果，建立适用于中文环境的电子书元数据标准，将是一项重要任务。

(3) 对收藏工作的影响。电子书的普及将节省图书馆的书库空间，但对图书馆如何保存电子书的内容提出了挑战。采购电子书可以保存在电子书内容提供商的服务器中，用户可随时登录、下载和阅读。这种保存形式对网络带宽的要求较高，而且一旦内容提供商倒闭，图书馆会承担丢失电子书内容的风险。另一种方式是将采购的电子书保存在图书馆服务器中，这需要硬件设备支撑。出版商将对这些电子书通过特定的加密、解密技术进行版权保护，以保证一册电子书只能供一个用户使用，如要同时使多个用户阅读，图书馆需要采购多个复本。

（4）对流通工作的影响。在起步阶段，由于专用阅读器不够普及，图书馆将同时向用户提供电子书及阅读器的外借服务。在美国的一些公共图书馆，已开始向用户提供电子书阅读器外借服务。外借的电子书阅读器按用户需要下载内容，归还后，如下一个读者需要另一些内容，则按照新的需求下载新的内容。目前电子书内容与特定的阅读器相捆绑，不同内容阅读器之间的相互操作性较差，因而，这种流通方式是低效和不经济的。在电子书的相互操作性问题解决及阅读设备普及后，电子书阅读器的外借将不再是图书馆必须提供的服务，而电子书内容的流通将成为图书馆流通工作的重要组成部分。

四　图书馆开发和利用电子书的新思路

（1）我们应正确认识电子书对图书馆的影响作用。电子书对图书馆的影响是一个长期的、逐渐渗透的过程，电子书肯定会取代纸版图书，但是又不会把纸版图书逐出历史舞台，未来图书馆只能是电子书与纸版书相结合的模式，两者并驾齐驱、互相补充、互相促进，形成一个公共信息服务的综合体。

（2）完善硬件资源，把电子书资源引入图书馆。"完善硬件资源"主要是指在图书馆内尽快建立局域网，为电子书的使用搭建网络平台；再就是把图书馆的局域网连接到互联网上，为引入电子书资源建立畅通的渠道。图书馆向网络数字图书馆过渡其实是从文献资源的拥有向文献资源的获取过渡，是从文献收藏中心向文献利用中心的过渡。图书馆未来是网络数字图书馆中的一个节点，一个获取文献信息的窗口。目前，通过完善硬件资源把网络上现有的电子书资源引入图书馆，把网络上的虚拟资源变为图书馆的实体文献资源，用较小的代价就可以实现图书馆文献资源的数字化。完善硬件资源还可以为图书馆引入其他形式的数字文献资源，为馆藏特色文献资源的数字化积累经验并打下基础。

（3）优化电子书文献资源结构，提高电子书的文献保障率。图书馆在引进电子书资源时应统筹兼顾，对没有版权而又是图书馆必备文献的电子书要优先引入；对有版权的收费电子书，要结合自己馆藏文献结构的特点，有针对性地引入，做到电子书资源与传统印刷型文献资源互补，以强化本馆的特色文献资源。特别是对大量的网络原创作品的电子书资源要有足够的重视，这些网络原创作品，大都有强烈的时代特征、丰富的生活内涵和浓郁的文化气息，广泛的社会需求，已经成为当代社会文化与科学技术的重要组成部分。引入网络原创作品的电子书对丰富馆藏文献资源、对满足读者对当代社会文化与科学技术信息需求以及加快图书馆文献资源的数字化建设都是十分必要的。为建立起载体多元化、来源多元化、学科特色化的文献资源保障体系打好基础。

（4）设立专职部门收录电子书资源。一般而言中文电子书资源格式复杂、分散无序，特别是有些网络原创作品的电子书，其下载站点众多、内容繁杂、组织不规范。图书馆应设立专职部门并制定搜集与使用电子书的规划，通过搜索引擎建立网络电子书资源列表或订阅相关电子书网站的电子邮件列表，掌握网上的电子书资源的动态，以便根据读者的阅读以及馆藏文献资源数字化建设的需求，在第一时间获取所需的电子书。

（5）建立完善的电子书服务平台。利用图书馆现有的局域网为读者提供电子书阅读，给读者以低成本使用网络文献信息开辟了一条捷径。由于网络上的电子书格式不统一，使用要求也各不相同，因此图书馆在开发电子书文献资源的同时，应建立电子书服务平台，使读者能够方便地检索、阅读电子书，并能够提供复制、打印所需的文献信息服务。对一些新书，特别是计算机方面的图书，刚一出来定价都会很高，需要的人也特别多，并且这些图书还具有很严重的时限性，一本应用型的计算机图书的使用周期最多也不过两三年，图书馆大量采购这些图书是相当不划算的，特别是在购书经费有限的情况下，很多图书馆只有放弃购买这些图书。还有外文图书，动不动就是几十美元，使很多图书馆只能望之兴叹。我们可以利用电子文本下载价格低的优势，多下载一些利用率高、丢失及损失较为严重的图书，还有一些价格偏高的外文图书或珍藏本等，能很好地节约图书馆购买经费，又能满足读者的需要。

（6）开展图书馆的特色服务。传统图书只是一种静态的视觉作品，而电子书则是把多媒体技术融入其中，它具有可听、可看活动图像的强大功能，可进行互动操作，并且操作简单，这就使图书馆对一些特殊人士如老年人、聋哑人、盲人开展特殊服务成为可能，电子书可以任意放大字体阅读，这样就很适合老年人或视力不好的人，不需戴老花镜，盲人也可突破盲文书籍的限制，任意听、读各种自己喜爱的书籍了。

（7）加快图书馆电子书操作人才的引进与培养。目前，图书馆中图书馆专业与计算机网络技术复合型人才奇缺,应出台引进这种复合型人才的相关政策,以加大引进人才的力度。同时在现有图书馆工作人员的计算机网络技术脱盲的基础上,培养有潜力的年轻人才,以引入网络电子书资源为起点,为图书馆融入未来的网络数字图书馆奠定坚实的人才基础。

综上所述,电子图书作为一种新的文献类型,正在迅速发展。它的出现给图书馆工作带来新的挑战。电子图书有其一定的优势,但也存在局限性,这就给图书馆的服务工作提出了新的要求。图书馆应抓住机遇,完善现代化技术装备,扎扎实实地搞好电子书的利用与服务工作,使作为数字图书馆服务项目之一的电子图书服务日趋发展与完善,以便更好地满足读者对文献信息的需求。

参考文献

刘景顺:《浅析电子图书》,《黑龙江科技信息》2009 年第 3 期。

李小勇:《电子期刊的发展对现代图书馆的影响与对策》,《新余高专学报》2006 年第 2 期。

周力英:《浅谈公共图书馆读者服务创新》,《科技情报开发与经济》2008 年第 18 期,第 38~39 页。

信息时代电子图书对图书馆的影响与挑战

姚 耀* 耿乙武** 林 晨***

摘 要 本文从电子图书的功能特点和发展趋势出发，重点阐述了电子图书给图书馆带来的冲击以及图书馆应对的策略。

关键词 信息时代 电子图书 图书馆

随着新世纪网络信息技术的飞速发展与普及，图书馆正经历有史以来一次最为重大的变革，数字图书馆出现为传统图书馆的发展注入了新的活力。电子图书的出现使图书馆文献资源发生了根本性变化，传统出版物在图书馆资源建设中的主导地位受到巨大冲击。在这种情况下，传统图书馆工作方式的扩展，也对文献资源建设工作产生了巨大影响。

一 电子图书及其特点

电子书是指人们阅读的电子图书出版物，它区别于以纸张为载体的传统出版物。电子书是利用计算机技术将一定的文字、图片、声音、影像等信息，通过数码方式记录，借助于特定的设备来读取。电子图书与传统印刷型图书相比具有以下主要特点：

（1）电子图书具有高度灵活性。电子书不仅能展现纸质书上的文字、图片内容、保持纸书的原版原式，同时还可以附带音频、视频等多媒体内容，表现形式比传统书籍更加丰富。这已经不是"图文并茂"这个词所能形容的了。电

---

* 姚耀，中国人民解放军工程兵指挥学院。
** 耿乙武，中国人民解放军工程兵指挥学院。
*** 林晨，中国人民解放军工程兵指挥学院。

子图书是一种电子图书产品,借助数字技术的加工和编辑功能,不同的字符、图形、图像和声音在数字状态下可以任意组合、增删、修改、移动和重新排序。

(2)电子图书易存储、传播快。电子图书具有方便携带、容易普及的特性。现在作家的作品都在电脑上写作修改,经过简单的操作即成电子书,通过网络传递,电子书就可在瞬间呈现在读者眼前。现在存储介质的价格极其便宜。一般性的电子书大小300K左右,带图片和音乐的电子书容量大概在40MB左右,用1G的U盘存储可以装下成千上万的电子书,也就是说,携带一个U盘等于带着一个图书馆与你随行。这极大地方便了书籍的保存和阅读,也节约了人们有限的生活空间。

(3)电子图书具有较强的技术性。电子书籍将读者感兴趣的书籍和最先进的移动终端设备结合起来,继音乐、电影、电视、地图等电子图书和使用轻巧化之后,书籍的阅读也变得便捷化。读者可以轻松地进行掌上阅读而不用手捧厚重的书本。此外,电子书籍拥有传统书籍无法比拟的新颖交互式体验。它融合了文字、音频、图像、动画、视频等手段,具有很强的视觉冲击力和新颖的表现形式。动态的画面、音频视频的运用、方便的链接为阅读增加了更多感官体验。例如对重要文字设置超级链接,并对相同文字执行相同链接,当鼠标滑过该文字段时,就能迅速弹出一交互画面,出现与链接文字相关的数条即时在线搜索信息,形似书籍的注释。而这样的注释形式内容,信息量之大也是传统印刷品无法比拟的。因此,电子书籍的发展不仅会改变人们的阅读方式,也将改变人们的阅读内容。

(4)电子图书检索方便。传统书籍内容的查询是十分耗时且叫人头疼的事情。电子书以数字形式存储,检索起来十分方便快捷。在图书馆前的电脑操作台,输入我们要查询的图书,电脑很快就可以将我们需要的图书展现出来,这为读者尤其是学术研究方面的读者提供了极大的便利,节省了人们宝贵的劳动和时间,加速了知识的利用、加工和再生产,提高了效率。

二 电子图书的发展趋势

(一)电子图书阅读移动化

与纸质图书出版规模增速下滑的情况不同,我国电子图书的出版近年来却取得了长足的发展。最新出版的中国传媒产业报告显示:目前我国电子图书数量已经超越美国，跃居全球第一。随着手机功能、容量、普及量的不断上升，加之手机用户身份易于确认，付款方便，手机阅读在整个电子图书市场中的份额持续扩大，增长势头强劲，越来越多的人逐渐习惯于使用手机进行消遣性阅读。2007 年，手机上网用户达 4500 多万，比上年增加 2.26 倍。据专家预测：未来五年，将有超过 30% 的手机用户通过手机阅读电子书和数字报。

（二）电子图书的市场化

电子图书在第一次互联网热潮中高速发展的时候，中国高校的教育改革给这个火热的市场"浇了一把油"，上个世纪 80 年代，中国一些高校专家在与国外同行的交流中发现，电子文档是学术应用的理想载体，他们呼吁国家运用行政资源建立统一、大规模的电子图书期刊中心。1995 年，清华同方承接了国家项目——学术期刊光盘工程中心，挖到第一桶金，实现销售收入 3000 万元。追随清华同方，科技部下属公司的北京万方数据和重庆维普数据利用科技部的期刊和情报资源迅速赶了上来。同一时期，按照教育部"211 工程"要求，高校图书馆馆藏数量成为重要考核指标，廉价的电子图书一下子成了各个高校增加馆藏数量的秘密武器。由此确立了电子图书市场的雏形，随着电子图书读者的增多、国家立法的健全，电子图书的市场电子图书市场开始走向了良性的轨道。

（三）电子图书发行网络化

未来，借助网络，电子图书完全可以由出版者自行通过网络直接销售。因为电子图书并不需要实体物流，其订购、付款和配送完全可以用网络化的方式来完成。只要有一套完善的网上商店系统，就可以完全实现方便的在线订购和支付。而配送也只是点一下按钮，发一个密码，让消费者自行下载。现在书业并无全国性的大型中盘。出版社可能普遍建立 B2B 电子商务（发行）网站，并且与内部信息管理系统联通；发行网站将提前几个月预告出版信息，并通过电子书试阅读等方式提供关于图书的丰富信息；网站可以直接下订单，可以进行不同折扣、不同方式的结算；有网络条件的书店，向出版社进货将逐步改为网上进行。

三 电子图书对图书馆的影响

近年来，学术图书馆市场对采购电子图书的关注陡然升起，这种关注一般是受到供应商提供的产品和媒体相关报道的影响。现在有足够的因素来确定电子图书对图书馆的影响。

（一）读者利用电子图书查找信息的行为和技术的偏爱不断加深

如今是信息化社会。由于电子图书使用方便、价格低廉、购买便捷，个人购书量大增，购书将成为大众经常性消费，有人甚至会购书成瘾。电子图书局面的打开，得益于网络阅读的如火如荼。如今在手持式电子图书阅读终端和带有阅读电子图书功能的手机雨后春笋般出现，在地铁、公交车和各种休息场所，手持手机津津有味看电子书的大有人在。既利用有限的时间，也做到了知识的吸收，可谓劳逸结合。

（二）电子图书资源总体使用性能价格比相对较高

中国的电子图书资源与外文电子图书资源相比，无论是资源规模与价格比，还是资源使用频率与价格比，资源的性能价格比相对都比较高。除去人文社会科学研究的主要参考文献语种外，主要有两方面的原因导致其价格相对较低：中国电子图书资源的生产成本和整体物价水平低，应用方式相对落后。这也是我国电子图书需要改进的当务之急。

（三）学术图书馆的环境及服务意识落后

图书馆的软实力主要表现在管理水平、工作人员的服务水平和服务意识、图书馆的多种因素（历史、藏书等）形成的图书馆文化氛围和环境布置等。在传统的信息服务中，图书馆的服务对象主要是本馆读者。在现代信息技术条件下，服务对象扩大为整个社会乃至全球各地。一方面，计算机网络的普遍应用使得图书馆本身成为网络中的一员和资源共享的一部分，图书馆的横向联系或直接联系更加广泛和普遍，其读者范围已突破本馆限制而遍布各地。另一方面，当前蓬勃发展的信息咨询业也向图书馆信息服务工作提出了挑战。为此，图书馆必须建立起一种新的信息服务机制和服务方式，以适应新形势。

（四）电子图书版权保护和利益分配机制不健全

虽然电子图书资源的版权保护和授权存在多种模式，但从现行法律来看，都存在一定的问题。例如，超星直接向作者取得授权，忽略了出版机构，同时无视其他共同作者在作品中的利益。方正 Apabi 直接向出版社取得授权，但忽略了作者。有些资源库甚至未经原出版单位和作者同意，也引起了许多纠纷甚至法律诉讼。相对而言，较为符合我国现行法律且颇受推崇的是代理授权模式，但无论是作者还是原出版机构，从该模式获得的收益极其有限。此外，在使用功能中对"复本"的处理也是一个问题。因此，除传统出版单位自己出版的电子图书资源外，大多数电子图书资源库没有建立起很好的版权保护和利益分配机制。

版权保护和利益分配机制不健全，版权所有人缺乏激励，这种情况已经开始影响到资源库的质量和进一步发展。除上述版权保护和利益分配机制不健全的原因外，企业缺乏专业人员，不了解图书馆需求，而图书馆不制作或不参与制作电子图书资源也是重要原因。

四 图书馆开发和利用电子图书的新思路

面对电子图书的影响，图书馆应正确认识、积极探索、夯实基础、稳步推进。

（一）正确认识电子图书的影响作用

电子图书对传统图书馆的影响是不争的事实，但这种影响却是长期的、逐渐渗透的；尽管电子图书将会取代纸质书，但又不能把纸质书完全逐出历史舞台。认识到这一点，对于决定如何采取正确的行动是十分必要的；电子图书占领图书馆是一个长期过程，未来相当长一段时间，图书馆的发展只能是纸质书与电子图书相结合的模式，两者并驾齐驱、互相补充、互相促进，形成一个公共信息服务的综合体；电子图书不可能完全替代纸质书，文化是一个民族的灵魂。绝大部分的人类文化知识遗产乃是以书籍的形式保存着。有着近三千年悠久历史的传统图书馆，是人类精神文明成果最集中保藏的知识宝库。保存、利用这些文化遗产是图书馆的天职。

（二）图书馆电子图书馆藏资源体系建设的基本原则

数字图书馆建设和读者迫切需要电子图书资源，针对电子图书资源现存的种种问题，有人认为，由于图书馆自身而非企业更明白读者需求，因此主张通过自建的方式，对馆藏图书、期刊和古籍等进行大规模的电子图书，按需生产并保证质量。几年前图书馆界出现的电子图书浪潮实际上正是这种指导思想的反映。

实际上这种观点并不可取。从诞生之日起,图书馆在馆藏资源生产与应用上的角色定位一直比较明确,也少有争议,即出版商负责一次文献的生产(出版),图书馆仅是消费者而已。为了更好地帮助读者利用一次文献,图书馆从应用的角度出发可以生产一部分二次文献。更重要的是,从成本和运营角度看,对于同等规模的电子图书资源,图书馆自建的生产成本远比引进成本高很多。从全社会的角度,电子图书同样的资源重复也是一种浪费。如果图书馆生产的目的不是供自己利用,商业经营不是图书馆的长项,显然也违背了图书馆的职责。版权保护法规不健全,版权协商交易成本高昂,这都使版权问题成为一道难以逾越的鸿沟。电子图书资源在多数图书馆都有了一定规模,得到很好利用。基于上述理由,笔者认为,尽管电子图书资源的现状存在诸多问题,但由于图书馆的本质是提供信息服务,其长处在于应用,而非生产资源,因此图书馆进一步加强电子图书资源体系建设仍要贯彻以引进为主、自建为辅的基本原则。

(三)认真做好电子图书的宣传推广工作

为更好地宣传推广电子图书,图书馆开展相关的培训和展览工作尤为重要,包括职工和读者两方面。对图书馆职工开展与电子图书相关的技术培训,教育他们熟悉计算机、通讯和网络技术,同时强化电子图书专业知识。改变人们的阅读习惯有相当难度。对于一代又一代纸质图书培养起来的读者来说,从感情上总是难以接受。可以想象的是,手捧一本好书,依偎在床头或者沙发椅上,床头放着一杯清茗,亲手摩挲着书页,闻着书页中散发出的淡淡的油墨香味,品味文字背后潜藏的作者的思想,与书中人物同欢共悲,那是一种说不出的温馨。但时代毕竟在发展,现代人可以优雅地欣赏书法作品,却不能以砚台、毛笔和宣纸来代替日常的书写。因此,图书馆必须大力宣传和推广电子书,及时组织应用培训班,使读者认识到它的优越性和发展的趋势,消除畏惧感和陌生感,让读者在实际使用中得到切实的好处,从而改变固有的观念。

(四)图书馆应建立一种新的信息服务机制和服务方式

随着网络的发展,网上信息资源十分丰富,图书馆的信息服务方式应在原有的基础上有所拓宽,采取更多类型,随时随地满足用户的各种咨询需求。图书馆除了解答读者提出的问题外,还应开展书目咨询服务、专题咨询服务,以及范围更广、层次更深的网络条件下的参考咨询服务，要根据用户及读者的需求和自身条件与优势，建设特色数据库。为了进一步提高参考服务的质量，现代图书馆必须充分利用网上各种服务器、浏览器、搜索引擎等的强大功能，强化咨询服务手段的现代化，为用户提供更全面的文献检索服务。

参考文献

罗少芬：《中日数据库产业的比较》，《高校图书馆工作》2000年第1期。

中国社会科学院文献信息中心课题组：《电子图书资源分布与利用研究报告》，2002。

清华大学图书馆：《2005年电子资源建设与利用读者调查总结》。

戴龙基、张红扬：《图书馆联盟——实现资源共享和互利互惠的组织形式》，《大学图书馆学报》2000第3期。

胡永生：《电子资源的集团采购：21世纪图书馆的必然选择》，《图书情报知识》2004年第6期。

彭绪庶、蒋颖：《资源电子图书标准问题研究》，北京图书馆出版社，2005。

肖珑等：《国内数字图书馆研究与发展综述》，《研究报告》，2003。

彭绪庶、蒋颖：《资源电子图书标准问题研究》，北京图书馆出版社，2005。

关于图书馆利用电子图书的思考

汪燕军* 艾 珊**

摘 要 本文概述了电子图书的概念、发展以及不足,从正确认识电子图书与纸质图书的存在关系、完善硬件资源、优化电子书文献资源结构、资源共享等六个方面对图书馆如何利用电子图书进行了阐述和思考。

关键词 图书馆 电子图书 利用

电脑的普及应用和信息网络的提速,使得信息资源更加丰富多彩,信息流量的剧增,读者对信息的重视程度越来越高,传统的纸质印刷品图书已经不能满足人们的多种需求,于是,电子图书应运而生。随着图书馆数字化程度的不断提高,对电子图书的开发利用已经成为图书馆数字化建设中一个重要的组成部分。

一 电子图书及其产生与发展

(一)电子图书的定义

电子图书(E-book)是与传统纸质图书相对应的一种新型信息载体和文献形式,指的是以电子数据的形式把文字、图片、声音、动画等多种信息存储在磁盘或光盘等非印刷型的载体上,供人们进行阅读和信息交流的一种出版物。简言之,电子图书就是指以数字化形式出版,读者通过电子阅读设备使用的图书,即一种数字化信息。

---

* 汪燕军,女,1966年生,军事科学院军事图书资料馆,副研究馆员。
** 艾珊,女,1963年生,军事科学院军事图书资料馆,副研究馆员。

（二）电子图书的产生与发展

电子图书最先出现于20世纪90年代的美国。早期的电子图书没有数字版权保护技术，阅读器显示分辨率低，基于电话拨号上网，网速慢，主要通过CD-ROM或Internet免费下载等形式提供给读者，这期间电子图书存在的最主要问题是版权无法得到有效保护，因此其发展非常缓慢。从1999年开始，以保护数字版权为核心的电子图书DRM技术出现并应用，从而开始在技术上保护电子图书的版权，使电子图书得到快速发展。经过近几年的发展，数字版权保护技术、显示技术和互联网技术都得到了进一步的提升，并取得了显著的成效。微软公司预测：到2020年，90%的图书品种将同时采用数字和纸张的方式发行，而到2030年，90%的图书是网络版本，传统纸质读物将只占10%。

二 电子图书的优势与不足

（一）电子图书的优势

与纸质图书相比较，电子图书具有以下这些优势：①改变了人们的阅读方式。将书本阅读方式转变为经互联网平台（网络）到手持阅读器阅读方式，读者还可以根据自己的爱好和兴趣更改字体颜色及显示风格。而且电子图书不仅包括文字和图片，还带有动画和声音。②携带方便。一部阅读器可存储上百部甚至更多的网络出版物，物理空间小，方便携带，使得读者可以随时随地阅读。③使用便捷。在阅读电子书时，它具有类似于人们阅读纸质图书的一些特殊功能，如翻页、批注、划线、插入书签等，还可以非常方便地执行检索、查词、放大字体、改变显示方向等操作，并可实现按需打印。④流通速度快。电子书阅读器可通过内置的Modem直接连接到相关的电子书网站，快速下载用户所需的图书，大大加快了图书流通速度，加之电子书内容更新简便，出版周期短，可大幅度降低出版成本。

（二）电子图书发展中的一些问题

虽然电子图书发展比较快，但从发展到完善的过程来看，电子图书不可避免还存在一些问题。①阅读的舒适性。对于大部分人来说，由于屏幕的分辨率较低等原因，长时间的屏幕阅读，往往会带来视力疲劳、干眼症等诸多不适。

②版权问题。数字版权的保护问题涉及出版社、读者、作者、图书馆、发行者以及书店等多个环节。图书实现数字化以来，盗版变得极其容易，而且基本上没有任何成本。因此，对电子图书的合法利益保护显得尤为紧迫和重要。③格式问题。目前电子书的标准不统一，开发商各自为政，阅读软件和硬件各行其道，互不兼容，给读者及电子市场带来了极大不便。④质量问题。一些电子图书由于扫描误差、校对勘误不认真，质量得不到保证，重页、漏页、断行等现象比较严重。

三 图书馆对于电子书的利用

基于电子图书的特点、发展趋势及影响，图书馆在电子书的利用方面应正确认识、积极探索、与时俱进。

（一）正确认识电子图书与纸质图书的存在关系

电子图书对传统图书的影响是不争的事实，这种影响是长期的、逐渐渗透的。在未来相当长一段时间，图书馆发展是纸质书与电子图书相结合的模式，两者并驾齐驱、互相补充、互相促进。从使用角度看，数字图书馆或者说无纸图书馆是发展的主流，但就知识保护上说，还是以纸质文献为主。我们在现阶段应处理好两者的关系，在发展电子图书的同时不应完全放弃对纸质书的收藏。

（二）完善硬件资源

优化图书馆数字服务平台，使之能够支持电子图书的网上采购、网上编目整序、网上借阅流通、网上阅读咨询、网上二次开发，形成完善的电子图书数字服务内部网络平台。利用图书馆现有的局域网为读者提供电子书阅读，为读者低成本使用网络文献信息开辟了一条捷径。图书馆在开发电子书文献资源的同时，应建立电子书服务平台，使读者能够方便地检索、阅读电子书，并能够提供复制、打印所需的文献信息服务。通过完善硬件资源把网络上现有的电子书资源引入图书馆，把网络上的虚拟资源变为图书馆的实体文献资源，用较小的代价实现图书馆文献资源的数字化。完善硬件资源还可以为图书馆引入其他形式的数字文献资源，为馆藏特色文献资源的数字化积累经验并打下基础。

（三）优化电子书文献资源结构

图书馆在引进电子书资源时应统筹兼顾，对没有版权而又是图书馆必备文献的电子书要优先引入；对有版权的收费电子书，要结合自己馆藏文献结构的特点，有针对性地引入，做到电子书资源与传统印刷型文献资源互补，以强化本馆的特色文献资源。同时对本馆的服务对象有针对性地发展电子图书，对本馆特色图书进行数字化，便于读者利用。

（四）实现资源共享

整合本馆的电子图书数字资源，依靠数字图书馆联盟，创建标准化的电子图书计划和服务项目，改进获取电子图书文献资源的操作进程，协调使用各种特色化的电子图书信息资源，进行整体的设备规划和维护工作，促进电子图书资源共建共享，加速电子图书数字资源建设步伐。

（五）设立专职部门管理电子书资源

电子书资源包括了资源共享、网上下载订购和纸质书数字化加工等，它牵涉网络技术、版权技术和显示技术等。图书馆应有专职部门负责电子书资源的管理和维护。例如，一般中文电子书资源格式复杂、分散无序，特别是有些网络原创作品的电子书，其下载站点众多、内容繁杂、组织不规范。图书馆应制定搜集与使用电子书的规划，通过搜索引擎建立网络电子书资源列表或订阅相关电子书网站的电子邮件列表，掌握网上的电子书资源的动态，以便根据读者的阅读以及馆藏文献资源数字化建设的需求，在第一时间获取所需的电子书。

（六）重视图书馆专业人才的引进与培养

网络是一种现代信息存储、运载、流通和传播的手段，给图书信息的发展带来了挑战和契机，同时对图书信息管理人才的专业素质提出了全新要求。除了注重服务意识、分析能力、综合知识、职业素质等方面的培养，更重要的是要有相关学科知识。图书馆应该坚持"内部培养为主，外部引进为辅"的人才建设原则，高度重视内部专业人员的培训，以引入网络电子书资源为起点，为图书馆融入未来的网络数字图书馆奠定坚实的人才基础。

总之，在信息技术高速发展和数字化资源日益丰富的今天，读者对电子资源的利用，必将给图书馆传统工作和服务带来冲击，应该说这是时代的进步，是数字技术发展的趋势。在这种趋势下，图书馆应该从数字资源利用的角度出发，增加新的服务内容，为广大读者提供便利，不断满足信息社会发展的需要。

参考文献

钱智勇:《Ebook 的发展现状及其思考》,《情报业务研究》2003 年第 10 期。

程莉莉:《Ebook 在数字图书馆中的应用研究》,《图书工作与研究》2002 年第 2 期。

康亦农:《电子书对高校图书馆的影响及其对策》,《情报探求》2008 年第 9 期。

袁春玲:《电子书发展对图书馆冲击及对策》,《现代情报》2003 年第 3 期。

以电子图书产业发展为契机，提升高校图书馆电子图书使用率

廖 佳* 申倩倩**

摘 要 电子图书产业的迅猛发展，在给高校图书馆带来了丰富的文献资源的同时，也带来了如何提升电子图书利用率的问题。相比如火如荼发展的电子图书个人市场，高校图书馆电子图书的使用有一定的差距。本文从国内电子图书发展现状入题，分析了高校电子图书使用情况和原因，提出加大宣传、资源整合、自建电子图书数据库、及时更新电子图书、拓宽获取渠道五个措施，来提升高校图书馆电子图书利用率。

关键词 电子图书 现状 原因 思路 提升

近年来，随着电子图书产业的迅猛发展，电子图书大量地引进图书馆，渗透到图书馆工作的各个层面，对图书馆的影响也日益明显。电子图书作为数字图书馆建设的内容之一，其产业的迅速发展和壮大，必将给数字图书馆的建设带来良好的发展前景。

一 国内电子图书发展现状

2010年4月，读吧网和中国图书商报社发布《2009~2010年度中国电子图书发展趋势报告》，报告中显示：2009年，电子图书读者总数为10100万人，首次破亿，比2008年增长27.8%；2009年，电子图书总量为97万种，比2008年增长16万种；2009年，中国电子图书网站总计1294个；2009年中国电子图书市场产值为2.87亿元；手机阅读市场收入由2008年的3030万增加到2009年的

---

* 廖佳，女，1985年生，中国人民解放军国防科学技术大学图书馆，助理馆员。
** 申倩倩，女，1983年生，中国人民解放军国防科学技术大学图书馆，助理馆员。

5760万，专用手持式阅读终端市场（内容）收入由2008年的500万以下增长到2009年的700万；2009年，行进中阅读的比例上升到3.2%。

从以上数据可以明显感受到电子图书产业正以强大的势头快速发展，电子图书受到大众读者如此热烈的追捧，图书馆必然会把电子图书作为读者服务内容中的重要一部分，借此吸引读者。这样一来，通过图书馆，就能培育大量熟悉电子图书的读者。大众读者的强劲需求不仅能有效促进电子图书产业的发展，也会成为图书馆进一步建设数字图书馆的动力。

二 电子图书在高校的使用情况分析

（一）电子图书在高校的使用情况

电子图书产业如火如荼地发展，但是高校图书馆电子图书的使用情况并没有很好地跟上市场的步伐。以我馆2008~2009年主要数字资源使用统计为例：

表1 2008~2009年主要数字资源使用统计

数据库	2008年使用量	所占比例	2009年使用量	所占比例
书生之家	316675	2.88%	134358	1.58%
超星数字图书馆	113922	1.04%	68748	0.81%
方正数字图书馆	132717	1.21%	67945	0.8%

书生之家、超星数字图书馆、方正数字图书馆这三个电子图书数据库，是我馆主要的电子图书数据库。由上表可以看出，这三个数据库的电子图书在我馆使用率并不理想，并且有下滑趋势，这显然与发展势头旺盛的电子图书产业脱节。高校的读者具有良好的教育背景，接受能力和认知能力一般都要高于社会的大众读者，他们应该是电子图书的主要追逐者之一。但是我馆的数据却表明，电子图书在我校读者中受欢迎程度并不高，说明图书馆数字资源在电子图书这一块做得不够好，有值得改进的方面。

（二）电子图书利用率欠佳原因

1. 宣传力度不够

目前，相对于电子图书而言，高校读者更青睐于纸质图书，或者说是长久以来的阅读习惯使然，想到借阅图书，读者第一反应会是直接进图书馆找纸本图书。显然，图书馆在电子图书资源宣传这方面做得不够，没能将电子图书在广大读者中推广开来，没能对读者的阅读习惯和阅读观念进行有效的引导，致使电子图书利用率低。

2. 资源整合欠缺

高校图书馆近年来购置的大批电子图书、期刊、论文和其他各种数据库商提供的专用数据库资源，在资源不断丰富的同时，也给读者也带来了跨库检索、数据去重、频繁登录的烦扰。

3. 更新速度滞后

高校图书馆电子图书的更新速度相对滞后。读者往往对新近热点的主题感兴趣，现在很多新书都会选择以电子图书形式走进市场，读者一旦不能通过图书馆的电子图书数据库检索到自己关注的新书，便会转向网络提供的免费或付费的途径，获取所需资源。往往等图书馆电子图书更新时，读者早已阅读完毕，便很少使用图书馆的电子图书。

4. 获取渠道单一

高校图书馆单一的资源获取渠道也是影响电子图书使用量的一个重要环节。通常读者是将图书馆已购买的电子图书下载到计算机进行阅读，或在图书馆提供的检索机上直接在线阅读，相比市场上能使用到的专用手持式阅读终端设备、手机等电子图书终端，图书馆能提供的资源获取渠道很有限，至少行进式的阅读目前在多数高校是无法实现的。

三 创新思路，提升高校图书馆电子图书利用率

（一）加大宣传力度，做好电子图书资源宣传

高校电子图书使用率高不高，首先与宣传是不是到位有关，如同一个品牌的推广，首先要做好宣传工作，让大众对其有充分的认知，才能吸引大众的眼球。宣传不到位，直接影响到读者对它的认识，进而影响到对它的使用。

第一，可以利用文献资源检索课程对读者进行系统的认知培训。图书馆每年都会对入校新生安排文献资源检索课程，有必要就电子图书进行系统讲解，使读者认识到除了纸本图书可供借阅外，电子图书也能很好地满足读者借阅需求。

第二，邀请电子图书数据商给读者进行讲座。每个电子图书数据库都不是

一成不变的，对于新开发的技术、新添加的功能等，及时通过数据商的讲解，能进一步增强读者对电子图书的了解和应用。

第三，适时正确引导。读者总会遇到一时借不到所需图书的时候，习惯性的阅读习惯，往往会使读者选择等待图书从其他读者那里归还到图书馆再去进行借阅，这时管理员可以引导读者去馆内的电子图书库查找，借机向读者介绍馆内的电子图书资源。当越来越多的读者意识到电子图书也能很好地满足阅读需求的时候，电子图书的利用率就会得到提高。

（二）联合电子数据商，加强数字资源整合

高校图书馆在大量购置电子数据库资源时，由于各数据库缺乏统一的标准，不能实现一站式的检索和管理，资源内容交叉重复严重，检索途径和方法的不同，带给读者诸多的麻烦。因此，高校图书馆有必要联合电子数据商对电子图书资源进行有效的整合。它应该根据读者的需要，对各个相对独立的信息资源系统中的数据对象、功能结构进行融合，使各个电子图书数据库结合为一个新的有机整体。

一站式登录——设置统一的登录界面。通过这个统一的登录界面，能直接进入到各个电子图书馆主页，免去读者重复登录的麻烦。

一键式查询——读者输入关键词回车，即可查看本馆所有电子资源的检索结果，免去读者跨库查询的麻烦。

一致化界面——设置统一的检索软件，使得检索风格、方法一致，免去读者熟悉各数据库检索功能的麻烦。

检索结果去重——设置一个检索去重系统，自动为读者过滤掉重复的搜索结果，节约读者时间，提高检索效率。

（三）利用本地资源，自建电子图书数据库

高校图书馆拥有丰富的纸本图书资源，且许多资源都已经无版权限制，进入了公共领域。如果通过先进的技术，加工成电子图书资源，能极大提高文献资源利用率、读者使用率等。

公共基础教材电子图书库——高校读者对公共基础教材方面的图书使用率很高，由于图书馆空间和副本有限，很多时候读者会面临借书难的问题。如果在取得版权合法化的前提下，能将这些纸质图书电子化，读者就能轻松地通过

电子图书实现下载使用。

珍贵读本电子图书库——市面上珍贵读本的价格高昂，不是一般读者能够承受的；高校图书馆收藏的珍贵读本，大都有着严格的借阅管理程序，甚至不能外借，也给读者使用带来困难。如果能将其电子化，不仅能方便读者阅读，对弘扬我国优秀文化读物也是有效的传播途径。

旧书电子图书库——高校图书馆收藏有大量的旧书，目前这些旧书使用不多，图书馆也将其转到库本收藏，有些副本量很大，也很占用空间，但是读者有时也会需要用到。怎样处理这些旧书，既能保证读者的正常使用，又能节省图书馆空间，将这些旧书进行电子化处理，未尝不是两全齐美的办法。

特色资源电子图书库——高校图书馆有很多特色图书资源，想要用到这些图书资源，读者必须通过文献传递等方式获取，耗费了人力、财力和时间。如果能将这些特色资源建成电子化的资源，以有偿或无偿的发式供读者使用，既能节约成本，也能实现一定范围内的资源共享，对推广本馆图书资源起到良好的宣传作用。

（四）及时更新，补充电子图书资源

对于电子图书的购买，各学校根据自己的实际需要情况，一般倾向基础课程、教育科普以及本校重点学科方面，不可能做到面面俱到，而电子图书也不会像电子期刊一样实时更新，所以及时补充、更新电子图书也是满足读者阅读需要的重要保障。

首先，采编部门要主动了解读者需求，即时订购电子图书资源。可以采取读者调查方式，每个学期开始制定好一份读者阅读需求调查表，直观地了解读者的阅读需求；紧密联系各院、系的课程安排，和各科室的教师进行沟通，及时了解读者需求，做好采购工作。

其次，保持读者和图书馆之间畅通的沟通渠道，做好新书荐购工作。如今发达的出版业，使得新书的上市速度惊人，图书馆的采购速度远远赶不上新书的上市速度，对于本馆没有及时购买的电子图书资源，通过读者的推荐，图书馆可以一目了然，推荐的这些电子图书资源，是读者关注和需要的，这样不仅能很好地满足读者，也避免了采购图书的闲置，对提高文献资源利用很有帮助。

（五）利用传播媒介，拓宽获取渠道

电子图书市场的火暴，很大程度依赖于传播媒介的发达，PC、笔记本、手机、专业手持式阅读终端，都能给读者提供极为方便的阅读渠道，尤其是手机和专业阅读器，更能让读者不受任何时间和空间的限制，自由阅读。虽然高校图书馆在传播媒介上不能如市场一样灵活，但至少可以进行有效的尝试。

一是建设远程访问系统。高校图书馆的电子资源大多只能在校园内的局域网访问和使用，离开了校园就不能用。建立一个远程访问系统，能让本校读者随时随地访问本馆电子资源，这是一个可行性高、技术成熟的办法，有很多高校已经做得很好。

二是建设移动数字图书馆。移动数字图书馆以智能手机为载体，采用先进的移动快讯技术，将传统短信的推送服务方式和WAP网站的拉取服务方式相结合，为读者提供便捷、及时、个性化的新型服务。随着3G网络的推进、智能手机在高校的普及，移动数字图书馆备受青睐，移动数字图书馆将是电子图书馆市场发展的一个重要方向和内容。

参考文献

中国图书商报社、读吧网：《2009－2010年度中国电子图书发展趋势报告》，2009年4月。

秦秀：《电子书的现状及发展前景》，《黑龙江科技信息》2008年第29期。

武利红：《电子图书服务平台的发展趋势》，《现代情报》2008年第6期。

电子书对图书馆的挑战和地方社科院图书馆的应对策略

姚一民 *

摘　要　电子书作为一种崭新的文化传播媒介即将进入图书馆流通工作，图书馆需要认真研究电子书的概念、类型和优势，电子书对图书馆的挑战和图书馆的应对策略，以确保图书馆在信息时代得以长期生存和持续发展。本文在对电子书的概念、类型及其优势进行简要阐述的基础上，提出电子书对我国图书馆的挑战表现在四个方面，即电子书改变图书馆读者群的阅读需求模式；电子书迫使图书馆资源和人员建设适应向数字化图书馆转型的要求；电子书要求图书馆实现版权管理创新；电子书为图书馆文献编目增加新内容。在此基础上，本文作者结合工作实际还进一步提出地方社科院的应对策略：加快制定图书馆数字化、信息化战略发展规划；立足于确保实现电子书的功能；努力巩固图书馆传统业务优势；在电子书的网络流通模式下建立电子书收录合理化策略。

关键词　电子书　图书馆　数字化图书馆　地方社科院图书馆

一　电子书及其类型、优势

电子书是以数字代码方式将图像、文字、声音、动画等多种形式的信息存储在磁、光、电等介质上，通过计算机处理、加工和读出，正式发行的一种新型的出版物。有学者区分了电子书的两个层次的含义，即"电子文本"和"E-BOOK"。前者是指以数字代码方式将图、文、声、像等信息存储在磁、光、电、介质上，通过计算机或类似设备使用，并可复制发行的大众传播媒体。后

---

* 姚一民，1971年生，广州市社会科学院文献信息中心，图书馆员、经济学助理研究员。

者是指用来阅读电子书的专用硬件阅读器，这种阅读器具有存储量大、携带方便、文字可缩放和调节、可以加书签或批注以及数据更新容易等特点，是一种便于携带的新型阅读工具。

电子书作为一种崭新的信息媒介发端于上世纪 70 年代。1971 年，美国迈克尔·哈特实施"古登堡工程"，把对人类而言具有一定意义的书籍输入电脑，放置在网上供人们免费阅读和下载，至 2000 年 11 月 20 日，该工程已上传图书 3287 种。电子书在图书馆的运作模式在国外已经发展到为读者提供电子书阅读器的阶段，该模式主要是在图书馆和电子书出版商和电子阅读器销售商之间形成联盟，即图书馆向电子书阅读器销售商购买若干台电子书阅读器，从签订有协议的电子书出版商、销售商购买电子书或由图书馆制作电子书，读者通过预约方式借阅电子书阅读器，通过电子书阅读器下载电子书和图书馆的电子资源。电子书在进入 21 世纪以来在我国落地生根，其代表有北大方正、超星数字图书馆、中国国家数字图书馆等。

电子书的类型按照其提供者的来源划分，属于我国图书馆业务的主要是商业性质的电子书，如超星数字图书馆、北大方正电子书等，以及由图书馆制作的电子书两种类型。电子书的类型从它的生成方式划分可主要分为"天生的电子书"和"转换的电子书"。所谓"天生的电子书"是指那些没有印刷版同伴的电子书；所谓"转换的电子书"是指从印刷版图书、期刊转换而来的电子书。电子书的类型从读者获取电子书的模式划分可主要分为基于网络的电子书和基于电子阅读器的电子书。其中，基于网络的电子书流通模式将是近期我国图书馆电子书流通的主要模式。在电子书的网络流通模式下，读者在和图书馆签订有关协议后，通过网络阅读图书馆的电子书和电子资源，其流通过程和读者在图书馆办理印刷本图书、期刊借阅、预约和续期等以及馆内使用网络资源是相同的。我国图书馆采用为读者提供电子书阅读器的模式尚在起步阶段，基于网络的电子书服务模式也未普及，读者接触图书馆电子书的场所目前还主要是限制在图书馆内的电脑终端。

电子书的优势主要表现在：

（1）大多数电子书的内容具有较高的品质。目前在我国图书馆流通中的商业性质的电子书和图书馆制作的电子书作为图书馆提升自身品牌的窗口和标志，具有较高的文化价值、艺术价值和学术价值。读者可以凭借电子书这一媒介充分接触人类的文化、艺术和科学成就。图书馆电子书和电子资源在我国正成为精神文明建设的主流载体。

（2）电子书提高读者使用信息资源的效率。电子书和电子资源信息量大、使用便捷。电子书在我国图书馆的流通模式将主要表现为网络流通模式和电子阅读器流通模式并存，读者在这两种流通模式下均可接触到和使用海量信息，并且可远程在线阅读。电子书还提供内容检索、联机检索和联机文献注释等功能，帮助读者改善使用信息的效率和提高效用。

（3）电子书为读者提供人性化的阅读环境。电子书通过声音、文字、图像、动画等多种方式向读者传递信息，尤其是通过电子书阅读器阅读增添了阅读活动的新鲜性，从而为读者的阅读活动提供了人性化的环境。

二 电子书对图书馆的挑战

电子书对我国图书馆的挑战主要表现在以下几个方面：

（一）电子书改变图书馆读者群的阅读需求模式

电子书进入图书流通后，读者对于图书馆的需求将不再限于图书和期刊，而是扩展到图书馆全部信息资源和信息的效用。即使是在家办公的读者也可以通过远程登录使用图书馆的全部网络资源，图书馆向读者提供的内容也将扩展到全部网络资源。图书馆要适应读者阅读行为的这种转变。图书馆需要抓住这一时机积极开通馆际互借和扩展虚拟馆藏。

（二）电子书迫使图书馆资源和人员建设适应向数字化图书馆转型的要求

建设数字化图书馆将成为我国图书馆转型发展的主要方向，电子书进入图书流通无疑是作为推动图书馆实现数字化、信息化的新生力量，也是图书馆竭力向读者力推的品牌项目。图书馆文献资源建设、人员队伍和图书馆数字化、信息化建设是紧密相关的。在电子书日益流行之际，图书馆馆藏文献资源将得到电子书的丰富和充实。图书馆将倾向于较多地采购电子书和电子期刊，从而优化其文献资源的构成，并且以有限的采购经费取得较大的收益。图书馆员队伍建设和图书馆的数字化、信息化建设也是密切相关的。图书馆员在知识文化传播中越来越发挥出特殊的作用。在电子书进入图书流通服务后，图书馆员为读者服务的内容和要求都会发生很大的变化。图书馆员的工作节奏将加快,要为读者提供"即时"(JUST-IN-TIME)服务。图书馆员不仅要指导读者找到想要的电子书,还要教会读者如何使用。这些都需要图书馆员具有较好的科学训练和熟悉网络环境下计算机操作、电子书阅读器管理和相关的商业、法律知识。

(三)电子书要求图书馆实现版权管理创新

当今包括电子书在内的大多数数字产品是商业性质的,但是图书馆作为文化传播事业的中心之一是将公益性作为其首要追求。这要求在国家有关数字产品版权的法律条文中增加"图书馆豁免"或"图书馆例外"内容的款项。在版权人、图书馆和读者之间建立利益平衡机制,既保护版权人的利益,同时保证图书馆服务的无偿性是当前我国图书馆亟待解决的问题。为此,图书馆在电子书流通中要实现版权管理创新。随着图书馆制作电子书数量的增多,图书馆在提供电子书服务的同时也要考虑如何维护自身的版权,即维护图书馆作为电子书版权人的利益和所涉及图书馆员的利益。

(四)电子书为文献编目增加新内容

文献编目是图书馆引导读者进行理性思维的不可或缺的环节。电子书和电子书阅读器进入图书流通后,图书馆文献编目工作将会增加新的内容,电子书编目主题、关键词、分类等必不可少,还要增加索书号和电子书阅读器(增加"设备"栏)联接。

三 地方社科院图书馆的应对策略

(一)加快制订图书馆数字化、信息化战略发展规划

图书馆的数字化、信息化,以及图书馆的文献资源建设和人员队伍建设是一个整体的范畴,图书馆要抓住电子书进入图书流通这一大好机遇,加紧以图书馆数字化、信息化为龙头制定战略发展规划。既要从图书馆事业各项工作和图书馆业务流程中的全部环节、要素和人员在业务中的功能定位角度进行规划和落实,也要能从图书馆全部环节、要素和人员的生命周期角度进行统筹考虑,特别是系统地研制保障人才资源。

(二)立足于确保实现电子书的功能

电子书的基本功能,包括发现机制、目录与检索功能、批注功能、帮助功

能、使用方式（授权机制）、使用成本、长期存档等。电子书的延伸功能，包括开放链接与系统整合、联机参考文献、联机引文和注释以及中文所特有的字符处理功能等等。在电子书的基本功能中，发现机制是最重要的功能。图书馆要保证读者知道如何通过网络终端和电子阅读器终端找到最需要的电子书。为此，图书馆要向读者提供合适的搜索工具，如图书馆馆内的电子资源可通过图书馆的搜索引擎和电子资源数据库的检索通道实现，而对于馆外的虚拟馆藏可通过"谷歌"、"百度"学术搜索和"CNKI"学术搜索实现。当然，电子阅读器销售商通常和数字产品销售商之间建立联盟，使用电子阅读器的读者还可以登录数字产品销售商的链接阅读电子书。

（三）努力巩固图书馆的传统业务优势

图书馆要将电子书这一全新的事物推介给读者，要面临图书馆业务流程和数字产品版权管理等方面的风险和挑战。但图书馆现有工作不完善也会产生负面影响，如果图书馆不能巩固传统优势，过早推介电子书流通模式可能会损害图书馆的形象。传统图书馆的工作主要由图书采购和收藏、图书排架、图书编目和图书流通四大块组成。其中，图书编目是图书馆员的一项传统业务。在电子书即将进入图书流通之际，图书馆员要加紧学习和使用 MARC 库联机编目数据，如地方社科院图书馆要采用全国社科院 MARC 库联机编目数据，并在此基础上加快实现图书馆印刷本图书的主题、关键词和分类检索。图书采购和收藏也要实现定量统计，如地方社科院图书馆的图书采购和收藏要立足于服务科研需求，在把握历年科研课题立项和科研人员对图书的需求的基础上采购和收藏图书，还要针对当年科研立项预判当年采购图书的重点和范围。比如，统计类、年鉴类工具书是科研立项课题和科研人员使用率最高的图书类型，应由图书馆或图书馆外包给企业制作成电子书，及早在基于网络的流通模式下实现电子书流通。

（四）在电子书的网络流通模式下建立电子书收录合理化策略

图书馆在实行电子书的网络流通模式期间建立适当的采购策略有利于图书馆掌握电子书的采购重点。比如 Netlibrary 采取的一个策略是当读者在电子书的网络模式下点击和浏览某本电子书达到一定数量后图书馆才决定采购。这样就确保图书馆采购的是最受读者欢迎的电子书。图书馆还可以对现有印刷本图书的借阅频次和借阅周期进行统计分析,从中确定最受读者欢迎的图书,并决定是否收录为图书馆电子书以及是向数字图书销售商采购还是由图书馆制作电子书。

参考文献

马晴云:《E-BOOK:影响图书馆发展的新亮点》,《图书馆学刊》2002年第2期。

程莉莉:《E-BOOK在数字图书馆中的应用研究》,《图书馆工作与研究》2002年第2期。

于谨:《E-BOOK的发展历程》,《科技情报开发与经济》2003年第12期。

陈力:《电子书的类型与评估》,《国家图书馆学刊》2008年第2期。

聂华:《电子书的发展及其对图书馆的影响》,《大学图书馆学报》2005年第2期。

电子书与信息时代图书馆建设

韩 健[*]

摘 要 随着计算机技术和网络信息技术的发展，电子图书日益普及，对传统图书馆形成巨大冲击。如何应对冲击和挑战，建设好现代图书馆，是一个值得思考的问题。本文提出了图书馆要积极适应信息时代的变化，加强电子文献资源建设，优化资源结构，创新文献服务方式，充分应用电子书这种多媒体形式的信息载体，满足读者需要，提供优质服务。

关键词 电子书 图书馆建设

一 信息化浪潮与电子书的兴起

随着网络信息技术的飞速发展与普及，世界正经历着一场前所未有的信息技术革命，电子图书的出现使图书馆文献资源的构成发生了变化，传统出版物在图书馆资源建设中的主导地位受到巨大冲击，图书馆文献信息资源建设工作受到了深刻影响。图书情报工作只有采用先进的自主发展模式，适应不断变化的新形势，才能够在电子信息和网络化环境下占据制高点，发挥积极的作用。图书馆作为存储信息和传递信息的机构，应当大力发掘并合理应用电子书这一符合时代发展要求的模式，为广大读者提供优质的文献信息服务。

电子书又称 E-book，是英文 Electronic Book 的缩写，这是和传统出版中在纸张上印刷出版进行传播的图书 P-book（Paperbook）相对应的。电子图书是随着计算机技术的蓬勃发展和网络信息技术的普及而产生，是以数字设备为载体的图书、杂志等。近年来，出现了印刷书籍的电子版本，它可以使用个人计算机或用电子书阅读器进行阅读。阅读电子书时，读者可以在书中的某一页做书签，

---

[*] 韩健，男，1961年生，广州市社会科学院文献信息中心，主任科员、经济师。

记笔记,还可以对某一段进行反选,并且保存所选的文章。与传统图书相比,电子书具有传播面广、传播速度快和更新速度快以及阅读成本低等优点。电子书还可以减少印刷费用,支持环保,减少对森林的破坏和造纸过程带来的环境污染。

二 电子书对传统图书馆的影响与挑战

现代信息技术的快速发展,信息载体的数字化以及信息传播的网络化日益普及,以纸质书刊资料为主要收藏载体的传统图书馆正面临巨大的挑战。

传统图书馆以印刷载体文献为对象,由于受馆舍、地域和读者对象的限制,其文献资源不能全都被充分有效地利用,形成了很大的局限性。传统图书馆情报信息传递一般通过有形载体流通等形式,文献拒借率高,利用率低,同时也不利于实现信息资源共享。传统图书馆信息检索服务主要是通过各种文献检索工具,手工检索纸质文献信息,不能进行深层次的内容检索。

与传统书籍相比,电子图书具有存贮量巨大的特点。一张只读光盘可存储650M 字节,相当于1000 册 30 万字的传统书籍,这给信息的保存带来了极大的方便。据统计,光是 OCLC 的 First Search 就有 3700 万条书目记录,6 亿多条馆藏信息,12500 种期刊目次,几千种学术会议论文,Uncover 有 17000 条期刊论文目录可供检索。正是这种海量的存贮技术,大大降低了图书的体积,极大地节省了藏书空间,为既定空间范围内更多更全地存储图书提供了前提和可能,大大缩减了过去那种庞大的藏书机构。电子图书通过技术手段或增加复本(电子图书复本比印刷图书便宜很多并且占用存储空间极少)等方式可以防备资源丢失,还能够同时满足多位读者的阅读需求,解决印刷型图书容易出现的问题。

与传统图书馆信息服务相比,电子化网络信息服务在信息资源形式、信息载体、信息服务方式和服务对象等几个方面都发生了根本性的变化。信息资源由印刷型变成了电子型;信息载体由纸张变成了各种磁性介质;信息服务方式由传统在规定时间内的"人—人"方式,变为在网络环境下的 24 小时全天候"人—机"方式;服务对象由原来的固定范围可以扩大到所有的因特网用户等。更重要的是通过网络信息服务,用户查阅一篇文章、了解正在召开的国际会议或谈判进展等,都可以在最短的时间里获取自己需要的信息,而不必跑到图书馆、书店去查阅或购买,节省了检索和挑选过程中所花费的时间,极大地提高了信息资源的利用率和公众需求满足率。因而，从图书馆的传统服务方式，到网络化电子书信息服务方式，有着明显的区别，呈现出新的规律和特点。

传统图书馆多采用手工服务方式，对图书的借阅、登录、检索等一系列管理都用人工操作，速度慢，整理难，而电子图书在网络环境下则采用计算机管理、网络传输，以及声、光、电一体的多媒体服务，服务方式完全实现了计算机控制与管理，改变了单一的服务手段，实现了多元化建设。随着现代科技的发展，印刷型信息资源、电子型信息资源、网络型信息资源三者并存的格局已经形成，而且电子型、网络型信息数量越来越多。因此，图书馆文献信息资源必须合理安排现实馆藏和虚拟馆藏的比例，使馆藏资源得到合理的配置。

在传统的信息服务中，图书馆的服务对象主要是本馆读者。在现代信息技术条件下，服务对象可以扩大为整个社会乃至全球各地。一方面，计算机网络的普遍应用使得图书馆本身成为网络中的一员和资源共享的一部分，图书馆的横向联系或直接联系更加广泛和普遍，其读者范围已突破本馆限制而遍布各地。另一方面，当前蓬勃发展的信息咨询业也向图书馆信息服务工作提出了挑战。为此，图书馆必须建立起一种新的信息服务机制和服务方式，以适应新形势。

随着科技的发展，面对来自各种媒体和网络的冲击，如何更加有效地融合传统和数字化的文献资料，更好地为读者服务，已成为图书馆面临的核心问题。而图书馆要赢得读者，就必须从自身出发，顺应数字化时代要求，创新服务理念、服务内容和管理方式。

三 现代图书馆如何抓住机遇应对挑战

在瞬息万变的现代信息环境中，图书馆的功能发生了很大的变化。例如，文献载体日益多样化，各种电子出版物正逐渐成为图书馆收藏的主体；收藏形式多样化，图书馆不仅收藏纸制图书，还收藏有电子图书和网络信息资源等；传播方式多样化，远程服务和联机检索日益成为信息传播的重要形式等。图书馆只有适应环境，勇于创新，不断进取，才能展现勃勃生机。

（一）改善图书馆基础设施，建设现代化数字图书馆

图书馆要进行数字资源建设，就需要引进各种先进的技术和设备，建设电子阅览室和缩微制品阅览室及网络，采用先进技术来全面改造、升级并有效整合现有的各个相对独立的传输网络系统，建设多媒体数字资源信息系统，实现

信息网络的综合集成和宽带智能化。在电子型文献传递日益成为文献传递主流的今天，改善基础设施显得特别重要。通过图书馆基础设施建设，能够大力促进电子信息资源建设，合理配置电子信息资源，优化馆藏结构，能够适度增加联机数据库、光盘数据库和电子期刊等。通过镜像站点，可以把一些常用资源引进内部服务器。总之，对现有设施进行改善，使之适应现阶段电子化的需要是很有必要的。

（二）加强各类信息资源的整合，提升资源利用率

现代图书馆文献信息资源的建设是以电子计算机为主要管理手段，通过资源整合，综合提取各类信息，构建比较完整的馆藏体系，充分发挥各类信息资源的优势，生产出高质量的信息产品。例如，纸质文献与电子型、网络型、虚拟信息资源之间的整合，文本信息资源、图像信息资源、视音频信息资源之间的整合。大量虚拟信息资源的加入使得图书馆必须把当地资源与远程电子信息资源加以整合，使之成为一体化的资源体系。通过图像扫描与处理，文字、图像和语言识别以及数字化初始信息再加工等技术，将文献资源数字化，并运用先进的信息存储技术对大量的文献资源进行存储。在构筑电子信息资源和虚拟馆藏时，要将各种类型的馆藏资源合理配置，互相补充，避免出现内容重复，形成较为完备的馆藏体系。

信息资源整合使图书馆通过网络紧密链接起来，信息资源得到了有机的综合与利用，从而最大限度地满足各方面读者的不同需求，提高了图书馆的信息服务质量和效率，实现了信息的增值服务，创造了规模化的收益和社会效益。

（三）提供多元化的服务模式，满足读者和用户的信息需求

现代图书馆的服务是多元化的，既可以提供印刷品服务，又能够提供电子媒介服务以及网络服务，引导用户有效地选择利用各种信息资源。以信息技术、网络服务和知识导航为主体建立起新的服务模式和体系，是未来图书馆发展的方向。图书馆员不仅通过信息整合与检索等方面提供定向专题服务，还能够在帮助用户获取信息的同时，把一组组相关的信息加以整理、加工、分析、综合，产生出新的信息，创造出更高的价值。强调以人为本的个性化信息服务，根据用户特点，采取主动推送信息的服务模式，这不仅满足了用户日益增长的个性化需求，而且还缩小了信息提供者与使用者之间的距离。例如，记录用户的需

求信息，为其提供专业或相关专业信息的主动推送服务；还可以建立读者库，从而促进读者之间的相互沟通，以读者服务读者。图书馆还可以结合本馆特色，与国内外图书服务机构建立网上的合作关系，实现远程查询，以超文本方式为用户提供链接。

（四）积极应用电子图书，实现图书馆管理现代化

目前，国内不少出版社已经开始形成网络出版机制，比如2005年北京大学出版社出版的电子书相当于近七年纸质书种数的总和；高等教育出版社2005年出版的电子书是当年纸质书种数的1.6倍。许多出版社做到了电子书与纸制书同步出版，因此市面上电子书非常丰富。图书馆可以根据实际情况，有所侧重地选择购买一两家镜像站点服务，例如超星的电子书内容丰富，范围广泛，目前已有30余万册教材、工具书、文史资料，较具实力；中国数字图书馆同样拥有大量的覆盖各个学科的电子图书，而且绝大多数为回溯书目，国家图书馆通过其提供电子书服务。图书馆还可以根据馆藏特点及经费情况，对于读者需要的电子图书，采用预订购买的模式。对于读者需要而图书馆没有的电子书，采取即时购买，从网络上的电子书店或出版社选择和下载电子书，使用户在几分钟内就可以得到自己所需要的图书，这种购买方式针对性强，使用率高。

阅读电子书一般采用电子书阅读器或者计算机终端两种阅读方式，目前阅读电子书主要是以计算机为终端。对于图书馆来说，读者可以在馆内计算机终端阅览电子图书，不受复本数量限制。若想在馆外借阅电子图书，先申请办理电子图书借阅证，在一台可以访问Internet的电脑上访问图书馆网站，下载并安装相应的电子图书阅读浏览器，注册成为正式用户后，便可借阅电子图书。读者通过局域网可以进行镜像阅读，阅读存储在本地服务器或磁盘阵列中的电子图书，还可以进行链接阅读，阅读存储在远程服务器中的电子图书，图书馆以包库购买或以购卡的形式来使用，如Springer电子书，或者整合Internet上大量的免费电子书，在其网页上做相应的导航链接。

电子书使用方便、存储量大、价格低廉的特点非常适合现代生活，电子书这一网络时代新的阅读方式，越来越受到人们的欢迎，正在迸发出强劲的增长势头。据2009年4月公布的"第六次全国国民阅读调查"结果显示，各种数字媒介阅读开始普及，成年人各类数字媒介阅读率为24.5%。其中，网络在线阅读以15.7%排第一，手机阅读以12.7%排第二，另外还有人通过PDA、MP4、

电子词典、电子书等手持式电子阅读器进行阅读。如今,人们的阅读习惯正在从"纸质阅读"向"电子阅读"方向转变,传统纸质出版物模式正在向多元化的电子数据模式和网络模式转变,电子书正在成为阅读转型的急先锋。随着读者利用电子图书查找信息的行为和对电子阅读的偏爱不断加深,电子书将成为备受大众欢迎的信息载体。

参考文献

冯尉、乔晓东、姚长青:《数字图书馆与传统图书馆的比较》,《情报探索》2009年12月。

吴春光:《纸质图书与电子图书的差异化价值探讨》,《河南图书馆学刊》2009年第3期。

祝悦红:《电子书在图书馆中的应用》,《黑龙江科技信息》2009年7月。

电子书时代院校和谐图书馆建设研究

李 娜[*] 魏学民[**]

摘 要 文章通过对电子书的概念以及电子书在院校图书馆发展情况的了解，分析了目前电子书在院校图书馆建设中的优势，以及现阶段电子书不可能完全取代传统文献的事实，提出了应正确处理两者关系，从多方着手构建院校和谐图书馆的建议。

关键词 院校 电子书 传统文献 和谐图书馆

在印刷书籍独领风骚数千年后，信息数字化技术的发展又为书籍带来了新的生机，电子书逐渐成为院校图书馆文献资源建设的又一重要来源，由此也引发了图书馆还要不要购进纸质文献，以及电子书是否能够完全取代传统文献，怎样构建和谐图书馆等问题，引人深思。

一 电子书概念的提出

电子书的称谓来自英文 E-book，即 ElectronicBook 的缩写，是和传统出版中在纸张上进行印刷传播的图书 P-book（paperbook）相对应的。电子书的概念最早出现在1940年一部幻小说中，书中幻想未来某一天可以在某种特制的电子设备上阅读图书，最早的电子书诞生于20世纪90年代，是由美国诺瓦梅地亚公司（NOVOMEDIA）研制的"火箭书"（Rocket Book），2000年电子书进入中国市场。

狭义的电子书是指手机、MP3、掌上游戏机等手持阅读设备，广义的电子书是指从书的写作、编辑、出版、发行到阅读这样一个完整的产业链。电子书既

---

[*] 李娜，中国人民解放军防化指挥工程学院图书馆，助理馆员。
[**] 魏学民，中国人民解放军防化指挥工程学院图书馆。

可以在手持阅读设备上浏览，也可以在计算机屏幕上阅读，它不仅能展现纸书上的文字、阅读内容，保持纸书的原版原式，同时还可以附带音频、视频等多媒体内容。作为互联网时代人类文明传载的重要工具，发挥着越来越大的作用，许多院校图书馆也都不同程度地购进了大量电子文献。

二 电子书在国内院校图书馆的发展情况

随着信息技术越来越快的发展，电子书逐渐跨入院校大门，出版问世时间虽然不长，但却已被许多读者不同程度的接纳。

2004年，浙江工商大学人文学院对浙江大学、浙江工商大学、浙江理工大学等十余所在杭高校大学生的阅读状况进行的问卷调查显示：电子书籍已经成为高校生阅读的首选；从北京理工大学电子书和纸质文献的借阅情况看，该馆纸质文献藏量125万册，电子书有20万册，两者数量相差甚远，但从借阅数量上看，电子书的借阅数量达到了24万，几乎是纸质文献借阅量的1/2；我们再来研究另一个比较特殊的案例——上海电视大学，这是一个远程大学，纸质文献馆藏8万册，电子书藏量84000册，在七个月时间内纸质文献借出了400册，电子书借出了2400册；北京大学图书馆是2003年提供正版电子书服务的，除了寒暑假外，每个月电子书下载量达到了1.6万册，接近一个中型图书馆的纸质文献借阅数量。

北京大学图书馆馆长戴龙基说："网络时代，读者的需求越来越多元化和个性化，面对日趋分化的读者群体，图书馆有必要为他们提供除了满足主体需求的资源（纸质文献）之外更多的选择。"目前电子书在国内院校图书馆已得到了广泛认可和普遍使用。

三 电子书在院校图书馆发展中的优势

无"汗牛"之苦，有"添香"之乐。电子书之所以会出现并在院校图书馆迅速发展，是因为它不管对图书馆本身还是读者而言都存在诸多优势。

（一）从图书馆角度考虑

1. 有利于完善馆藏，避免绝版困扰

一些中小型图书馆，因为基础薄弱，早期藏书量少，种类不全，很多经典书没有收藏，因为以后没有再版，于是得不到有效补充。电子书是电子化的图书，发行途径以互联网为基础，只要有互联网络存在，该书就可无限出售。对

于那些科研价值大而印刷数量少的图书文献，可以很好地保存当初制版，读者想看多久以前的书，都不存在绝版问题。另外，有的图书与本院学科联系关系不大，但考虑师生科研需要，购买电子书是一个不错的选择。

2. 节约经费投资，减缓生存压力

每本电子书零售价仅为传统纸质文献的 1/3 – 1/2，购买出版社或网上书店组织的专用于数字图书馆的电子书库还会进一步优惠。电子书只需要计算机硬件建设，不需要书库场地，不需要专门图书管理员，图书不用折旧，没有损耗，不会丢失。一些院校近年来面临巨大竞争压力，各方面都要加大投资，资金明显捉襟见肘，购买电子书不失为一举两得的办法。

（二）从读者角度分析

1. 方便读者，节约时间

传统的纸质文献我们必须在图书馆借阅，读者只能在特定的环境下阅读，然后按时归还到图书馆。与之相比，电子书可以存储在任何具有存储功能的数字化器件里，如硬盘、光盘等，读者不必背着厚重的书，也不用考虑书的归还超期问题。携带方便，因为电子书具有体积小、容量大的特点，比如一部《中国大百科全书》，传统印刷型版本共有 74 册，而制成光盘仅需 4 张。计算机网络甚至能把整个图书馆搬回家，这是传统文献永远无法克服的缺陷。

2. 使用灵活，检索快捷

电子书可以提供详细的索引和全文检索功能，使读者快速、准确、轻松地找到所需内容。读者可以借助有关管理软件或阅读软件很容易地检索到某学科几年、几十年乃至上百年的索引、文摘和原文。而传统文献的查阅方法就要复杂得多，工作量大得多，速度也要慢得多。曾经就有学者这样讲到，以前为研究一个问题，跑上海、浙江、大连，这里借一篇，哪里查一点，寻找资料的时间往往是研究问题的几十倍，现在就不同了，想找哪一篇内容，只要知道作者、书名，马上就能检索出来。

3. 缩短时差，提高效率

电子文献的制作不像传统文献那样需要打样、排版、校对、印刷，再二次录入。它从写作、录入、编排到出版发行，整个过程都可以电子化，网络电子文献甚至有"即时出版"之说，极大地缩短了时差，加快了出版节奏，这比传统文献从印刷到订单、收书、编目、上架的过程要简便快捷得多。

四 电子书不可能取代传统文献

毋庸置疑电子书对传统文献的冲击是巨大的,且随着科技的进步,这种冲击会越来越大!电子书的诞生难道会让印刷书籍成为历史,如同纸张取代竹简一样?难道我们将看不到那摆放在书架上的一排排书了?图书馆还需要购进纸质文献吗?"电子书"会取代"书"吗?随着电子书的迅速发展,有人提出了这样的疑问。电子书究竟是传统文献的终结者还是传统文献的伴侣?电子书迅猛发展的势头无人能及,然而就此对传统文献下达"死亡通知书"还是有失偏颇的。分析如下。

(一)传统文献有着电子书无法取代的优势

1. 传统文献和电子书是源与流的关系

现阶段,除新出版的电子文献外,大部分电子书都是数字化后的传统文献,绝大多数电子书的素材都来源于传统文献,是将传统文献原样复制。从这里可以看出,传统文献是电子文献最主要的信息来源,也正是从这个意义上讲,传统文献与电子书的关系犹如源与流的关系。

2. 传统文献更富有人性化关怀

使用任何类型的电子书,都离不开"电"的制约,离不开屏幕载体。由于目前技术尚不完善,读者长时间与屏幕对视,会使视神经产生疲劳,出现眼睛干涩、肿胀、流泪等不良反应,造成心理疲劳,影响阅读效果。传统文献则不同,人们随手拿来便能读、能看。同时相对于传统文献,电子书的阅读需要缴纳网费和一定的下载费用,院校图书馆除了免费提供相当丰富的纸质文献外,也免费提供舒适的阅读场所,极富人情味。

(二)社会环境给传统文献发展带来契机

1. 使用价值的延续性

一种载体的产生和消亡,完全是社会需求的结果。就像唱片发行,盒带取代唱片,CD取代盒带,虽然同为音乐载体,但后者的使用价值完全覆盖了前者,且成本更低,效果更好。但与此不同,电子书虽然有很多优点,但本质上是与纸张不同的两种载体,纸张作为载体的使用价值并没有被取代,今后也不会被完全取代。

2. 文化差异和阅读习惯

文明的脚步尽管快得惊人,但习惯的力量依旧强大,甚至比法律更为强大。

人们对传统文献的阅读多年以来已经形成一种强大的传统和习惯，这种传统和习惯就像湖南人吃辣椒一样，深爱到骨子里，沉淀到文化中。湖南人走到那里，无论有多少美味佳肴，总还是忘不了辣椒。这就是传统和习惯的强大力量。同样，传统文献虽然也会受到新阅读形式的冲击，但拥有五千年历史的文明古国，"书文化"在炎黄子孙心中仍然有强大生命力。

3. 个性化、多元化的发展需求

社会发展多元化和人们需求的个性化决定了电子书只能是人们获取知识的一种手段而不是唯一手段。作为一种高科技产品，电子书也不可能将所有传播媒介"一网打尽"，因为有些东西永远不是科技能替代的。面对电子书，有人提出了这样的质问：这样的书难道有宜人的油墨味？难道就有印刷品那么清晰？因为对有些读者来说，读书时除了阅读文字，图书那柔软的纸张和浓浓的书香本身也是一种意境享受。

4. 社会发展的不均衡性

东西部地区的经济发展水平和城乡差距，给传统文献生存提供了广阔空间。这就像在城市开车早就用了卫星导航，但在偏远的农村还是牛马当车一样。发展的差异性决定了需求的差异性，这样极有可能形成"两分天下"甚至"多足鼎力"的局面，导致发达地区电子书占主导，但有些地区却是传统文献的天下。

五　正确处理两者关系构建和谐图书馆建设

电子书作为一种新的文献载体，有着传统文献无法比拟的优势，作为一种新的文献载体，我们要热情地扶持它；然而电子文献所固有的不可克服的局限性，也使我们认识到传统文献在图书馆发展中不可替代的作用。传统文献就像一杯上好的绿茶，可以慢慢品尝，而电子书就像一杯可乐，实用解渴。作为传承知识最主要的媒介，电子书和传统文献各有所长，图书馆在进行文献资源建设中，一定要注意扬长避短，构建和谐图书馆。

（一）合理配置文献类型，是构建和谐图书馆的物质条件

图书馆应结合自身的条件、任务、性质以及服务对象来制定科学的馆藏计划。就当前情况而言，选择馆藏文献，既要充分利用电子书体积小、容量大、时效强、易检索的优势，又要利用传统文献阅读方便、富有人情味等长处。在收藏传统文献时，减少复本、扩大品种，对有地域特色或本馆特色的古籍善本、

民间手抄本等，应加大搜集力度；购置电子资源，要注重实用价值、要保证质量可靠；对于使用范围广、参考价值大的文献，既要配置传统的纸质版本，又要配置一定的电子资源，使两者兼备、相得益彰。

（二）切实更新办馆理念，是构建和谐图书馆的前提条件

办馆理念，是图书馆工作的思想指导。为适应新的挑战，图书馆应转变观念，建立以社会需求为导向，以服务读者为核心的新思路，除提供传统的一次文献服务外，还应对原有馆藏的传统文献进行深入的二次文献，甚至三次文献开发，将分散在不同文献中的信息收集、整理、制作成电子文献，并完善其检索体系，编制目录索引，建立本馆的数据库，为更多读者提供服务，提高办馆效益。

（三）坚持以人为本，是构建和谐图书馆的必要条件

图书馆工作人员是读者与图书馆之间的桥梁和纽带，要充分认识到他们在图书馆建设中的主要作用，采取有力措施，提高他们的服务能力和业务水平。随着电子文献的引进，图书馆工作人员除了掌握原有的图书馆学知识和技能外，还必须学习并掌握计算机知识和网络技术，掌握情报检索的技能，具备教育、指导读者使用计算机进行文献检索的能力，具备对传统文献、网络信息的深层次开发和建设的能力，只有这样，才能真正走向知识服务，满足读者多元化的信息需求。

参考文献

陈莺：《电子出版物印刷出版物之辨证思考》，《三明高等专科学校学报》2002年第2期。

陈静：《不会相互取代必将同步而行——电子期刊与纸质期刊比较》，http：//www.CNKI.net。

吴春光：《纸质文献与电子图书的差别化价值研究》，《河南图书馆学报》2009年第6期。

肖沪卫、潘洁毅：《电子图书对图书馆的影响及对策》，《中国图书馆学报》2003年第1期。

Larry Press. "From P-book to E-book." Personal Computing. 2000(5).

李磊：《电子书一场阅读革命的到来》，《科技IT时代》2006年第11期，总第42期。

图书、博物、档案数字化融合服务探讨*

朱学芳** 黄长著***

摘 要 图书、博物、档案数字化融合服务方式是在网络环境下借助于现代数字信息技术,实现资源全媒体化、信息资源跨媒体无缝衔接与新兴的集成应用服务,可以提高图书、博物、档案管理水平,促进信息资源共建共享和服务水平提升。图博档资源数字化及融合服务方式,导致信息资源管理、应用、服务等发生了许多变化。本文探讨了图博档数字化融合服务管理体系,着重探讨了图博档信息资源智能化融合服务研究和多媒体化融合服务研究,还探讨了图博档信息资源开发和服务融合中数字水印技术应用研究,为网络环境下数字信息资源全面高效应用、规范运作、提高服务效率做了一些思考。

关键词 数字图书馆 数字档案馆 数字博物馆 信息资源 融合服务

一 引言

大家知道,众多的图书、博物、档案(以下简称为"图博档")信息资源已经成为公众关注的重要社会信息资源,数字图博档信息是数字时代发展的产物,可以使具有丰富的中华民族文化内涵的众多信息资源更快地传播,更方便大众使用,发挥更大的社会价值;数字化保存管理、融合服务与应用,可以提高信息资源利用率,对加快我国信息化过程中信息资源建设进程有重要意义。图博档信息资源是人们的精神家园、文化粮仓。有效的图书、博物、档案数字化服

---

* 本文系 2008 年国家社科基金重点项目(08ATQ003)系列成果之一。
** 朱学芳,南京大学信息管理系、多媒体信息处理研究所,教授,博导。
*** 黄长著,中国社会科学院学部委员,研究员。

务融合，可以加深公众的印象，容易被大众群体，尤其是青少年和低层次文化群体、少数民族群体接纳，有利于和谐信息文化的建设。对切实实现"提高国家文化软实力，使人民基本文化权益得到更好保障，使社会文化生活更加丰富多彩，使人民精神风貌更加昂扬向上"重大战略的号召有重大意义。

图博档信息共享融合服务，不仅使得城市居民可以像使用图博档三馆实物资料那样使用它们，还可以为文化信息资源贫乏的广大农村居民以及边远地区的人们所应用，也是文化下乡的另一种直接方式，对实现党的十七大提出的"重视城乡、区域文化协调发展，着力丰富农村、偏远地区、进城务工人员的精神文化生活"、对城乡一体化精神文明建设、对实现中共十七届五中全会提出的"推进基本公共服务均等化"有实际意义。

数字资源具有分布离散性、复合性、动态开放性、交互性、关联性、嵌套性、集合性、可重组性、软硬件强依赖性等复杂特征。在我国，虽然数字图书馆、博物馆、档案馆信息资源建设研究起步较晚，但开始了一系列不同程度的研究，有些已经通过互联网为广大用户提供了方便快捷的信息服务，提高了我国信息服务的水平。但是国内的图博档数字化服务融合研究及应用整体发展水平落后于世界先进水平，多年来，除了图书的资源共享及服务应用比较有规模和水平以外，在图书、博物、档案数字化服务融合研究方面，虽然理论成果丰硕，书籍、报纸、杂志等媒体以及会议、网络中均有阐述，但实践成果及效果颇显不足。主要表现在图博档三馆跨系统的资源共建共享研究尚不多见。原因是：观念跟不上，情节解不开，管理条块化，领导分散化，标准不统一，规范不明确。这些造成了信息资源的兼容性差、信息转换麻烦、信息使用受限、标准化程度不高、重复建设等问题，从而导致各自独立服务、服务融合困难在所难免；除了这些因素以外，技术应用也不够重视等。

二 图博档数字化融合服务管理体系研究

图博档数字化融合服务管理不仅是一个信息服务组织过程，也是一个信息服务管理过程，需要国内众多数字图书馆、数字博物馆、数字档案馆及其有关管理机构的积极参与。不仅需要对参建的各种信息资源进行有效管理，也需要对各不同参建系统的信息资源的共建和融合服务进行有效的管理，才能保证共建信息资源的质量，保证融合服务有序展开，保护各个部门的权益。图博档数字化融合服务的管理内容涉及多个方面，这种多方合作方式可以大大拓宽资源收集途径，但也使得数字信息资源共建过程相对于单一情况来说复杂了许多。作者曾指出参与数字网络资源共建的单位数量庞大，管理协调一定是重要的工作，并强调"信息资源共享协调组织组建的程序也要体现自愿和互利的原则"。近年来，在研究了网络环境下图书馆学情报学学科及其实践的发展、图书馆功能与结构的演化、网络及网络信息资源、用户知识消费行为的改变、图书馆学教育的变革以外，对学科的这些变化又提出了相应的对策和建议。

夏南强、殷克涛从信息服务的相关要素入手，探讨了多网融合（即把各种异构网络上的应用全部整合到一个网络上）环境下信息服务机构、信息资源、用户信息需求、信息服务方式、信息服务载体等方面的问题，为网络融合环境下开展信息服务研究作了一些初步的探索。

在他人研究的基础上，本文主要进行图博档数字化服务融合管理系统架构设计研究。需要体现图博档数字化融合服务管理的要求，要研究如下保证措施：整个融合服务过程的有序和效率、共建过程中各个参建单位提交的信息资源的安全、为用户所提供的信息资源质量和服务质量、各个参建单位在共建过程中的公平性、组织落实和行动的有序性与有效性。

针对图博档数字化融合服务管理体系，我们认为需要在充分吸取数字信息资源共建及服务成功的管理经验的基础上，进一步研究如下四方面内容：

（一）图博档数字化融合服务纵向管理研究

需要由主管部门对各个参建单位进行统一管理，包括组织领导、标准制定、指导培训、相关政策制度等，以此协调各个参建单位有序、高效参与共建工程。同时，国家级共建中心和省级共建中心也需要对所管辖的下属单位进行业务管理，解决共建过程中可能存在的难题。另外，共建成果的相关利益分配问题，也需要主管部门进行统一管理和协调，以免发生利益冲突而影响共建目标实现。

（二）对图博档数字化融合服务的信息资源的管理

需要在整个图博档数字化融合服务过程中对信息资源进行管理，这种管理是一个全方位、系统化的过程，首先是将分散在各个图博档部门的信息资源按照一定的标准进行汇集，这是一个信息收集和组织的过程；然后需要对汇集的信息资源进行后续管理，包括对信息的分析、加工、存储、安全加密等过程；最后是对信息资源服务功能的管理，包括信息查询、检索、管理决策、人才培养等过程，及对已建的数据库的后续开发管理。对于共建的信息资源数据库，需要对其进行必要的整理，使之成为层次清晰、结构有序的数据集合，更好地开展服务。同时，需要做好对共建数据库的安全备份和镜像数据库的建设，以防关键共建中心系统发生故障时所带来的安全隐患。

（三）对图博档数字化融合服务平台系统的维护

为了保证图博档数字化融合服务系统平台的稳定运行以及工作效率，系统管理员对其进行必要的日常维护和管理。为了保证图博档数字化融合服务的信息资源的质量和图博档数字化融合服务过程中的安全性，需要对不同的用户设置不同的操作权限，以保证系统用户在正常进行向本单位提供服务的过程中，不对其他单位的成果进行非法操作。及时修改用户信息、清理信息冗余、维护平台稳定，根据存在问题进行必要的系统改造和升级。

（四）对服务体系管理制度化

图博档数字化融合服务管理是一个需要多部门长期通力合作的工程，需要对服务体系进行坚持不懈的执行和管理，严格执行奖励和惩罚措施，使其形成制度化，并根据实际情况的变化进行适当调整。研究相关技术措施，实现自动显示、自动通报图博档数字化建设融合过程中，资源建设进度、质量、规格等资源生产和服务工作规章制度。

三 图博档信息资源智能化融合服务研究

图博档信息资源智能化融合服务研究，首先需要对图博档信息资源融合及其服务相关的数字化技术成果（包括软硬件、发明专利等）调查及应用进行研究。研究如何应用自然语言处理技术、统计分析和机器学习技术以及语言知识库，面向海量信息的自动化和智能化处理需要，实现从来自异构数据源的大规模文本信息资源中提取符合需要的简洁、精炼、可理解的知识，开发应用这些方面的已有成果，为图博档信息融合服务提供技术保障。

研究如何通过应用个性化服务技术向用户提供图博档信息个性化推荐服务，应用文本和多媒体信息检索技术、数据挖掘技术、信息关联分析可视化显示技术为用户提供图博档信息资源融合服务。这些技术或多或少地在其他领域有所应用，这里主要是考虑通过进一步调查，研究相关技术在本课题研究中的适用性，必要时可以试用，引入到图博档数字化融合服务系统中，以下四方面的技术内容需要在研究中充分重视：

（一）面向用户的图博档信息个性化服务技术应用研究

研究有针对性的服务方式，根据用户的设定来实现依据各种渠道对图博档及其相关网络信息资源进行收集、整理和分类，向用户提供和推荐相关信息，以满足用户的需求。从整体上打破传统的被动服务模式，利用各种资源优势，主动开展以满足用户个性化需求为目的的全方位服务。

例如，在电子商务中有所应用的个性化推荐技术，使用面向用户偏好的多属性决策（MADM）方法，用于隐性显性反馈信息情况下的多属性决策。这里需要研究的是如何使它在图博档信息融合服务中发挥作用，以提高为信息用户服务的效果。

研究应用发明专利，如自适应的因特网目录网页推荐方法（南京大学发明专利）。该方法包括以下内容：用户通过客户机提交浏览路径，因特网网络中间服务器在获取网页后，先判断其是否是目录网页，如果是则将目录网页交给目录网页推荐部分，否则交给普通网页推荐部分处理，推荐结果通过客户机提交给用户。该发明的优点是不需要用户指出以往浏览的目录网页中具体感兴趣的链接内容，就可以根据用户的个人偏好和使用情况进行 Internet 目录网页推荐，以辅助提高 Internet 网络中间件服务器装置的性能；还有一种采用元推荐引擎的门户网站个性化推荐服务的应用系统（北京航空航天大学发明专利），也需要加以研究。通过分析比较，研究如何将其应用在图博档信息个性化服务系统中。

（二）文本和多媒体信息检索技术应用研究

一方面研究信息检索技术、搜索引擎与网络信息检索等相关技术的应用，加深对文本聚类、文本分词、文本信息抽取的研究。另一方面，由于在图博档信息资源中，图像、声音、视频等多媒体资源较多，还需要研究应用有关多媒体信息检索技术，以供有检索、浏览和在线播放多媒体资料需求的用户方便使用。

（三）数据挖掘技术应用研究

图博档信息资源数据量之大，难以想象，研究如何从海量的数据中提取有用的知识成为当务之急。采用那些在大量的、有噪声的、模糊的数据中，能够提取隐含在其中的，事先不知道的，但又是潜在有用的信息和知识的数据挖掘技术，为用户信息的模糊检索提供服务。如现有商用软件—TRS 文本挖掘软件（TRS CKM，北京拓尔思信息技术公司研制），能够有效结合自然语言处理技术、统计分析和机器学习技术以及语言知识库，面向海量信息的自动化和智能化处理需要，实现从来自异构数据源的大规模文本信息资源中提取符合需要的简洁、精炼、可理解的知识。需要研究如何结合图博档信息资源的特性以及该项技术的应用范围和用户的基本需求特征，把该项技术应用到图博档信息融合服务中。

（四）信息关联分析可视化显示技术应用研究

为了挖掘信息间的联系，克服单一藏品实体所包含信息的局限性，使用多媒体展示方式，联系诸多相关信息，提供可能需要的、可供参考的背景资料内容，给公众提供潜在隐性知识，需进行智能化信息关联检索及可视化显示方法应用研究，进行图博档实体虚拟、信息展示多媒体化服务融合研究。

四 图博档信息资源多媒体化融合服务研究

数字资源是经过数字技术处理，以数字代码形式将文字、声音、图形、图像、视频、动画等多种形式的信息存储在光磁等非印刷媒介上，并通过网络以数字形式发布、存取、利用的信息资源总和。多媒体除了具有信息媒体多样化的特征之外，还具有以下特性：数据量大、数字化、交互性、集成性、立体化。

进行图博档信息资源多媒体化融合服务，需要研究图博档实体虚拟化、信息展示多媒体化的服务融合，以动态方式形象生动地表达相关信息，在展示效果上可以给公众以跨时空的震撼演示，有助于公众对知识的理解。多媒体化融合服务包括馆所局部、全景环境显示和大量多媒体的历史资料数字化录入。另外，还需要研究用这些数字多媒体虚拟化、立体化技术加强知识教育的效果，例如使用球幕沉浸感展示技术制作的演示视频等。这里还研究图博档信息数字化融合服务过程中的资源版权保护，研究数字图博档信息资源建设与应用过程中的一些自动服务功能实现，研究包括同族资源自动归类、缺省资源自动提示和在建资源自动通报服务的方式方法及其实现技术。

在图书档案领域，研究将馆藏资源（包括纸质文献、缩微文献等）虚拟化、数字化，并以文本、图像、音频、视频等多种形式进行展示，研究手稿、图画、地图等特殊类型的文献的虚拟化和多媒体展示方式，引入多点触摸系统、边缘融合大屏幕显示系统、虚拟翻书系统等技术手段的条件、经费、时间、场地、规模等。在博物馆方面，其资源的形式比较多样化，文物、古迹、遗址都可以列在馆藏资源的范围。由于"场地限制、库存限制、管理效率低、展品限制、展品共享率低、展览成本高"等方面的问题，实物的使用受到很大的限制，实物虚拟化、立体化成了博物馆发展的一个重要方向。虚拟化研究包括两个层面，一是对已有的藏品或其他文物、古迹等的虚拟化，这些虚拟资源是和实物资源一一对应的；二是利用虚拟技术构建新的内容，这样就可以产生很多概念类型的博物馆和很多新的虚拟资源。研究在该领域融合装备并使用三维摄像机、三维扫描仪等相关设备，借助计算机建模、信息处理等技术，开展与计算机图形图像、多媒体软件的设计开发公司和机构合作，研究加快博物馆资源数字化、虚拟化、立体化以及多媒体展示的有关措施。

五　图博档信息资源开发和服务融合中数字水印技术应用研究

利用数字水印技术实现图博档信息数字化融合服务过程中的资源版权保护是一种可行的方案，它可以保护数字图博档信息的原始权威性和长期真实可用性，有助于促进数字图博档信息资源开发、高效使用与利益保护矛盾的解决。在图博档信息资源开发和服务融合中的数字水印技术研究方面，主要考虑图像水印技术在数字图博档三馆中资源开发与利益保护的应用，强调的是基于数字信息资源本身特点的数字信息资源的有效保护。在水印技术研究中，研究人员对图像水印技术的研究最多，其理论相对也最成熟，用图像水印技术将数字图博档版权等论证信息嵌入到其数字图像信息源中，可以达到版权认证、盗版追踪、篡改发现等目的，数字水印技术方面已有许多技术论著叙述。

六　结束语

图博档数字化融合服务研究有助于网络环境下应用现代数字信息技术，实现资源全媒体化、信息资源跨媒体无缝衔接与集成应用服务，提高图书、博物、档案管理水平，促进信息资源共建共享和服务水平提升，信息资源全面高效应用，可以帮助数字资源建设规范运作，提高其信息资源服务效率，为科研和社会公众更好地服务。也有助于规范用户行为，有效地保护数字资源原始权威性和长期的真实可用性，对其他各类数字信息资源的进一步开发、保护和合理高效使用也有较高的参考价值。对管理人员、服务人员的现代信息技术及其服务能力、信息素质提高和观念更新有实际意义。既有利于弘扬中华民族精神、传承中华优良传统，又有利于中华文化"走出去"、让世界了解中国。要缩小与欧美等发达国家在图书、博物、档案管理水平和服务能力的差距，就必须建立自主知识产权的图书、博物、档案数字化服务融合模式和系统，加大财力、人力投入和技术应用，加大管理，争取在尽可能短的时间里使我国图书、博物、档案数字化服务融合水平超过他们。

参考文献

《胡锦涛在党的十七大上的报告》，新华网，2010年11月1日。

《中国共产党第十七届中央委员会第五次全体会议公报》，2010年11月16日。

李伟超、朱学芳：《数字保存系统质量保证体系研究》，《国家图书馆学刊》2009年第3期。

耿志杰：《网络环境下数字博物馆信息资源共建研究》，南京大学博士论文，2009。

黄长著、霍国庆：《我国信息资源共享的战略分析》，《中国图书馆学报》2000年第3期。

黄长著：《网络环境下图书馆学情报学学科及实践的发展趋势》，社会科学文献出版社，2010。

夏南强、殷克涛：《网络融合环境下信息服务研究的思考》，《情报理论与实践》2010年第7期。

苏新宁：《网格环境下的个性化信息推荐服务模型研究》，《情报学报》2007年第7期。

《一种自适应的因特网目录网页推荐方法》，http://www.patent-cn.com。

《引入兴趣模型反馈更新机制的门户个性化推荐服务系统》，http://www.bjkw.gov.cn。

《TRS文本挖掘软件》，2010年11月20日，http://www.trs.com.cn。

冼枫：《虚拟博物馆》，《装饰》2007年第7期。

朱学芳：《数字档案信息开发及应用管理中的图像水印保护技术》，《档案学通讯》2010年第5期。

朱鹏、朱学芳：《一种新型的用于信息化教育资源版权保护的数字水印算法》，《电化教育研究》第2010年第7期。

张军亮、朱学芳：《数字水印在数字版权保护中的应用》，《现代图书情报技术》2010年第9期。

C. C. Chang, J. Y. Hsiao, and C. S. Chan. "Finding Optimal Least-significant-bit Substitution in Image Hiding by Dynamic Programming Strategy". *Pattern Recognition*, 2003, 36 (7): 1583–1595.

第五部分

图书馆资源建设

试论图书馆信息资源建设与发展

宋晓军*

摘 要 本文论述了图书馆信息资源建设的必要性、可行性,并对图书馆信息化建设过程中存在的问题及解决问题的方法进行了初步探讨。

关键词 图书馆工作 信息资源建设 人才培养

随着知识经济时代的到来,图书馆正朝着数字化、网络化、虚拟化的方向发展,数字图书馆实现了信息资源的数字化、信息传递的网络化、信息利用的共享化和信息系统的虚拟化。数字图书馆的发展历程表明,实现由信息服务向知识服务的转变,是与时俱进的历史必然,这必将带来图书馆组织结构、服务方式和服务内容、服务手段、服务功能等方面的一系列变革,给图书馆建设带来诸多值得研究的新问题,本文将以信息资源建设为切入点,重点谈谈信息资源建设与发展。

一 图书馆信息资源建设发展与现状

图书馆信息资源建设是一个具有前瞻性、战略性、复杂性的大课题,它包括信息设施的配置,信息资源的组织、开发,信息载体类型,利用方式等,信息资源建设的基本点是文献资料建设,文献信息是相对于用介质保存的自然信息和不用介质保存的即时信息来说的,文献是记录人类观念信息的人工载体。自数字化文献信息载体崛起以来,人们对信息资源建设走向进行过多种预测。在网络环境下,新的信息载体在容量、传输速度及表现形式等方面都占绝对优势。有些人认为 21 世纪将是数字化世界、无纸化社会,技术含量相对较低的传统文献已经没有存在的必要了,但我认为这种预言还需要经过一定的时间来验

---

* 宋晓军,男,1960 年生,军事科学院军事图书资料馆,副研究馆员。

证。信息资源主要是印刷型文献和数字化文献资源两大类,但是在机读型信息资源中出现了多媒体数字化资源和网络信息资源两大支流,因此文献信息服务资源建设应当把印刷类文献信息资源、机读型的多媒体数字化信息资源和网络信息资源三大资源体系作为支柱,三足鼎立,相辅相成。在这个架构下,对其他类型的信息载体兼容。

二 图书馆信息资源的科学组织和管理

图书馆科学组织馆内电子信息资源及网络信息资源,读者能方便、快捷地有效利用,目前图书馆信息资源的来源主要有:本馆自建的资源,如图书全文数据、期刊全文数据、书目数据库等,购买和交换的信息资源、网络信息资源,其中网络信息资源种类繁多,庞杂无序,相当一部分重要的网络信息资源是收费的,使读者查找网络信息既费时又费钱,因此图书馆必须对网络信息资源进行科学的组织和管理,方便读者使用,图书馆根据读者需要,结合教学科研有目的地选择一些网络信息,组成专题数据库,使之成为本馆的虚拟馆藏,图书馆工作人员应承担起为读者进行信息导航的责任,把图书馆的信息资源服务项目和内容介绍给读者,可以通过本馆网页向读者提供和推荐自己收集的相关网址和搜索引擎等信息资源,使读者以较快的速度查到所需的信息。图书馆网站建设是展示自己的形象,为其向读者宣传自己、介绍自己提供了良好的服务平台,同时也是图书馆获取信息、交流信息和提供信息资源服务的强有力的工具。它不仅让读者更深入了解和利用图书馆,提高馆藏信息资源利用率,而且可以通过对相关资源的组织和引导,帮助读者快速、准确地查到自己所需的资料。

三 图书馆信息资源建设存在的问题

图书馆馆藏信息资源建设过程中存在的问题,首先是人们在观念上的障碍,人们仍然习惯于以馆藏文献数量作为评价图书馆的标准,文献收藏中还存在"大而全"、"小而全"、自给自足、重藏轻用等传统观念的影响,仍以传统的实物馆藏为主要工作内容,只重视文献数量的增加,而没有充分考虑文献老化现象和利用率的多少,对网络环境下非纸质信息资源建设没有引起足够的重视,因而在数字化资源、网络资源建设上投入的人力物力不足。其次是经费障碍,图书馆所需经费都是靠吃"皇粮",自身没有造血功能,更无赞助可言,因为经费严重短缺，在信息资源建设经费上投入不足，因此在藏书建设上只好采取压缩相关学科、压缩副本保品种的办法，在信息资源建设上只好有多少钱办多少事，造成信息资源建设速度慢，跟不上教学和科研发展的需要。再次是人才资源的障碍，专业人才队伍建设是图书馆信息资源建设的保障，图书馆必须拥有丰富的人才资源，人才是图书馆的最宝贵的财富，知识经济时代赋予图书馆新的使命，以建设信息资源为主体，开发信息资源全方位地为经济建设主战场提供优质高效的服务，必须造就一大批有良好科学技术与专业技术的、有开发创新能力的专家学者，而由于图书馆地位低下，干部队伍的职务、职称等实际问题难以解决，影响到人才的引进，也促使一部分已进馆的高学历专业人才跳槽改行，最终影响着图书馆人员队伍群体结构的改善。

四 图书馆信息资源建设策略

图书馆信息资源建设的内容与传统图书馆的藏书建设相比，发生了很大的变化，所拥有的馆藏信息资源和可存取的网络信息资源共同构成图书馆信息服务资源基础，因此，图书馆必须更新观念，克服过去那种"大而全"、"小而全"和"重藏轻用"的思想观念，根据本馆的资源情况和信息需求，研究本馆的服务任务和服务对象，重新调整、制定科学的特色馆藏发展策略，文献信息资源建设应在确保印刷型文献资源的基础上，加大机读型、光盘型和网络型文献资源的馆藏比例，走文献载体多元化的道路，实现信息资源的共建共享。首先应加大宣传力度，争取上级对图书馆文献信息资源建设经费的支持；其次要合理使用经费，保证重点，突出特色文献信息资源建设；再次是加强与其他图书馆的协作，按照"共同投入、共同开发、共同受益"的原则共建共享；然后是开展有偿服务，弥补资金投入不足，保障图书馆文献信息资源建设健康发展；最后是加强人才培养，图书馆信息资源建设离不开一支高素质、多功能的人才队伍。图书馆应加强人才综合素质培养，一是优化人力配置，有目的、有计划地引进图书馆情报信息专业与计算机专业的复合人才。二是加强在职人员继续教育，通过进修学习、工作岗位轮换、给予特殊工作、学术讨论会等多种形式，更新在职人员的服务观念和知识结构，提高图书馆全体人员的综合素质水平。

参考文献

张新鹤:《图书馆合作与信息资源共享机制创新》,《图书馆杂志》2010 年第 2 期。

韩玲革:《图书馆数字信息资源建设现状分析》,《医学信息杂志》2010 年第 1 期。

方立波:《图书馆信息资源共建共享与可持续发展》,《中国新技术新产品》2010 年第 3 期。

朱文莉:《网络信息资源的开发与利用》,《内蒙古科技与经济》2010 年第 1 期。

应用型大学图书馆
文献信息资源建设探讨

王建远*

摘 要 对发展中的应用型大学特点与定位作了阐述，指出了应用型大学图书馆在资源建设中与研究型大学图书馆的不同，提出了文献信息资源建设中应遵循针对性原则，实用性（应用性）原则，特色发展原则，协调发展、资源共享原则等基本原则，以确保馆藏文献信息资源的结构合理。

关键词 应用型大学　图书馆　文献信息资源　建设

应用型大学是一种新兴的以高等职业教育和高级技术性人才培养为主体的综合性大学群体，它适应时代科技化、高等教育大众化、普及化趋势，与经济、社会、生产第一线和地方大众生活紧密联系并为之直接服务，且侧重于科技应用方面的知识、技术和素质的培养、训练和科研，在学科建设、专业设置、培养方式、招生就业及其生源结构上都有别于传统大学。

一　应用型大学图书馆在应用型大学建设中的作用和地位

（一）应用型大学的特点

与教学型、研究型高校相比，应用型大学具有地方性、职业性、服务性等诸多应用特征。教学型大学在我国为数众多，并且多属于以本科层次教育为主的地方院校。它们侧重于教学，其科研规模实力等相对较小。研究型大学在高等教育大众化阶段实施的是一种"质"的教育，所培养的精英人才是国家社会发展所必需的尖端技术的研究和开发任务，但是需求量相对较小。而应用型大

---

* 王建远，女，1966年生，北京联合大学图书馆，副研究馆员。

学则立足于地方经济建设,满足市场对人才培养的需求。它必须以地方区域或行业经济发展服务为宗旨;以社会经济发展需要的新兴专业和新的专业培养方向为主体;以应用性人才培养为目标;以产、学、研结合为培养的根本途径。它培养的是直接为生产、生活、工作服务的一线应用型人才,即主要培养工程应用型、技术应用型、服务应用型、职业应用型、复合应用型等专业应用型创新人才。应用型大学在本科教育教学过程中,将学科性教育和应用性教育的教学理念相结合,构建应用性教育的教学模式和方法。应用型人才的培养模式是以知识为基础、以能力为重点、以服务为宗旨,注重知识、能力、素质协调发展,学习、实践和职业技术能力相结合。

与培养应用型人才相适应,应用型大学在构建学科体系时,也是以应用为导向,以学科为支撑,带动专业发展,是应用性本科教育中指导专业建设的基本理念。

表1 应用型大学与研究型大学本科教育比较

比较方面	比较项目	研究型高等本科教育	应用型高等本科教育
教育资源	学校定位	科学或工程教育,强调科学性	以市场需求为导向,强调学术、技术和职业
	教师队伍	学术型教师,有重量级的大师	双师型教师,即学术型和技术型双重身份
教育过程	培养目标	培养学术型工程型人才	培养生产第一线应用型人才
	修业年限	4或5年	4年
	评价学生	学术标准,解决问题能力	突出职业技能和就业能力
	毕业标志	学历证书、学位证书	学历证书、职业资格证书

(二)应用型大学的发展与图书馆文献信息资源建设

教育部2001年5号文件,即《关于做好普通高等学校本科学科专业调整的原则意见》(以下简称《意见》)对本科学科专业调整的原则意见指出:新一轮学科专业调整是具有鲜明时代特征的全局性、战略性调整。要以主动适应我国经济结构战略性调整、人才市场需求和提高国际竞争能力的需要为出发点,以发展高新技术类学科专业和应用型学科专业为重点。全面进行学科专业结构调整。

在这一原则指导下,根据国家高等教育改革思路,不少学校已形成了自己的办学思路、办学定位。如北京联合大学,坚持"发展应用性教育,培养应用型人才,建设应用性大学"的办学宗旨,坚持"面向大众、服务首都,应用为本、争创一流"的办学定位,并在本科教学水平评估中得到专家的肯定。

应用型大学图书馆作为其主要的信息资源保障和支撑体系,理所应当地在各方面服从于学校的这一战略目标。

表2 应用型大学图书馆与研究型大学图书馆文献信息资源的比较

	内容 项目	应用型图书馆	研究型图书馆
文献信息资源	文献信息资源馆藏	综合性文献资源为主,没有明显的专业特色,网络信息较丰富	研究级的专业文献资源,特色突出,网络信息为科研必备的保障性馆藏
	读者对图书馆的要求	欣赏、接受文化教育,吸纳专业基础学科知识为主	需要研究级的文献资源,希望得到信息导航
	文献信息馆藏	自有和外购文献、电子出版物、利用因特网	自有和外购文献、电子出版物,利用因特网,部分自己加工、购国外原版文献
	文献信息的利用率	关注文献信息利用情况,注意提高馆藏文献利用绿	定时了解文献信息利用情况,注意适时调整馆藏资源,提高利用率

文献信息资源是开展各项服务的物质基础,是提供智力资源的保障与后援,各类图书馆都在尽力提高利用率,应用型、研究型图书馆在文献信息资源建设方面有自己的认识。前者以综合性文献资源、信息资源为主,没有明显的特色专业,读者是各层次的大众,对图书馆的要求是以欣赏、接受文化教育、吸纳专业基础学科知识为主;后者是收集研究级的专业文献信息资源为主,规模不一定很大,馆藏专业特色明显;网络信息为科研馆藏保障,虚拟馆藏丰富了图书馆的信息资源。

(三)应用型大学图书馆文献信息资源建设的实践意义

"图书馆是通向知识之门,它通过系统收集、保存与组织文献信息、实现传播知识、传承文明的社会功能。"《图书馆服务宣言》开宗明义地指出了图书馆的性质和使命。应用型大学图书馆是应用型大学的主要标志。丰富的馆藏文献信息资源,是建设一流应用型大学的基础和保障。及时调整藏书方向,合理配置文献信息资源的结构,保障文献信息资源建设的质量,建立与应用型大学相适应的独具自身特色的动态藏书学科结构体系，最终实现文献信息资源共享。这为应用型大学图书馆的藏书结构调整、优化、发展奠定了理论基础。

图书馆文献信息资源建设的研究与发展，有助于学校的教学、科研与实践。大量丰富的图书信息及图书资源，让教师及时了解到专业发展动态与前沿信息，及时改进教学内容；根据图书馆提供的丰富信息，加大教学管理与研究。图书馆文献信息资源是促进应用型大学"产、学、研"的一个重要链条。

二　应用型大学图书馆文献信息建设的基本原则

应用型大学图书馆的文献信息资源建设应立足于为建设应用型大学、培养应用型人才服务，这是应用型大学建设对其所属图书馆文献信息资源建设提出的基本要求，具体来说，就是要求应用型大学图书馆的馆藏建设围绕学校教学和科研的需要组织开发利用各种文献资源，为读者（主要是应用型大学的师生）提供专业、科学、便捷的信息服务。"藏以致用"是应用型大学图书馆文献信息资源建设的灵魂与核心。对于这个核心，我们可从四个方面予以把握：一，针对性原则；二，实用性（应用性）原则；三，特色发展原则；四，协调发展、资源共享原则。

（一）针对性原则

高校图书馆的读者主要是学校师生，而应用型大学图书馆的读者（师生）又表现出与其他类型高校（研究型、研究兼应用型、高职教育型等）的读者不同的特点："一般说来，应用型大学的学生有三个主要特点：一是兴趣广泛、个性特征较明显；二是书本知识相对薄弱；三是实用化倾向较明显，绝大多数学生抱着毕业即马上就业，而不继续深造的目的上学。"应用型大学的教师则呈现出类型多样化的特征："教师多样化是指教师队伍中既有专职教师，又有兼职教师（或客座教师）；既有面授教师，又有远程授课教师；既有理论课教师，又有实践经验很强的'双师型'教师，等等。"席文启先生也概括了应用型大学师生的特点，"教师是偏向于教学型的"，"学生是偏向于动手型的"。因此，应用型大学图书馆资源建设应根据师生的这种特点来制定馆藏方针、方案。例如，针对学生兴趣广泛的特点，发展综合素质教育的馆藏；针对学生毕业即面临就业的特点，重点发展实用性、实践性强的馆藏；针对教师队伍中既有面授教师又有远程授课教师的特点，在资源建设中要将传统文献与现代电子、网络资源很好地结合，以满足远程师生馆外查询的需求。

（二）实用性原则

实用性原则是应用型大学图书馆文献资源建设最基本的原则。所谓实用性原则，就是要最大限度地使馆藏资料在内容、结构，以及组织管理上同用户需求相吻合。这就要求我们要强化"以用为主"的观念，要不断研究用户需求，注重馆藏资料的实用性和专业性。

1. 着重建设实用性的文献资源

应用型大学以职业技能培养为依托，与研究型、教学研究型大学不同；据此，应用型大学图书馆馆藏建设将以"职业技能"、"地方发展"、"应用学科"、"实践实训"、"基层单位"等为"关键词"，致力于为读者提供实用性的文献资源服务。

应用型大学的馆藏建设中，职业技能培养的资料信息应是占比例最重的部分，其中，充满丰富案例的文献资料对于注重实训实践的读者来说，将具有重要的意义；应用型大学主要为地方、基层单位培养应用型人才，将反映本地政治、经济、科学、文化、外事及民族宗教等特色资料收集入馆，无疑能帮助学生读者更加了解本地社会发展状况，从而更有针对性地调整自己的努力方向；应用型大学的学科建设自然以实用性的学科为主，因此，应用型大学图书馆应以这些应用型的学科文献为重点馆藏对象。

2. 紧密围绕学校的教学体系来构建馆藏体系

应用型大学馆藏建设的实用性原则除表现为着重建设实用性的文献资源外，还表现为紧密围绕学校的教学体系来构建馆藏体系。学校教学体系包括学科体系、课程体系、实践教学体系等几个层面。馆藏建设应在把握应用型大学与其他类型大学不同的教学体系的基础上进行。

应用型大学相比研究型大学，实践教学体系更完善，学生课外实践设置更为丰富，馆藏资源建设应为学生课外学习提供充分条件。北京联合大学在这方面已取得了成功的经验，为学生参与（全国大学生"挑战杯"课外科技作品竞赛、数学建模比赛、电子设计竞赛）等提供了有力的文献资料支撑。

3. 特色发展原则

应用型大学的建设与发展离不开产学合作教育，面向产业，依托产业，服务产业，校企结合，产学研结合是应用型大学的特色。

由于产学研合作教育,一方面与基础学科教育有关,同时又与经济建设发展息息相关,所以在藏书建设上,强调文献资源既要具备科学性又要具备时效性。应用型大学图书馆要根据产学研合作教育内容要求,建立有效的信息资源库,形成自己的特色馆藏。特色馆藏建设是一个图书馆的"亮点"、"特色"。应用型大学图书馆应从"学科性"和"地方性"上下工夫,建设特色馆藏。"学科性"是指某些学科、专业或专题的文献要有完整、系统的收藏,形成自己的特色。"地方性"是指根据本地区的地理、历史、经济和文化的特色,对有关的文献完整地进行收藏,从而形成特色。

应用型大学图书馆应充分利用校园网优势,开展信息调研工作,及时掌握信息市场动态,为用户提供导向服务。如上海图书馆和复旦大学等30家成员馆,与宝钢、石化等10家有影响的大企业联合推出"知识干线"计划,即由这些图书馆组成"知识干线"向10家大企业提供快速信息通道和信息咨询服务。

4. 协调发展、资源共享原则

应用型大学学科专业设置的特点加剧了图书馆文献资源的供求矛盾。在专业设置上以经济社会发展需要的新兴专业和新的专业培养方向为主体,主要培养工程应用型、技术应用型、服务应用型、职业应用型、复合应用型等专业应用型人才,并随市场需求,面向新型产业和现代服务业不断调节专业设置,而由此引发了读者群体的不稳定和文献信息的短期效应。因此短、频、快成为应用型大学信息需求的新特点。传统的连续性、系统性的馆藏建设原则在这里发生了演变,对文献信息资源保障体系的建设,无论是在内容上还是在获取形式上都赋予了新的内涵,同时也从另一个角度增加了文献信息资源的保障难度,限制了馆藏文献的发展速度。

因此,应用型大学图书馆在文献信息资源配置方面,虽然有其相对的稳定性,但总的趋势是随着环境变化而变化发展的。文献信息资源配置的动态性,一方面是指读者对文献信息资源的需求是动态的,另一方面是指图书馆在文献信息资源供给的能力上也是处于动态的。所以,应用型大学图书馆在馆藏资源建设中,还应该注意:

(1)协调发展,数字化信息资源建设与印刷型文献资源建设共同发展。随着信息技术的迅猛发展和网络环境的形成,图书馆的信息资源结构发生了重要的变化,今天图书馆的信息资源是由实体馆藏和虚拟馆藏组成的。应用型图书馆应及时调整印刷型文献与电子型文献的关系，合理配置协调经费，相应加大对电子出版物的投入，优化馆藏结构，选择适合自己发展的数字信息资源建设的道路。

（2）资源共享，走全面合作道路。在数字化信息时代，没有任何图书馆能够以一己之力收藏齐全所有的信息资源，开展广泛的馆际合作与资源共享是图书馆事业发展的必然方向。应用型大学图书馆应积极参与全国、地区高校图书馆联盟。高校图书馆联盟是现代图书馆合作与资源共享较为理想的模式。如CALIS（中国高等教育文献保障体系）、北京高校网络图书馆等，在文献传递、联合目录、电子资源集团采购、特色资源库、数字图书馆、信息咨询、教育培训等诸多方面发挥了积极的作用。

参考文献

席文启：《以科学发展观为指导创建有特色的应用型大学》，"学习贯彻科学发展观 提高执政能力"征文。

张妙弟、江小明：《大众化教育背景下应用型大学教学体系的改革与建设》，《中国高教研究》2007年第1期。

王建远：《以水平评估为契机，优化应用型大学图书馆藏书结构》，《北京联合大学学报》（自然科学版）2008年第4期。

张若元、刘新民：《浅析教学研究性大学图书馆的建设》，《高校图书馆工作》2005年第6期。

陈维佳：《高职院校图书馆文献信息资源建设的问题与对策》，《图书馆工作与研究》2004年第6期。

王新刚：《高职院校图书馆文献资源建设的"五个坚持"》，《兰台世界》2007年第1期。

马立：《从高职院校人才培养水平评估看图书馆文献建设》，《高职论丛》2006年4月。

刘荣：《谈现代图书馆的馆藏评价》，《工会论坛》2005年11月。

徐虹、赵洪波、孙晓玲：《研究型大学图书馆员综合素质培养研究》，《情报科学》2006年第7期。

刘波涛：《一流大学与一流大学图书馆》，《高校图书馆工作》2004年第4期。

政府信息公开亟待解决的几个问题

贺洪明*

摘　要　目前我国政府信息公开仅仅处于初级的实践阶段，还存在相关制度的缺失、观念的滞后、范围的狭窄、渠道的单一、监督的缺乏等诸多问题亟待解决。只有把这些问题解决好了，才能真正提高政府透明度、建立阳光政府和促进政府依法行政，对公民的知情权、参与权、表达权、监督权提供可靠的保障。

关键词　政府信息　信息公开　知情权　监督机制

政府信息公开已成为世界各国建立阳光政府、法治政府的必然趋势。政府信息公开就是指国家行政机关和法律、法规以及规章授权和委托的组织，在行使国家行政管理职权的过程中，通过法定形式和程序，主动将政府信息向社会公众或依申请而向特定的个人或组织公开的制度。我国《政府信息公开条例》于2008年5月1日起正式施行，这是我国行政公开法制建设的一个里程碑和新起点，是实现十七大提出的社会主义民主政治发展目标的一个重要切入点。我国推行政府信息公开是对提高政府透明度、建立阳光政府和促进政府依法行政的必然选择，是对公民的知情权、参与权、表达权、监督权提供可靠的政治保障，是化解社会矛盾、促进社会主义和谐社会建设的客观要求，是防止行政权力腐败的制度基础，是促进社会资源共享的客观需要。但是，我国政府的信息公开仅仅处于初级的实践阶段，由于相关制度的缺失，存在着观念滞后、范围狭窄、渠道单一、缺乏规范等诸多问题，这些问题的存在给我国政府信息公开带来一定难度，亟待解决。

---

* 贺洪明，中共贵州省委党校图书馆副馆长，研究馆员。

一　政府信息公开的配套法律制度不完善

《中华人民共和国政府信息公开条例》（以下简称《条例》）实施两年来，尽管取得了显著的成绩，但在实践中也暴露出了《条例》与配套法律制度的不完善，导致了政府信息公开制度呈现一种虚化趋势，政府部门仍然可以通过各种方式隐瞒信息，公众的知情权难以得到根本保障。

我国政府信息公开的配套法律制度不完善主要存在以下问题：①《条例》规制主体范围窄，难以成为信息公开的基准法律规范。我国政府信息公开的立法体系，是以《条例》为专门立法，以《保密法》、《档案法》、《统计法》、《安全生产法》、《突发事件应对法》等相关法律法规中的有关规定为补充的体系。作为专门规制政府信息公开立法的《条例》，仅是一部行政法规，与配套的法律所规定内容相矛盾时，不能发挥政府信息公开基准法律规范的作用。②《保密法》等配套保密法律规定，限制了政府信息的公开。《条例》第十四条规定："行政机关在公开政府信息前，应当依照《保密法》以及其他法律、法规和国家有关规定对拟公开的政府信息进行审查。"但是《保密法》对国家秘密的确定过于宽泛，若按照其审查政府信息可能导致"无事不秘密"。③政府豁免公开信息规范缺失，无法精准确定政府信息公开的范围。政府豁免公开的信息除了"国家秘密"之外，还有"商业秘密"和"个人隐私"。"国家秘密"有《保密法》专门加以界定，而"商业秘密"和"个人隐私"目前却没有专门法律规范加以界定，行政机关在信息公开实践中往往难以判断个人隐私的范围，申请人的知情权或者第三人的隐私权由此而无法得到切实的保障。

为了完善我国政府信息公开的配套法律制度，笔者认为：①提高政府信息公开的立法层次。由于《条例》立法层级较低，无法解决与现有法律制度的冲突，使得政府信息公开受到其他法律制度的限制。解决这一问题的根本便是在积累经验的基础上，提高政府信息公开的立法层次，使之与《档案法》、《保密法》等法律相衔接。②完善政府信息公开范围配套立法。一是修订《保密法》。《保密法》其理念是"保密是原则，公开是例外"，与政府信息公开的理念"公开是原则，保密是例外"截然不同。保密法的修订应顺应时势发展，大大缩小保密范围，使得该法与《条例》关于政府信息公开范围的规定相一致。二是修订《档案法》。目前政府信息经过归档、确定密级及保管期限、从业务部门移交机关档案室或档案馆便成为档案，就意味着应该受《档案法》关于档案查阅的相关规定的约束。修改《档案法》，应基于需要保密的档案按照《保密法》的规定管理，不需要保密的档案应随时开放，只有大大增加政府公开档案信息的范围，才能极大地满足公众在生产、生活和经济社会活动各个领域对政府信息的需求。三是制定《商业秘密保护法》。我国至今没有一部具有权威性的法律对商业秘密统一进行规范，我国应借鉴世贸组织TRIPs协定对商业秘密的规定，尽可能和世界接轨，制定统一的《商业秘密保护法》，对商业秘密的概念、种类、范围等做出明确的规定。四是制定《个人信息保护法》。据新华网2008年9月2日新闻报道，《个人信息保护法》草案已呈交国务院。在国家个人信息保护法尚未颁布施行之时，刑法的单兵突进能在一定程度上遏制现实生活中严重侵犯个人信息的不法行为。对于政府行政机关行使职权所掌握的个人信息保护，需要制定全面统一的《个人信息保护法》，以合理确定个人秘密的保护范围，使个人信息的保护与公众的知情权协调一致。

二 政府信息偏重保密，公开的内容狭窄

在美国等拥有相对健全信息公开制度的国家，公开是一般原则，不公开才是例外，除法律规定的涉及国家安全、商业秘密、个人隐私等少数信息外，绝大部分信息都是公开的。在我国，政府掌握的绝大部分信息处于封闭、闲置或半封闭、半闲置状态。一方面，许多涉及公众利益的规范性文件不向利益关系人和公众公开，只被政府部门作为执法的内部规定；另一方面，由于我们对保密文件以外的政府信息是否公开一直没有一个科学的认识和统一的规定，造成一些非保密文件难以通过正规渠道及时向公众开放。

政府信息公开与保密是对立统一的整体，决不能将二者对立和割裂开来。首先要坚持保密优先的原则。任何一个国家无论是发达国家还是发展中国家，都不可能无视本国的国情和国家安全而推行政府信息公开。相反，都是在保证国家安全和坚持保密原则的前提下尽可能做到信息公开。同样，我国立法的精神也是如此，即不得以牺牲国家安全和泄密为代价而推行政府信息公开。我们强调信息公开的目的主要是为了便民、利民，更好地实现为人民服务的宗旨，而不是为了公开而公开。这就是说，在信息公开工作中，如果出现公开与保密的矛盾，则必须坚持保密优先。当然，我们也不能滥用这一原则，动辄都以保

密为由而拒绝公开应当公开的信息。这是与立法精神相违背的，必须予以注意。

在正确处理好政府信息公开与保密的问题上，应遵循以下原则：①涉及国家安全、公共安全、经济安全和社会稳定的信息，一定要本着慎重原则加以处理，拿不准的尽量不要公开，以免产生难以预料的后果；②涉及国家秘密、商业秘密、个人隐私的信息，原则上也不予公开，但是经权利人同意或者行政机关认为不公开可能对公共利益造成重大影响的涉及商业秘密、个人隐私的信息除外；③依照规定需要经过批准程序的信息，必须经批准后才能发布；④个别信息确实难以甄别的，应当及时向国家保密部门或者有关机关请示、咨询，弄清情况后再决定是否予以公开。切忌擅自做主，发布不负责任的信息，在西方的信息公开法案中，都对可以不公开的信息进行了严格规定，例如美国还限制了申请保密的程序。这一点是我国在政府信息公开方面的一个瓶颈问题，所以最直接的办法是进行明确的法律条款规定，发挥公民的信息公开主体作用，转变传统"官与民"的等级思想。政府职责与公民权利的正确对应关系的确立，需要政府和公民双方共同的努力。力争做到既符合保密要求，又能最大限度地满足人民群众对信息公开的需求。

三 观念的滞后，公民对自身权利认知不足

传统封建意识和观念并没有从我们的脑海中完全抹去，许多人思想中依然保留着一种"民可使由之，不可使知之"的官治民的思想。这种思想在推行社会主义民主的今天已经构成了推进电子政务、促进政府信息公开的障碍。①存在观念上的滞后。一是受到政府信息属于政府所有的错位观念的支配。契约论认为：政府是公民让渡部分私有权利而达成的契约，政府本身没有权力，权力来源于民众权利的让渡。因而，政府作为"受托者"本质上是公民间接自我管理的一个工具，政府在进行公共管理过程中所产生的信息最终属于"委托人"即民众，代理人应该将公共管理信息向委托人汇报，这也是满足民众知情权应该承担的责任与义务。二是没有意识到信息公开是自觉接受民众监督的表现。人民依照宪法参政议政，然而发挥监督的前提是政府行政的信息要公开透明，否则监督无从谈起。三是没有意识到公共信息是一种资源，是企业组织和个人决策信息源。由于政府信息与微观主体生产、生活息息相关，及时、准确、翔实、高质量的信息会影响他们的行为，科学配置信息会增加民众或组织的收益，

进而增加整个社会福利。②公民对自身权利认知不足。长期统治行政造就了民众"被动性服从心理",缺乏民主启蒙导致民主意识不强,特别是在向公民社会演进的过程中,公民表现出的权利意识淡漠,意识不到权利可以制约权力,民主可以制约权力。因而,政府在信息公开方面不履行义务,甚至是违规操作,使得政府在信息公开方面存在的偏差得不到矫正,政府自身改革和创新难免缺乏外在压力。

因此,我们要重构观念和升华认知。①矫正政府信息属于政府的观念,树立政府信息属于民众的观念。公开信息不是完全取决于政府的"自由裁量",而是履行法定职责。一是树立主动公开观念。政府信息公开涉及每一个政府机关,各级政府、行政机关和工作人员都负有不可推卸的责任和义务,变"要我公开"为"我要公开",要始终紧绷公开这根弦,将之贯穿于工作的始终。二是树立法制观念。要求各级政府必须建立健全政府信息公开工作考核制度、设户评议制度和责任追究制度。一些法定的公开的内容因为不公开将视为违法行为,将会受到应有制裁。三是树立信息资源观念。切实让准确、及时、权威的政府信息成为民众和组织科学决策的依据,从而使信息资源得到优化配置,有利于创造出更多的财富。②树立"阳光行政"观念。转变观念,端正认识,牢固树立"阳光行政"意识。行政公开是民主政治的应有之义,是人民民主专政国家的本质要求。目前,由于各级政府、行政机关和工作人员对行政公开的性质认识不足,在推行行政公开时有顾虑,怕亮家底,怕引发矛盾,怕损害部门利益,由此产生抵触情绪,公开时遮遮掩掩,避重就轻。因此,各级政府要充分认识人民才是权力的真正享有者,各级政府官员是人民的公仆,为人民服务是其本职工作核心所在;政府是人民授予的权力,必须接受人民的监督和法律的制约,行政必须公开。只有政府通过信息公开,实现阳光行政,才能有利于促进政府依法行政,从而抑制腐败和政府自利动机的过度膨胀。③公民要树立自身的权利意识和民主意识。知情权是公民的一项基本权利,也是公民其他自由权利的基础。将知情权作为一项重要的基本权利确认到法律的基本权利之中,是捍卫这项权利的根本方式,也是建设政府信息公开制度的根本保证。当政府依法公开信息损害到自身利益的时候,敢于"以权利制约权力",通过对知情权的行使来促进政府信息公开。

四 政府为社会提供信息的方式和渠道过少

国外政府信息公开的方式主要有两类：一是依法主动公开，即行政机关依法对各种行政法规、行政规章等规范性文件，按照法定程序公开。二是依申请公开，即公众对与自己利益相关的政府信息可以向政府有关机构申请公开和使用。目前我国政府信息公开的方式较为单一，只有政府主动通过公报、新闻媒体、发布会、布告等方式的信息公开，还没有建立和实行依公民申请而公开信息的机制。公民和社会组织向行政机关咨询或申请提供信息一般很难得到满足。

建议我国政府可以将网络、广播、电视、报纸相结合，而不是将这四种途径单一地孤立起来。在报纸上将各信息公布的时间及网站公布出来，便于公众查询，节省查阅成本；在网络上公布电视、报纸及广播上报道的时间和简要内容，以便公众能有选择性地了解自己所需要了解的信息；在电视和广播中将公开类似信息的网站在电视屏幕下方印出，公众通过公布的网站可以了解详尽的内容；设置以网络、广播、电视、报纸为基础的公众沟通互动方式。各级行政机关职能不尽相同，除了发布政府公告，建设完善政府网站，定期召开新闻发布会，利用大众媒介传播之外，行政机关还可以通过多种途径主动公开信息，尽快建立和实行依公民申请而公开信息的机制。只有政府信息公开方式的多样化、规范化，才能大大促进"政府与公民之间的良性互动关系"和相互信任关系，我们应从发展的全局出发，在统一规划的基础上，重点推进，分步实施，分工合作。

与此同时，我们应看到公共图书馆已成为公众获取政府信息的一个重要渠道。《条例》的第十六条，对图书馆参与政府信息服务作出了明确的规定，使公共图书馆成为政府信息公开体系中法定的公开场所和渠道之一。公共图书馆作为公众获取信息的重要窗口，作为从事信息资源组织与管理的专业机构，理应承担起这样的责任。我国公共图书馆要落实好《条例》的有关规定还需要解决五大问题。一是急需建立政府信息及时、完整进入公共图书馆的信息流通保障制度；二是对接受和收集的政府信息进行科学组织、加工整合、深度揭示，以方便利用；三是政府主管部门可指定或委托公共图书馆进行当地政府信息公开目录、指南、索引、摘要的编制工作，提高质量，降低成本；四是创新公共图书馆开展政府信息公开服务的方式方法；五是各级政府应为公共图书馆开展政府信息公开服务提供必要的保障，要认真落实《条例》中有关配备相应的设施、设备，为获取政府信息提供便利的规定。总的来说，公共图书馆要借助报刊、电视、广播、网络等大众媒体，以及户外广告、政府政务信息查询中心等多种方式加大政府信息宣传力度，全方位、多渠道地向社会公众发布、解说、宣讲重要政策、热点话题和焦点问题，深化政府信息公开的内容与形式。

五　政府信息公开缺乏有效的监督机制

《条例》反映出政府在信息公开问题上，仍然处于主动地位，外部力量如新闻媒体、非政府组织、公民等的监督作用没有充分体现。同时，社会舆论的监督作用需进一步加强，为百姓提供一个反映问题的有效途径，而不是运用特权对某些敏感话题进行打压和隐瞒。同时，许多地方还出现了多头管理的复杂局面，缺乏协调、原则和规范。为了加强政府信息公开监督，建立健全行政监督与群众监督相结合、内部评议与社会评议相结合的政府信息公开监督评议机制，实现行政机关工作的透明、公开、廉洁和高效。

基于完善政府信息公开的监督与保障制度，应采取以下措施：①各级政府应当建立健全政府信息公开工作考核制度、社会评议制度和责任追究制度，定期对政府信息公开工作进行考核、评议。监督评议的内容应包括：各级行政机关政府信息公开机构的落实，政府信息公开工作的开展情况；各级行政机关政府信息公开工作相关制度制订、落实情况；各级行政机关政府信息公开内容是否全面、及时、准确；政府信息公开是否规范、便民以及公开的效果、群众的满意度等；群众对政府信息公开工作提出的意见建议是否及时处理，投诉处理是否及时落实等。②对政府信息公开的社会监督评议应采用的方式。一是代表监督评议方式。由人大代表、政协委员、企业代表等组成政府信息公开监督评议小组进行监督评议。二是媒体监督评议方式。利用报纸、电视、广播等媒体，定期开展社会监督评议，接受来信、来稿，汇总相关意见，并反馈至监督评议机构；各级政府网站开设网上评议专栏，就监督评议内容和群众反映的热点问题，设计问卷调查表，接受公众监督评议。三是社会监督员评议方式。各级政府信息公开的主管部门从社会各界选聘政府信息公开工作社会监督员，对本级行政机关的政府信息公开工作进行监督评议。③监督评议结果将作为被评议部门、单位政府信息公开考核的重要依据。公民、法人或其他组织认为行政机关不依法履行政府信息公开义务的，可以向上级行政机关、监察机关或政府信息公开工作主管部门举报，收到举报的机关应予调查处理；公民、法人或其他组织认为行政机关在政府信息公开工作中的具体行政行为侵犯其合法权益的，可以依法申请行政复议或提起行政诉讼。

参考文献

颜海：《政府信息公开理论与实践》，武汉大学出版社，2008。

赵勇：《〈政府信息公开条例〉的自身缺陷与制度困境》，《上海政法学院学报》2009年第6期。

韩凤然：《政府信息公开之配套法律制度研究》，《河北法学》2010年第3期。

褚松燕：《我国政府信息公开的现状分析与思考》，《新视野》2003年第3期。

宗诚：《国外信息公开立法对我国〈政府信息公开条例〉的启示》，《理论与探索》2010年第3期。

陈婧：《最新中外政府信息公开对比分析》，《兰台世界》2008年第4期。

崔占禄：《现阶段我国政府信息公开现状、问题及解决对策》，《理论研究》2008年第1期。

于春明：《中外图书馆政府信息服务模式研究》，《传承》2010年第1期。

京生：《〈政府信息公开条例〉5月1日施行，专家指出，图书馆要成为公众获取信息的重要场所还有五大问题需要解决》，《中国文化报》，2008年3月9日。

王喜和：《中美政府信息公开制度比较评析——基于〈中华人民共和国政府信息公开条例〉》，《山西档案》2009年第1期。

政府信息资源开发绩效评估的
实现模式与对策

朱锐勋*

摘　要　政府信息资源开发绩效评估是一种专门性的政府绩效评估活动，对于政府信息化与电子政务建设具有十分重要的意义。其实现模式主要有目标责任制模式、关键绩效指标模式、效率和效能监察相结合的"效能监督模式"、内外评估相结合模式、公众参与模式、第三方评估模式等。进一步完善政府信息资源开发绩效评估必须完善相应的理论构建、加强机制、制度及法制建设。同时引入市场机制，实现政府信息资源开发绩效评估的多样化。

关键词　政府信息资源开发　绩效评估　模式　对策

绩效评估是政府管理创新的前沿课题之一。随着新公共管理运动的兴起，人们对建立责任政府和绩效政府日益关注。政府绩效评估是以提高政府公共管理和公共服务能力为目的，以公共责任和顾客至上为理念的政府改革实践。政府信息资源开发利用是一个综合性的政府行为，政府信息资源开发绩效评估作为政府绩效评估范畴之一，其产生的背景来自受托经济责任内容不断拓展、新公共管理运动的兴起、绩效理论研究与实践探索，以及知识经济、电子政务发展和政府信息资源管理自身需求等因素（王新才，2009）。经过 10 多年的努力，我国政府信息化与电子政务建设正从覆盖政府业务阶段向以全面支撑服务型政府建设阶段过渡。政府信息化建设重点由前期的以搭建信息网络平台为主的"硬环境"建设转向以信息资源开发利用为主的"软环境"建设上来，特别是自 2008 年 5 月《中华人民共和国信息公开法》正式颁布施行以来，政府信息资源开发与建设已经成为政府信息化与电子政务建设的重要内容。政府信息资源开

---

* 朱锐勋，中共云南省委党校信息中心，副教授。

发绩效评估问题成为各界关注的焦点。

一 政府信息资源开发绩效评估的内涵和意义

（一）政府信息资源开发绩效评估的内涵

政府信息资源开发绩效评估，是按照事先约定的评估指标、程序和标准，使用定量和定性分析对评估对象在一定时期内或一个特定的范围内的政府信息资源计划做出客观、公正的综合评判过程。实施绩效评估的目的在于提供一套适用于政府范围的以产出和结果为基础的责任机制、评估办法、绩效指标和战略规划要求的评价与管理系统。

政府信息资源开发绩效评估是一种专门性的政府绩效评估活动。它既属于政府绩效评估范畴，也属于信息资源管理活动的专门评估体系。根据政府绩效评估所追求的目标，可以将政府信息资源开发绩效评估划分为"管理与改进"、"责任与控制"、"节约开支"三大基本类型。根据信息资源开发的进度，可划分为事前、事中和事后绩效评估。根据绩效评估的组织安排，在国家层面设立专门的机构负责绩效评估总体规划，相应地在地方各级政府中设立审计部门负责绩效评估（审计）工作。政府信息资源开发是政府信息化自身建设的内在需求和政府信息公共获取的外在要求的结果。

（二）政府信息资源开发绩效评估的意义

科学的政府信息资源开发绩效评估理论和评估系统对政府信息化与电子政务建设具有十分重要的意义。随着政府信息公开制度的不断完善和发展，政府信息资源开发和管理绩效评估越来越受到政府、企业和公众的关注。

（1）政府信息资源开发绩效评估制度是促进政府信息化与电子政务科学发展的重要组成部分。实施政府绩效评估可以有力地促进政府管理效率的提高和管理能力的增强，是持续改进和提高政府信息化应用水平和公共信息服务能力的新理念和新方法，同时也是落实政府责任、改进政府管理、提高政府效能、改善政府形象的一个行之有效的工具。

（2）有助于政府信息资源管理部门改进工作。政府信息资源管理绩效评估不仅是一项监督管理工作，还是一项决策建议工作，是提高政府信息资源开发利用质量的一项有效措施。通过绩效评估帮助政府信息资源管理部门发现工作中存在的问题，及时整改。

（3）促进政府信息及时地公开、更新、反馈和充分利用。监督政府信息资源管理部门的不作为行为，提高政府信息管理部门在公众中的信誉度，树立政府信息在信息社会中的主导地位。

（4）有利于全方位考量政府信息资源开发与管理工作的"5E"绩效。在政府信息资源开发和管理中引入绩效评估，借鉴评估审计的原理、方法，从经济性、效率性、效果性、公平性、环境性五个方面重新审视政府信息化建设中的问题，为研究和解决政府信息资源开发利用提供新思路和新途径。

二 政府信息资源开发绩效评估的基本特征和指导原则

政府信息以多种形式存在于各级政府行政管理部门，对收集的信息能否有效利用，信息的成本和价值难以衡量，知之甚少，政府信息资源开发与管理绩效评估"是对一个机构信息持有及其信息管理活动的评估"、"是信息资源及其服务鉴定、成本费用、发展、合理化的一项有效管理工具"（澳大利亚新南威尔士州信息管理局，《信息管理审计指南》，2002）。因此，政府信息资源开发绩效评估的基本特征体现以下几个方面。

首先，政府信息资源开发绩效评估是一种以结果为导向的成本的控制。传统公共行政由其官僚制特征，评估多注重过程和规则，效果难以衡量。政府信息资源开发绩效评估作为改革与完善公共部门信息管理的内部措施，体现了放松规制和市场化的改革取向。

其次，政府信息资源开发绩效评估是一种面向服务和顾客至上的管理机制。新公共管理下的政府信息资源开发绩效评估直接指向政府应具有的职能，决定了政府绩效评估的必然有重新塑造政府角色和界定其职能的功能。强调以市场和顾客为导向，要求政府绩效评估以顾客即公众满意为标准，体现了服务和顾客至上的市场化管理理念。

再次，政府信息资源开发绩效评估符合 SMART 绩效评估指南。根据联合国设计的绩效评估指标体系的共性化 SMART 标准。政府在信息资源开发与管理过程中，要以可持续性（Sustainable）、可衡量性（Measurable）、可实现性（Achievable）、相关性（Relevant）和及时性（Timely）等 5 项指标特征进行绩效信息的收集、筛选、加工、输出、反馈。

根据上述特征分析，政府信息资源开发绩效评估应遵循四个方面的原则。一是对象具体、方法科学原则。政府绩效评估总有具体的、特定明确的对象，需要认真分析，选取合适的评估方案和评估模型，确保原始数据客观准确，数据分析科学合理。二是符合 SMART 绩效评估原则。政府信息资源建设绩效评估在操作层面上应坚持可持续性、可衡量性、可实现性、相关性和及时性的特征要求。三是定性与定量分析相结合原则。采取成熟信息技术、分析技术和预测技术作为技术支持，确保评估结果的可检验性和可重复性，减少主客观偏差。四是综合性能评价原则。即围绕即经济性、效率性、效果性、公平性、环境性的"5E"指标体系检查的评估是否完备、可行。

三　政府信息资源开发绩效评估体系的实现模式

绩效评估模式是指为实现评估目标而采取的评估原则和策略、评估技术和模型、评估方式和方法的总称。政府信息资源开发要求各政府部门根据自身职能和服务特点建设各具特色的数据库，从而构建全方位的、多层次的政府信息资源服务体系。政府信息资源开发必须服从和服务于我国电子政务建设的总体要求和目标。因此，政府信息资源开发绩效评估体系的建立要借鉴政府绩效评估的价值取向——最大限度实现信息资源的社会共享。目前，政府信息资源开发在绩效评估工作中常见的评估模式以下几种。

（1）目标责任制模式。也称基于结果导向的评估模式（吕元智，2009），目标管理理论在当代管理实践中具有十分重要的地位。作为一种成熟的绩效考核模式，始于彼得·德鲁克的目标管理模式（MBO）自20世纪80年代政府部门推行目标管理责任制以来，更加注重自上而下的系统推进，强调经济社会各项增长指标。政府信息化建设同样也是自上而下，层层分解，分期分批将指标和任务分解到政府各职能部门后加以实施。比如国家层面的"十二金工程"、地方政府的"王字型"电子政务系统规划和建设等。这种模式具有内向性、单向性和控制导向性的特点（周志忍，2008）。基本上由政府自己来组织和实施，绩效评估的结果主要是用于政府的内部工作考核。目标责任制模式是一种事后审计模式。在绩效评估工作中，根据决策执行完成之后对信息资源开发的 5E 绩效进行评估、检查。

（2）关键绩效指标模式。关键绩效指标（KPI）模式考核是通过对政府信息资源开发工作绩效特征的分析，提炼出的最能代表绩效的若干关键指标体系，并以此为基础进行绩效考核的模式。KPI 必须是衡量信息资源库及实现途径、实施效果的关键指标，其目的是建立一种机制，将政府信息资源建设规划转化为信息化实施的内部过程和活动。

（3）效率和效能监察相结合的"效能监督模式"。在这种模式中，评估者一般是行政业务主管部门/效能监察部门。评估的内容主要包括政府信息资源开发和管理的效率、结果、成效与质量。通常效能监督的作用是效能监督和预防腐败的党风廉政监督。其评估内容往往以网站内容建设为重点，将政府网站作为展现政府效能的窗口。例如，裴成发（2006）等从理论上阐述了时间效度、内容效度、成本效度以及资源规划效度对信息资源共享效果的影响，提出以资源本身结构、信息资源传输和用户可视化为要素的信息资源共享效度评价模式。

（4）公众参与模式。这种模式由形式化的政府内部评估转变为全面公众参与性评价，突破了传统的绩效评估模式。属于一种自上而下评估与自下而上评价相结合的新模式，不仅保证了评估的有效性，也提高了公众的民主观念和参与意识。其评估内容主要是政府信息资源开发的内容是否实用、服务形式是否人性化、服务效果是否满意。

（5）第三方评估模式。由第三方机构发起的绩效评估，是基于用户视角和信息资源开发系统的自身规律，对信息资源内容、承载方式和表现效果进行全方位的评估。第三方机构的评估过程专业性较强，评估视角既能代表用户诉求，也能体现政府主管部门的要求。评估结果公正、客观。比如，我国政府网站绩效评估也开始引入绩效评估，2009 年首次由第三方（中国软件评测中心）对国家和省级政府网站独立开展绩效评估，取得明显效果。

（6）内外评估相结合模式。内外评估相结合模式综合了内外模式的评估优点，在实施方式上表现为信息化主管部门或行政业务主管部门/效能监察部门委托第三方评估的形式。国际上电子政务发展水平领先的国家比较广泛地采用了这种评估模式。我国相关部门一直通过内外共评方式评估政府网站建设。由于在内容上既综合考虑了政府网站内部资源的建设情况，也纳入用户对网站引用效果的评价，内外评估相结合模式带有较强的工作检查色彩。这种评估模式通过对政府网站的资源（包括技术资源和内容资源）建设情况进行评估，以此来推动相关工作部署落实。

四 政府信息资源开发绩效评估的对策

政府信息资源开发绩效评估模式综合了政府绩效评估的理念和方法，将政府绩效评估的多种管理手段付诸实施，对政府行政管理创新具有非常积极的意义。由于我国政府信息化建设开展时间不长，政府信息资源开发绩效评估才刚起步，与西方发达国家相比，我们仍然存在许多不足。对政府信息资源管理绩效评估的评估主体独立性问题以及相关的评估理论、观念、效益量化问题和人才保障、法制保障等方面的研究还存在较大的缺失（王新才、吕元智，2009）。各种模式在实施过程中存在较大的地区性、行业性差异，难以进行系统地横向比较；评估的指标体系缺乏持续性；评估方法选择不科学，评估结果没能发挥作用等。因此，在建立健全政府信息资源开发绩效评估的系统化、规范化和法制化的长效机制问题上还需要不断深入的研究。

（一）建立政府信息资源开发绩效评估机制

政府信息资源开发的目的是盘活政府现有的信息存量，为公众、企业和政府系统提供及时、准确、全面的政务信息。深刻理解服务型政府的本质，做好政府信息公开工作。首先要建立多层级的绩效审计机制。从中央到地方各个层面对政府信息资源开发与管理活动进行绩效评估。发挥国家审计、内部审计、社会审计和公众监督的作用。对政府信息资源管理绩效进行全方位的监管。其次要建立长效的绩效评估机制。从时间维度上做好政府信息资源开发绩效评估工作安排，有计划地安排定期评估或不定期评估，全面评估或重点评估，把绩效评估工作纳入常规性工作。最后要建立公正、透明的绩效评估机制。扩大信息资源开发绩效评估工作的影响，让公众拥有知情权，行使监督权。促进政府信息资源管理部门尽职尽责地履行受托经济责任，进一步做好信息资源开发和服务。

（二）完善政府信息资源开发绩效评估理论和指标体系

政府绩效领域尤其是政府信息资源开发利用领域的绩效研究起步较晚，到目前为止，没有形成一套行之有效的理论、方法体系。从总体上，要以新公共服务理论为指导，更加关注民生价值和公共利益诉求，使政府信息资源开发适应现代公共社会发展和公共管理需要的需求。在理论架构上，通过研究政府信息资源开发绩效评估的本质、评估模式、评估目标、评估规范、审计信息与评估控制等,为政府信息资源开发绩效评估奠定基本理论框架。在效益量化上,可借鉴现代管理理论中的德尔菲法、调查问卷法、座谈会法等方法,把政府信息资源管理中难以量化的内容,如政府与公众、企业的信息交互、政府信息在决策中的作用、政府信息服务是否公正、公平等内容通过一些关键绩效指标进行转化并实现量化评估。在指标体系的设计上把握好经济社会发展和环境建设、显性绩效与隐性绩效、当前与未来之间的关系。在考量经济增长时充分考察经济生产对资源环境的消耗利用;通过指标体系测定政府为公众提供服务的有效性,明确政府在提供公共服务产品时的工作数量和履行职责的程度;采用群众满意度调查等方式了解公众对政府行为的态度;参照"5E"绩效指标综合衡量政府管理与服务的社会效益。

(三)加快政府信息资源开发、公开与公共获取的政策法规建设

政府绩效评估法制化已成为世界发达国家政府的发展趋势。绩效评估的制度化和法制化是绩效评估的内在要求,也是绩效评估的规范化要求。我国目前还没有对政府绩效评估方面进行专门立法。近年来,为推进政府信息化发展,更好地实现政府四项职能,我国先后制定并颁布了一系列有关政府信息资源开发建设的政策法规和文件。如《国家信息化领导小组关于我国电子政务指导意见》、《关于加强信息资源开发利用工作的若干意见》、《电子政务信息共享互联互通平台总体框架技术指南(试行)》、《2006 – 2020 年国家信息化发展战略》、《中华人民共和国政府信息公开条例》等。一些地方政府也制定了推进本地政务信息公开和信息资源开发的地方性规章。政府信息资源开发、利用与共享绩效评估急迫需要建立相应的法律法规,采取相应措施使整个绩效评估过程都能做到有法可依。用统一的评估指标、标准和程序来规范,主管部门需要从制度上明确规定绩效评估的目的、绩效评估机构的权限、对绩效结果评定的奖惩和相应的补救措施。以增强政府绩效评估的法制约束性和政策持续性。

(四)建立政府信息资源开发绩效评估信息发布制度

《中华人民共和国信息公开法》明确了各级政府信息公开的内容、范围、形式和时间要求。在政府信息资源开发绩效评估过程中,相关信息的发布制度化、常态化绩效考量是一个重要的环节。信息发布的主体是各级政府,方式是公开透明的方式。为此,一是要为政府信息资源开发绩效信息发布建立正式的制度

保障。公众参与绩效评估需要相关的评估信息作支持，要针对政府本身可以进行信息垄断的实际，努力完善公众获取政府绩效评估信息的渠道。二是从制度上明确政府绩效信息公开的内容。原则上除涉及国家秘密、商业秘密和个人隐私的政府信息不得公开外，其他政府信息都要公开。三是实现对政府绩效评估信息的公开监督经常化。

（五）实现政府信息资源开发绩效评估主体的多元化

在绩效管理实践中，政府绩效评估的主体要逐步实现多元化，进一步完善政府信息资源开发绩效评估主体体系。在评估过程中，通过由单纯的政府机关内部评估、专门评估发展到政党评估、国家权力机关评估和社会评估，实现公众和服务对象的广泛参与。由于过去绩效评估在经济、组织、人员以及评估结果等诸要素都受制于政府，为了保证评估的独立性，在政府信息资源开发绩效评估系统中还应引入评估（或审计）第三方主体。第三方主体的独立性是开展信息系统评估工作的前提。失去了独立性，评估业务和评估意见将失去应有的意义，评估服务也不可能获得公众的信任。

（六）引入市场机制，鼓励政府信息资源开发服务外包

我国传统行政体制中的政府权力部门化、部门权利利益化、部门利益个人化和获利途径审批化的弊端，导致大量信息成为各个政府部门寻租的基本资源。因此，调整政府信息资源开发利用的运行机制，引入市场机制、竞争招标、外包等模式，实现信息资源开发利用预算管理，需要尽早建立政府信息资源开发利用成本—绩效评价规范和制度，扩大非密集信息开发，鼓励社会信息服务企事业单位对政府信息资源进行商业开发和利用。

五 结语

建立以绩效为导向的政府，不能把政府绩效评估简单地看作是评价政府成绩的工具，而应该是在新的行政管理理念即新公共管理理念支配下的一套科学的绩效评估管理系统。因此，政府信息资源开与管理的理念应是强化绩效意识，根据中国的国情和绩效评估的特点，在重视结果导向和以人为本的基础上，灵活地设计政府绩效评估的推演路径和推进重点，逐步实现政府绩效评估的科学化、制度化、法制化和长效化。

参考文献

李绪蓉、徐焕良:《政府信息资源开发与管理》,北京大学出版社,2005。

许跃军等:《政府网站与绩效评估》,浙江大学出版社,2008。

夏义堃:《公共信息资源的多元化管理》,武汉大学出版社,2008。

王新才、吕元智:《国内外政府信息资源管理绩效评估研究现状及其发展趋势》,《图书情报知识》2009年第3期。

吕元智:《基于结果导向的政府信息资源管理效益审计模式分析》,《档案学通讯》2009年第2期。

肖希明、文甜:《信息资源共享系统绩效评估的理论意义与实践价值》,《图书情报工作》2009年第10期。

陈红艳、吕霞:《我国信息资源共享系统绩效评估研究综述》,《情报科学》2009年第11期。

唐重振:《试论电子政务信息服务绩效评估的价值取向》,《现代情报》2007年第4期。

史达、伏圣兴:《电子政务信息系统第三方审计的主体独立性研究》,《东北财经大学学报》2007年第3期。

刘强、甘仞初:《政府信息资源开发利用的综合评价模型与实证》,《北京理工大学学报》2005年第11期。

孙国锋:《我国政府网站绩效评估的理论基础、指标体系与初步结果》,《信息化建设》2005年第3期。

孙迎春:《政府绩效评估的理论发展与实践探索》,《中国行政管理》2009年第9期。

Gupta M. P, Jana D. "E-government Evaluation: A Framework and Case Study." *Government Information Quarterly*, 2003, 20 (4): 365 – 387.

Ben L. Schooley, "Thomas A. Horan. Towards End-to-end Government Performance Management: Case Study of Inter Organizational Information Integration in Emergency Medical Services (EMS)." *Government Information Quarterly*, 2007, 24: 755 – 784.

掘金数字图书馆
——自建特色数据库

郝 慧[*]

摘　要　自建特色数据库是信息时代数字图书馆的重要组成部分。从选题论证、设计构建到数据库的维护完善，特色数据库的建设是一个系统工程。特色突出是自建数据库发展潜力的保障；深度挖掘是实现其独特价值的重要途径；开放建库、合作共赢的理念则为自建特色数据库的持续发展提供了广阔空间。

关键词　图书馆含金量　特色突出　深度挖掘　合作共赢

数字化信息资源建设是当代图书馆发展的必然趋势。在图书馆的数字化进程中，数据库的建设是其关键环节。数字图书馆资源主要包括引进商业数据库和自建特色数据库。要从众多数字图书馆中脱颖而出，就要走特色发展之路，自建特色数据库是图书馆彰显自身优势、提升核心竞争力的必由之路。

高校图书馆以高校为依托，天然拥有丰厚的显性和隐性资源。各高校都有自己的骨干学科和专业发展方向，这些人无我有、人有我优的特色学科专业既是学院的金字招牌，也为本校图书馆发展提供了得天独厚的肥沃土壤。自建特色数据库，深入挖掘自身的优势资源，一方面使图书馆在助力本校教学和科研发展中更加有的放矢，提供更具深度的服务；同时，也为高校图书馆提高自身含金量、实现跨越式发展提供了一个良好契机。

从选题论证、设计构建到数据库的维护完善，特色数据库的建设是一个长期的系统工程，不仅要有科学的统筹规划，更要从细节入手，在实践中创新思维，使自建数据库不流于形式，真正发挥其特色优势，实现可持续发展。

---

[*] 郝慧，女，1981年生，中国人民解放军防化指挥工程学院图书馆，助理馆员。

一 深入调研 找准切入点

在特色数据库建设中，选题至关重要。选题得当，特色数据库就具有良好的生长点和资源增值空间；如果选题不当，则会造成人力、物力、财力的极大浪费。

（一）特色突出

高校的自建数据库要突出本校的专业特色，力求在重点学科、重点专业的知识信息搜集上有独到之处。在选题论证中应充分考虑选题在全国范围内或者地区内是否独创、能否代表该领域的高端水平、在国内外有无较高学术价值、能否在较长的时间内保持国内领先地位；对重点学科、重点工程建设的文献保障，是否具有填补空白的作用等。图书馆应在充分调查论证的基础上，找准数据库的建设基点，使其具有较强的针对性和独特性。

（二）用户导向

高校图书馆以服务学校的教学科研为出发点和落脚点，因此在特色数据库建设中，应始终把广大师生的切实需求放在首位，充分考虑数据库的实用价值。可通过问卷调查、意见征集等方式深入调查用户需求，这不仅宏观上有利于图书馆找准数据库的选题定位，而且用户通过切身体会提出的一些意见和建议往往具有很强的针对性和实践性，对于图书馆从细微之处提高数据库的建设水平，提供特色服务，可以起到事半功倍的效果。

（三）立足实际

建设特色数据库需要投入大量人力、物力和财力。图书馆应根据自身的实际情况，统筹规划资金投入、资源保障、技术支持等因素。以实事求是的态度，客观选择建库方式，充分发挥自身优势，创新思维解决现实问题。像建设中的一些文本的扫描工作可以外包给专业公司处理，即节省了建库的先期投入又合理地利用了社会资源。

二 深度挖掘 持续发展

（一）扩展思路 丰富资料来源

在资料收录时，文献类型要广泛，以选题为基点，扩展思路，力求资料来源最大化。除了收集纸质文献外，还有磁带、光盘和胶片，以及来自互联网的免费信息和本馆购置的电子资源等。

1. 特色馆藏

每个院校都有自己的办学特色和重点学科，长期以来，它所收藏的文献，在学科特点、学术价值和专业方向上形成一定优势。图书馆应针对自身文献收藏特点，突出特色馆藏，使之成为自建特色数据库的关键支撑点。

2. 学位论文

学位论文反映学校的特点和学术水平，对于相关专业的研究开发具有重要的学术价值和参考价值。这一部分数据库以其学术前瞻性、学术成果的独立性备受读者关注。

3. 文库

文库具有明显的学校特色和历史意义，一般是广泛收集曾在学校任教、学习和工作的教师、学生、管理人员的学术著作（包括著、编、译、审）和其他作品（包括日记、札记、自传、信件、手稿、历史照片、剪报、证书、绘画、摄影作品）等。

4. 专业素材库

可以建立图片、音频、视频、控件等数据库，形成专业素材库。同时，可以将主干课程的电子教案分类收录，形成教学资源素材库，实现信息共享，提高师生利用效率。

5. 随书光盘

随书光盘其内容多是图书的精华、补充或延伸。读者通过对光盘的使用，可以更直观、形象地理解图书的内涵。将随书光盘集结发布，可以使更多读者方便、快捷地共享资源。

（二）二次开发　完善检索

高校图书馆在文献数量上占有绝对的优势，只有深入地对数据进行组织、加工、整理，才会有较高的附加值。图书馆除建立供一般用户检索的二次文献专题数据库外，还应在此基础上再开发和深加工成三次文献专题库，对原始文献进行深层次加工和提取，将相关信息从众多原始文献中摘录、整序、综合出来，制成各种专题数据库，使隐性信息显性化，满足用户对实质性信息的需求。

对自建库标引的深度、分类层次、叙词的选用、著录等规则要按照国家或国际标准。文献标引要注意标引的准确和一致，选择的分类号和主题词要恰当地反映文献内容，做到前后标引一致，同一主题概念之间的一致和避免同类异号等现象，提高标引质量。同时，文献标引不应停留在对一些基本标引的表面层次上，而应通过馆员在图书情报和所服务专业上的知识，加上对专业了解的隐性知识，进行主题概念标引和学科内容标引，从知识组织及知识发现等文献信息深层次组织加工的角度揭示文献所包含的知识单元。在达到较高查准率与查全率的基础上，为文献信息检索、文献的知识组织与知识发现，以及定题、专题服务和专业咨询等奠定稳固可靠的基础。

（三）界面友好　形象直观

将特色数据库做成内容新颖、形象直观，并具有较强的艺术感染力和吸引力的专题网站，能激发使用者的热情和关注程度。在自建特色数据库时要考虑师生的使用习惯，提供强大并且快捷的检索途径，从索引到全文都能进行关键词的检索。设立普通检索、高级检索、分类检索、二次检索和智能扩展多种检索入口，支持模糊查询、组合查询和跨库检索功能。同时，检索界面应体现人性化服务理念，提供数据库介绍、检索帮助信息、用户留言、全文列表、检索途径举例、下载阅读器、播放器等项目。

（四）更新维护　持续发展

特色数据库建设是一项长期性的工作，数据录入的完成并不意味着数据库建设的完成。数据库建成后，数据修正、数据维护、数据更新等后续工作是保证数据库长久生命力和可持续发展的重要环节。

对已经建成的数据库，在使用过程中如发现其内容有误差以及由于网络信息资源的不断变化而产生的无效链接要及时修正；对未能完全准确、全面反映文献特征的数据应进行及时补充；密切注意本专题的研究动态，随着新的研究成果的出现，及时补充最新文献资料数据。如专家学者的教学、科研都处于动态变化之中，必须将其新发表的作品、承担的项目、开设的课程等情况补充到相应的资源库中，以保持数据常新，提高利用效果。

三　宣传推广　互动共赢

（一）积极宣传推介

特色数据库的质量是吸引用户的根本保障，同时，积极恰当的宣传对于数据库普及利用也起着不可或缺的推动作用。

积极主动地向广大师生推介图书馆优秀数据库资源，使用户对于信息分布的各个模块和内容有充分、具体的了解；通过网上公告、信息通报等形式及时发布新开发的信息资源以及数据更新情况，做到数据库服务的动态更新。

积极开展教师和学生用户的信息素质教育与培训。通过咨询、讲座、文献检索课等形式，帮助他们了解数据库信息资源的种类与特点；学习利用现代信息技术进行数据库检索、组织、分析与利用的方法技巧；引导用户深度发掘数据库资源，充分发挥其潜在价值。

（二）读者资源共享共建

Web2.0 技术的应用为图书馆与读者间的互动提供了广阔空间。吸引用户参与到信息资源建设中来，使其既是信息的索取者，又是信息的提供者，这是一个双赢的过程。图书馆要搭建运行稳定的互动平台，鼓励读者贡献他们个人的信息资源和专业知识；注重平台的动态维护和活力激发，保证其长期发展的内驱力；同时，还要做好资源的分类工作，去粗取精，二次开发，集成整合到数据库的知识系统中来。

（三）馆际合作　社会辐射

在同类型高校的馆与馆之间实行特色数据库的相互交换。一方面，图书馆根据自身的需求，从外引进高水平的符合本馆需要的数据库，填补馆内信息资源的空缺项，丰富本馆数据库资源，同时也避免了共性资源重复建库造成的经济浪费。另一方面，向其他图书馆输出本馆的优势特色数据库，出售或出租自建数据库的镜像权、使用权和复制权等。对校外开展信息资源的有偿服务，既扩大了数据库的使用范围和社会影响，同时又可获取一定的经济效益，实现"以数据养数据"、"以库养库"的可持续发展。

参考文献

冯向春：《"211 工程"高校图书馆自建数字化资源研究》，《江西图书馆学刊》2006 年第 2 期。

王钊：《对高校图书馆特色文献数据库建设的几个问题的思考》，《贵图学刊》2009 年第 1 期。

曹铁娃：《刘家新高校地域文化资源专题特色数据库建设探讨——以天津大学图书馆"中国建筑特色数据库"建设实践为例》，《图书馆工作与研究》2009 年第 5 期。

徐纲红：《关注自建数据库建设的关键问题》，《现代情报》2007 年第 7 期。

社科研究机构数据库建设的建议
——以广州社科院为例[*]

何春贤[*]　刘伟坚[**]

摘　要　本文以广州社科院为例，探讨了社科研究机构在数据库建设中碰到的主要问题，并对社科研究机构数据库及其系统的规划管理提出了相应的管理政策与措施建议。

关键词　社科　研究　数据库　建议

一　现阶段广州社科院数据库建设存在的问题

（一）研究所对自建数据库缺乏共识

通过对广州市社科院15个研究所提交的数据库建设方案，以及目前已完成的11个研究所的数据库需求调研，经归纳、分析、总结，得出各研究所数据库建设中存在的问题。就目前调研结果而言，有条件建设数据库的，除了科研处、文献信息中心和编辑出版中心这三个特殊部门，因具备相对固定的数据来源和相对明确的建库主题外，在研究所中，存在着三个层次：第一层次，是已建有成型的数据库；第二层次，是对数据库有较好的理解，数据准备较充分，初具建库条件；第三层次，是建库条件不充分，仍需要进一步引导。其中，属第一层次的只有数量所，大部分研究所属于第二层次和第三层次之间，还需要进一步启发和引导。从2008年始至今，虽然院里先后组织了多场数据库动员会和讨论会，但效果不明显，归纳原因，主要是缺乏有相关数据库建设经验的专家指

---

[*] 本文节选自广州社科院2009年青年研究课题《社科研究机构数据库的建设研究》。
[**] 何春贤，广州市社会科学院文献信息中心，馆员。
[***] 刘伟坚，广州市社会科学院文献信息中心，馆员。

引。研究所的领导,虽然都会使用数据库,但自建数据库却不是他们所擅长的事情。如果没有有经验的专家给予恰当指引,让他们对院数据库和各研究所数据库要求达到的目标、院数据库与研究所数据库的关系、院里能提供什么资源与工具、对研究所有什么要求、各研究所需要准备和提供什么资源等等方面达成共识,研究所数据库建设很难开展。

(二)院与所之间数据库数据的责、权、利问题

目前的状况是存在两个极端,一方面,数量所走在各研究所的前面,已经建成初步成型的数据库系统,另一方面,大部分研究所还处于启蒙引导阶段。但对于院层面的数据库建设而言,这反而是好事。由于大部分研究所对数据库不大了解,更没有成型的数据库,这样,更利于全院数据库实现统一平台、统一标准、统筹规划、统筹安排。只要对各研究所大概的功能需求把握住,通过需求梳理和分析,提取共性、保留差异,就可较容易地实现院数据库的统一开发、统一标准的目标,为以后数据共享创造条件。现在,对于院数据库建设而言,最大的问题不是研究所不知道如何建数据库,而是如何处理好研究所现有数据库与院数据库关系的问题,也就是数量所数据库与院数据库的关系。院数据库作为一个整体,未来的发展,是院数据库里面包含有各研究所自建的数据库,数量所也不例外,但现在的问题是,数量所数据库是市发改委委托的课题项目,产权属于发改委。据数量所介绍,他们的数据库无论从硬件设备、数据来源、数据库系统、建设资金都来自于市发改委。这就是说数量所现有的数据库由于产权问题,于情于法于理都不能纳入院数据库统一管理,也意味着市发改委随时可把数据库拿走。这是院与研究所之间必须解决的数据库数据责、权、利的问题。

(三) 研究所数据库重复建设问题

现在产业所提出的"文化产业研究数据库"与哲文所提出的"文化软实力数据库"无论从名字还是建设内容上都存在一定的重复。还有就是各研究所,特别是经济类的研究所,即使不考虑文献部分有交叉,就统计数据部分而言,也存在严重的重复建设问题。对于多个研究所都会用到的基础的、共性的数据,资金如何分配,又由谁完成,这是要考虑的另一个问题。

二 广州社科院数据库建设的意见与建议

(一) 严抓培训，推动数据库知识的普及

院里应设立渠道向研究所介绍相关情况，以促进建库工作的开展。可参照中国社科院推动信息化的经验，分门别类地抓好各种培训，推动数据库的普及和应用。例如，根据需要，适时请业内专家为院所主管领导作数据库报告；结合院数据库建设实际，对研究所主管领导作简短汇报，沟通院数据库建设情况，提高对院数据库的重视程度，明确管理方法，加大领导力度；分批分期地办好普及应用培训班，重点解决应用中的问题；组织全院有关人员或结合应用培训召开数据库建设交流会，提高数据库应用水平等。

(二) 建立适应发展要求的数据库管理体制和激励机制

随着各研究所数据库的日益发展，院与研究所的数据库归属冲突等问题将日趋严重，现阶段就应该着手制定相关的数据库管理制度，明确双方数据库的责、权、利问题。既然是院资助的项目，院里就有权利对研究所提出要求。要贡献哪部分数据，可保留哪部分数据，哪部分数据是要共享的，哪部分数据属于所里全权处理等等，把这些都明确下来，这样对双方都有约束力，研究所数据库建设也有了明确的指引。

(三) 统一采购，集中处理共性数据

无论是外购数据还是数据加工，都需要与另一方进行沟通谈判，如果由每个研究所单独去谈，其实是一种资源的重复投入，无形中增加了成本，削弱了谈判筹码，降低了成功率和效率。比如，向统计局购买或获取数据，就要与统计局或其下属公司打交道，这种关系不好建立。如果有研究所具备这种条件，就可利用之前建立的关系达到购买或获取数据的目的。同时，外购数据由某一部门统一完成，可保证版权由院里掌握，避免重复购买，实现数据利用最大化。数据库建设初期，必然有存在大量的共性数据需要加工，例如大部分研究所都要用到的统计数据的数据加工，由于这部分数据量较大，建议由院里委托某部门负责，采用外包或外聘人员等方式，完成这部分数据的加工录入。如果某些研究所数据库建设内容相近，为避免资源浪费，建议这些研究所联合建库。

（四）尽量采用成熟产品搭建数据库建设平台

为提高数据库建设成功率及效率，若有成熟的建库平台产品能满足绝大部分需求，建议购买成熟度高的模块化产品；若要定制开发，则数据库建设方案设计必须使用通行的、广为接受的技术方法，保证系统可升级、可扩展，体现"高起点、高水平、高质量"的设计要求；必须遵循先进的、成熟的、被广为应用和验证的系统架构，降低设计风险；必须提前做好详尽的风险应对策略，消除、转移风险，或减少其对整个项目的影响。

（五）建立优化的社科数据库保障体系

（1）建立统一的标准化体系。社科数据库的开发、建设，信息的采集、分类、标识、检索、传递与使用等方面需要统一的标准和规范来管理，包括内容格式标准、资源共享标准等。

（2）建立社科信息人才支撑体系。高层次的社科信息人才是建设社科数据库的核心和关键。要建立一支高层次社科信息人才队伍，这支队伍必须是有较高的思想素质、较强的工作能力，既懂社科专业知识、外语知识，又懂计算机网络技术的复合型人才。且人员要相对稳定，不能经常换岗。

（3）建立数据库技术支撑体系。技术支撑体系主要由数据库开发技术、网上信息检索技术、网上信息服务技术和网上信息安全技术等构成。对网上社科数据库进行科学的组织和管理，离不开强大的技术支撑体系。

（4）建立优化的服务功能。针对社科信息用户追求信息内容新颖性的特点，加强传递速度，保障信息通道的顺畅；针对社科信息需求量大的情况，及时调整信息服务内容；针对社科信息需求结构多样化的特点，调整供求结构；针对用户对深加工产品的需要，深入开发数据库，增强信息的导向、预测等功能。

（5）完善数据库建设管理制度，保证数据库建设持续有序地发展。

（六）引进、自建、共建共享三驾齐驱

社科研究机构在数据库建设中要有选择地积极引进数字化资源，同时应根据自身特点，发挥自有优势，针对用户信息需求做好特色文献的数字化，并对各种有潜在价值的隐性信息进行挖掘并注入思想和时代特色，从而开发出特色社科数据库。同时，各信息部门之间应尽快打破条块分割、各自为政的局面，

积极参加社科特色数据库的共建共享，根据自身特色资源和重点学科建设的需要，进行统筹规划，共同建设具有自身特色的数据库，并实现资源共享，以避免人力、物力、财力的浪费。

（七）重视后期维护，加快数据更新周期

数据库建成后并不代表大功告成，还需进行经常性的更新维护，才能保持其生命力。用户对于社科信息需求的趋势是日益求新、求快，数据库的维护与服务是衡量数据库价值的重要指标之一。必须采取有效措施，积极加快社科数据库的更新周期，解决所收文献的时滞问题，以方便用户使用。数据库的生产者要与用户交流，根据反馈来调整系统设计，增加系统功能和服务项目，修正和维护有误数据，从而拉近数据库生产者与使用者之间的距离。安排专人收集数据库在使用过程中的反馈信息，定期对数据内容进行更新追加、清理和修正，经常对系统的运行状况和响应时间进行分析，从而可以结合用户发现的问题制定改进措施，使系统逐步完善，提高数据库系统的质量。

（八）统一数据库建设的标准流程

（1）做好现有资料的整理、清点、归类工作。制定建库规则，确定文献收录范围程序，研究分类标准，确定标引准则，确定著录标准。数据的标准化、规范化、一致性是数据库质量的关键。

（2）做好相关信息的搜集整理工作。有了前面细致的整理、清点、归类的工作基础，就确定了文献搜集的方向和范围，其具体的搜集办法有：现购、和有关部门联系、拜访地方名人或高校专家、做好期刊文献的搜集工作、做好网上搜索工作、和当地政府合作、做好数据录入前的查重工作等。

（3）做好数据录入工作。通过多种途径收集的数据，通过扫描、图像处理、OCR识别、压缩转换等技术对数据进行加工，按照建库要求，建成标准的规范格式。利用转换工具，将数据进行装订、标引、校对和审核后导入数据库中，进行批处理检查后，再建立索引字段、索引数据库，优化数据库后再进行发布。

（4）做好文献的梳理工作。数据录入后，依据相关内涵类别，如按学科门类、地域属性、历史沿革等进行梳理。

（九）群策群力，解决版权问题

全文型文献资源在数字化过程中涉及复制权、信息网络传播权等多种著作

权，对于有著作权的文献的数字化，需要通过各种方式取得版权使用许可。为使文献数字化能够顺利开展，当前信息部门可先加工发布一些无版权问题的文献，如古籍、民国文献和不适用著作权保护的作品（如法律、法规、新闻、非正式出版物等）。而对于数字化资源本身的著作权问题，可通过以下几种方式加以解决：①和著作权人直接接洽，直接由著作权人授权。但如全部采用这种方式会消耗大量的人力、财力，故此方式只对著作权人在本地区的比较合适。②与出版社合作取得授权。因出版社联系着众多作者，且在著作权的取得上与作者是一对一的关系。信息部门可以和被其收录的出版社签订协议，而出版社又与作者进行签约，取得作者授权。③同著作权集体管理机构签授权许可协议，产生的相关版权纠纷由该机构负责处理。此方式是最适合信息部门的方式之一。版权问题如果解决了，数据库的使用范围就可扩大，就能面向社会开放，不仅提高数据库的使用率，而且可以通过适当收费来解决数据库制作经费困难问题，有利于数据库的持续发展。

（十）加强推广，充分利用数据资源

当前大多数社科研究机构对自建数据库宣传的方式较单一，这在一定程度上限制了数据库的充分利用。对此，应在解决版权问题的基础上，充分利用网络向社会介绍数据库产品的特色、内容、范围、更新周期、检索方法等，并将数据库做成内容新颖、形象直观和具有较强吸引力的专题网页，增加访问量，启发用户获取信息的欲望，从而提高数据库的利用率，发挥其社会和经济效益。

（十一）分步实施，点面结合，特色优先

社科数据库建设建议采用分步实施方式，分轻重缓急，先易后难，突出重点。从宏观和发展的角度看，只有建设特色数据库，提供别处没有的数据，才能证明自己存在的价值。因此，社科研究机构应根据市场需求与自有资源优势，走特色化发展道路，突出特色专题建设，注重发展重点学科，做到各具特色、人无我有、人有我特，努力实现成果的精品化与权威化。

参考文献

徐昂：《社科院信息化建设与应用》，"第六届（2008）两岸三院信息技术与应用交流研讨会"，2008年10月。

戈宁:《网络环境下的社科信息资源服务存在的问题及对策》,《辽宁教育行政学院学报》2006年第10期。

中国科学院科学数据库专家委员会:《中国科学院科学数据库资源整合与持续发展研究报告》,《科研信息化技术与应用》2009年第1期。

阎保平、肖云:《中国科学院科学数据库共享技术与政策》,《科学中国人》2004年第9期。

陈黎:《我国数据库的发展现状与趋势》,《现代情报》2006年第11期。

第六部分

图书馆服务

谈科研图书馆人性化服务

何群珍*

摘 要 本文主要探讨科研图书馆如何在网络数字化下,做好人性化服务工作。图书馆的本质始终是人文的,"以人为本"应当贯穿图书馆服务的全过程。其核心的价值观是"读者第一",其终极目的是为读者的需要服务,其实现的过程是尽最大可能地方便读者。是一切以满足读者需要为前提,事事处处体现科研图书馆人性化服务的一面。

关键词 科研图书馆 人性化 网络化 服务

在网络化、数字化图书馆的今天,科研图书馆更应强调人性化服务。

一 科研图书馆人性化服务的含义

图书馆的本质始终是人文的,"以人为本"应当贯穿图书馆服务的全过程。其核心的价值观是"读者第一",其终极目的是为读者的需要服务,其实现的过程是尽最大可能地方便读者。人性化的服务含义:一是一切以满足读者需要为前提,事事处处体现"助人"的一面。哪怕是面对读者的一些超规范的要求,只要是合理的,都应该尽量满足。"服务不是僵化的条文,也不是冷漠的循章办事,而是面对活生生的读者,投入相当的情感和思考,对各种规范之外的需要,要给予富于人情味的关注和创造性的应对"。二是尊重、平等对待每一位读者,不因其经济、身份、个性、成绩的差异、身体的残疾、缺陷、感情的亲疏而厚此薄彼、区别对待。特别是对某些身心不健康者,决不能表现出轻视和反感的态度,相反,更应该提供周到、细致的服务让其感到受尊重和被重视。"无等级差别服务、无身份界限服务、无强制服务、无歧视服务"的"四无服务"是科

---

* 何群珍,女,1957年生,广州市社会科学院,经济师。

研图书馆平等服务精辟的诠释。

科研图书馆是一个以人为本的动态的知识合体。科研图书馆的主体是科研读者，而不是书，而现代科研图书馆的主导功能，就是其人性化服务功能，全心全意为科研图书馆管理的核心理论，也是现代科研图书馆运作的目标和内容。科研图书馆人性化服务就是最大限度地满足科研读者对知识信息的多样化、深层化的现实需要，是重视人类文化知识在现实社会的传播和运用，有助于科研读者素质、专业水平的提高和社会进步。它在选书上更侧重于书的现实价值、使用价值，其目的是更好地为现代科研读者提供及时性的服务。

二 做好科研图书馆人性化的服务

网络环境下的科研图书馆工作，相应的现代化设施建设是不可缺少的。但是在将注意力集中于此的同时，千万不能顾此失彼，甚至将人机位置本末倒置，让机器凌驾于人之上，因为现代图书馆并不是一个由各种各样的计算机组成的纯粹空间，图书馆服务职能的最终实现还要靠人来完成。由于信息技术和网络技术的飞速发展，图书馆工作中心有时会向硬件设施建设倾斜，图书馆人员似乎成天只忙着跟计算机上的一堆堆数据打交道，只顾埋头选书、藏书，很少关注当下读者和社会对信息的需要及其变化。在实际操作上以为"一机就灵"、"一网就可打天下"，而忽视直接面对读者服务，忽视了读者最基本的借阅服务。或对待读者基本上是一种俯视态度，认为读者有求于自己，并没有把读者当作图书馆的真正主人，并且错误地认为只要在图书馆现代化、网络化方面做出成绩，优质服务也就自然会随之而来。其实人性化服务才是根本的解决之道，要做到"读者第一，服务至上"。人性化服务是最大限度地发挥馆员在工作中的积极性、能动性和创造性，为读者服务时要做到熟练运用现代化手段、业务娴熟、服务热情。

（一）提高人性化服务的质量

图书馆的网络化、现代化，使服务工作向更快、更高、更准的方面发展。在强调技术含量的同时，对科研读者的服务更要加强人性化服务的力度。计算机和网络可能在质量和效益上超越人类解决复杂精深的信息存储、处理、交流和传播等问题，然而却不能有效地解决人类自身复杂而深刻的思想、心理、情感、价值、道德等问题，就如同心电图、脑电图绝不能分析出人类灵魂深处的复杂需要一样。要解决这一精神和灵魂问题需要的是人文的关怀。也就是说虽然现代科技发达，但图书馆更加要对读者的文化知识需求和精神心理问题给予关注、探索、指点和解答，为读者的文献信息需求提供保障并营造一种充满人性化的读书学习环境。要热情、周到地指导读者进行检索，或帮助他们利用多渠道的检索手段，或凭自己工作的经验帮助他们节省时间；耐心解答读者的疑问；配合科研课题的服务；对不同知识层次的读者提供相应的服务和帮助，及时向他们推荐新书、好书或所需的同类书目，从而使他们获取更全面的信息。这样图书馆的服务就上升为深层次、全面、高技术含量、高质量的服务。

（二）"提供"式服务取代"给予"式服务

长期以来，我们实行的是"给予"式服务，它的局限性在于：被服务者永远处在被动地位，而服务者无形中被赋予了一定的权力，这样，服务者的优越意识就会过多地掺杂到工作中。例如，不通知几时还书，但对于要罚多少款却通知得一清二楚。而"提供"式服务就突破了这种局限，它是由生产力的提高与科技的不断发展而形成的，它扩大了受服务者的自主性和权限，宽松的服务空间大大增强了服务效率。如由人工检索改为电脑上网检索，读者可自由地使用电脑查询借阅信息、资料、续借等，这些"提供"式服务已经被运用到科研图书馆服务中去了。

随着社会信息化程度的不断提高和信息技术的快速发展，读者对文献信息需求呈现出多元化、复杂化、综合化、高效化，他们渴望图书馆提供信息广、内容新、科技含量高、附加值高的高质量服务。面对读者需求、更新的变化，科研图书馆必须在观念上超越传统的服务理念，转变服务方式。更多地将心理、情绪、动机等积极的感情力量"提供"到工作中，这就需要我们平时注意观察生活、观察别人的言谈举止，结合自己的身心感受进行分析和总结，从而掌握服务技巧。例如，我们平时去书店或商场，都不愿服务人员紧随其侧，喋喋不休，否则，就会有种受监视的感觉，不能自然、随意地按自己的意愿行事，颇感厌烦。这就是个人微观空间的被侵占，就是"给予"占据了"提供"。自然地，我们就会避免同样的服务方式运用到读者身上。在工作中言行得体、游刃有余，使我们的服务真正带给读者轻松和愉悦。让图书馆人文氛围、平等自由开放的理念、人性化的服务，给读者在获得知识营养的同时，使疲惫的身心获得自由和解放。

（三）开展个性化服务

个性化服务，是指图书馆利用馆藏文献资源和网络信息资源，通过独特的服务方式，满足特定用户信息需求的一种服务。它是传统服务工作的延伸、创新和深化。从服务内容来看，个性服务是指利用馆藏的优势资源，为用户提供区别于他馆的信息服务。从服务形式来看，个性服务是指馆员在充分调查了解用户信息需求的基础上，为用户提供针对性强、专业化程度高的优质服务。

随着 Internet 数字化技术的快速发展和广泛应用，读者需要个性化服务的欲望逐渐显现。因此，开展个性化服务是提高图书馆服务质量和服务水平、提高信息资源使用效益的重要手段。个性化服务的开展首先要求科研图书馆要树立"满足用户个性化需求"的全新服务理念，图书馆的一切工作都要围绕这个中心来开展，最大限度地满足用户个性化的信息需求。二要打破传统服务模式，走出服务方式单一、服务手段落后和服务水平低下的局面，化被动式服务为主动式服务，培养用户的信息识知能力。三要明确收藏方向，重视和培养馆藏的学科特色、地方特色、类型特色、专业特色，服务于科研和经济建设、文化建设。对原始文献群的信息特征进行整理、加工、组织、编目、索引、文摘、题录、简介、专题汇编成二次文献，在此基础上再进行更深层次的系统整理、筛选、分析，进行概括性的综合，编写成高度浓缩的专题述评、科研报告、动态综述、未来预测等三次文献，提供给用户使用。四是在各个服务领域里尽量贴近读者，使广大读者有亲近感。科研图书馆在服务上应抓根本，强调为每一个读者提供完善的服务，科研图书馆应针对不同专业、不同时期、不同特点的读者，提供相应的具有自身特色的服务。对于专家，帮助他们调整检索策略，获得满意检索结果；对于新手，指导他们检索文献资源，从而获取所需文献信息。

参考文献

曾伟清：《高校图书馆开展个性化服务初探》，《内蒙古科技与经济》2005 年第 10 期。
黄嘉慧：《创新服务观念，改进高校图书馆服务工作》，《学术期刊》2004 年第 2 期。
黄伟群：《网络环境下图书馆的个性服务》，《特区理论与实践》2003 年第 8 期。
黄汉花：《科技图书馆读者服务方法探讨》，《图书情报论坛》2007 年第 2 期。

新闻资料工作创新服务模式

杜官相* 周 婷** 陈 新***

摘 要 本文通过建立新闻资料数据库、搭建新闻资料综合运用平台，实现历史报纸数字化、剪报资料数字化、新闻图片管理数字化、书刊管理数字化。实现对采编人员选题服务、策划服务、专栏服务、咨询服务等服务模式的论述，论证了如何创新服务模式做好对内服务的同时，做好对新闻资料的开发和利用，逐步实现新闻资料服务社会化，获得经济效益和社会效益。

关键词 新闻资料 创新 服务 模式

新闻信息资料是新闻媒体的宝贵资源，要将它整合好，挖掘好，利用好，真正变成新闻媒体的核心竞争力，必须有创新精神，有新的工作思路。传统的资料工作深藏于室，基本上是等"顾客"上门查找。网络时代，可将资料挂在网上，供记者编辑在计算机上查找。这种条件使得新闻信息资料工作可以做得更主动。我们应从客观实际出发拓展自己的思路，深入了解本单位的需求，研究在信息人人都能随手可得的情况下，如何应用新思路、新手段，搞好内部的信息服务，替各级领导、编辑记者做他们一时做不了的，或者他们能做但做不好的；或者也能做好，但需花费许多时间的搜集整理工作。在做好内部信息服务的同时，还要认真研究外部市场需求，研究在信息市场竞争十分激烈的情况下，如何为各类用户开发提供自己独家拥有的，或者别人虽有，但自己更有特色、挖掘更深、量更高的新闻信息产品，为走向市场、实现新闻资料社会共享打下坚实基础。

---

* 杜官相，男，1954年生，重庆日报报业集团信息咨询中心主任，研究员。
** 周婷，女，1980年生，重庆日报报业集团新闻信息咨询中心编辑。
*** 陈新，女，1975年生，重庆日报报业集团新闻信息咨询中心编辑。

一　建立中心数据库，搭建新闻信息资料综合服务平台

报业新闻信息资料数字化建设"一库四化"的目标，即搭建新闻信息资料综合服务平台、建立新闻信息资料中心数据库、实现剪报资料数字化、历史报纸数字化、新闻图片管理数字化、书刊管理数字化。充分利用本报历史资料，理顺集团内见报资料入数据库流程，并与其他媒体交换数据，丰富数据库。对这些数据分类加工，整合利用，或者进行二次加工和深加工，建立专题库，为编采人员提供成熟的产品，主动为编采一线服好务。

为编采人员选题、策划服务。主动为记者编辑提供背景资料和相关资料。如每次全国两会召开以前，将历次会议的资料刻成光盘，供赴京采访的记者使用。使用这种主动服务还可以是点对点的，记者编辑可以通过局域网，向新闻信息中心提出要求，信息中心根据用户需要提供相应的资料。网络时代，信息的收集是"即时"的，今天其他报刊的头条是什么，独家新闻是什么，热点是什么，很容易在网上收集到，经整理后提供给编辑部，可供编辑、记者在策划选题时参考。

开辟信息专栏服务。向编辑、记者推荐具有参考价值的最新信息，如提供新闻线索、推荐大众关注的热点焦点新闻信息资料，以及质量较好的学习资料，成为内部工作和业务交流的平台。还可利用电子公告栏开展用户导向性服务，如介绍检索途径和方法、提示馆藏资源、介绍新建数据库和专题等；建立虚拟咨询台，通过电话等多种方式与编辑部建立互动式的工作联系，解答用户提出的各种咨询。条件许可的话，还可建立友好、个性化和智能化的人机交互界面，开展有特色或者有针对性的在线服务，实现用户与咨询员的直接交流。

加强咨询服务。在传统的资料管理工作中，新闻资料部门的信息咨询工作范围较窄、方式单一。为提高咨询范围、质量，发挥新闻资料内容具有时效性、广泛性的特点，扩大咨询内容范围和对象范围，可以将政策、法规、商业动态、金融信息、技术信息、股市信息等方方面面的信息纳入到信息产品开发当中，将咨询范围从部门、系统内部拓展到全社会各行各业的信息需求者，以最大限度地挖掘新闻资料信息的动态价值，使其在社会信息交流中发挥重大作用。

利用先进的技术服务。积极选择最好的检索数据库和全文数据库资源，采用最方便合理的服务形式，让用户不受时间或地点的限制，通过网络随时可以

查阅资料。还可以积极地使用电子邮件,向用户推送信息。网络信息服务的优点是快捷、方便、不受时间地点的限制,信息中心利用电子邮件经常向用户提供多种渠道的信息资源,与用户保持交流,了解用户的需求。

提供高质量的服务。就是要突破传统服务模式,利用广泛浏览的优势,主动为记者提供线索,提供背景资料和相关资料。资料内容要有创新,就是着力打造信息中心资源的拳头产品,注重数据库质量建设,做用户"引经据典"的可靠依据、"旁征博引"的权威保证。同时优化信息检索模式,就是在服务形式上不断创新,以先进的技术实现主动服务的理念。新闻信息中心用直观的网页方式取代传统数据库,以期把资料编辑人员精心挑选的最新信息分门别类地推荐给记者编辑。还要用先进的手段揭示分类内涵,比如"采用分面分类的用户界面,实现可视化检索",复杂的分类思想通过技术手段体现在桌面上,为用户导航,使用户乐于接受专业的分类方式并加以应用。

做到服务到位、服务到家。如果新闻信息中心办的新闻网向本集团大小媒体开放,每个采编人员只要打开电脑,都可以收到当天重庆、全国各地乃至世界最有价值的东西。由于他们事先做了采集工作、选择工作、重新组合工作,随后用最快的速度,最简练的文字表达出来,这样就为我们采编人员节省了很多时间。特别是现在,在第四媒体的冲击面前,我们要进一步增强自己的竞争力,很重要的一条就是信息的再度开发,就是要有背景的新闻,要有深度的报道,这样为一线的同志提供了更多方便,减少了编辑记者很多阅读材料、收集资料的麻烦。

由被动服务转向主动服务,新闻资料工作传统的服务方式已经越来越不适应采编一线的要求,打破传统服务方式,变被动服务为主动服务,视新闻资料工作面临的一个迫切需要解决的问题。为了解决这个问题,要改变这种单位给任务、给经费,工作人员坐等读者上门检索的服务方式和不以创造经济效益为目的的工作模式。在市场经济条件下的今天,人的思想观念发生了转变,如果只有社会性效益,而没有经济效益,这样的单位势必会被淘汰。因此我们必须学会增强竞争意识,自己去找市场、拉客户。由旧体制下的被动的、无偿服务的方式转向主动的经营性服务,实现企业化管理。我们可以通过发信、上互联网或上门演示等宣传手段推销自己的信息产品,这样才能吸引顾客,才能在信息市场中占有一席之地。突破传统服务模式,不再将思维中心放在"管"资料上，不再将收集、整理、被动地等待查询当作资料工作的全部。而是倡导主动服务，了解当前信息市场的主流，加强与用户的联系。

二 加强新闻资料信息的开发和利用，实现新闻信息服务动态化

所谓动态化，就是指从新闻资料的动态性出发，因势利导，改变以往静态的资料积累、加工、服务模式。建立一种适应新闻资料自身特性的动态的有利于信息开发和利用的新的服务模式，动态化要求采取多种服务方式，多渠道、多层次、多角度的开展信息服务活动，充分发掘和激活新闻资料自身动态特征，使更多鲜活的有价值的信息资料为社会所使用。

开发利用新闻资料做好对内服务的同时，还要积极拓展思路，利用信息资源，开发信息产品。新闻信息资料丰富的数据库，只满足报社内部的需要，大大浪费了存在的价值，要挖掘新闻信息资料的潜力，创造积极效益，引进市场机制，使新闻信息资料服务商品化走向市场。

政治信息服务。政治信息包括党的路线、方针、政策等。政治信息对三个文明建设产生重大影响，是党政机关和各行各业、各阶层人士都需要的信息。如党政机关制订计划、草拟报告、新闻媒体报道策划、基层党组织学习等，都涉及政治信息。如十六大的召开对各行各业和人们的生活会产生怎样的影响，这是人们普遍关心的问题。为此，我们把媒体有关十六大的文章进行收集，按行业分类，对中国的金融、纺织、房产、车市等各个行业产生影响的文章进行专题汇编，为各个行业发展寻找对策提供参考。

生活信息服务。生活信息即有关人们吃、穿、住、用、养生、育儿、求医、健身的信息。随着社会经济的发展和物质财富的日益丰富，人们对自己的身体更为关注，对家庭生活的安排也日见精到。从某种意义上可以说，生活类信息是需求面最广，人们最受欢迎的信息，编辑出版业似乎也瞄准了这一热点，因此，生活类报刊多得令人眼花缭乱，甚至连一些不属于生活类的刊物也纷纷涉足生活，或穿插几条保健常识，或特辟一个生活专版，以提高报刊吸引力。生活信息服务，即从这繁杂纷乱的报纸书刊中采撷贴近日常生活的、最新的科研成果，根据人们的需要进行分类汇编。食疗、体疗、养身、减肥、癌症等类型信息分别入库，供读者访问阅览，且内容不断充实，深受广大用户的欢迎。

开展社区信息服务。近年来，由于对外开放的日益深化和新经济组织的不断涌现，使得社区居民的组成结构发生很大变化，社区的工作对象、职能任务和机构设置等诸方面都出现了许多新情况，新问题。社区工作如何适应变化的形势，完善管理体制，提高管理水平，成为社区工作者面临的新课题。如本信息中心收集，如何加强对流动人口的管理；如何改革社区机构、转变管理模式，扩大服务功能，适应社会变化等报刊文章进行精心整理和专题汇总，为社区工作者开展社区工作专题调研提供丰厚的信息资源。

开展多层次全方位信息服务。使资料查询突破本行业的局限，为各行各业提供远程和个性化的文献代查和文献传递服务。一是建立与用户相关单位的链接；二是建立与用户对口的虚拟馆藏的关联；三是进行网上信息导航；四是开展定题服务，承接用户委托的专题检索与文献查证业务。根据用户事先选下的专题、采用信息中心信息资源检索、光盘检索，网络检索等手段，跟踪最新资料为用户定期或不定期提供服务。当前公众的信息意识淡薄，缺少主动要求服务的习惯，这是就需要资料人员不断做好推广工作和设计工作，向社会广泛宣传信息中心的信息服务功能，根据服务对象的特点，主动设计信息服务内容。如果等客上门、被动服务将一事无成.

开展培训服务，引导和培训用户使用网络信息。与网络环境下信息资源多元化同时出现的是用户需求的多元化，不同类型的用户对于信息的载体形态有不同的需求。定期地举办讲座，向新用户和潜在的用户普及网络信息方面的知识，介绍实践中运用网络信息促进工作的案例，引导用户使用网络信息资源。还可以开展多种形式的培训，如课堂讲授、上机实习、阅览室个别辅导、在网上提供自学条件等。创造一个随时学习的环境，帮助用户利用网络信息资源。引导用户关注本信息中心相关的数字信息资源和新的运用技术，并且在第一时间向用户宣传和提供培训，提高用户利用网络信息资源的效率。

参考文献

李春萍：《信息资料与情报服务创新》，中国社会科学情报学会2009年学术年会论文集。

试论图书馆的服务组合战略

周 军*

摘 要 文章认为服务社会是图书馆存在的根本理由。做不好服务工作，满足不了用户的信息需求，用户对利用图书馆的服务失去兴趣，就等于失去了图书馆存在的价值。为了提高服务质量和效率，比较可行的图书馆服务组合战略的主要有：现有服务项目和产品的调整优化战略、新兴服务项目和产品的增长促进战略两大类。前者又可分为维持战略、发展战略、收缩战略和放弃战略四种具体形式；后者则可分为密集型增长战略、一体化增长战略和多元化增长战略三小类，各小类又包括多种具体形式。

关键词 图书馆 服务营销 服务组合 战略规划

图书馆服务包括图书馆为其用户提供的服务项目和产品。图书馆的服务组合战略，也就是指图书馆为了提高服务质量和实现图书馆的价值，在认真分析用户信息需求和自身实力条件的基础上，对于维持、收缩、放弃、增加或者重点发展哪些服务项目和产品等，做出具有长期性、全局性的计划和谋略。如何变革图书馆现行的服务结构，真正做到让用户满意呢？国内许多同行都曾提出过非常有价值的建议。笔者认为，应用现代服务营销理论，通过建立适应其目标用户的需求特点的服务组合战略，来调整、优化或重组图书馆的服务项目和产品的结构，不失为一条值得尝试的路子。

一 服务用户是图书馆存在的根本理由

图书馆的生存价值是通过用户利用其服务来体现的。图书馆如果没有用户，就没有存在的必要；有了用户，做不好服务工作，满足不了用户的信息需求，

---

* 周军，男，1962年生，中国人民解放军南京政治学院上海分院系主任，博士，教授。

用户对利用图书馆的服务失去兴趣，就等于失去了图书馆存在的价值。"为人找书，为书找人"是各类图书馆的基本价值观。2006年的一项调查中，36%的美国人认为图书馆服务受益情况能排在公共服务列表的首位，比2002年增长了6个百分点。英国政府文化、媒体和体育部于2003年出版的《未来框架：新十年的图书馆、学习和信息》(Framework for the Future: Libraries, Learning and Information in the Next Decade) 提出，未来十年英国公共图书馆的主要使命是"促进阅读和学习、帮助获取数字技能和服务、促进社会和谐和公民权利"。"促进阅读和学习"的使命，要求公共图书馆发挥传统优势，培养全民阅读兴趣和求知热情；"帮助获取数字技能和服务"的使命，要求公共图书馆利用2002年完成的"人民网"为社区居民提供广泛的数字化服务和设施；"促进社会和谐和公民权利"的使命，则要求公共图书馆继续充当社区中心，并为所有人提供民主参与所需的知识信息。

随着信息网络技术的飞速发展和广泛利用，人们获取知识信息的来源渠道迅速增多和扩大，获取信息的方法更为便利、速度更为快捷。与图书馆竞争的信息服务机构如网站、商业性信息服务公司等数量和种类都在增长。网络技术的工具理性帮助人们在较大程度上改善了信息交流环境与手段，提高了信息交流效率。这一切都使得图书馆在知识信息供给上的传统优势和垄断地位不复存在。另一方面，图书馆一直是以图书和期刊作为收藏重点，而信息时代人们所企盼的诸如市场动态、职场择业、企业经营等信息在图书馆几乎难见踪迹。目前各公共图书馆都基本按文献类型载体设置服务部门，并提供服务，极少有人按知识门类或主题去整合分散于各文献类型的知识内容，而且大都流于书刊借阅服务的单一格局，知识、信息的参考咨询服务比较薄弱。许多公共图书馆都未设立导读岗位（如同医院导诊措施），服务人员的文化素质不高，缺乏资源共享理念。大学图书馆资源虽然比较丰富，但由于图书的种类有限、每类图书的数量有限，依然有不少书籍是学生很难在图书馆及时借到的，尤其是专业性强、时效性强、比较冷门的书籍。为此，浙江林学院的部分学生于2007年10月18日正式启动"虚拟图书馆"，500名学生率先贡献了自己的私人藏书，进行编号后，加入校网上的"虚拟图书馆"。这样，学生们今后"不仅可以到学校图书馆去借书，还可以到加入虚拟图书馆的其他同学的寝室里去借"。科研人员原先是离不开学术型图书馆的，但搜索技术的进步动摇了传统的格局，改变了科研人员查资料的方式。学术型图书馆也有被边缘化的危险。

鉴于用户的信息需求是多元的，所需的服务项目和产品性质差异较大；另一方面，不同类型、性质的图书馆所处的内外环境、实力条件和办馆宗旨也是不仅相同的。因此，这就必然要求图书馆必须在冷静、客观地分析形势、任务、机会、挑战、优势、缺陷等因素的基础上，采取多元化的服务组合营销战略。纵观我国各类图书馆的情况，笔者认为，在实际工作中，比较可行的图书馆服务组合战略的主要有两大类：一是现有服务项目和产品的调整优化战略；二是新兴服务项目和产品的增长促进战略。

二 现有服务项目和产品的调整优化战略

（一）现有服务项目和产品的分类

图书馆可根据 SWOT 方法，通过进行机会/威胁、优势/劣势分析，针对用户需求及发展变化趋势的评估结论，对现有服务项目和产品进行分类，以便为资源投入决策奠定基础。根据分析结果，应用美国波士顿咨询公司创建的经营单位组合法，根据各个服务项目和产品在知识信息服务市场上的相对竞争地位和业务增长率这两个标准，把图书馆的现有服务项目和产品分成四大类。图书馆应根据各类服务项目和产品的特征，选择合适的活动方向。

(1)"金牛"类服务项目和产品。其特征是相对占有的市场份额较高，但市场增长率较为缓慢。由于占有相对较高的市场份额，因此，这些服务项目和产品能够吸引到大量的用户，进而较容易得到政府和社会的更多关注和支持；由于较低的市场增长率，意味着用户数量稳定且忠诚度高，图书馆不必为这些服务项目和产品投入大量人财物力。图书馆可以引导这些用户同时去利用本馆的其他服务项目和产品，利用节省出来的人财物力去支持其他三种类型的服务项目和产品。目前，一些图书馆用户稀少，正是因为缺少这种"金牛"类服务项目和产品。对于许多图书馆来说，常规性的馆藏文献借阅和普通参考咨询服务项目就是这种"金牛"类业务。另外，中外图书馆界都早就发现，不管图书馆员付出多大的努力，寄予多大的希望，图书馆流通的书刊的明显倾向是：娱乐性书刊始终占据主流，或者说用户的文化欣赏、娱乐消遣性的信息需求占据很高的比例。作为公共信息服务机构，图书馆不能置公共品味不顾，只提供学术性、政治性的专著和促进社会发展进步的书刊，大多数用户其实很少借阅它们。

一位波士顿图书馆馆员曾幽默地说："在很大程度上，公共图书馆必须提供垃圾。"图书馆应该在保障好这类服务项目和产品的质量、满足用户正当信息需求的基础上，积极引导和鼓励用户使用图书馆的其他服务项目和产品。

(2)"明星"类服务项目和产品。其特征是市场份额和市场增长率都较高。用户使用率和用户增长率都较高。市场份额较高，意味着这些服务项目和产品能够吸引到大量的用户，进而容易得到政府和社会的更多关注和支持；市场增长率较高，意味着需要投入的人财物力较多。这类服务项目和产品是信息服务市场中的领导者，是图书馆提高市场份额，扩大用户数量，提升社会影响力的重要支撑。同时，也是必须投入和占用大量资源的业务领域。

例如，上海图书馆的讲座兴办于20多年前，一直以宏观的信息讲座为主，近年来，他们通过与用户沟通和广泛调查，发现在市场经济的环境中，在都市生活的包围下，人们更需要了解现代生活知识，而且需要微观分析，事例解答，有的放矢。于是他们在保持原有讲座类型的基础上，又增添了许多贴近用户实际需求的文化讲座。这些讲座反响热烈，经常爆满，以至要增加场次，增设分会场，有时一票难求，甚至还有人高价购票，往往连过道上都站满了人。这些文化讲座如此备受欢迎，并且一年比一年热，一年比一年踊跃，是因为上海图书馆在讲座主题选择时注重分析现实，了解公众心理，关心人们的文化情绪，并与专家及时沟通，所以推出时就能够与社会需求相吻合。上海图书馆花费许多精力举办文化讲座不是为了赚钱，"是为了拓展知识的传播渠道，增加图书馆的功能，更全面地为读者服务，最终也是为图书馆赢得读者"。截至2006年春节，上图讲座中心已创办28年，已开设讲座1226场，直接听众人数85万余人次，成为国内持续时间最久、固定听众最多的名牌讲座。由于上图讲座总是紧跟时代脉搏，新鲜话题层出不穷，被市民亲切地誉为"城市教室"、"市民学堂"。在这个"城市教室"中，有一支特殊的听众队伍，他们来自普陀区残障人士读书会。某人曾因车祸在床上躺了两年，是读书让他走出了人生的低谷。与上图讲座的一次偶然"碰撞"，让他领略到讲座文化的魅力，便发动读书会成员定期到上图听讲座。如今，读书会的成员都成了上图讲座的铁杆"讲座迷"。上图讲座还与20多个省、市、自治区图书馆签订了"讲座资源共建共享协议书"，提供105种共享讲座资源。

(3)"幼童"类服务项目和产品。其特征是相对市场份额较低，但市场增长率较高。市场份额较低，意味着目前使用这些服务项目和产品的用户还不多，政府和社会的关注也不多，若要提高其市场份额必须投入大量的人财物力；市场增长率较高，意味着其吸引的用户数量增长速度较快，进而引起政府和社会关注和支持的概率在增大。此时，图书馆营销者面临抉择：是增加人财物力的投入促使其成长为"明星"类业务，还是减少或终止投入，放弃它们。图书馆的大多数传统服务项目和产品以及新近推出的服务项目和产品，往往都是从"幼童"类开始起步的，上海图书馆、佛山图书馆等的讲座也是坚持了很多年，才逐渐发展起来的。

（4）"瘦狗"类服务项目和产品。其特征是相对市场份额和市场增长率都较低。由于相对市场份额和市场增长率都较低，甚至负增长，这类服务项目和产品只能吸引较少的用户，社会影响力很小，政府也不关注。例如，在多数图书馆，对消闲性、时尚性的期刊都不予保存过刊，隔年即剔除。

（二）现有服务项目和产品的战略选择

根据各类服务项目和产品的情况，图书馆需要采取不同的战略：

（1）维持战略。对于"金牛"类服务项目和产品应采取维持战略，即保持原有人财物力投入量不变或者仅增加少量投入，维持、保障其发展，巩固其竞争优势地位，目标是保持这些业务现有的市场占有率和用户的稳定性；目的是使其继续为图书馆提供大量的用户源和外界资源投入量。对于个别"瘦狗"类服务项目和产品，如果确实有社会意义且与本馆性质、任务相吻合，即使是需要大量资源，图书馆也应该尽可能设法筹集，从而保全此项服务项目和产品。例如，在台湾的大专院校里，许多大学师生把"馆际合作"（即馆际互借）视为"需要但不受看中的服务产品，时效差费用高为主因，此即'品质'不佳之产品"，但是，大学图书馆仍然坚持开展这项服务。这种服务意识和战略抉择值得借鉴。

（2）发展战略。为了配合市场的增长，继续保持市场占有率的领先地位，通常需要对"明星"类服务项目和产品追加较大投入，扩大其规模和优势、促进其向"金牛"类业务发展。发展战略还特别适用于前景较好的"幼童"类服务项目和产品，如果图书馆希望它们能成长为"明星"类业务，就必须对其注入较多的资源，促使用户数量有较大幅度的增长。

（3）收缩战略。目的在于短期内抽出占用的人财物力，转而支援其他服务项目和产品。收缩战略的内容常常包括降低甚至取消支持经费，减少服务人员，拒绝更新设备，停止推广宣传活动，等等。这一战略适用于成长概率很小的多数"幼童"类和"瘦狗"类服务项目和产品，也适用于已显颓势的"金牛"类。

(4) 放弃战略。其目的在于迅速撤出人财物力资源，以便把优质资源用于其他效益更高的服务项目和产品。该战略主要适用于"幼童"类和"瘦狗"类服务项目和产品，也适用于那些与图书馆的使命、宗旨不相吻合营利性业务项目。例如，"在常规审计的基础上，国家图书馆对原有的23个企业认真进行资产评估，最终保留一个有限责任公司和两个全资企业，整合并改制一个有限责任公司，其余企业一律撤销或转让。馆属企业剥离，使国图卸掉了管理包袱，轻装上阵，集中精力发展事业。对留下来的企业，在产权明晰、资产剥离的基础上，进一步完善法人治理结构，加大对企业的监管力度，使企业以市场为导向，自主经营，走上良性发展的轨道"。

需要说明的是上述四类服务项目和产品的位置不是一成不变的，任何成功的服务项目和产品都有一个生命周期。除了个别幸运者外，他们绝大多数从"幼童"类开始，如果图书馆经营得当，就会进入"明星"类，以后逐渐进入"金牛"类，最后进入"瘦狗"类乃至生命周期终点。因此，图书馆不仅要思考各项服务项目和产品的在信息服务市场中的现有位置，还应检查其动态位置。既要检查其过去的轨迹、观察其现在的情况，更要审视其未来的发展趋势。如果发现用户对某项服务和产品的反映总是不尽如人意，就必须提出新的谋略。

三 新兴服务项目和产品的促进增长战略

图书馆除了需要对现有的服务项目和产品进行分析、评估并确立相应的组合战略，还需要对新兴的业务工作发展方向作出具体安排，即制定出新兴服务项目和产品的促进增长战略。相对于原有的服务项目和产品来说，新兴信息服务和信息产品往往更容易见到效果。借鉴国外图书馆的经验，图书馆可以采取的新兴服务项目和产品促进增长战略有以下三类：

（一）密集型增长战略

密集型增长战略是指图书馆通过挖掘潜力，对现有的用户市场和服务领域渗透、延伸和开发，寻找发展机会的战略。其具体形式有：

(1) 市场渗透战略。就是把新兴的服务和产品打进一个已有市场领先者占据的市场中去。图书馆不能满足于在信息服务市场上的现有份额，不仅要将自己的信息服务镶嵌到国家社会文化发展的目标和规划中去，而且要始终围绕用户的信息需求及其发展变化趋势，积极把新兴的服务项目和产品延伸到信息服务市场的新领域中去。譬如，现代社会需要终身学习，面向公众的继续教育培训市场越来越大，各种营利性的社会办学力量已经抢占了先机。图书馆可以凭借信息资源、人员、环境尤其是非营利的优势，设计新的培训服务项目，丰富和拓展用户培训服务的内容、形式和方法，真正成为不同层次用户尤其是普通用户、社会弱势群体的终身学习中心。

（2）市场开发战略。就是为现有的服务和产品开拓一个新的市场。例如，公共图书馆可以采取专设分馆、办理集体借书证、设立流动借阅点、安置自动借还设备等措施，把传统的实体文献借阅服务延伸至此前未曾触及的军营、中小学、监狱和社区；可以利用擅长于实体文献的组织和保管的优势，为目标市场范围内的机构和个人提供实体文献组织和保管的技术指导和服务；还可以根据馆藏特色、公众的要求和政府的政策法规，设立专门反映特色文献或面向特殊用户群的新服务项目。有人就建议，国家主办的图书馆、博物馆要建立大容量的网站，凡公开发表的网络原创作品均可通过一定的方式收录、编号收藏，或根据作者意愿设置公开的模式与非公开的模式，作者也可以根据自己的需要，将原创作品登录在国家相关数字图书馆中，以获得永久性的收藏。2008年5月1日起施行的《中华人民共和国政府信息公开条例》规定："各级人民政府应当在国家档案馆、公共图书馆设置政府信息查阅场所，并配备相应的设施、设备，为公民、法人或者其他组织获取政府信息提供便利。……行政机关应当及时向国家档案馆、公共图书馆提供主动公开的政府信息。"公共图书馆据此即可设立专门的政府信息咨询阅览室或阅览区。在美国，州立大学图书馆和高校图书馆等大型图书馆都有资格被政府选定或法律认定或合同规定成为专利商标储备图书馆。对于专利商标储备图书馆来说，有权从政府处自动地获取政府文献，能大大丰富馆藏。还能直接受益于美国专利商标局的帮助，每年一次的培训研讨会帮助众多的馆员不断跟上在专利商标领域和信息技术方面的脚步。对于政府来说，有了专利商标储备图书馆，省钱、省时、省力，政府各部门不必再单独为用户提供文献，转而由这类图书馆集中地提供信息服务。通过政府的一次分发，文献可以被多次利用。对于用户来说，可以方便地从专利商标储备图书馆获得一站式服务。

（3）产品开发战略。是指对图书馆现有的产品进行深层次加工或对现有的文献形态进行转换，以便生产出更适合用户利用的新信息产品的活动。例如，在一次文献、二次文献的基础上加工开发出综述、述评、研究报告、专题总结等三次文献的情报调研服务；对外文原版文献的翻译、编译形成译文或编译报道等文献形态的编译服务；将传统文献数字化或缩微化形成数字文献或缩微复制品形态来提供给用户使用，实现既保护实体文献、又方便用户使用的目的等等。美国国会图书馆就推出了一个雄心勃勃的计划，准备建立网上数据库，收集全球的珍贵书籍、手稿、海报和邮票以及其他工艺品等，供全球所有用户通过互联网使用。由于网络信息资源的迅速扩张，大大拓宽了读者的选择空间和阅读范围，网络导读逐渐成为图书馆必须承担的基本责任，将传统的书评工作扩展到网络，开展馆藏新书和网上书评服务。即根据用户需求，有目的、有步骤地对馆藏新书刊、网上书评资源加以合理组织，并形成一个引导读者获取所需信息的系统，使他们在最短的时间内得到最经济、最满意的结果是图书馆的必然选择。目前，国内越来越多的图书馆在其主页上开设专门的新书推荐和网络书评工作。而国家科学图书馆2006年的文献下载数量比前年增加近一倍，全文传递数量年增长30%～40%。互联网对纸质书本的颠覆对于图书馆是一种解放，信息的传递成本几乎为零，比如国家科学图书馆的分馆遍布全国，用户和图书馆的平均距离大约1000公里，正是有了互联网，才能让科研人员足不出户地获取文献。国家科学图书馆能够提供每周7×24小时的文献传递服务。美国许多大学图书馆在服务方式等方面也积极采取措施，如将许多服务推送上网，制作诸如"我的图书馆"等网站，提供数据库、电子扫描和下载资料等服务。2005年3月3日，纽约公共图书馆发布了NYPL数字图库，这个图库可以在线提供27.5万张图片。用户可以获得美国内战的照片或著名的早期美国地图的手稿。如果只是自己使用，任何人都可以免费下载这些图片。该馆馆长表示："通过因特网将这些珍藏提供给使用者，我们已经准备好了开始这令人激动的图书馆服务的新领域。"美国的一些图书馆和学校正在经历巨大的变革，在图书馆内不再见图书的踪影，一些学校则完全停止向学生提供课本，电脑成为学习的工具。这些改变旨在更好地为成长于数字时代的学生服务。欧洲网上图书馆已经初具规模，人们不久后就能上网进入这一图书馆。法国文化部长德瓦布尔宣布，法国图书馆将把其80%的图书资料转化为电脑文本模式，使其可以进入欧洲网上图书馆的数据库。英国大英图书馆开发出了一种独特的电脑"翻阅"系统，用户只需借助电脑触摸屏就可以近距离翻阅珍贵的书籍和手稿，同时也避免了对书稿造成损坏。该系统利用数字化技术将珍贵的书籍和手稿复制成"电子书"，"电子书"在高分辨率的电脑屏幕上看起来与正本非常相似。此外，该系统还采用了先进的电脑动画技术，读者用手指在电脑屏幕上稍做移动，"电子书"就会随之而自动在屏幕上"翻页"。电脑"翻阅"系统在开发过程中不会对珍贵书稿造成损害，利用该系统还可以减少查阅正本书稿的次数，因此对珍贵书稿、特别是古籍的研究和保护很有帮助。

（二）一体化增长战略

一体化增长战略是指图书馆充分利用信息网络技术，强化本馆各类服务项目和产品的联系，减少乃至消除相互之间的摩擦和隔阂，提高服务效率，给用户带来更大便利的战略。其具体形式有：

（1）后向一体化战略。即图书馆向知识信息的生产领域延伸，自行生产一部分信息资源。譬如，目前，网络杂志因其出版周期短、环保、经济、便于传播，已经像雨后春笋般地发展起来，成为杂志出版的一个特别值得关注的问题。至2006年底，美国已经有各种网络期刊2000多种。而美国国家图书馆主办的PLoS Biology，PLoS Medicine，PLoS Computational Biology，PLoS Genetics，PLoS Pathogens，PLoS Clinical Trials 等，其影响因子已达到16，接近 Nature 等顶尖科学期刊。随着网络技术的发展普及，检索速度和访问速度的提高，越来越多的用户选择通过网络来获取科技发展信息。如火如荼的"开放存取"运动将为图书馆提供这种条件。最近，新纽约公共图书馆安装了一种可以为用户免费打印来自开放内容联盟（Open Content Alliance，简称OCA）的20多万种公共图书机器——EBM（Espresso book-on-demand madine）。EBM 的软件能把数字化文献传递到图书机器，图书机器可以在几分钟之内根据用户的选择自动打印、装订和修订成一本单独的具有馆藏标准的平装图书。

（2）前向一体化战略。即图书馆向用户的工作、学习和日常生活中延伸渗透，即"由用户到图书馆来，转变成图书馆到用户中去"。现在，越来越多的图书馆在互联网上建立了网站，把大量的信息资源放在网络数据库中，让用户在单位和家里就能随时上网阅读。天津大学图书馆信息部为配合学生就业、出国留学、考研等需要，从网上、报刊上收集大量的相关信息网址，主动提供给学生，受到学生的欢迎。一些先进的图书馆已开始提供邮件通知服务、手机短信通知服务，在图书到期前 3 天，图书馆管理系统将自动发送 E-mail 或者手机短信提醒用户"图书借阅即将到期，请注意归还"。此外，用户还可以根据需要，在网上预约已借出的中外文图书。预约书回馆后将在预约架上保留 5 天，图书馆将向用户发出通知。在美国，有的大学计划把计算机帮助中心迁到图书馆，设在咨询台旁边，有人将其称之为"共同驻扎"。有的学校则把"指导中心"、"写作中心"等迁至图书馆，即采取一种学术化的一站式购物方式。这样，学生就不必在校园里跑来跑去地获取信息和建议了。

（3）横向一体化战略。即图书馆尽量减少人为壁垒，把馆内的各种服务项目结合在一起或者通过统一的网络平台，为用户提供一体化的服务。国家科学图书馆大楼二层，一间宽敞的大厅，开放式地划分成几片空间：一片摆放各种杂志和"闲书"，随意取阅；一片是四台电脑"口"字型排列的座位，用户能够相向坐下，边使用电脑边交流；一片陈设着可以躺坐的组合沙发。气氛宽松。整个空间的色调是多彩的。美国的一些图书馆不再以用户对象或文献类型划分阅览室或书库，文献资料尽量集中实行"统仓管理方式"，全馆只有一个出入口，用户一次进馆便可随意自由阅览所有书刊。有的图书馆不再设立技术服务部、流通部、参考部等部门，而是直接由不同的专业馆员承担不同学科书刊的采、编、参考咨询一条龙服务，这样做的好处是实现了资源的合理配置和充分利用，简化了工作流程，缩短了藏书与用户的距离，扫平了因部门设置造成的人为障碍，更加符合用户的需求，提高了工作效率，服务功能更加突出。为方便读者使用，香港的高校图书馆通行藏、借、阅一体化的布局，基本上采用全开架的服务方式，即所谓"查、阅、咨、借、藏、娱、休一体化"的一站式全开架服务。中山大学珠海校区图书馆藏、借、阅一体化的开放式服务管理模式极为完善。读者进入图书馆后，可在各部门之间"自出自入"，可随心所欲地"各取所需"，可从容不迫地"自我服务"，彻底免除了示证、押证、登记的繁琐手续，大大节省了用户的时间和精力。暨南大学图书馆新馆新馆引进了美国 IN-NOVATIVE 公司具有国际领先水平的新世纪图书馆集成管理系统。该系统与学校图书馆自行开发的以用户为中心的资源门户网站共同构建起了高效、便捷、多样的数字化"一站式"综合服务平台。新系统支持多语种多字符，可以实现中文繁、简体的互检以及英、日、俄、法、德等多语种的检索。无论输入中文繁体还是中文简体均可以检索到相同的信息。如检索"計算機科學"和"计算机科学",查询的结果一致。来自香港、澳门或者台湾等地区、习惯使用繁体汉字的学生尤其感受到了其中的便利。新系统提供了藏书的详细馆藏地点和当前的具体处理状态,如"已订购"、"处理中"、"在馆"或是"装订中",帮助用户更加清晰、更有目的地去寻找书籍。新馆整个布局采取藏、借、阅一体化、用户可携包从一楼到七楼自由进出的大流通管理模式,极大地方便了广大师生。

20世纪90年代初开始,一种名为IC(Information Commons)"信息共享空间"的高度整合的新模式在欧美大学图书馆出现,它将传统的印刷性文献和数字资源与计算机技术以及各种信息服务整合在一个相对无缝的信息环境中。其宗旨是为用户提供一站式信息服务,最大化地满足人们的各类信息需求。人们只需通过一个平台或窗口,在一个区域就可以享受来自各方的信息服务,获得各种形式的信息资源,直接得到各种问题的解答。IC具有明显的普遍性、实用性、灵活性和公共性特征,每个用户终端都有相同的界面、相同的软件、相同的资源,有参考馆员、技术专家、多媒体工作者前台或后台为用户提供帮助,有各种输入、输出设备供用户自助式使用,能适应很满足不断变化的技术进步和用户需求,还为用户提供适合合作和交流讨论的舒适的专门场所。IC为人们营造了一个聚集学科专家、技术专家、图书馆员,以及丰富的信息资源的综合的虚实结合的一体化的交流空间和学习研究环境,它已成为目前国外大学图书馆建设中的一个十分重要的趋势,是一种最流行的一体化服务方式和服务空间,也是一种广受用户欢迎的学习和研究模式。"我国台湾、香港和澳门地区的一些大学图书馆已经开始尝试构建IC,清华大学图书馆着手在改变个别阅览室的设施逐渐向IC转变,复旦大学视觉艺术学院图书馆开始计划构建IC,并在新建的图书馆舍内选取了一个500平方米的空间进行试验,于2006年9月正式向教师和学生开放。"

(三)多元化增长战略

多元化增长战略是指图书馆以多种途径和方式扩大服务范围的战略。实施多元化增长战略的条件是:市场吸引力很大且图书馆具备服务扩张的业务力量。其具体形式主要有:

(1)产品多元化战略。即努力扩大图书馆信息产品的种类。为防止单一产品经营可能带来的风险性，佛山市图书馆结合馆藏对信息资源进行多层次、多渠道、多方位、多形式的信息产品开发和开展特色信息服务。该馆定期为《佛山日报》、《南海日报》、《佛山广播电视报》等报纸有偿提供"博览"、"文萃"等栏目的相关资料。同时还积极开展社区信息服务，通过与本地电视台等新闻媒体联网，为佛山电视信息台"文化娱乐"、"生活小百科"、"经贸信息"、"佛山历史上的今天"等板块栏目提供图文信息，从而将静态的文献信息通过大众传媒激活为动态知识传递到千家万户。上海图书馆新馆自 1996 年开馆以来，收集了大量的、包括世界各地高校及各国驻沪领事馆向该馆赠送的有关留学指导方面的图书，其中最为著名的有：最新的美国热门研究生入学指南《彼得森指南》、英国的《留学英国指南》、日本的《大学入学案内》以及其他有关世界各国，如加拿大、德国、法国、澳大利亚、新西兰、新加坡等国留学资料的介绍，这些文献以其信息的丰富性、权威性、实用性和及时性而享誉全球。该馆为方便用户利用这些信息资源，特请有关专家集中印刷型资料和网络资源的优势，设计、制作"留学指南"网页，为期盼出国留学深造的学子开启一扇专题信息之窗。该馆成立的会议展览中心，开展市场营销，提供优质服务，成为上海文化、教育、外事和精神文明建设活动的重要场所，同时每年为图书馆创造上百万元的经济收益。

（2）服务项目多元化战略。即在确保基本服务项目质量的基础上，积极尝试，适时推出新型的网上信息（含电子图书、期刊、报纸）阅览服务项目、网上信息导航（含一般信息导航和专题信息导航）、网上信息检索服务、网上虚拟参考咨询服务、网上多媒体服务、网络用户培训服务等。AlA 的调查发现，2005 年美国甚至已有 18% 的公共图书馆提供了无线网络服务，另有 21% 的公共图书馆准备在 2006 年提供该服务。宜宾市将两个引资项目集中用于正在兴建的宜宾市图书馆。引资项目实施后，市图书馆的定位将从最初的图书馆事业服务拓展为多功能的图书影视会展服务。此外，还可推出信息代理服务，即图书馆利用自身的优势和专业特长，为某个政府部门、企事业单位代理有关信息事务，包括信息检索、项目查新、专利申请、市场调查、外文资料翻译等。图书馆为这些部门和单位代理全部和部门信息事务，提高其各类信息资源建设和管理的质量，降低其相关成本；同时，图书馆也就拥有了相对稳定的用户群和市场份额，竞争能力自然会增强。香港的高校图书馆不但提供印刷馆藏、电子资源、缩微和影像制品等服务，还想方设法拓宽服务内容，如将广播电视新闻节目进行录制和编辑，建立新闻数据库放在网上供用户查询、收看。目前，协作式参考咨询已成为虚拟参考咨询发展的趋势与重要方向，并具有广阔的发展前景。国外典型的协作式参考咨询有 Ask a Librarian、QuestionPiont、VRD 等，国内有上海图书馆的网上联合知识导航站、中山图书馆"网上咨询与导航"、国家科学数字图书馆的图书馆分布式参考咨询服务系统（CSNL）项目等。为了给图书馆增添魅力，吸引更多用户，比利时图书馆的工作人员甚至正在将这个知识宝库打造成年轻人的时尚约会场所，工作人员扮演丘比特，将爱神之箭射向那些单身用户。日本的厚木市图书馆则设立"图书馆再利用角"，放置被剔除下来的旧书和其他个人、单位用不着的书籍，任由公众选取。

（3）用户的多元化战略。在信息时代，图书馆不仅要服务于社会公众，还要汇聚、整合各种信息资源，进一步发展和实施多元化增长战略，向服务政府、企业和社会机构，提供决策咨询等拓展。作为研究型公共图书馆的上海图书馆就已经为政府、人大搜集各类民情，提供决策信息，还为一些国有企业提供咨询服务。尤其是在信息化浪潮中，图书馆可发挥社会"信息公平"均衡器的作用，向社会的弱势群体提供基本的知识和信息服务保障，《IFLA 互联网宣言》明确指出："图书馆作为社会信息获取的提供者，应该确保被社会排斥在信息圈外的成员可以利用互联网的优势，图书馆应该在这方面发挥主要作用。"

对构建专业图书馆
信息服务体系的几点思考

陈 杰[*]

摘 要 专业图书馆是我国图书馆系统的重要组成部分，本文探讨了专业图书馆的基本特征和服务模式，以及图书馆人才评价机制的改革和一些有关专业图书馆建设的具体问题，并介绍了民族所图书馆在信息服务工作的一些做法。

关键词 专业图书馆 信息服务

专业图书馆是我国图书馆系统的重要组成部分。随着信息技术的不断发展，专业图书馆在自动化、网络化、数字化和文献资源的共享等方面都取得了长足的发展和进步，各专业图书馆的服务模式和手段不断创新，服务能力不断深化，为我国科研创新体系的建设和发展提供了良好的信息保障。

一 专业图书馆的基本特征和模式选择

所谓专业图书馆通常来讲是指隶属于一个有特定目标的机构或组织，侧重于某一学科或某一领域的若干相关学科信息资源的收藏，与公共图书馆和学校图书馆相比，在服务对象、服务方式、服务层次存在着一定意义上的不同。

在我国图书馆界，一般认为，专业图书馆应具备如下四个方面条件：①藏书专门化，它收藏的大部分是某一专业领域或学科、主题的文献资料；②为专门的读者群服务；服务对象主要是本单位的科研人员；③拥有受过专业学科或特定方法专门训练的工作人员；④提供专业化和个性化服务。这是专业图书馆赖以生存的理由。

这些基本特征决定了专业图书馆在开展信息服务方面既有一定的优势，又

---

[*] 陈杰，男，中国社会科学院民族学与人类学研究所图书馆副馆长，副研究员。

存在着一定的局限性,一方面,比较专业化和系统化的文献信息资源使得专业图书馆更容易构建特色资源库,提供专门的资源服务。而科研人员对科研信息需求的日益增长,促使其不断提高服务效率和质量,积极主动地为用户推送相关科研信息,成为专业图书馆建设与发展的动力。但另一方面,专业图书馆规模小、专业人才缺乏、技术力量薄弱、经费不足等问题也使其在发展中面临很多困难。

因此,专业图书馆信息服务体系的建设关键在于是要根据自身的实际情况,确定建设定位,明确应该采取什么样的模式来建设专业图书馆。当前专业图书馆的建设主要有两种模式:一种是纯数字图书馆模式,它与传统图书馆相对应,实现图书馆资源和服务的完全数字化与网络化;另外一种是复合图书馆模式,即传统图书馆与纯数字图书馆相结合的模式。"复合图书馆"模式下的图书馆建设具有以下特点:①电子资源与印刷资源并存;②网络服务与阵地服务并重;③充分发挥信息技术在图书馆服务中的作用,实现高效、便捷的数字化、网络化服务;④实现信息资源共享。考虑到我国的基本国情和图书馆发展的进程以及专业图书馆的自身特点,将传统图书馆与数字图书馆有机结合,形成优势互补的"复合图书馆"模式,以此作为相当长一个时期内专业数字图书馆建设的定位,比较符合现阶段的实际情况。

以民族类专业图书馆为例,其文献收藏范围不仅包括相关学科领域的中外文文献,还包括少数民族文字的专业文献,由于多种原因,大部分的少数民族文字的专业文献是以印刷型文献出版的,很多大型汉文古籍也是以印刷形式出版的,这就要求我们在进行文献资源建设中,不仅要注重相关电子资源的配置,更要注意对传统文献资源的建设。

因此,在相当长的时间内专业图书馆在文献资源建设上还要采用两条腿走路的方式,电子资源与传统文献资源并重,特别要重视传统文献资源的建设,传统文献在很大程度上是图书馆开展文献资源数字化建设的基础,脱离了传统资源,数字资源建设无疑是空中楼阁、无米之炊。

二 配合科研工作 创新服务模式

图书馆数字化与网络化的影响数字技术与网络信息技术的飞速发展,在为信息获取者提供了更加丰富的信息资源、更加快捷的信息获取方式的同时,也为服务者所提供的服务方式和服务手段提出了更高的要求,服务创新已成为未来图书馆服务的必然趋势。

与此同时我们应该清醒地认识到,是否将馆藏资源全部数字化或是将相关的电子资源全部入藏,我们的工作就做到尽善尽美了?就能充分满足科研人员需要了呢?显然不是的,如果我们仅仅停留在这一步,我们提供的服务还是传统的被动式的服务,仅仅比以往多了几台电脑而已。

应该看到,科研人员的需求是多层次的,所需要的服务也是多方面的,既有简单的借阅流通,也有难度比较大的电子资源检索利用以及定题跟踪等专题服务。我们要做的不仅是局限于满足读者明确的信息需求,更要参与到读者解决问题的过程中,进而提供全面系统的解决方案。总而言之,提供高质量的文献信息服务是一个专业图书馆的核心,也是其主要价值所在,但作为专业图书馆而言,经费、空间和人力都有限,这是不争的现实。当今世界是一个知识信息膨胀爆炸的时代,各类型的出版物浩如烟海,对一个专业图书馆来说,只有有针对性、选择性地收藏,充分体现文献资源的特色。根据本单位本部门学科专业的研究需要,系统完整收集相关专业文献,专业图书馆的特色馆藏资源是在图书馆长期的文献资源积累和服务过程中逐渐形成和长期积淀出来的,其特色也是区别于其他图书馆并能独立存在的原因。同时还应该根据科研需要,深入开发和建立自己的特色文献数据库。在提供文献信息服务中注意与科研工作的紧密结合,掌握专业学科领域的前沿成果和发展趋势的文献信息,可以说,图书馆对科研发展和科研需求的掌握程度,在很大程度上决定了文献信息服务的质量。

以民族所图书馆为例,近年来在努力做好图书馆各项基础工作的前提下,开展了大量专业文献信息服务,利用现代信息技术对馆藏资源进行开发,先后开发建设完成了《中国民族研究文献信息数据库》、《中国民族研究剪报数据库》和《中国民族学人类学文献信息数据库(1900—2008)》。这些专业文献数据库的建设,做到了全面性、系统性和学术性,从多角度反映我国民族学人类学研究所取得的成果,对于建立完善民族学人类学文献信息服务机制具有重要意义。同时还根据科研人员需要,以各种方式积极介绍馆藏文献、提供定题检索和定题服务。

正是由于民族所图书馆信息服务体系的优势,因而在国内民族学人类学研究界也小有名气。2008年，中国藏学研究中心投入巨资，对民族所图书馆的馆藏资源进行了比较全面系统的扫描复制，以充实自己的馆藏。

三　改革人才评价机制　提升服务水平

人是各项工作的主体，只有充分提高人的素质和能力，调动人的积极性、主动性和创造性，图书馆的服务水平和服务质量才能得到真正意义上的提高。对于专业图书馆来讲，其读者对象主要是包括科研和工程技术人员在内的专业人员，对文献资源的专业性和时效性要求比较高，同时也对图书馆工作人员的专业素质提出了比较高的要求。

目前，在科研单位，职称意味着一个人的能力和水平，也决定了一个人所享有的待遇。无须讳言，绝大部分的专业图书馆的工作人员都是属于各研究机构和部门的辅助人员，他们既要每天坐班，完成日常工作，又被要求有自己的科研成果，与本单位科研人员一起参与职称的评审。其中的弊端是让图书馆员和科研人员站在同一起跑线上，在一定程度上影响了图书馆员的积极性，如果科研人员是以"成果"论英雄，那么图书馆员究竟应该以何种标准来衡量优劣呢？是个人成果还是服务能力、工作表现？应当制定一个比较明确的业绩评价标准，以激励提高业务水平和服务能力。图书馆的职能决定了图书馆是一个服务性机构，其首要职能是服务，图书馆不是学术性研究机构，图书馆工作人员也不是科研人员，在职称评定时应该以能力为主，把工作态度、业务能力、服务水平、工作业绩作为衡量一个图书馆人真正水平的标准，同时对于具备一定科研能力的图书馆员，为他们创造一定的科研环境和条件，鼓励他们在学术上有所创新有所发展。总之，改革现有人才评价机制，拓宽人才晋升渠道，以提高广大图书馆员的工作积极性和主动性，有效提升服务水平和能力，也有利于图书馆不断补充新鲜血液，以促进图书馆的长远发展和图书馆人力资源的可持续发展。

同时还应该从社会的角度对专业图书馆开展评估，包括图书馆的人文精神、服务意识、人力资源、创新能力等诸多方面。应该承认，对于专业图书馆的评价目前大多数还停留在内部体系，因此有必要按照一定的学科领域和区域范围，制定统一的技术标准和工作程序，推行统一的服务标准和合理的收费标准，实行文献资源共享共建，协调发展的专业图书馆联盟。有条件地向社会公众开放，接受社会大众的监督。因此有必要改革现有图书馆评价机制，以真正促进专业图书馆提高自身各项服务水平，塑造全新的形象来面向社会。

四 构建信息服务体系中需要注意的问题

目前，专业图书馆的建设和发展中遇到的最大问题就是发展不平衡，由于分属不同的系统和部门，专业图书馆所能得到的支持力度包括工作人员的物质待遇都有比较大的差别，这也在很大程度上决定了专业图书馆在信息服务体系建设上层次参差不齐，与公共图书馆和高校图书馆不同的是，绝大多数专业图书馆是隶属与某一单位和系统的下级部门，没有自主的财权和人事权，在很多具体问题上要受到上级部门的约束，甚至是不尽合理的指挥，在一定程度上影响了图书馆固有的工作流程和规范。

另外就图书馆最为重要的文献资源建设工作而言，目前绝大部分高校图书馆和公共图书馆的图书文献采购均已经实行政府招标采购，使图书采购市场更加公开化、透明化，预防腐败现象的发生，但是与此同时也带来一些问题，如到货速度和质量都难以得到保障，存在专业文献漏采漏订现象等，这是由于每个图书销售商为了追求利益最大化，都有自己的经营倾向，对出版社和图书的偏好也各不相同，形成了自己的经营特色和固有渠道，图书销售上都有一部分缺口和不足，因此只选择一个图书销售商作为供应商，势必影响到图书馆的购书质量和藏书结构。

目前大多数专业图书馆的文献采购方式还是自主采购，但是从长远看，实行政府采购是大势所趋，现在在科研单位中，除了图书文献采购外的其他采购项目均已经纳入政府采购范围，图书文献的采购不可能长期置身其外，因此我们应该未雨绸缪，建立健全一系列相应的措施，既要保证及时完成专业图书文献的采购任务，又要避免政府招标采购过程中所产生的一些负面影响。

应该看到政府采购在我国还是新生事物，它对于推进市场的公开、公平、公正，预防腐败现象具有重要的积极意义，存在的一些问题是可以逐步解决和避免的，包括进一步健全规范政府采购制度，建立采购、支付、验收三分离的制度，使政府采购代理机构、财政部门、图书馆三者之间相互监督、相互制约等。

总之，面对新形势和新任务，专业图书馆应该及时更新服务理念，转变服务方式，在人才建设、资源建设和读者服务等方面努力创新、不断开拓，以资源建设为基础、人才建设为保障、读者服务为方向，以崭新的面貌开创图书馆信息服务的新局面。

参考文献

王砚峰：《中小型哲学社会科学专业图书馆服务方式的实践探讨》，《国家创新体系中专业时光的服务与发展》，北京图书馆出版社，2006。

姜靖：《浅谈专业图书馆联盟的建设》，《国家创新体系中专业时光的服务与发展》，北京图书馆出版社，2006。

李广建：《小型专业图书馆的数字图书馆建设》，《图书情报工作》2008年第1期。

Web2.0 环境下的党校图书馆学科化信息服务探索

杨蔚琪*

摘　要　Web2.0 这一技术近几年在图书馆界得到了广泛的应用，文章分析了 Web2.0 技术环境下学科化信息服务呈现的新特点，提出了基于这一新技术开展党校学科化信息服务的几点想法和思考。

关键词　Web2.0　党校　图书馆　学科化信息服务

Web2.0 自 2004 年提出以来，就迅速席卷了信息行业的各个角落，由此带来的一系列新理念、新技术、新方法越来越多地被应用于图书情报领域，并引发了图书馆界的技术革命，Lib2.0 应运而生。Lib2.0 不仅是 Web2.0 技术的简单移植，而是一个伴随着观念更新和服务创新的过程，充分强调了以用户为中心、服务创新和用户的参与性。

信息技术的瞬息万变使得用户所处的信息环境、信息需求乃至信息行为都发生了重大变化，这就要求以用户为中心的图书馆与时俱进、顺应其变。学科化信息服务正是图书馆以用户需求目标为驱动而催生的一种新的服务模式，"融入一线，嵌入过程，用户在哪里，服务就在哪里"。这一理念与 Lib2.0 "参与、合作、创新、共享"的核心理念不谋而合，两者之间的共通性使得在 Web2.0 环境下开展学科化信息服务有着必然性和可行性。有了 Web2.0 技术支撑，可以实现用户与馆员之间的无缝沟通，使得学科化信息服务的效果达到最大化。

本文试图以党校图书馆为例，探讨如何将 Web2.0 与图书馆服务内容和模式的创新结合起来，利用这一新技术、新理念深化和优化学科化信息服务，从而

---

* 杨蔚琪，女，1979 年生，中共浙江省委党校图书馆资源技术部副主任，馆员。

实现更好的人机互动,达到为用户服务的根本目的。

一 Web2.0 环境下学科化信息服务的特点

所谓学科化信息服务,是指图书馆为了开展深层次的主动信息服务而采取的新的服务措施,它是基于馆藏物理资源和网络虚拟资源,立足于某一特定学科,以学科馆员为核心,面向知识内容的,融入用户决策过程并帮助用户找到或形成问题的解决方案的增值服务。

信息技术带来的冲击使图书馆的发展处于瓶颈状态,对于党校图书馆而言亦是如此。要想摆脱被边缘化的境地,就需要紧贴党校学科建设这一工作重心作出相应的变革。新的《党校工作条例》指出,"学科建设是加强党校教学科研工作、提升师资水平、提高教学质量的基本建设",明确了学科建设既是党校教育事业改革和发展的中心工作,也是衡量教学质量和水平的主要标志。因此,党校图书馆的工作应紧紧围绕这一中心,借助 Web2.0 的技术力量,开辟学科化服务的新路径,为教学科研服务。Web2.0 环境下党校图书馆的学科化信息服务有以下几个特点:

(一)以用户为中心

学科化信息服务最显著的特征就是以用户为中心,面向用户提供服务。党校的性质决定了党校图书馆服务对象的特殊性,其用户主要由两部分组成:一是学员,他们主要是来自各级党政机关的领导干部,多在基层一线工作,实践经验丰富,求知欲强,由于学时短、任务重,他们对情报信息的需求量大面宽、系统性强、要求高;二是教师,党校教师的教学多与高校不同,以专题形式的教学为主,教学内容往往与时事重点、热点问题联系密切,动态性比较强,教师的科研任务重,承担着为地方政府和领导决策服务的重任,因此需要借助图书馆的网络平台,获得专业性、时效性强、学科覆盖面广的信息资源,随时更新授课内容。因此要及时了解用户的需求,才能有针对性地将图书馆的服务实时送达给有需要的师生。

(二)交互性

如果说 Web1.0 中,用户是单纯的信息使用者和接受者,那么 Web2.0 的出现使学科建设服务的互动成为可能,帮用户实现了从"读"到"写"的转变,用户既是信息的使用者，同时也是主动提供和创造信息的开发者、参与者。通过 Web2.0 搭建的平台，主要以 BLOG、RSS、WIKI、TAG、Open Source、SNS、AJAX 等形式提供技术支撑，建立起学科馆员与党校教师、学员之间互动沟通的桥梁，学科馆员在为教学科研提供全方位的对口服务的同时，教师和学员也具有更大的主导性和参与性，可以将对学科建设的指导性意见和建议直接、实时反馈给图书馆，交流沟通更为顺畅，实现了两者之间的良好互动和共享。

（三）合作性

高效的图书馆服务必是各项资源实现优化组合的结果。传统图书馆的组织结构已越来越不适应现阶段发展的需要，这就需要通过加强合作，整合各项有效资源，从而形成比较优势。合作可以体现在四个层面：一是党校图书馆内部的业务合作，主要指图书馆内各部门或岗位之间的分工协作，共同完成信息开发和服务推送任务；二是图书馆与校内教学科研机构（教务处、科研处、教研室等）的合作，通过与这些机构建立长期的资源建设合作关系，避免重复建设，最终建立互助的战略伙伴关系；三是党校系统内部的合作，包括与中央党校、兄弟党校图书馆，以及浙江省内各地市党校图书馆之间的资源共享和整合；四是系统间图书馆的合作，包括与其他系统图书馆（高校图书馆、公共图书馆、社科院图书馆等）的合作。借助 Web2.0 界面可以实现系统内外资源的合作、共建、共享、共管，可以解决重复建设、人员和技术实力、资源欠缺等诸多问题。

（四）创新性

只有不断创新，才能保持持久的活力。当前图书馆面临的共同问题是读者的到馆率逐年锐减，这一方面固然与信息技术带来的用户的阅读方式、习惯的改变密切相关，但另一方面也迫使图书馆人认清形势，勇于作出新的尝试，寻找新的出路。目前就浙江省委党校而言，出于扩大教学规模、改善办学条件的需要，扩地改迁至较为偏远地区，没有了原来较为便利的地理条件，图书馆面临用户到馆率直线下降的窘境。只有推出新的服务方式，改变原来的面对面的服务模式和思维模式，通过 Web2.0 技术创新服务内容和方式，实现网上实时交互的服务模式，才能重塑图书馆的价值。学科化信息服务体系的建立不仅体现了技术上的创新，更是思考方式和服务模式的创新。

二 Web2.0 环境下党校学科化信息服务的模式

(一) 以 BLOG 为平台开展虚拟参考咨询

博客（BLOG）是 Weblog 的简称，简单说就是网络日志，一种新型的网络信息传播工具，也是目前图书馆应用最多的 Web2.0 要素。Blog 是继 E-mail、BBS、ICQ 之后出现的"第四种"网络交流方式，用户可以在各条信息下发表评论和意见，注重个人情感的表达与用户之间信息反馈。与这些工具相比，BLOG 实现了个人性和公共性结合的交互式沟通，扩展了互联网上的共享空间，比较优势明显。它比电子邮件、讨论群组更加方便易用，颇受网络用户的喜爱。通过博客建立图书馆内部人员与外界同行、图书馆馆员与用户之间互动、积极的交流平台，与图书馆的学科馆员、参考咨询、用户服务紧密结合起来。第一，建立图书馆 BLOG 专业网站，加强图书馆内部工作人员与外界同行之间的交流。第二，建立"用户服务 BLOG"网站，加强图书馆与用户之间的交流和沟通，使图书馆服务更具个性化和针对性。

对于党校学员来说，他们希望能在有限的学习时间里更多地学习切合自身工作实际的知识，掌握更多信息含量高的事实材料和统计数据信息，这就需要图书馆经常关注时事和热点问题，为学员提供参考咨询服务。用 BLOG 进行参考咨询服务，可以及时解答用户使用过程中遇到的各种问题，又有利于图书馆人员及时了解各种资源的使用情况和用户需求，为图书馆资源建设和读者服务提供重要的参考，避免了图书馆和读者的重复工作，提高了图书馆和读者团体的知识水平，也倡导了一种开放的、资源共享的学术研究交流氛围。

(二) 通过 WIKI 建设重点学科信息库

互联网百科全书（WIKI）是一种用户共同编辑、保存编辑历史、不断丰富与改进内容的系统。WIKI 最大的特点是参与性，WIKI 网站依靠用户参与、用户主导、用户建设，极大地激发了用户的智慧和主动创造性，既能促进已有资源的使用，又能为图书馆增加新的资源。WIKI 的应用为图书馆的业务活动与信息服务方式提供了一种崭新的模式。

当前党校图书馆为了更好地满足教学科研的需要，都把建设各自的重点（特色）学科信息库作为拓展深层次服务的一项主要内容。而现有的工作人员的学科知识水平参差不齐,直接影响到信息库建设的质量,人员还很缺乏。通过 WIKI 建立重点学科的信息库,可以吸引该学科的广大专家、学者参与到学科信息库的建设中来,他们的信息来源相对比学科馆员搜集的更为准确,更加专业,更有实际利用价值。同时,每一个重点学科建设者都能及时快速地分享到其他同伴最新捕获的信息和研究成果,可以及时与同行专家进行交流,碰撞出思想的火花,避免研究内容或教程的重复。比如,浙江省委党校的"科学发展观与浙江发展"研究中心被列为浙江省哲学社会科学重点研究基地之一,该中心网站重点关注科学发展观基础理论及其在浙江的实践,包括民主政治建设、区域经济发展、文化发展等,可以利用 WIKI 实现与用户互动,提升图书馆服务水平,扩大该网站的关注度和影响力,及时快速地分享重点学科领域最全面的知识、最核心的问题、最新的发展趋势。

(三)借助 RSS 实现个性化服务

信息聚合(RSS)技术主要用于信息资源内容的聚合、共享、推送、订阅和发布,是实现个性化服务的重要途径,在加强图书馆员与用户之间的沟通、交流方面有广阔的利用空间。用户可以根据需要订阅 RSS,当信息有更新时,会自动将有针对性的资源推送给用户,使用户能够在第一时间内获知图书馆藏、网站建设等最新动态。传统的图书馆为了使收集的电子资源得到充分利用,一般都把资源的链接放在首页,这样往往造成读者访问网站时面对密密麻麻的信息,无从下手。而利用 RSS 技术,我们可以将有用的信息推送给读者,读者可以根据需要定制 RSS Feeds,通过 RSS 阅读器来访问所需的信息,避免通过网页寻找资源。如图书馆通知、新书到馆通知、催还借书通知、预约到书通知、数据库试用和培训信息等均可以作为一个动态信息频道推送给用户。还可以利用 RSS 开展定题追踪服务、专题信息服务、书目数据推送等更深层次的服务。

例如浙江省委党校针对教师和学员的个性化、多元化需求,提供多种服务。根据主体班次(领导干部班)的教学安排、课程内容,安排相应的馆员对其关注的课题进行跟踪服务,为课题组成员提供专题文献检索服务,针对社会政治形势和热点问题以及教学科研情况,将某些专题加以整合,并将最新的相关书目信息直接推送给读者。

以上列举的都是 Web2.0 模式下图书馆常用的学科化信息服务模式。除此之外,还有其他如标签(TAG)、社会网络软件(SNS)、对等网络(P2P)、即时通讯（M）等技术在图书馆领域也有广泛的应用前景。Web2.0作为一种应用在互联网中的新技术，正以不可抗拒的姿态席卷图书馆的各个角落。如何让学科馆员改变传统观念利用这些新技术，如何让更多的教师和学员积极参与到Web2.0的各种应用中来，这些都是需要我们在今后的图书馆工作中进一步思考和解决的问题。无论如何，Web2.0已经在图书馆的信息服务中发挥着并将凸显出越来越不可代替的作用，其赋予图书馆的便利性、交互性、个性化和开放性，将有助于图书馆成为用户获取信息的首要和最佳选择。

参考文献

周雅莉：《Lib2.0环境下信息服务的创新与思考》，《晋图学刊》2009年第4期。

初景利：《新信息环境下学科馆员制度与学科化服务》，《图书情报工作》2008年第2期。

陈艺：《高校图书馆学科化信息服务的思考》，《现代情报》2008年第11期。

吴爱琼：《Web2.0环境下的Lib2.0》，《图书馆学研究》2007年第1期。

黄晨：《LIB2.0的观念与变革——以维基（Wiki）和标签（Tag）为例》，《图书馆杂志》2007年第8期。

浅议独立书店对图书馆
服务营销与推广的启示

杨 超[*]

摘 要 本文通过分析独立书店成功的服务营销和推广模式，对图书馆在服务营销和推广上的不足提出了自己的观点，并且通过与独立书店的对比，提出图书馆应在借鉴独立书店经验的基础上改进自身不足，吸引更多读者，更大程度发挥图书馆的功用。

关键词 独立书店 图书馆 服务营销 推广 启示

近年来，物质文明高速发展与精神文明相对滞后之间的矛盾愈显突出，在一些大中城市陆续出现了很多特色化的独立书店，它们的存在和发展是专业类图书传播推广继续细分化延伸，同时也为图书馆的服务营销与推广提供了很多启示。虽然独立书店在我国的发展因为大型连锁书店和网络书店的夹击，成长过程曲折艰难，但是这种面向广大读者开放的特色小众化的图书推广模式一定有它存在的价值和意义，也是未来城市阅读运动中的先锋力量。

一 什么是独立书店

独立书店从字面意思上来看就是独立的书店，独立意味着非官方的、自由化的、个体的。简言之，独立书店就是由个体经营的自由成立的特色化个性化的小型书店。与之相对的就是大型实体书店，例如新华书店、汉唐书城等，还有大型的网络书店，例如当当网、卓越网等。

独立书店最早形式其实就是个体书店，例如小学校门口专门售卖复习资料的书店。随着城市阅读运动的开展和人们休闲生活的拓展，独立书店的范围就

---

[*] 杨超，女，1983年生，中国人民解放军西安政治学院图书馆，助理馆员。

更加广泛了,成为以售卖图书为主、其他经营方式并举的复合型多元化的城市休闲文化空间。随着人们对精神世界建构的渴求,越来越多的独立书店在城市中扮演着传播先进文化和休闲模式载体的角色。

二 独立书店的服务营销与推广模式

面对大型连锁书店和网络书店的两面夹击,独立书店想要生存和发展,必然有其不同寻常的特质,而这正是独立书店赖以生存的法宝,也是图书运营模式中细分化、专业化的必然结果,独立书店必须坚守自己的道路才能在发展道路上不被吞并。

(一)独立书店是小型特色图书服务机构

独立书店的经营模式是复合多元化的,也可以这样说,独立书店就是生活阅读的杂货铺模式。前些年,中国的独立书店经营模式都比较单一和趋于相同。由于进货量小、折扣低、利润小以及对环境营造的资金投入较大,运营商大多举步维艰。近年来,许多独立书店采用多种经营方式结合的路子,转而以概念文化空间的姿态出现。

独立书店首要的任务就是售卖图书,大多数独立书店都具有鲜明的特色,而这个特色很大程度上是不能被别人所复制的。一家独立书店可以说是书店主人强烈个人色彩的着色点,当我们谈及某一家独立书店时会不由自主地想到这家书店背后的经营者。

在我们的邻国日本,这个孕育了全球最大、最密集书店街的国度,一批批隐隐暗示新时代日本风格的书店正在涌现,并且逐渐成熟。例如把书店开在古董建筑里的森冈书店,书店创办人森冈督行谈到,这里的书是以艺术方面为主的,所有的书加起来也不超过 200 册。然而就是这样一家规模在我们看来少得可怜的书店,它的艺术类图书在日本的文艺界是相当有名气的。还有东京艺文界的新宠 LinArt 的书籍部负责人中道佑介则提倡以后的书店,若要生存下去,不只是买卖书籍,一定要成为人与人、人与书邂逅的场所。这家从多种经营走向混合经营的书店,书籍部每年四次奔赴欧洲精心选购图书,所得多为珍版影集和画册,这些在欧美已经不很多见,到了日本更是奇货可居。不难想象这些图书的价格,罗伯特·弗兰克(Robert Frank)1958 年版的《美国人》报价约合人民币 14500 元。然而并非因为高价就缺少顾客,很多艺术文化界的人士不远万里还是要光顾。

　　独立书店的运营更多遵循的是特色化运营模式，每家书店的特色不可复制，也是每一家独立书店长存发展的根基。独立书店界的著名人士松浦弥太郎在自己的著作中谈到："自己所开始的事情，可以用好的形式影响年轻人，并且藉由他们所传承下去，这对我来说，将是给自己一路努力工作的最大奖赏。"这可以说是每一个独立书店的运营商所崇尚和孜孜以求的最终目标。

（二）独立书店的经营模式和推广手段多样化，敢于创新和勇于尝试

　　独立书店首先要考虑的是生存的问题，基于这一点，独立书店的经营模式和推广手段必须冲破传统书店和连锁书店的模式，拥有自己的生存手段。而且面对日益激烈的图书售卖竞争和人们日益下降的阅读能力，独立书店必须另辟蹊径以奇取胜。

　　松浦弥太郎的 COW BOOKS 中有一种卖书形式是大篷车书店，2000 年他对一辆 2 吨重的卡车进行改装，诞生了 M&CO Traveling Book Seller 小货车流动书店。而台湾的台北水准书局则号称是台湾"最便宜的书店"，创办人曾大福的理念朴素简单："尽量减轻大家获得知识的负担。"这个已经开办三十多年的老书店没有装修，地上到处都是书，而且在这里买的书，如果不喜欢半年之内都可以进行退换。这种营销方式让我们看来简直是不可思议，然而就是这样的经营模式成就了台北图书交易最大的独立书店。

（三）独立书店是新型生活方式推广平台

　　大多数的独立书店都有自己的生存模式，不光售卖图书，而且很多独立书店承办一系列的文化活动，例如先锋艺术展、画展，除了这些许多独立书店经营咖啡和茶点，例如武汉的彩虹书店，在这里听着音乐，手捧咖啡，翻着一本本制作精良的书籍，坐在软软的沙发里，这可以说是一种新型的生活休闲方式，是一个提供智力、思想和文化生活的公共空间。

（四）独立书店的装修风格和舒适度是以顾客为第一位的

　　独立书店的空间设计传递的是独立书店经营者的信息，所以都具有鲜明的特色。例如青岛的不是书店，完全摒弃了传统意义上的书店古旧的厚重感，几排简洁的书架、临床数米长的大桌子，遍布的绿色植物，给读者带来的是更多

的"自由"空间。而坐落在北京的单向街书店分上下两层,二层书店的创办人将其定位为"一家干净明亮的咖啡馆",它可以供客人阅读和喝咖啡。单向街书店入驻的周围林立着 UGG、GUESS 等国际大牌,单向街宣扬的则是"单向街+蓝色港湾=塞纳河左岸",把文艺小资的情调作为主打特色。

在西安,坐落在著名学府西北工业大学旁的婕妮花书店则是将大量的书籍放在一张方形的大桌子上,任由人拿去看,这里除了举办摄影展、画展之外,每周定期放一些小众化的文艺电影,成为西安青年文艺界的聚会地,很多先锋文化活动都是从这里展开的。与此异曲同工的还有坐落在苏州的猫的天空之城书店,也是把书店做成了一个供人们休闲的场所,除了大量的书籍之外,提供纯正的巴西咖啡,还有为一些年轻的艺术家提供售卖作品的地方,不但增加了书店的艺术氛围,而且提高了收入。

(五)服务以人为本

在独立书店里,服务人员的数量很少,更多的是更为人性化的服务模式,店员充当的不光是买卖书籍的角色,更多的是提供良好的服务,给进入书店的人营造良好的氛围。很多独立书店的工作人员都是因为个人兴趣加入进来的,自觉地把自身融入这个环境中,成为中间的一分子,营造良好的氛围和空间状态。独立书店更多的精力用在了吸引读者和推广自身上,这使得独立书店长期拥有固定的读者。

三 独立书店服务营销与推广模式对图书馆的启示

独立书店的服务营销和推广模式日益成熟并且效果显著,很多人愿意将空闲的时间交给独立书店,这里不仅仅是售卖图书的地方,更是阅读书籍、文化交流、休闲放松的空间。这些正是许多图书馆所欠缺的。大多数图书馆申请更多资金买书、购资料、建立巨大的数字资源系统,然而没有读者光顾,一切等于零,图书馆不是一个大书库,而是一个循环往复的知识传播的文化机构。这一点图书馆必须反思,也需要向独立书店学习。

(一)专业化、特色化、品牌化是图书馆的生命力

很多图书馆都要建立综合性的全面的馆藏文献系统,可是却恰恰忽视了一点,不是每一个图书馆都有足够的资金和来源建立起完善的馆藏,所以这是不

可能实现的蓝色理想。图书馆想要获得良好的发展前景和吸引更多读者，必须要建立特色化、专业化、品牌化的馆藏文献。独立书店就是利用自身并不丰富但是绝对专业特色的图书资源来吸引读者，从而创立自己的品牌。而一旦形成品牌，品牌所能产生的力量和效果是非常大的，例如之前提到的 LinArt，这家书店现在不光吸引的是日本的文艺界人士，中国台湾、香港包括大陆的很多文艺界人士都慕名而去，它通过专业化特色化的经营，已经形成了自己独有的品牌，所以"酒香不怕巷子深"，很多的人照样会光顾。

作者认为图书馆是完全有能力也有基础做自己的专业特色和品牌的，但不是说完全照搬这样的模式，而是在现有馆藏的基础上更好发挥专业特色。例如建筑大学的图书馆就要主打建筑设计类图书，而且把此类图书做好、做全、做精，在这个专业领域之内做到 Number One，这是就是其他图书馆无法企及和难以超越的，也是你的图书馆良性发展的关键。

（二）将一切为读者服务的原则发扬到极致

独立书店因为是自负盈亏，完全是店主个人的资金在运作，没有顾客就没有盈利，有可能明天就关门大吉，比如，我们上面提到的单向街书店，鼎盛时期曾经开了十几家分店，但是一个接一个地倒闭掉了，店主采取了提升服务、扩大宣传、空间格局改善等措施才起死回生。我们图书馆有的馆舍内部几十年如一日，图书管理员常年一个表情，因为缺乏图书馆淘汰机制，大多数图书馆进取心态不强，直接导致了读者数量的下降和图书馆功能的荒废，这是非常不容乐观的。现在的图书馆都提倡"读者是上帝"，"一切都为读者服务"。口号喊得响亮，而做到的又有几家？更多图书馆的服务模式几乎和数年前没有变化，只不过是手动式的卡片检索变成了电脑检索，速度提高了，而服务的质量和深度依然进步不大。

如今人们获取信息的手段日趋多样化，如果图书馆再不加强对读者服务的提升，那么作为图书馆生命线的读者就会大量流失，最终的结果是图书馆行业的落败和消亡，这是我们所不愿意看到的。作为先进文化的传播基石，图书馆不光是一个大型的书库，更多的是有自身的社会责任和文化传播职能，所以应借鉴独立书店的一些方法，把自身的服务质量提升上去，这是现今图书馆的首要任务，也是未来图书馆发展的必由之路。

(三)营销与推广手段的创新性和多样化

大多数的图书馆秉承的精神是"酒香不怕巷子深",比如,上面提到的Lin-Art,但必须有先决条件,就是做到一定层次了才能说酒香不怕巷子深。但是一般的小馆呢,这句话就不管用了,因为你的酒不一定是最香的,但是你可以自己去宣传、去推广自己。松浦弥太郎就把他的大篷车开到了社区和街道上,他的书好不好不一定,但是他敢于推销自己。

关键是要多想会想,如今科学技术的发展迅猛,电子资源日新月异,图书馆2.0成为现实,多样化、创新性的营销推广手段十分必要。图书馆重要的是培养更多人阅读书籍的习惯,或许很多人都在担心电子书会取代图书馆,苹果公司发布的新一代电子阅读器可以容纳一个小型的图书馆。但是笔者认为翻着书页的阅读习惯仍然是主流,就像当时电视机的普及并未促使广播和报纸的消亡一样。然而笔者并不否认冲击的存在,那么就必须面对冲击的时候有强大的抵御能力。所以图书馆必须要学会宣传自己、推销自己,要把自己的长处暴露出来让更多的人了解图书馆,进而走进图书馆。

(四)倡导复合式的图书传播方式,引导人们的阅读习惯

社会处在高速发展的时期,人人都不回避自己的诉求,人们的价值观趋向于金钱名利,愈来愈多的人慢慢习惯脱离书本。作为图书馆,面对读者的大量流失必须要有所作为。很多独立书店都办画展、读书日、电影日、摄影展,比如,上海巨鹿路828号的渡口书店,定期组织各种交流会还有作者的推介会,它的面积根本不及我们一个区一级的图书馆大,但是它能做起来并且吸引了很多的读者。图书馆也是一样,尤其是大学图书馆,面对的都是90后思潮蓬勃的年轻人,更应该多想想办法,争取更多的读者,不要让他们被动漫、电脑游戏吸引去,要发挥图书馆的资源优势,结合新鲜有趣的活动,把他们吸引到图书馆,培养他们的阅读习惯,培养一批忠实的读者。这是图书馆存在的价值和意义,更是处在知识获取手段大变革时期的图书馆的重要责任。

(五)创造良好的阅读空间,图书馆是学习的地方同样也是休闲的地方

越来越多的图书馆拔地而起,尤其在新兴的城市和大学,图书馆宏伟高大,

在很多的高校中，图书馆是标志性建筑，然而很少能看到真正舒适的图书馆，大多数就是把书架和教室结合在一起的产物。随着时代的发展，图书馆的功能正在扩展，良好的阅读空间是图书馆的一个重要因素。独立书店在这一方面想了很多的办法，例如贵阳的西西弗书店，倡导书店就是一个文化生态肌体，2001 年开始营业的中北店把"城市私人书房"的概念在三层的建筑里肆意展现，被贵阳的书虫称为"书店风景"。而现在哪一家图书馆的舒适度能达到私人书房的程度，能被称之为风景？图书馆不光是图书集散地，更多的是一个供人们休闲放松的地方。

2009 年借鉴独立书店的服务营销与推广模式，《城市画报》倡导建立了一个新型的社区公共活动空间——荒岛图书馆，创办人刘琼雄定义荒岛图书馆为具备 2.0 精神的民间公益图书馆，倡导的是每个人都可以成为荒岛图书馆的主人。松浦弥太郎说："书店存在的意义不仅仅是卖书。更重要的是跟周围产生关联，努力成为社区所需要的一分子，让自身具有社会性。"图书馆更是如此，不仅仅是一个巨大的书库，更多是让图书活动起来，为每一个需要的人提供服务，那么未来的图书馆将冲破樊笼，成为社会发展中的知识的原动力和社会组织链条中的重要环节。

参考文献

（美）特里·K. 甘布尔、迈克尔·甘布尔：《有效传播》，清华大学出版社，2005。

《城市画报》第 224 期，第 228 期。

鲁黎明：《图书馆服务的理论与实践》，北京图书馆出版社，2005。

张树华、王京山、刘绿茵、张久珍：《数字时代的图书馆信息服务》，北京图书馆出版社，2006。

读者服务工作中的制度化
管理与人性化管理

金红勤*

摘 要 在图书馆的各项工作中，读者服务工作是图书馆工作的重点。本文从制度化管理与人性化管理这两个方面阐述了读者服务管理工作，并分析了制度化管理与人性化管理在读者服务管理工作中的关系，认为制度化管理与人性化管理是同一管理过程的两个方面，制度化管理是读者服务工作中的必然要求，人性化管理是读者服务工作的发展趋势，制度化管理与人性化管理的相互借鉴和相互结合，则是图书馆读者服务工作的理想模式。

关键词 读者服务工作 制度化管理 人性化管理 图书馆管理

随着时代的进步、社会的发展，我国的信息技术、计算机技术及网络技术也在飞速发展，我国的图书馆也已逐步从传统型图书馆向数字化、网络化图书馆方向转变。但万变不离其宗，图书馆的本质并未有改变，仍是为人们提供和传播图书情报资料的场所，仍是为国家政治、经济、文化服务的机构，图书馆员仍在图书馆中担当着颇为重要的角色，无论是传统图书馆还是网络型图书馆，图书馆工作都离不开永恒的主题——读者服务工作。只不过，随着新技术的应用，读者服务工作增添了新的内容，这就要求读者服务工作也需要有新的管理模式，以期达到最佳的管理效果。

一 现代图书馆读者服务工作概述本质

（一）读者服务工作的含义

所谓读者服务工作主要包括四个方面的内容。第一，组织读者与研究读者

---

* 金红勤，女，1967年生，河北省社会科学院社科信息中心信息开发部主任。

工作;第二,组织服务工作,包括外借服务、阅览服务、书目参考服务、咨询解答服务、文献检索服务等;第三,开展宣传辅导工作;第四,服务管理工作,即为方便读者,满足读者需要,提高服务效果,合理组织辅助藏书,利用开架服务方式,采用先进的设备与技术手段,提高服务管理水平,充分发挥图书馆资源的作用。印度图书馆学家阮冈纳赞提出了著名的图书馆学五定律,它们分别是:书是为了用的,每个读者有其书,每本书有其读者,节省读者的时间,图书馆是一个生长着的有机体。这五定律直到现在对图书馆的工作还有着广泛的指导意义。处于新的信息环境下,我们发现只要对"书"与"读者"做更深入的解读,这五定律也蕴含了图书馆读者服务的机理。

(二)读者服务工作的方式

单一的以"藏"为主,仅停留在"借、还"层次上的服务方式已经不能适应现代的"藏、借、阅、检"一体化的服务方式的需求。在服务方式上要多元化,尽量提供个性化服务,开展信息通信服务、网络目录服务、发布 E-mail、开设 BBS 电子论坛等新的服务方式,读者服务方式的发展,为读者利用文献信息提供了更广阔的空间,使文献信息资源得到了更充分的利用。目前,一些图书馆通过增设馆长意见箱,开展读者满意度调查以及召开读者座谈会,组织丰富多彩的读者活动,如读者书目活动,宣传辅导工作,组织破损图书展览,教育读者爱护书刊,组织文献检索及数据库使用讲座,对读者进行入馆教育和信息素养的提高教育等一系列主动服务方式,在很大程度上提高了读者利用信息资源的能力,使读者能够较快、较好地利用信息资源,提高了信息资源的利用率。

(三)读者服务的内容

在图书馆的服务工作中,借阅服务在图书馆的服务工作中仍然占有主要的地位。但随着网络技术的不断发展以及服务意识的不断提高,图书馆读者服务内容也越来越丰富多彩,如为科研用户提供定题检索,跟踪服务,专题分析研究服务,网上资源的搜集、加工、整理服务等有个性化的服务。

二 读者服务工作中新的管理模式的构建

(一)读者服务工作中的制度化管理

1. 制度化管理是读者服务工作中的必然要求

所谓制度是指"要求成员共同遵守的,按一定程序办事的规章",制度本身就是约束人们行为的一种规则。俗话说："不依规矩，无以成方圆。"对于任何一个组织来说，制度是不可少的，尽管科研图书馆的读者群主要是本单位在职员工，但是道德素养也是参差有别，良莠不齐。图书馆在读者工作中所制定的各项规章制度的目的都是为了使众多的读者按照规程有效地利用图书馆，任何与图书馆发生联系的成员都有责任和义务服从图书馆管理的规章制度，任何人如果违背了图书馆制度和规范，必定会给图书管理带来不必要的危害，将会损害图书馆的整体形象，妨碍图书馆事业的发展。

2. "有法可依"、"有法必依"、"依法办事"是制度化管理的基本原则

任何社会组织成员的行为都必须符合组织制定的管理制度和各项规范的要求，否则，将会因违背相关规范而要承担相应的责任，并可能受到相应的追究，科研图书馆读者服务工作是一项十分复杂的管理行为，它除了要对图书馆内的物，如书刊资料、家居用品进行管理，还要对形形色色的读者以及读者行为进行管理，如果没有一定的规章制度可依，服务工作必定会出现混乱的状态。

（二）读者服务工作中的人性化管理

图书馆读者服务工作中的人性化管理是一种"以人为本"的管理服务模式，它要求在服务工作中要充分注意人性要素，以充分开掘人的潜能为己任。

1. 人性化管理是读者服务工作的发展趋势

近几年，人性化的管理理念在各行各业被广泛应用，随着社会的不断发展，图书馆的设施越来越完备，各种信息资料包括纸质文献与电子文献越来越丰富，重藏轻用的服务理念已经不能适应现代图书馆发展的需要，更多的服务内容、更多的服务手段已经提到图书馆工作的议事日程，服务工作就成为图书馆工作的重中之重，可以说图书馆所有工作都是围绕着读者服务而展开的，读者的满意度也就成为评价图书馆工作的重要指标，为了更好地满足读者的需要，使者满意，人性化管理将成为读者服务工作的主要管理模式。在以往的工作中，对读者约束得多，关怀得少，无形中造成了工作人员与读者的隔阂，影响了读者服务的效果，图书馆人性化的实施，将会产生巨大的亲和力，融洽图书馆与读者的关系，增强图书馆管理工作的柔性，赢得广大读者的支持与尊重，大大提高图书馆的服务水平。

2. 服务理念的人性化是图书馆读者服务工作人性化管理的基本保证

图书馆工作的目的是为读者服务，通过服务使其自身不断完善和发展，在

人性化的服务工作中，图书馆应处处体现以读者为本的服务宗旨，一切工作要以读者为中心，遵从读者的意愿，读者的需求决定图书馆的工作内容。人性化的管理理念就是"以人为本"，就是要满足读者的需要，实现人的价值。图书馆的各项工作要根据读者的需要及水平来设计，并根据读者的需求随时调整服务方式和策略。同时，还要注意树立以馆员为本的主观能动意识。因为馆员是图书馆事业的主体，图书馆的工作要靠馆员来控制和调节，促进人的发展，尊重人的权利为取向，以充满人文关怀，体现美与和谐的形式来开展图书馆管理工作。只有尊重馆员、爱护馆员、理解馆员、激励馆员才能充分调动和发挥馆员的积极性、创造性和主人翁精神，才能提升服务质量。

3. 服务态度人情化是图书馆读者服务工作人性化管理的实施手段

服务态度既是维系人与人关系的情感纽带，也是人性的外在流露和表现。人性化的服务态度是一种充满人情味的平等的待人方式，它要求图书馆工作者对读者要有爱心、同情心和怜悯心，把读者当作自己的亲人，这样做会让读者感受到亲情和温暖，增强读者的安全感，使读者感受到快乐、放心。

关爱读者，尊重读者，千方百计地赢得读者，让每位读者的情感得到理性的关照，让每位读者的需求得到应有的满足，这既是读者意愿，也是图书馆人性化服务所追求的崇高境界。

（三）制度化管理与人性化管理的结合是图书馆读者服务工作的理想模式

无论是制度化管理还是人性化管理都离不开管理，在图书馆的读者服务工中，提倡人性化管理并不是要放弃制度的约束完全以人情来取而代之，而是要正确把握人性化与制度化在管理工作中的度，正确处理好二者之间的关系是做好读者服务工作的保证。

1. 制度化管理与人性化管理是同一管理过程的两个方面

人性化管理不等于人情化管理，更不等于自由化管理，它更多地强调自我管理和自主管理，同时不否认被管理者必须接受一定的规章制度的约束。在实施人性化管理的过程中，始终要以一定的制度和机制作为保证，人性化管理是在制度化管理的过程中消除"板着脸孔"的生硬的管理方式，是在制定规章制度以及实施管理的过程中充分考虑人的要素，充分尊重人、信任人，在此基础上充分调动人的自我管理和自主管理能力，充分调动每一个人的积极性、主动性与创造性。

2. 制度化管理与人性化管理相互结合、相互借鉴是读者服务工作的最佳模式

人性化管理强调的是"人"的要素，强调的是对人的尊重与信任，但人性化管理不能离开制度管理去空谈尊重人、理解人和信任人。人性化管理以追求规范化的科学管理为基础，是一种蕴涵着科学管理的模式。制度化管理强调约束，是针对人性的弱点而制定严密管理制度来约束人性弱点的暴露和发展，以求规范人的行为，推崇一种严格、守时、守则、守责的职业精神，是一切管理的基点。人性化管理的实施需要一定的制度管理环境，制度化管理也不能完全让位于人性化管理，二者相互结合，互相借鉴，扬长避短，才是图书馆读者服务工作的最佳模式。

参考文献

武永久：《人性化——图书馆服务工作的新境界》，《图书馆理论与实践》2007年第2期。

龚军惠：《高校图书馆管理的有效模式——人性化管理与制度化管理的最佳结合》，《图书馆论坛》2006年第8期。

严英：《高校图书馆制度化管理思考》，《贵州工业大学学报（社会科学版）》2006年第8期。

数字时代高校图书馆服务的营销

周 媛[*]

摘 要 随着数字时代的到来，高校图书馆有了飞快的发展，其服务的内容也从单一的传统服务模式变成了传统和数字化两者结合的服务，本文通过对高校图书馆的服务的介绍，指出图书馆在营销中存在的问题，从产品、价格、沟通和宣传四个方面提出了高校图书馆营销的策略。

关键词 高校图书馆　服务营销　服务质量　营销策略

服务是图书馆工作永恒的主题，如何开展各类活动更好地为读者提供更优质的服务是图书馆人坚持不懈的目标。在市场经济条件下，图书馆就是要学会如何适应市场的变化，提高知识资源的利用效率，最大限度地满足读者对知识信息产品的需求，提高人们对图书馆服务和知识价值的认同，使自身成为一个主动的、活跃的组织去实现读者满意和社会进步。特别是高校图书馆作为一个政府拨款而且几乎不盈利的机构，如何在市场竞争中寻得发展，怎样使服务效益达到最佳更是一个重要问题。因此，在高校图书馆引入服务营销的理念与策略是一个可行的解决方案。

一　高校图书馆服务的内容

随着信息技术的全面发展，人类社会进入全球信息化的网络时代，数字、网络等信息技术在图书馆的全面应用，将图书馆服务分为了传统服务和数字化服务两种模式。传统服务的主要内容包括人工模式下的借阅服务和参考咨询服务，数字化服务则主要包含电子阅览、数据库检索、虚拟参考咨询、文献传递、个性化定制等服务。它们都具有服务业那些最重要的行为特征，它们均在文献

---

[*] 周媛，中国人民解放军国防科学技术大学图书馆。

信息和读者用户之间起着"中介"桥梁作用,扮演的都是"中介"服务的角色。

高校数字图书馆属于公益性、非盈利性机构,使读者满意并非为了增加利润,而是为了机构的使命,使文献资源得到更有效的利用,以获得更大的机构效益和社会效益,也为了获得学校在未来对图书馆给予更大的支持,使图书馆得以长期生存和良好发展。

二 高校图书馆服务营销存在的问题

(一)高校对服务营销认识不够

在高校读者以往的概念中,高校图书馆是学校各类信息和资源的主要载体,广大学生和教职工也主要通过图书馆搜集专业以及相关的信息。而高校图书馆的经费来源一直是国家全额投入,所以,高校图书馆的管理思想也是以产生社会效益为目标,市场意识和竞争意识淡薄。

然而,知识经济网络化时代的到来给高校图书馆的繁荣创造了机遇,但也带来了挑战。信息产业已经包括了大量的信息提供者:信息咨询公司、剪报公司、数据信息中心等,各种信息经营机构的产生形成了多样化的信息环境。今天的用户已经有可能选择多种渠道去获取信息,图书馆历史形成的具有垄断地位的"信息资源集散中心"的地位已经或正在改变。如果死抱着过去的原则和观念而不作相应的变革,最终将被时代所抛弃。由于图书馆在高校中地位偏低,再加上工作人员编制的缺乏,大部分高校图书馆开展信息咨询服务时较被动,思想保守,期待读者找上门来,对于学院的各个课题图书馆开展信息服务的少,更谈不上长期的跟踪服务。总之,高校图书馆人员信息服务营销观念淡漠是现阶段信息服务营销难以在高校开展的一大障碍。

因此,为顺应社会发展,高校图书馆必须按照市场规律应用服务营销学,努力利用市场策略去赢得市场,树立良好的公众形象去获得广大教职工的认可,摒弃传统的图书馆足不出户、借借还还、等待读者上门的服务方式,走出大门,推销自己,发展相关的信息服务业,从而在市场中求得发展。

(二)图书馆的服务产品跟读者的需求相脱节

1. 现有的文献资源已不能满足读者需求

文献资源是传统高校图书馆的基础,是高校图书馆营销的基本内容。目前,高校图书馆虽沿袭了尽量做到书目齐全的优点．但仍停留在文献储藏的阶段，还没有向作为教育学习中心的方向转变，无法满足读者对新知识、新资讯的需求。高校图书馆的书本副本量大，书籍陈旧内容落后已是普遍存在的问题，由于书籍出版到加工时间要求较长的特性，往往一本书刚经过采编加工到上架，就要面临着淘汰，书本里面的内容已经跟不上最新技术的发展了，书籍的借阅率较低，甚至有些书根本就是零借阅，这在计算机方面的书籍以及学生学习用的辅导教材方面体现得尤为明显。这样长期发展已经造成了高校大量资源的浪费，这对图书馆在图书的优化管理上提出了更高的要求。

2. 信息产品发展相对落后

快速、全面的更新信息产品，特别是科学文献信息，是高校图书馆区别于一般图书馆的核心和独特之处，但目前高校图书馆在这方面不能很好地满足读者的需求。从校内和校外市场的对比来看，对于校内市场而言，高校信息资源的科技含量较低。目前高校图书馆的信息表现形态是版本形式的信息多，电子信息少，二次文献信息资源和网络信息资源更少。信息数量、内容和质量不能满足科研人员需求，为按时完成科研任务，多数教师只能自己去搜索信息。无论是人力、财力还是技术手段，高校都没有面向校园和社会营销信息服务。对于校外企业市场来说，多数的高校图书馆的馆藏文献资源是围绕教学科研开发的，可供企业有效利用的信息资源相对较少。企业需要的信息包括市场信息和技术信息两大类，专业性和针对性很强，与企业经营范围、市场营销、新产品开发等息息相关。而高校图书馆信息服务人员由于知识结构的局限，对涉及有关企业运作和市场营销方面所提供的信息有一定的盲目性，导致信息内容针对性和专业性不强。另外，高校图书馆为企业提供的信息产品，加以分析、总结处理和深加工的少，比较零乱，缺乏连续性和系统性，大量信息可操作性差，无法被企业利用，不能满足企业的真正需要。这样高校的社会效益也没有得到很好的体现。

3. 高校图书馆员的服务营销意识不强、专业素质不高

既作为管理者又作为被管理者的图书馆员，在图书馆的经营管理中应发挥其主体作用。虽然大多数图书馆员认为图书馆应该营销其资源与服务，但真正理解并善于在工作中运用营销技巧的馆员并不多，对于读者的个性化需求以及个性化的信息服务解决方案上，馆员的综合素质则成为一个亟待提高的方面，馆员素质是高校图书馆向信息服务营销方向发展的保证。

尽管随着国家对高校投入的加大，高校图书馆开始迈向了现代化建设，而高校图书馆馆员素质的提高却没有引起足够的重视。高校图书馆工作人员的整体素质虽然得到了提高，但既懂图书馆专业知识又能熟悉某类学科专业知识的学科馆员很缺乏，无法主动了解专业学科的发展动态、最新成果以及研究课题的情况来满足各专业学科科研的需要，更无法给企业提供专业的、深层次的信息服务。另一方面，由于图书馆与其他部门相比，在整个学校建构体系中，名义上地位很高，属于高校办学三大支柱之一，但实际上在人们的眼中地位并不高，普遍认为图书馆是"养老院"和"家属安置所"。同时，各院校对图书馆在职人员的配备与培养缺乏计划性，图书馆工作人员与外界信息沟通甚少，几乎得不到交流进修的机会。许多高校重视师资的培养，重视机关人员的培养，但对图书馆人员的培养一直未引起足够的重视，由于从事图书馆服务工作人员社会地位和工资待遇低下，没有严格的馆员录用和晋升制度，奖惩和竞争不公平，具备高素质的优秀人才不甘心从事这种纯粹服务性质的工作而不断流失，图书馆的高学历人员越来越不安心图书馆的工作，使信息服务营销失去了基础。

三　图书馆服务营销的策略

图书馆服务的营销策略是在对图书馆用户的调查、分析和研究的基础上，有针对性地开发各类资源和开展具有自身特色的服务，制定相应的营销策略。借鉴企业市场营销组合的4P理论，即产品（Product）、价格（Price）、分销（Place）和促销（Promotion）四要素，我们可以从图书馆的产品、价格、沟通和宣传这四个方面来研究图书馆的营销。

（一）服务产品策略

高校图书馆提供的信息产品不仅指有形的产品，也指无形的服务。每个图书馆因为性质与类型上的差异，收藏的文献信息和提供的服务品种存在着各自的特点，加之覆盖地域的不同，有着不同的用户群体以及相应的信息需求。图书馆开发信息产品的首要问题就是要弄清自身的服务对象及其信息需求，从而确定自己的服务目标、重点与范围。

高校图书馆，其读者群体是比较明确的，读者市场可分为：本科生市场、研究生市场、教研人员市场和行政管理者市场。学生市场是动态的，一届学生就读几年后毕业，又迎来了新的学生，所以就有不断营销的需求，而他们对于图书馆的需求主要是涉及其相关专业以及跟学位论文衔接的资源；而教师和行政管理者市场虽然也有流动，但相对于学生市场要固定得多，这个市场用户一旦成为数字图书馆的读者并对其满意的话，可能成为长久的用户，并通过课程等教学活动进一步影响学生市场，对数字图书馆的发展产生极大的推动作用。他们的需求主要集中在相关研究课题上。所以应该根据不同读者群体的特点，在不同的阶段建立目标市场，突出学校的重点学科专业、特色专业，拓宽信息化服务的内容。

（二）服务定价策略

高校图书馆作为重要的教辅单位，其性质决定其不能以自身的经济效益为重心开展经营活动。当前高校图书馆要以培养用户（读者）对信息产品的兴趣和需求为首要任务，大力完善和提升自身的品牌和形象。所以对于高校图书馆，价格策略就是如何降低读者使用图书馆的成本，包括时间和心理等，从而实现图书馆的价值。时间成本主要是指读者利用图书馆寻找所需资源的时间。因此，图书馆工作必须要有时间观念和效率观念，使读者在接受服务时能够在较短的时间获得更多更有效的信息量，降低读者的时间成本。此外，读者在高校图书馆接受服务时还要花费精力成本和体力成本，高校图书馆必须通过一系列措施降低使用者的心理成本、精力成本和体力成本，从而提高读者的满意率。

（三）沟通策略

渠道策略是使目标用户能够接近和得到其产品而进行各种活动的策略。读者与图书馆直接的交流，从而使图书馆更能有效地了解读者的需求，也能让读者更好地使用图书馆，有效的沟通是图书馆营销的关键。沟通主要有直接沟通和间接沟通。

直接沟通主要是指面对面的沟通交流，读者在图书馆可以随时将自己的要求和对于图书馆建设相关的建议直接反映给图书管理员，而图书馆也可以通过各种服务的形式深入到学校的各个院系，了解他们专业涉及的各个方面，了解到他们对图书馆资源的需求，将与其专业相关的图书馆资源介绍给他们，本人所在的图书馆就建立了学科馆员小组，由图书馆员直接与各个院系联系沟通，与他们研究领域相关联，为他们提供专门的咨询服务。这样就实现了积极有效的沟通，促进了图书馆的发展。

间接沟通一般是通过网络实现的，对数字化信息产品与服务而言，图书馆网站的设计、资源的合理布局与揭示方式、在线目录、光盘网络查询、网络导航、虚拟参考咨询，以及与搜索引擎的跨界合作、融入网络社区等，都是需要考虑的重点内容。图书馆除借助互联网和局域网发布知识服务及产品信息外，还应尽可能为用户提供多种可供选择的渠道，如屏幕显示、传真、电子邮件、电子数字传递或者借助传统的物流网络体系，如普通邮寄、快件递送、航空邮寄等，使用户在尽可能短的时间内获得所需要的知识信息和服务。

此外，馆舍布局、环境氛围、书刊陈列方式与服务内容的展示、开馆时间的合理安排也是沟通的重要形式。延长开放时间，拓宽开放空间以及扩大服务范围等措施都充分体现了图书馆开放服务理念；在服务设施的配备、借阅布局、信息点设计、馆藏资源检索等方面应尽可能方便读者，在阅览室采光、图书排架以及设备的放置上考虑到读者的阅读和使用习惯；塑造图书馆高雅、舒适、和谐的人文氛围，同时让用户能够感受到信息服务为自己带来的好处，进而提升用户对信息服务的欲望。

（四）服务宣传策略

积极有效的宣传是图书馆发展的关键，将潜在读者转变为实际读者，由不认识图书馆转而利用图书馆。因此，图书馆可以利用宣传来开发读者市场，以便更积极主动地针对目标市场读者群的需要来提供服务。

高校图书馆传统的宣传手段，主要是在校园内设立宣传栏、宣传橱窗，利用这些园地介绍新书、介绍馆藏，让读者了解图书馆、了解图书馆服务，从而沟通图书馆与读者、藏书与读者、服务与读者之间的联系，促进馆藏的利用。在新生中开展入学讲座和文献检索课也是图书馆有效宣传的手段。

同时，开展"资源宣传周"等活动，举办讲座或报告等形式来宣传图书馆，树立图书馆的形象和声誉，吸引更多的用户来"消费"图书馆提供的信息产品和服务。活动中可印发图书馆宣传单、制作印有图书馆标志的小礼品、编制宣传小册子、在实体图书馆内举办宣传展览、在学校内新闻媒体宣传报道、在图书馆咨询台的主动推荐、图书馆员与读者直接交流等多样化手段，激发读者对图书馆的兴趣。

网络的营销手段中，最普通的是通过 Email 给读者发布有关信息，一般是通过校园网来链接数字图书馆，让网络用户注意到快速发展的图书馆。同时组织和引导新用户进行实践尝试、加深对图书馆的认识也非常重要。此外，还要利用移动通讯媒介的宣传。随着移动通信与互联网的结合，图书馆需要考虑如何为移动用户提供随时随地地服务。读者可以利用手机的短信功能和电子邮件功能，接收图书馆发出的图书逾期通知，或咨询图书是否借出；还可以利用手机上网的功能检索馆藏图书的书目信息，阅读在线书刊等。这样加深读者对图书馆及其信息产品和服务的了解，要注意连续性和系统性，采取灵活多样的形式进行宣传推广，扩大站点的知名度，吸引上网者访问图书馆的网站。

四 结语

高校图书馆要提高服务的质量，必须引入服务营销的观念，扎扎实实做好图书馆的业务工作，让读者感受到来图书馆获得自己所需知识的同时，是一种享受、一种愉快，这样就能把更多的读者吸引到图书馆来。

参考文献

张明霞：《从图书馆的服务特性谈图书馆服务营销》，《现代情报》2009年第10期。

郑文晖、司莉：《高校图书馆服务营销现状与策略研究》，《图书馆理论与实践》2009年第10期。

林月钗：《高校图书馆服务营销之研讨》，《福建工程学院学报》2005年第10期。

贾炜韬：《数字图书馆的营销策略》，《科技情报开发与经济》2004年第7期。

张静波：《数字图书馆营销策略研究》，《情报资料工作》2007年第4期。

基于主成分分析的省级公共图书馆服务能力研究

彭宝珍*

摘 要 省级公共图书馆服务能力由基础服务能力、流通服务能力、延伸服务能力和读者活动服务能力构成，基础服务能力起主要作用，基础服务能力的强弱又主要取决于人员、藏量、经费、硬件、分馆等图书馆基本条件。上海的省级公共图书馆服务能力远远高于其他地区，西部地区的内蒙古、新疆、青海、宁夏和西藏的省级公共图书馆服务能力很弱，急需大规模增加经费投入，加强建设。

关键词 公共图书馆 服务能力 主成分分析

图书馆服务能力和服务质量问题的研究，有两类基本方法，一是定性研究方法，二是定量研究方法。在定性研究方面，徐享王在对图书馆服务能力本质探讨的基础上，阐述了"资源是本，知识是因，能力是果"的相互关系；黄华研究了网络环境下读者服务的特点，提出了"加强服务建设，提高服务能力"的途径；吴新年认为图书馆知识服务能力包括基础能力和流程能力两类；王琼等对西方图书馆评价活动中针对学术图书馆服务能力的六种体系进行了研究。这些研究成果对图书馆服务能力和服务质量都缺乏定量描述。在定量研究方面，模糊层次分析法（AHP）应用较为广泛。战学秋利用优序图法确定各因素的权重，采用多层次模糊综合评判法对数字图书馆进行评价；朱远春以美国图书馆学会开展的libQUAL$^{+\text{TM}}$的评价思路为蓝本，运用层次分析法研究了四川农业大学图书馆服务质量。模糊层次分析法中各指标的权重设置是由专家或作者主观给出的，这就从根本上影响了评价结果的客观性。

---

* 彭宝珍，女，1962年生，中共甘肃省委党校图书馆副馆长，副研究馆员。

本文基于主成分分析方法,研究了不同地区省级公共图书馆服务能力的强弱,既克服了定性研究缺乏数据分析的不足,又避免了模糊层次分析法权重设置的主观性。

一 主成分分析的基本原理

主成分分析(Principal Components Analysis)是由霍特林(Hotelling)于1933年首先提出的,是利用降维的思想,把多指标转化为少数几个综合指标的多元统计分析方法,通过对原始变量相关矩阵内部结构关系的研究,找出几个综合指标。综合指标不仅保留了原始变量的主要信息,而且彼此之间不相关,又比原始变量具有一些更优越的性质,使得在研究复杂问题时,容易抓住主要矛盾。

二 数据来源和说明

本文原始数据源自《中国图书馆年鉴2009》和《中国图书馆年鉴2008》。表1为服务能力评价指标体系,共选择了8个二级指标和22个三级指标。每个三级指标的各地区省级公共图书馆的原始数据绝大多数源自《中国图书馆年鉴2009》,2009版年鉴上如果没有相应数据,则选用《中国图书馆年鉴2008》中的相应数据。为了计算需要,2009版、2008版年鉴中由于数据太小或该事项不存在而空缺的数据,以0作其原始数据。

表1 服务能力评价指标体系

一级指标	二级指标	三级指标	指标代码
服务能力	人员	从业人员(人)	X_1
		从业人员中高级职称(人)	X_2
	藏量	总藏量	X_3
		图书总藏量(千册)	X_4
		报刊总藏量(千册)	X_5
		开架书刊(千册)	X_6

续表

一级指标	二级指标	三级指标	指标代码
服务能力	借阅	总流通人次（千人次）	X_7
		书刊文献外借人次（千人次）	X_8
		书刊文献外借册次（千册次）	X_9
	经费	本年度收入合计（千元）	X_{10}
		本年度财政拨款（千元）	X_{11}
		本年度支出合计（千元）	X_{12}
		本年度新增藏书购置费（千元）	X_{13}
		本年度新购图书（千册）	X_{14}
	硬件	固定资产原值（千元）	X_{15}
		阅览室面积（千平方米）	X_{16}
		阅览室坐席数（个）	X_{17}
		计算机（台）	X_{18}
	流动图书馆	流动图书馆车书刊借阅人次（千人次）	X_{19}
		流动图书馆车书刊借阅册次（千册次）	X_{20}
	分馆	分馆数量（个）	X_{21}
	读者活动	为读者举办各种活动	X_{22}

三 数据处理和结果分析

（一）数据处理

表 2 为利用 SPSS17.0 对表 1 中的 22 个原始评价指标（即三级指标）、31 个评价对象计算出来的相关系数矩阵的特征值及方差贡献率。计算表明，前四个主成分的特征值大于 1，而且前四个主成分的累计方差贡献率占总方差的 86.2%，可以看出前四个主成分具有较好的代表性，因此确定提取前四个主成分，这在一定程度上减少了原始数据的复杂性，而且仅仅丢失了 13.8% 的信息。

表2 特征值及方差贡献率

主成分	特征值 λ	方差贡献率（%）	累计方差贡献率（%）
1	13.714	60.988	60.988
2	2.620	11.907	72.895
3	1.893	8.603	81.498
4	1.073	4.713	86.211

前四个主成分的特征值和载荷矩阵见表3。第一主成分 F_1 在三级指标 X_1、X_2、X_3、X_4、X_5、X_6、X_8、X_9、X_{10}、X_{11}、X_{12}、X_{13}、X_{14}、X_{15}、X_{16}、X_{17}、X_{18}、X_{21} 上的载荷较大，这些三级指标集中在人员、藏量、经费、硬件、分馆等二级指标和借阅二级指标中的书刊文献外借项目中，所以，第一主成分 F_1 主要是人员、藏量、经费、硬件、分馆等图书馆基本条件的综合反应，称之为基础服务能力。因为由基础服务能力来评价图书馆的服务能力已有61%的把握，所以人员、藏量、经费、硬件、分馆是反映图书馆的服务能力的主要指标。同时，基础服务能力在 X_1、X_3、X_4、X_{10}、X_{11}、X_{12}、X_{13}、X_{15}、X_{18} 上的载荷均大于0.9且大小大致相当，说明从业人员、总藏量、图书总藏量、本年度收入合计、本年度财政拨款、本年度支出合计、本年度新增藏书购置费、固定资产原值、计算机又是基础服务能力的核心指标。第二主成分 F_2 在三级指标 X_7（总流通人次）上的载荷较大，所以，第二主成分 F_2 可称之为流通服务能力，它反映了图书馆的传统服务项目。第三主成分 F_3 在三级指标 X_{19}（流动图书馆车书刊借阅人次）、X_{20}（流动图书馆车书刊借阅册次）上的载荷较大，所以，第三主成分 F_3 可称之为延伸服务能力，它反映了图书馆的延伸服务。第四主成分 F_4 在三级指标 X_{22}（为读者举办各种活动）上的载荷较大，所以，第四主成分 F_4 可称之为读者活动服务能力，它反映了图书馆为读者的创新服务。

表3 主成分载荷矩阵

主成分	1	2	3	4
特征值 λ	13.714	2.620	1.893	1.073
X_4	0.974	-0.026	0.013	0.059
X_{12}	0.971	-0.135	0.051	-0.037
X_1	0.969	0.014	0.013	-0.003

续表

主成分	1	2	3	4
X_{10}	0.954	-0.158	0.130	0.036
X_{11}	0.949	-0.141	0.108	0.033
X_{13}	0.944	-0.247	0.023	-0.099
X_{18}	0.942	-0.107	0.178	0.001
X_{15}	0.914	-0.269	0.148	-0.009
X_3	0.906	-0.329	0.214	-0.008
X_2	0.891	-0.097	0.054	0.034
X_5	0.863	-0.286	0.156	0.041
X_6	0.815	-0.075	0.187	0.105
X_{14}	0.755	0.204	-0.303	-0.253
X_9	0.747	0.507	-0.075	-0.029
X_{21}	0.680	-0.102	-0.176	-0.404
X_{16}	0.640	0.381	-0.257	0.159
X_8	0.625	0.624	-0.284	-0.027
X_{17}	0.596	0.242	-0.549	-0.028
X_7	0.560	0.664	-0.314	0.141
X_{20}	0.091	0.648	0.720	-0.118
X_{19}	0.033	0.665	0.711	-0.073
X_{22}	0.268	0.023	0.023	0.844

(二)结果分析

各地区公共图书馆第一至第四主成分得分及服务能力得分见表4。表4中的正负仅表示各地区公共图书馆服务能力与平均水平的位置关系，在这里，各地区公共图书馆服务能力的平均水平算作零点。各主成分的得分 F_i，是各主成分在各个三级指标上的载荷 C_{ij}（见表3）与对应的三级指标的数据 X_{ij}（已标准化）乘积之和；各地区公共图书馆服务能力 E_j，是以各主成分的特征值 λ_i 为权重的各地区公共图书馆四个主成分得分 F_i 的加权平均值。

表4 基于主成分分析的各地区主成分得分及服务能力得分

地区	第一主成分 F_1（基础服务能力）	第二主成分 F_2（流通服务能力）	第三主成分 F_3（延伸服务能力）	第四主成分 F_4（读者活动服务能力）	服务能力	服务能力排名
上海	4.368	-2.447	1.486	-0.190	2.890	1
江苏	1.255	0.972	-1.282	1.261	0.963	2
北京	0.822	1.366	-0.782	0.750	0.733	3
重庆	0.032	2.929	3.244	-0.885	0.703	4
山东	0.435	1.796	1.235	0.085	0.684	5
天津	0.914	0.981	-1.278	-1.971	0.546	6
广东	1.033	0.742	-2.335	-1.185	0.536	7
广西	0.295	1.074	-0.226	0.799	0.378	8
浙江	0.419	0.200	-0.334	0.049	0.293	9
湖南	-0.008	0.838	-0.667	0.083	0.048	10
湖北	0.093	-0.507	0.140	0.615	0.043	11
辽宁	0.060	0.017	-0.238	0.148	0.029	12
四川	-0.358	-0.249	1.916	0.435	-0.072	13
江西	-0.421	-0.173	-0.170	4.150	-0.112	14
云南	-0.142	-0.385	0.066	0.536	-0.118	15
陕西	-0.240	0.039	-0.330	0.473	-0.172	16
安徽	-0.217	0.295	-0.599	-0.069	-0.176	17
甘肃	-0.250	-0.024	-0.343	-0.048	-0.217	18
黑龙江	-0.201	-0.326	-0.353	0.006	-0.222	19
福建	-0.254	0.013	-0.525	-0.869	-0.278	20
山西	-0.432	-0.428	0.656	0.065	-0.295	21
吉林	-0.431	-0.514	-0.006	-0.371	-0.397	22
河南	-0.524	-0.324	-0.134	-0.298	-0.445	23
河北	-0.589	-1.066	0.466	-0.326	-0.535	24
贵州	-0.664	-0.488	-0.013	-0.224	-0.551	25
内蒙古	-0.669	-0.674	-0.146	-0.381	-0.602	26
新疆	-0.714	-0.550	-0.098	-0.643	-0.626	27
海南	-0.761	-0.421	-0.230	-0.410	-0.642	28

续表

地区	第一主成分 F_1（基础服务能力）	第二主成分 F_2（流通服务能力）	第三主成分 F_3（延伸服务能力）	第四主成分 F_4（读者活动服务能力）	服务能力	服务能力排名
青海	-0.858	-0.773	0.179	-0.376	-0.716	29
宁夏	-0.920	-1.035	0.408	-0.674	-0.790	30
西藏	-1.073	-0.876	0.293	-0.536	-0.880	31

从表4可看到，上海的省级公共图书馆服务能力最强，排第1名；江苏的省级公共图书馆服务能力次之，排第2名……西藏排第31名。如果按省级公共图书馆服务能力高低，将全国31个省级公共图书馆分为五类，服务能力最强的第一类只有上海，服务能力较强的第二类有江苏、北京、重庆、山东、天津、广东、广西和浙江，服务能力一般的第三类有湖南、湖北、辽宁、四川、江西、云南、陕西和安徽，服务能力较弱的第四类有甘肃、黑龙江、福建、山西、吉林、河南、河北和贵州，服务能力最弱的第五类有内蒙古、新疆、海南、青海、宁夏和西藏。

从影响省级公共图书馆服务能力的四个主要因子的得分看：①基础服务能力最强的是上海，排第1名；江苏次之，排第2名，这也是上海和江苏的省级公共图书馆服务能力排第1名和第2名的主要原因；基础服务能力最弱的是西藏，这也是西藏的省级公共图书馆服务能力排第31名的主要原因。②流通服务能力最强的是重庆，山东次之，这可能与这两个地方的人口多、借阅传统的纸质书刊的意愿较强有关。值得注意的是，上海的流通服务能力最弱，排全国第31名，这可能与上海人更多的是从网络上获取资讯，借阅传统的纸质书刊的意愿较弱有关。③延伸服务能力最强的是重庆，四川次之，上海排第三，广东排第31名。延伸服务能力主要与流动图书馆车服务有关，查阅2007年、2008年的资料发现，在这方面除了重庆、四川、上海等12个地区有相关服务的记录以外，广东、江苏等19个地区没有相关服务的记录。④读者活动服务能力最强的是江西，江苏次之，广西排第三，天津排第31名。

四 结论

省级公共图书馆服务能力主要取决于基础服务能力，而基础服务能力的强弱又主要取决于人员、藏量、经费、硬件、分馆等图书馆基本条件。

上海的省级公共图书馆服务能力远远高于其他地区，在全国独树一帜。

西部地区的内蒙古、新疆、青海、宁夏和西藏的省级公共图书馆服务能力很弱，基础服务能力也很弱，急需从大规模增加经费投入着手，加强建设。

参考文献

徐享玉：《基于资源和知识的图书馆服务能力提升研究》，《图书馆杂志》2009年第5期。

黄华：《图书馆服务能力与管理机制建设》，《情报探索》2008年第6期。

吴新年：《图书馆知识服务能力体系结构及关键影响因素分析》，《图书与情报》2009年第6期。

王琼、吴娱、吴英梅：《国外学术图书馆服务能力评价体系研究》，《大学图书馆学报》2009年第2期。

宋珊珊：《多层次模糊数学模型在图书馆服务质量评价中的应用》，《情报杂志》2007年第8期。

战学秋、温金明：《多层次模糊综合评判法在数字图书馆评价中的应用》，《情报科学》2007年第7期。

朱远春：《高校图书馆服务质量模糊综合评价及其应用实践》，《现代情报》2009年第7期。

朱红涛、刘永：《基于层次分析法的数字图书馆信息服务质量评价研究》，《情报科学》2007年第5期。

杨海玲：《模糊层次分析法在图书馆总体服务质量评价中的应用》，《现代情报》2010年第3期。

何晓群：《现代统计分析方法与应用》，中国人民大学出版社，1998。

中国图书馆学会，国家图书馆：《中国图书馆年鉴2009》，国家图书馆出版社，2009。

中国图书馆学会，国家图书馆：《中国图书馆年鉴2008》，国家图书馆出版社，2009。

浅议公安院校图书馆服务功能拓展

许 卿[*]

摘 要 公安院校图书馆拓展其服务功能有其现实必要性和可行性,充分发挥公安院校图书馆为基层公安工作服务的职能,应建立与基层公安机关有效联系的长效机制,提供高质量的公安情报,加强特色数据库建设,建设一支高素质的图书馆情报专业队伍,成立专门的公安情报信息处理保障机构,利用公安专网直接为公安实战部门服务。通过拓展图书馆的服务功能,引导图书馆管理体制、运行机制、服务方式等各个层面的变革,提高图书馆的工作效率,从而实现图书馆工作跨越式、可持续发展。

关键词 公安院校 图书馆 信息服务 功能拓展

长期以来院校图书馆只面向校内读者服务,其资源得不到最大限度的利用,随着全民文化素质教育的开展,促使院校图书馆将其服务的大门面向社会开放。2002年教育部颁发的《普通高等学校图书馆规程(修订)》第21条明确规定:"有条件的高等学校图书馆应尽可能向社会读者和社区开放",开展"面向社会的文献信息和技术咨询服务",由此可见,高校图书馆面向社会服务是时代的需求,也是高等教育改革和高校图书馆自身改革和发展的需要。作为专业性很强的公安院校图书馆应努力拓展其服务功能,使其成为当地公安系统的情报资料中心,在为地方各级公安机关提供信息服务方面发挥作用。

---

[*] 许卿,女,1963年生,贵州警官学院图书馆副馆长,副研究馆员。

一 公安院校图书馆拓展服务功能的必要性

(一)公安教育体制改革的要求

2007年9月以来,为进一步贯彻落实中共中央关于"逐步推行公安院校参照军事院校管理"的要求和公安部关于"公安院校工作重心逐步向在职民警培训转移"、"构建具有公安特色的大教育、大培训工作体系"的战略部署,公安学历教育和在职民警培训朝着警察职业教育方向发展已经成为世界众多国家警察教育培训体制演变形成的现实选择,这也必将成为新形势下我国公安教育训练体制改革的大趋势和新起点。以北京人民警察学院为代表的多所公安院校先后做出了重大转折和战略决策,全力推进公安学历教育和在职民警培训向着警察职业教育方向发展,实现在职民警培训由办班到办学的转变。公安院校教育训练体制的重大改革,给公安院校图书馆带来了新的观念、新的任务、新的问题和新的挑战。目前公安院校图书馆的发展正处在传统型和数字型共存互补的时期,在公安教育重大改革中要充分发挥教辅职能作用,朝着信息组织和提高服务质量方向转变。公安院校图书馆作为大学图书馆系统中的子系统,如何适应公安教育改革和发展的潮流,充分拓展其服务功能,已经日益成为决定公安院校图书馆能否适应教育改革和发展需要、使自己更好地生存和发展的关键问题。

(二)实施"科技强警"战略方针及学校教学和科研发展的必然要求

科技强警是我国公安战线的战略目标,也是时代赋予公安院校的历史使命。图书馆作为院校的情报信息中心,是专门从事信息资源建设和信息服务的学术性机构,是院校教学和科研队伍的重要组成部分。在信息时代,作为知识宝库和信息源泉的图书馆更加成为人们关注的热点,它在教育、科研和训练中的作用日益显著,特别是在传递知识、发挥信息机构的职能和作用方面,以其丰富的馆藏优势和先进的传递功能,成为院校获取训练、教育和科研信息不可缺少的源头。伴随着信息时代的到来以及互联网的快速发展和广泛应用,公安院校图书馆必将成为公安院校进行教学和科研的重要阵地,图书馆拥有丰富的文献信息资源,开发这些智力资源具有优越的客观条件,通过信息开发等多种途径为科技强警和科研服务是其义不容辞的责任。

因此，图书馆应采取切实可行的措施，依托校园网、公安专网，利用自身情报资源集散地的优势，在为本院师生服好务的前提下，广开门路，面向社会特别是省厅、市局等实战部门，为他们提供所需的各种情报信息，将公安业务流和信息流有机结合起来，把图书馆打造成当地公安系统的情报资料中心，建立新的情报工作运行机制和模式，从而改变公安机关内部在情报工作上条块分割、自我封闭、各自为政、资源浪费的问题，达到资源共享的目标。

二 公安院校图书馆拓展服务功能的可行性

图书馆是为教学、科研服务的学术性机构，其"服务性"的特点尤为突出。其职能也应该主要是在为教学服务的前提下，更加突出为教育科学研究服务。目前公安院校馆藏的资料、信息加工产品很少面对当地公安部门，只是局限于满足本校教职工读者的需要。服务的层面相对窄小，没有发挥其应用的作用。但是，我国公安院校图书馆无论在硬件还是软件上都具令人羡慕的优势，可以发挥其在公安教育中巨大的作用。

（一）资源优势

当前，各公安高校图书馆不仅有历史悠久、成熟定型、流通广泛的传统印刷型文献资源，还有存贮密度高、信息量大、占用空间小、可适时远程、全天候、快速检索的电子出版物、同时也拥有类型繁多、时效性强、检索便利、能超文本链接、超地域传输、成本低廉、交互式反馈的其他网络信息资源，如果不充分利用这些资源，势必造成资源的巨大浪费。

（二）技术优势

目前各公安院校图书馆基本上实现了计算机管理和网络化。随着因特网的迅速发展，图书馆网络化发展的条件也随之成熟。很多院校紧跟形势，纷纷建立起自己的局域网。并且与因特网相连，使图书馆成为高度发达的信息网络上的重要节点，它使人们获取信息的能力在质和量上出现了一次新的飞跃，可以自由地获取各类信息，告别了纸质文献一统天下的局面。特别是我国已开通的许多网络都存储了大量的各种类型数据库，宽阔的信息网络通道和先进的设备为建立情报资料中心提供了良好的网络环境。图书馆可以依托校园网、公安网、为学院的教学科研及当地的公安部门服务，提高文献资料利用率，发挥"信息港"的作用。在目前公安专网网上信息资源较为贫乏的情况下，充分利用公安专网高速、安全、用户群体特定的优点，在专网上提供大量公安工作与公安科学研究急需的信息资源，让广大公安民警能够真正通过网络从学院获得快捷、有效的支持与帮助，这对于整个公安工作、对于学院学术地位的巩固与提高，有着不可估量的影响。

三 拓展服务功能的途径

（一）建立与基层公安机关有效联系的长效机制

由于公安院校图书馆的情报资料服务工作缺乏与基层公安机关的沟通，极大地制约了公安院校图书馆服务职能的发挥。因此，要充分发挥公安院校图书馆的服务职能，必须加强与基层公安机关的沟通。采取切实可行的措施，最大限度地把基层公安机关的工作需求和公安院校图书馆的情报服务结合起来，建立与基层公安机关情报部门的协作关系。因此，公安院校图书馆的情报工作人员应走出校门，采取调研与反馈相结合的方式，深入公安基层一线，捕捉基层公安机关内部发行信息，了解他们开展工作的情况及需求，不断搜集相关情报资料，利用自身的技术优势从混沌的信息中萃取出有用的信息；从表层信息中发现相关的隐蔽信息；从过去和现在的信息中推演出未来的信息；从部分信息中推知总体的信息；揭示相关信息的结构和变化规律，形成新的增值的情报产品，最后提出有事实、有分析、有观点、有建议的方案，为不同层次的科学决策服务，实现情报双向交流，只有如此才能更好地为基层公安机关提供对口的情报服务。

（二）自建特色数据库

各公安院校图书馆应在共同建好综合性数据库的基础上，结合国家和地方政治、经济建设的发展实际，根据本校专业设置的特点和本馆的资源优势，充分挖掘本馆的特色资源，加强专业性、专题性等特色数据库的建设。如公安文献数据库、教学参考书数据库、毕业生论文数据库以及公安管理、经侦、刑侦、治安管理、交通管理、消防等专业性数据库等，以满足本校教学科研的需要，突出本馆的特色资源。图书馆特色资源的建设应有自己的思路和风格，选择本馆特有的、具有资源优势的专题和项目，结合实际需要开发建设特色数据库，形成自己的学科专业优势，使其真正吸引读者，发挥特色资源的作用。自建特色数据库可以有全文数据库、事实数据库、视频数据库、书目数据库、索引数据库等多种形式。例如，有的馆根据本校教学和科研的需要，录制中央电视台"今日说法"、"经济与法"、"法治在线"等节目并全面收集有关视频光盘，开发了"公安法律视频教学案例数据库"，成为其特色数字资源中的一个重要组成部分。

（三）成立专门的公安情报信息处理保障机构

近年来，由于受经济发展不平衡、物质主义盛行、文化道德教育弱化、治安制衡力量单一等消极因素影响，治安形势呈现出总体趋于严峻的态势。治安问题是社会问题的集中反映，社会环境对治安工作影响巨大，绝大部分的治安问题都是社会因素直接作用和影响的结果。因此，通过建立情报信息保障系统，准确反映社会问题信息，已成为当前搞好社会治安工作的重要举措。

图书馆可以利用自身的信息资源及人才资源优势搭建综合分析研判平台，通过对综合情报信息库中的大量数据分析，从中找出需要关注的问题，并通过公安情报信息研判及应用门户将相关的研判信息传达到各部门，实现对上服务与对下指导相结合。利用数据聚类和关联技术，将各级公安部门关注的情报信息组织起来，通过高效的串并和比对手段，将跨时间和空间的情报信息串联在一起，达到精确打击和科学管理、防范与控制相结合的效果。

（四）领导机关重视是充分发挥图书馆作用的关键

公安院校图书馆作用的发挥除了图书馆自身的努力外，还需要得到各级公安机关领导的重视。现实工作中图书馆作用得不到充分发挥的一个重要原因就在于相当多的公安机关领导把图书馆仅仅视为藏书楼、阅览室，而忽略了图书馆的情报信息中心作用。图书馆收集、分析、研判大量动态性资料后形成的二次、三次文献是非常有价值的智力成果。如世界各国警界动态分析、国内社会相关问题的综合分析报告等，这些情报对公安工作和领导决策是会有很大帮助的。各地公安机关可在当地公安专网上给公安院校图书馆开设一个栏目，提供一个公安院校图书馆直接为基层服务的平台。

（五）重视学习型馆员队伍的建设

拓展图书馆服务功能，人才是关键。英国图书馆学家哈里森说过："即使是世界第一流的图书馆,如果没有充分挖掘馆藏优势、讲究效率和训练有素的工作人员,也难以提供广泛有效的服务。"我们必须从战略的高度来对待提高馆员素质问题,只有建立一支高素质的图书馆管理队伍,才能保证数字图书馆的顺利运作。培养新型馆员应采取的对策主要有:一方面立足本单位,充分挖掘人才潜力,重视人才的培养和再造,积极建立培训制度,制定切实可行的人才培训计划,根据工作需要求建立一个合理的人才结构。在内部管理中,要注重人性化管理,激发馆员的创造力,要关注馆员的需要,激发馆员的工作、学习的自觉性。要围绕用户的各种信息要求开展业务和服务工作,根据读者的信息需求,来组织传递信息,满足不同层次的读者的信息需求。另一方面,应该公平、公开引进专业人才,既可以面向社会公开招聘,同时更要立足于在本校专业老师中引进,以充分发挥其专业优势,这是提升人才队伍素质的关键。

总之,要通过拓展图书馆的服务功能,引导图书馆管理体制、运行机制、服务方式等各个层面的变革,充分利用图书馆的信息优势,从而实现图书馆工作跨越式、可持续发展。

参考文献

何彩英:《关于公安院校数字图书馆建设的探讨》,《公安教育》2001年第7期。

朱强:《新世纪的大学图书馆:变革创新,应对挑战》,《津图学刊》2001年第2期。

王俊:《数字图书馆——21世纪公安院校图书馆的发展方向》,《高校图书馆工作》2006年第5期。

蔡史霓:《网络环境下公安院校图书馆信息资源建设》,《情报探索》2006年第3期。

基于用户满意导向的图书馆 PSBC 营销规划分析

郭 平[*]

摘 要 用户满意导向理念已经在许多国家的赢利性组织中得到很好的运用并获得成功,并且扩展到公共事业、政府部门,以及教育等非营利组织。我们以此为图书馆营销的逻辑起点,从营销基础—产品、营销核心—服务、营销升华—品牌、营销发展—沟通四个方面对图书馆进行营销规划,通过对用户行为的分析,围绕解决用户问题为核心的信息服务,从而实现用户对图书馆的满意和忠诚。

关键词 用户满意导向 PSBC 营销规划 品牌文化 用户关系

1969 年,库特勒(Kotler P.)在《营销杂志》上发表了一篇经典文章"Broadening the Concept of Marketing",提到营销有两种涵义:①营销就是推荐、影响和说服人们去买他们不一定需要的东西;②营销在公众头脑里还有一种比较薄弱的含意,即机敏地为人服务且满足其需求。第二种定义培养了消费者的忠诚,并且关注消费者的需要和要求。正如库特勒所指出的,有效的营销要以消费者为取向而不是以产品为取向。这种认识扩宽了营销的概念,并且使这种经济活动依赖于更高的社会目标。由此营销理念向许多非传统领域延伸,如大学、医院、博物馆和图书馆等一些非营利机构。当然,到目前为止,图书馆依然是一个"非营利性公益信息服务机构";营销的核心不是提高图书馆的"利润",不是以"市场化、商业化"的营利为目的,而是提升"以用户为中心"的服务理念,追求图书馆服务效益的最大化。

---

[*] 郭平,女,1960 年生,吉林财经大学图书馆馆员。

一　用户满意导向——图书馆营销的逻辑起点

瑞查德与塞斯在20世纪80年代对市场份额与利润的关系进行了研究，发现二者的关系已大大减少。相反，在对其他变量进行测定时，发现顾客的满意和忠诚已成为决定利润的主要因素。根据经济理论分析，顾客的行为假设是"顾客是在成本、有限信息、灵活性和收入限制的条件下追求价值最大化的人"和"最大利益寻求的人"，即顾客付出的总价值与总成本之差最大化的结果，这是顾客选择产品和满意的前提和基础。用户满意即一个人通过对一个产品的可感知的效果或结果（perceived performance）与他的期望值（expectation）相比较后，所形成的愉悦或失望的感觉状态。根据两者的比较，满意度大致有三种结果，即可感知效果－期望值＜0，用户不满意；可感知效果－期望值＝0，用户满意；可感知效果－期望值＞0，用户高度满意。而高度满意的用户的消费行为如下：忠诚公司更久；购买更多新产品和提高购买产品的等级；对公司和它的产品说好话；忽视竞争品牌和广告并对价格不敏感；向公司提出产品/服务建议；由于交易惯例化其服务成本低于新顾客；可能原谅某些失误等。图书馆服务的宗旨与用户满意有相同的本质，因此，图书馆的营销活动也可围绕用户满意而展开，可分为三个层次，用户行为是图书馆营销活动的起点；图书馆服务的重心是围绕解决用户问题为核心的信息服务；图书馆实现的目标是用户满意和忠诚。

用户满意导向理念已经在许多国家的赢利性组织中得到很好的运用并获得成功，并且很快扩展到公共事业、政府部门，教育等非营利组织。我们以此为图书馆营销的逻辑起点，从产品、服务、品牌与沟通四个方面对图书馆进行营销规划。

二　营销基础：用户需求之产品（Product）

在市场环境下，产品是能够提供给市场以满足需要和欲望的任何东西。它包括实体产品、服务、体验、事件、人物、地点、财产、组织、信息和概念等。图书馆的信息产品应根据不同用户的不同需求，结合自身的信息资源不断开发出具有本馆特色的信息产品，既能将老用户牢牢地吸引住，又能吸引更多的新用户。

（一）围绕用户的信息需求，确定产品的核心价值

营销大师沃特曼曾说过："信息需要不是来自或指向个体的力量，而是个体、资料和信息的相互关系的产物。"由此可以说明，信息需要是人们在实践活动中为解决各种问题而产生的对信息的必要感和不满足感。不同的用户有不同的信息需求，即使是同一用户的信息需求，也会因为实践活动的变化而有所变化。图书馆只有深入研究用户的信息需求取向，才能开发出令用户感到必要和满足的信息产品。新加坡国家图书馆委员会（NLB）根据对73个图书馆用户的调查与研究，发现用户的学习与阅读方式可分为七种：关心职业者；积极的信息查询者；自助学习者；一般的读者；聚焦在一定领域内的学习者；不积极的读者；学习的促进者。有鉴于此，图书馆采用读者意见箱（网络与实体）、读者满意度调查、教师意见、用户投诉处理、小规模重点用户群体座谈、统计法等方法，可以直接获取有关读者需求的数据对读者的信息行为进行深度分析，从而准确把握产品的核心价值。

（二）确定产品的市场定位

定位是图书馆在目标市场（该市场上的用户和潜在用户）的心目中塑造产品、图书馆的形象或个性的营销技术，是图书馆的营销战略在消费者心中的认知定位。通过准确定位，图书馆可实现差异化，强化组织形象，增强客户忠诚度。目前，欧、美、澳、日大学图书馆将自身定位为优秀信息源，以区别于互联网。昆士兰大学著名的品牌Cybrary就成功地表达了其定位。Cybrary是昆士兰大学审时度势、利用战略营销方法为自己创造的一个品牌形象，意为"网络图书馆"，是现实图书馆（Library）与网络（Cyber）的结合。Cybrary与图书馆业定义的混合图书馆（hybridlibrary）、虚拟图书馆（virtual library）或电子图书馆（E-library）相似，但易于发音和记忆。这是该馆充分利用营销方法成功定位的结果，产生了广泛影响，Cybrary几乎成为当前图书馆界的一个中心词汇。另外，图书馆虽为公益性机构，但在发展的过程中，许多信息机构如数据开发商、情报中心、出版商等与其进行着用户市场的竞争，因此，在产品策略中必须要考虑与竞争者之间的市场定位问题，对比自身与竞争者的实力、竞争优势、市场进入时间等因素，可采用填补空白、竞争并存、逐步取代等策略应对不同的市场竞争形势。

(三)确立信息产品的内容与表现形式

首先,图书馆要保持信息产品的新颖性。图书馆要充分利用自己的实时性优势,及时对信息产品进行更新换代,不断改善产品结构,提高产品档次,尽可能地预测用户将要产生的新的需求并满足之。这里指的新颖性主要包括三个方面的内容:一是信息时效上的新颖;二是信息内容的新颖;三是信息形式上的新颖。其次,重视交互内容。图书馆的信息产品大致可分为两类:静态信息内容与访问者的信息内容。前者主要是一些文字及图片的信息,而交互功能则更多是需要运行后者 CGI 程序的一些内容,如论坛、BBS、数据库接口、查询等等。信息人员在收集、整合、提供信息产品时一定要特别强调这种交互功能,这样才可以让图书馆更加充分地利用互联网的互动特性。再次,开发有特色的信息产品。图书馆一方面开发本馆馆藏特色的信息产品,另一方面结合自己的实力积极收集、提炼社会活动中和用户群呈现的热点话题,如房地产热、股票热、考研热等信息,创造出有自身特色的、鲜明的、与众不同的个性化信息产品。最后,信息内容的表现应以方便读者为目的,用户在网络上的阅读习惯与传统的阅读习惯有所不同,一般是"浏览"取代"阅读"。开发的网络信息形式应该尊重用户的这种"浏览"习惯,适当调整信息产品的表征方式,方便用户更好更快更有效地"浏览",同时根据用户检索习惯,还可建成信息导航系统。

三 营销核心:用户满意之服务(Service)

(一)充分发掘各种资源潜力,拓展服务领域

首先,拓展资源数量与质量,图书馆应通过网络与国内外其他图书馆或其他信息机构建立多种形式的联合和协作,形成优势互补、业务关联、互惠互利的虚拟联盟,开展合作馆藏建设、合作编目、馆际互借、文献传递服务、参考咨询、数字图书馆建设、馆员交流与学习、文化交流(如联合书展、文化专题介绍、出版电子出版物)等活动,形成信息资源的共建共享,建立资源丰富的信息库,为拓展服务领域奠定基础。其次,开展特色服务,即通过挖掘自身的特长,提供特色的优质信息服务,如开展信息深加工、代查、代检索、代翻译、联机检索、联机目录查询、网上专题信息服务等。再次,利用网络等先进技术升华读者服务,图书馆可以借助于网络收集读者的需求信息并做出反应,同样

也可以利用网络平台把自己的信息产品和信息服务传递给读者,通过 Email 给读者发布有关信息,也可寻求特定读者群体的 BBS、UatServer 作为宣传工具,发送具有针对性的信息,此外,博客、RSS 等新技术也是开辟市场的新的营销手段。

(二)营造特定检索情境,提升信息查寻体验

信息查寻行为是用户为了满足信息需求而有目的地寻求信息。目前,读者利用图书馆资源主要通过两种方式:网络资源模式及图书馆图书模式。图书馆图书模式是经由图书馆目录的检索找寻图书馆典藏图书中可利用的数据;网络资源模式是通过搜索引擎检索,以浏览网页内容方式找寻合适可利用的信息。为了能够让用户在信息查询过程获得满意的体验,首先,明确信息查询意图。图书馆工作人员需要从各种潜在的信息中推断用户的目标、意图和工作任务,并进行全面的了解和把握,将其整合入检索系统中;其次,营造特定情境。增强图书馆用户信息查寻体验的关键便是将检索系统真正整合到每个用户特定的工作平台上,避免用户在使用检索系统时与正在进行的工作短暂脱离,简化信息查寻过程,使用户在高效率完成工作任务的过程中感受图书馆检索系统的"无缝"整合能力,给用户留下愉悦的信息搜索体验。

(三)拓宽信息吸收形式,增强用户满意体验

信息吸收是用户信息行为的目标之一。用户的信息需求行为、信息查寻行为、信息交流行为都是为了最终能够吸收并利用信息,从事创造性的活动。信息吸收过程是用户与信息双向建构的认识活动过程。这种双向建构是用户依据自身知识结构,运用已有的思维模式,借助主客观评价标准,对获取信息各独立成份(理论、事实、数据、观点)进行事实判断和价值判断,并进行筛选、比较、摄取、作出理解和接纳,是信息内容由表层认同到深层挖掘、内化的渐进过程,一般包括信息的反映、选择、整合、内化四个阶段。文字和语言作为传递信息的主要工具,对信息吸收起很大作用。例如,文字、语言表达习惯的差异影响信息吸收的准确性;不完善的或错误的文字语义系统甚至干扰破坏信息吸收。此外,信息组织形式与传播途径对信息吸收也有影响,这是因为用户的感觉这一神经系统特定区域对信息的媒介或载体,诸如空间特征(强度、对比度)、节奏、新颖度等十分敏感。因此,图书馆在提升用户吸收效果时,应注

重多种信息组织形式与传播途径的综合运用,除设置阅览室、展览厅、报告厅之外,还可开辟音乐欣赏室、影视观摩室、钢琴演奏室、名胜体验室、美味鉴赏室等,使用户不仅可以通过视觉看到文字信息,而且还能综合听觉、触觉、甚至嗅觉接收信息,调动用户运用各种感官吸收信息的极大兴趣,凭借广泛的信息吸收形式,增强用户满意之体验。

四 营销升华:用户忠诚之品牌(Brand)

品牌是一个非常复杂的符号,它能传递属性、利益、价值、文化、个性、使用者六个方面的意义,代表了销售者对让渡给购买者的产品特征、利益和服务的一贯性的承诺。图书馆的品牌策略是引导信息产品和信息服务从生产者到达用户所进行的一切营销活动,即通过品牌策划、品牌定位、品牌宣传、品牌扩张等一系列营销活动,对图书馆的信息产品进行品牌建设,以满足读者的需求,实现用户超值享受。

(一)建设图书馆品牌文化,实现全员品牌承诺

品牌文化是品牌的"魂",它是品牌精神情感境界的体现。品牌文化(Brand Culture),指通过赋予品牌深刻而丰富的文化内涵,建立鲜明的品牌定位,并充分利用各种强有效的内外部传播途径形成消费者对品牌在精神上的高度认同,创造品牌信仰,最终形成强烈的品牌忠诚。图书馆品牌文化的内涵也是在此基础上发展而来的,即在培育群体的图书馆文化底蕴的基础上,努力创建个性化的品牌服务,从而打造一个全新的图书馆服务形象,构筑图书馆未来竞争的优势。其次,图书馆品牌文化凝聚着图书馆的办馆思想和经营理念,是图书馆文化对外辐射的窗口。因此,图书馆要培育和创建一个卓越的品牌文化,就要建设良好的组织氛围和图书馆文化,这是根基和源泉;围绕品牌核心价值演绎;注意体现与满足用户(读者)的人性需求;促使和要求全体馆员都遵从基于图书馆服务品牌的信念和行为,以带有高度价值和附加值的服务,向读者兑现图书馆的品牌承诺,从而达到百分之百的读者满意,需要注意的是品牌文化的培育应该是点滴积累、循序渐进的过程,这样才能积淀品牌深厚的文化内涵。

(二)整合内外需求与资源,明确品牌定位

品牌定位是指组织在市场定位和产品定位的基础上,对特定的品牌在文化

取向及个性差异上的管理决策，它是建立一个与目标市场有关的品牌形象的过程和结果。换言之，即为某个特定品牌确定一个适当的市场位置，使商品在消费者的心中占领一个特殊的位置。要达到这一目的，首先必须考虑目标用户的需要。借助于用户行为调查，可以了解目标对象的生活形态或心理层面的情况，思考的焦点要从产品属性转向用户利益，目的是切中用户需要的品牌利益点。其次，根据用户对图书馆的了解、态度、使用情况（包括时机、使用频率、使用利益、使用者状况等）及其反应对用户市场进行细分，进一步认识每个细分市场的特点，进行有效剔除和合并，重点分析用户的现实需求和潜在需求。再次，分析图书馆自身拥有的资源和能力，内部资源能够为外部细分市场用户提供有效服务的，确定其为目标市场。这恰恰是市场定位和产品定位的最佳结合点，当然也是图书馆品牌文化的外显之处。

（三）从硬件到软件的品牌传播

品牌建设是一个系统工程，需要从多个方面去体现品牌深厚的文化内涵。形象方面，包括图书馆的建筑外貌、基本设施、场所装饰、馆徽、馆标、资源状态、员工形象等因素。氛围方面，图书馆员应当有教养，懂礼仪；场馆的布置应当方便读者；所有读者活动场所都应明亮整洁；任何设施都应保持良好的运行状态等。服务内容方面，针对读者个性化需求提供定制服务、信息推送功能、在线帮助、在线培训和教学工具等。媒体宣传方面，图书馆应充分利用互联网、广播电视、报刊等媒体，把本馆丰富的文献信息资源优势、幽雅的学习环境、服务范围、服务项目向社会进行宣传，让公众知晓、了解并使用图书馆，激发潜在的用户需求。媒体营销的目的是为了加深公众对图书馆及其信息产品和服务的了解，并注意其连续性和系统性，采取灵活多样的形式进行宣传推广，扩大图书馆的知名度，吸引读者访问图书馆。

五 营销发展：用户关系之沟通（Communication）

营销沟通是一个复杂的系统工程，在营销沟通的决策中包括如何沟通、沟通什么、与谁沟通以及如何控制沟通和提高沟通效果等。为了实现图书馆用户的满意与忠诚，我们需要不断与用户及其他利益相关者进行沟通与交流，在良性关系的成长与发展中实现图书馆的可持续发展。

（一）内部馆员满意是用户关系沟通的基石

在图书馆的构成要素中，馆员是最能动、最活跃的因素，图书馆服务水平的高低、服务质量的好坏、用户满意与否，馆员起到了决定性的作用。首先，要营造和谐信任的工作氛围。图书馆要重视工作条件改善，提供健康向上的工作环境；要创造各种集体活动的机会，打破馆员之间、部门之间的界限和隔阂，形成一种友好的协作关系，激发集体主义精神和团队精神，增加凝聚力；提高馆员对图书馆的满意度与忠诚度，最终达到读者满意的目的。其次，图书馆要了解、关注、满足馆员个体的合理需求，关心馆员的需求和期望，了解他们的思想动态和存在的问题，帮助他们解决生活、工作中所遇到的困难；尊重馆员的人格和个性，重视馆员的心理需求，充分理解馆员在实际工作中的艰辛，不断地给予关怀和激励。再次，关注馆员的职业生涯开发与管理。图书馆有责任为馆员制定职业生涯规划，有责任开展馆内培训、研讨会、演讲会等一系列馆员继续学习的活动。关注馆员的职业生涯发展，帮助他们设定职业生涯目标，设计个人的成长计划，制定具体行动计划和措施，并为馆员提供适当的发展机会，提高馆员的满意感。最后，建立持久长效的培训制度。制订培训计划，组织脱产学习、专家讲座、岗位竞赛等多形式的专业培训，使馆员在服务技能上不断提高，减少工作中的差错。同时加强馆员在礼仪礼貌、规范用语、心理素质、心态培养等方面的培训，提高馆员应付各种情况的能力，以保证馆员提供的服务与图书馆服务目标、读者期望相吻合，满足读者日益增长的多元化的信息服务需求。

（二）图书馆承诺与用户满意的实现与沟通

图书馆做出的承诺必须在实际服务中得以实现，指馆员在服务读者过程中的表现及与读者的互动情况等。首先，实现用户与馆员的交互接触，利用网络，实现图书馆与用户间开展一对一的信息交流和直接沟通。还可利用联谊会、展览会、学术研讨会、座谈会、BBS服务、NETMeeting等公关活动来加强沟通，吸引用户与图书馆保持密切联系，培养用户的忠诚度，提高图书馆的知名度和用户面。其次，通过用户培训等引导读者的阅读习惯，告知读者在服务过程中的职责和要求（如图书与期刊的借阅办法等），鼓励他们积极主动参与服务过程，提高配合服务人员的意识和能力，使其获得满意的服务体验。再次，强化有形物传递的信息。图书馆应重视"面对面"服务时的有形展示。例如,馆员的着装、谈吐、精神面貌;图书馆的环境、家具与装修风格等。通过有形化策略,借助实物、模型、文字、数字等可视方式,使读者形成对图书馆的良好形象,提高其满意度和忠诚度。最后,定期进行读者满意度调查。图书馆要主动收集读者意见,定期采用调查表方式收集反馈信息是一个重要途径,但要注意条目的设计、发送的时机,对所获信息的解释以及随后的配套管理措施完善等问题。

(三)拓展用户范围,社会关系的建立与沟通

图书馆的发展要强化各营销环节之间及内环境与外环境之间的有机联系,调动整个社会系统的所有有利因素,使图书馆的信息营销发挥最大的效用。首先,加强图书馆与不同信息机构的合作,构建政府、行业协会、高校图书馆、科研院所和企业共同参与的信息共建共享模式,把各部门有关资源整合起来,促进资源共享与优势互补,在合作的基础上将面向企业的不同服务整合到同一个平台上,为用户提供一站式服务。其次,新旧媒体的融合与传播。利用电视、广播、期刊等大众传统媒体,争取图书馆的潜在用户;利用网络与移动通讯媒介等,吸引网上用户群体,同时拓展信息服务内容和层次。再次,举办图书馆服务社会宣传活动。通过举办"服务宣传周"或"服务宣传月"活动,组织文化艺术活动,举办讲座或报告等形式来宣传图书馆,纳入到整个社会的文化体系中,树立图书馆的形象和声誉,吸引更多的用户来"消费"图书馆提供的信息产品和服务。如纽约图书馆为儿童和青少年开展的"读书会"等活动,都值得我国图书馆的借鉴。最后,发展环境营销,利用馆内外环境宣传图书馆服务。现代图书馆除馆内环境外,更加重视馆外环境的利用,如公共图书馆在城镇人口集中点,高校图书馆在校园内设立宣传栏、宣传橱窗,利用这些园地介绍新书、馆藏、图书馆服务,从而沟通图书馆与读者、藏书与读者、服务与读者之间的联系。

以用户满意为导向的图书馆营销引进了新的管理方式和管理理念,带动了图书馆的变革。但我们必须意识到,这种变革不会一蹴而就,需要系统的管理过程达到战略发展有机整合。图书馆上下一致的变革意识和坚强有力的变革代理人、高层管理者的支持、构建继承与发展并重的文化底蕴以及第三方经理人介入管理等,将是用户导向的图书馆营销稳步推进和发展的可靠保证。

参考文献

Kotler P, Levy S. "Broadening the Concept of Marketing." *Journal of Marketing*, 1969 (1): 15, 33.

VaraprasadN, et a. l Gaining Mindshare and Timeshare: Marketing Public Libraries in Singapore [J]. Aplis, 2006, (1): 31-38.

刘亚立:《以用户为导向的高校图书馆营销实践与效果》,《图书馆建设》2010年第3期。

姚冀越:《图书馆信息营销的架构设计与分析》,《情报理论与实践》2008年第1期。

Vakkari P. "Task-based Information Searching". *Annual Review of Information Science and Technology*, 2003, (37): 413-464.

冯湘君:《基于用户信息行为的图书馆体验营销策略探析》,《图书馆工作与研究》2009年第12期。

徐俐华:《图书馆发展中的"营销策略"应用》,《图书馆杂志》2007年第9期。

伏潆滢:《图书馆服务营销管理研究》,《国家图书馆学刊》2009年第2期。

李海英、裴丽:《基于内部营销视角的图书馆管理新策略》,《图书馆学研究》2009年第10期。

卢振波等:《基于服务营销三角理论的高校图书馆营销策略研究》,《浙江工业大学学报》2010年第3期。

郑文晖:《基于SWOT分析的高校图书馆企业信息服务营销策略研究》,《情报杂志》2009年第11期。

郑文晖、司莉:《高校图书馆服务营销现状与策略研究》,《图书馆理论与实践》2009年第10期。

基于 wiki（维基）的图书馆信息共享服务探析

王淑霞*

摘　要　文章从维基的自身特点出发，从基于维基的图书馆信息共享服务的意义、在图书馆信息共享中的应用以及如何实现进行了论述，认为维基在图书馆中有广阔的应用前景。

关键词　wiki 信息共享 图书馆

维基，从技术上来说，并不是一种复杂而高深的技术，维基软件也大都是以源代码开放方式免费共享与使用，维基带给人们的并不只是其技术上的发展，而更多的是其作为社会性软件的特性，社会性软件诸如即时通讯、社交、协同工作、博客软件等，不仅开始改变人与人之间打交道的方式，还开始改变人们获取、处理和传播知识的方式。维基的目的在于构建知识库，并且是所有人都可以参与知识库，贡献自己的知识。维基正给人们的思维方式、知识认知方式带来不小的冲击。图书馆应用维基，一方面能提高图书馆工作效率，另一方面满足了用户平等、自由利用图书馆资源、积极参与图书馆事务的愿望，体现了信息自由共享的思想，从而成为网络环境中图书馆信息资源共建共享的新途径，维基在图书馆有广阔的应用前景。

一　基于 wiki 的图书馆信息共享服务的意义

（一）利用维基改善图书馆工作方式。

图书馆应用维基管理各部门，可以优化管理流程，加强部门内的交流合作。

---

* 王淑霞，女，1960 年生，宁夏职业技术学院图书馆馆长，副研究馆员。

维基不仅可以作为图书馆内部管理信息发布的平台，还可以成为反映具体工作事务情况的渠道。利用维基，管理人员不仅有利于了解馆员的工作状态，也有助于部门内的及时沟通，发挥集体智慧。维基上也可以列出编目部的规章制度、工作参考、工作量统计等内容，实现工作效率的提高。

（二）利用维基实现用户参与，丰富图书馆资源。

维基最大的特点是参与性，维基网站依靠用户参与、用户主导、用户建设，极大激发了其主动创造性，信息内容生产和传播的效率迅速提高；普通用户通过维基参与图书馆事务，将分担一部分原本由图书馆专业人员进行的工作，将在服务中掌握越来越多的主动权。例如，通过开放维基版书目，用户也能参与分类编目工作，在不影响原分类标签的基础上加上自己的标签。虽然普通用户无法编辑核心编目数据，但用户的参与无疑将丰富书目数据库内容。现在图书馆开始意识到用户集体智慧的力量，已有图书馆开始改变独自建立数据库的想法，邀请用户参与图书馆资源建设。

（三）利用维基实现与用户互动，提升图书馆服务水平。

目前，大部分图书馆采用单向服务方式，缺乏用户参与和反馈。维基的出现，将有可能改变传统的图书馆服务方式。最近，圣约瑟公共图书馆创建了专题指南维基，帮助用户了解专题信息、寻找图书馆资源与社区事务、分享感兴趣的主题阅读；用户可以通过该维基进行反馈，提出想法与建议，从而促进图书馆服务的改善。目前图书馆使用的联机公共检索目录 OPAC 系统，最大的不足是不能实现与用户的互动。OPAC 系统对书目的介绍比较简单，用户无法通过 OPAC 系统了解要查找的书是否适合自己，只能被动接受服务。如果图书馆建立维基版的 OPAC 系统的话，利用维基可帮助图书馆了解用户的需求。当用户通过在 OPAC 系统中添加书目评价，贴上相关标签等活动丰富数据库内容时，这其实就是一个透露其感兴趣领域的信息的过程。利用这些信息，图书馆将有可能为用户提供个性化服务，从而提升服务质量。

二 基于 wiki 的图书馆信息共享服务内容

维基既可以用于共笔系统这样一些大项目，如百科全书、知识库或某一领域的专业知识等知识型站点，也可以用于读书会、项目开发、写作、翻译、资料整理、FAQ 问答，甚至是课堂笔记这样的小型项目。它们的一个共同特点就是：人人都可以参与，使得分散在不同地域的人们利用维基协同工作共同编辑。

（一）网络参考咨询

Wiki 的共笔和可编辑等功能，让其很适合提供网络参考咨询服务，用户提问后，知道答案的咨询馆员和用户都可以回答问题，并且可以对前面回答者的答案进行编辑和修改，当然，WIKI 系统会保留每一个答案版本供用户参考。

（二）专题或特色知识库

在信息爆炸的时代，为了帮助读者从尽可能广的空间和尽可能短的时间内获取最有价值的信息，根据本校教学科研特色，建设重点学科信息库是各高校图书馆开展深层次服务的主要内容。目前各高校图书馆的重点（特色）学科信息库建设与维护一般都是由图书馆工作人员独立完成。工作人员个人的学科知识水平的高低直接决定了这些学科导航库质量高低，即便工作人员具有很高的图书馆学与学科知识，一个封闭系统的质量要长期保持还是有很大的困难，更何况目前我国高校图书馆中真正能同时具备有图书馆学与专业学科知识的人员还是凤毛麟角。因此图书馆可以利用 wiki 建立某一学科的信息库，吸引广大专业教师、高年级学生参与到学科信息库的建设中来，让他们在分享知识的同时，把自己了解的知识添加进去，以构筑一个开放的、不断成长的、充满活力的学科信息库。

（三）学科百科全书

世界上最普及、最成功的 WIKI 应用便是维基百科（Wikipedia）（http://www.wikipedia.org），它的成功为 wiki 在百科全书上应用提供了范本。由于 WIKI 从推出伊始就提倡一种协同创作的理念，这种理论反映到学科百科上，就是一个知识沉淀的过程。图书馆尤其是高校图书馆面向的用户是知识水平较高的人群，建立了 wiki 学术百科系统后，专家、教师、学生，甚至对某一学科知识感兴趣的任何人都可以添加相关学科领域的术语词条。如果觉得不完整、不精确、不严密，任何人可以修改之，使之完善。这样集众人智慧，日积月累逐渐形成一个该专业的完整的、严密的和相对权威的专业知识系统（百科全书）。对该领域的学习者来说，是一个很好的学习资源，可以提供查询、阅读等。积累到一定程度，还可以编辑出版，印刷成专业工具书。

（四）资料共享库

Wiki 还可以集中各类学习资料，如电子报表、word 文档、PowerPoint 幻灯片、PDF——任何可以在浏览器中显示的内容。它们还可以嵌入标准的通信媒体，如电子邮件和 IM。重型基于 PHP 的 Wiki 可以直接与公司数据库连接，将音频和图像文件输入到数据库中。Wiki 的功能仅仅受到实现它的人员的编程技能的限制。

三 基于 wiki 的图书馆信息共享服务的实现

（一）设立 wiki 目标

明确目标是建立一个新的系统，实施一项新的服务前必须首先解决的问题，目标分为短期目标、中长期目标。目标的描述尽量具体化，避免空泛话语造成理解不同。图书馆信息共享平台不仅应成为全面学习、掌握现代信息利用知识的工具，更应该通过学习全面提升学习者的信息素养。因此网站的资源主题、界面设置应紧紧围绕整个目标，充分考虑知识、技能、学习过程、方法、态度、情感、价值观等因素，周密安排。

（二）挖掘 wiki 用户与作者

Wiki 系统是信息共享的载体，知识便是其承载的内容，，用户和作者是 wiki 系统存在的理由和动力，没有用户，wiki 系统没有存在的价值，没有作者，wiki 系统没有存在的动力，因此挖掘 wiki 用户与作者也是实现 wiki 服务的关键。

（三）选择 wiki 软件与安装

wiki 的安装软件有很多，大部分是免费的，安装也很简单，在 PHP、ASP、JAVA、Python 等环境下，都有现成的 wiki 引擎程序，在选择时可参照一下标准标准：软件语言、安装容易度、安全性、使用容易度、花费。常见的有：Openwiki、Jspwiki、WikiTikkiTavi、MoinMoin、Pmwiki、Tiddlywiki、Mediawiki。ASP 下的 wiki 程序可以选择 OpenWiki 等，企业应用的 wiki 程序，可以考察 Confluence 等，对于权限管理较为完善，由于 wiki 的开放特性与开源社区一脉相承，所以目前最好的 wiki 程序基本都运行于开源的 PHP 环境下，其中 Mediawiki 是目前最大的开源 wiki 系统，被维基百科全书及大量站点广泛采用。其优点是运行环境要求低，架设过程简洁，功能比较完善，而且支持中文等多语种，是我国使用最多的主流 wiki 软件。其缺点是后台管理功能亟待完善，运行熟读相对其他 wiki 程序有一定差距，界面的外观美化修改繁琐。但由于 Mediawiki 得到维基媒体基金会支持，程序正在持续更新，其功能、性能、安全性等方面将不断优化，因此多被采用。

（四）训练、推广及管理

系统建成后，需要向用户推广，为了让更多的师生知道这项新的服务，可以在图书馆网站上作出宣传，也可以举办讲座，将系统推荐给师生。当吸引了用户来使用系统后，为了让用户明白系统需要什么样的文章，什么样的资源，什么样的内容，最好给出内容范本。在没有内容范例的情况下，用户的贡献往往五花八门，不利于以后的统一。另外，wiki 系统的复杂性高于 blog、bbs 等网站，因此有必要建立帮助系统。搭建全面的帮助系统工作量较大，建议在建站之初选择最重要的指导来制作基础帮助系统。除此之外，wiki 的内容来自于用户共建，私有版权将会引发争议乃至反对。只有版权合理，wiki 网站才会被用户接受。目前多数 wiki 网站采用开放的自由版权 GFDL，例如维基百科全书、天下维客等。在内容编纂中，同样要尊重他人的版权，否则可能招致恶意编辑。

参考文献

圣约瑟公共图书馆，2010 年 02 月 15 日，http：//www.libraryforlife.org。

兰小媛：《维基在图书馆应用的实践及前景》，《图书馆杂志》2006 年第 8 期。

顾敏：《探究 wiki 在高校图书馆中的应用》，《现代情报》2005 年第 5 期。

施素雯、王斌：《wiki 在企业管理、学术研究以及传统会议领域的应用》，《东南传播》2006 年第 3 期。

高海峰、任树怀：《Web2.0 技术在高校图书馆学科建设中的应用——以上海大学图书馆学科馆员平台建设为例》，《图书情报工作》2007 年第 4 期。

李瀚瀛：《wiki 作为知识组织工具的应用初探》，《国家图书馆学刊》2007 年第 3 期。

我国文献信息网络服务模式的演变

孙德宏[*]

摘 要 网络环境下图书馆服务的需求、演变、读者服务工作的发展趋势与对策,提供信息服务的高效率及创新

关键词 图书馆 网络环境 信息服务

一 图书馆网络服务的特点

图书馆是社会需求的产物,是为社会提供服务的,它的社会价值是通过服务体现的。在知识经济成为社会经济的主流,社会经济结构开始发生变化的时候,社会需求发生较大变化。用户信息需求的不断增加,使网络环境下图书馆的存在形态发生了变化。无论在信息资源采集、组织加工、信息服务、管理模式等方面将发生更深刻的变革。

(1) 图书馆服务网络以中文文献信息为主,且已达到一定数量和规模。大部分的网络跨行业、跨地域,有助于长期发展,在建设初期,政府都发挥了很大的作用,我国的图书馆服务网络要持续发展,就应该加快市场化步伐,并致力于提供优质、有特色的服务,使这项信息资源建设工程达到"低收入、高效益"的目标。

(2) 我国的图书馆信息服务网络不但要着重于收藏信息的数字化,注重文献信息广度,还应该加大文献信息处理的深度,特别是要进行专业化的处理,以避免类似于全面但低效的情况。

---

[*] 孙德宏,男,1963年生,中共哈尔滨市委党校文献资料中心,副研究员。

二 网络环境下图书馆服务模式的变化

信息高速公路的出现，网络信息资源的出现，彻底摧毁了"田园式"的传统图书馆模式，也给图书馆的自下而上发展空间带来了新的契机。图书馆服务工作以满足书刊代阅的文献需求为主，转移到以满足知识信息需求为主、以知识开发服务为主要功能的模式。

（1）开放型服务模式。图书馆逐渐地走出固定模式，主动接触社会，摆脱传统文献处理的限制，在信息的采集、加工、组织、服务方面，面向网络环境，以新的方式组织、控制、选择、传播信息建立了辐射型的开放服务系统。"借助于现代信息网络，打破时空界限，将公共服务瞬间延伸到社会每一个角落，产生零距离服务效应。"

（2）有偿服务与无偿服务相结合。在市场经济环境下，图书馆为更好地服务社会，满足读者的信息需求，在完成公益性服务的同时，开展各种类型的有偿信息服务，已经得到社会和读者的认可。既可以弥补国家投资的不足，又可以使图书馆有自我生存的自身发展能力。李岚清副总理曾说过："图书馆主要是公益事业，但现在是社会主义市场经济，适当的产业化经营不但是允许的，也是必要的。"

（3）针对型服务。随着社会的发展和信息社会的建立，图书馆开始冲破传统服务模式，紧密地配合社会需求，提供特色服务、针对性服务，不断提高读者的满意率。例如：国家图书馆为政府决策服务，与国家机关和各部委图书馆联系，提供各种信息服务，主动提供政策法规方面的专题咨询服务。上海图书馆主动向政府机关定期提供城市建设、市场发展等宏观决策性信息。浙江图书馆针对本省的经济发展，主动为大型企业服务，提供信息咨询服务。

（4）多样型服务。现代图书馆以用户为中心，需要什么就提供什么，摆脱传统的服务方式，摒弃单个、重复、被动、琐碎的手工服务。把服务模式从"单纯服务型"转变为"服务经营型"，把服务推向市场，开展信息的深加工，如代查、代检索、代复制、联机检索、光盘检索、联机目录查询、网上专题信息服务等。提供信息资源的范围和载体更广泛。图书馆从文献资料的收藏者和提供材料者，转变为信息产品的生产者、开发者和提供者。

（5）知识密集型服务。信息社会需要信息的深层次加工，图书馆开始从以文献单元的加工，深入到以知识单元为主的加工，图书馆的服务工作将从借借还还的服务，转移到多层次信息咨询服务，有更多的工作人员从事信息的组织，直接参与市场，成为信息技术的中介，在信息服务的每一个环节增加智力投入。产生了新型的图书馆信息服务人员，被称为"网上信息员"、"网上导航员"、"网上冲浪员"。

（6）产业型服务机构。随着市场经济的发展，原有的公共图书馆、专业图书馆、学校图书馆等机构从单纯公益型转向以公益型为主、经营型为辅的服务机构。新型的信息服务机构，以生产和经营信息产品为主，出现以经营型为主的服务机构。例如，中国科技信息所的万方数据公司、深圳图书馆集成软件公司等。

三 网络环境下图书馆读者服务工作的发展趋势与对策

在网络环境下知识信息的需求的特点是：知识信息需求的全方位与综合化，开放化与社会化，电子化与网络化，集成化与高效化。社会的需求促使信息机构的总体发展趋势向信息增值型、信息产业化、信息服务化、精密化发展。

（1）网络环境下我国图书馆服务工作的发展方向。一是利用图书馆的整体化优势进行图书馆网络的优化组织与协调，使因特网的信息服务功能在图书馆网络化服务中充分实现。促使因特网上的电子信息资源成为图书馆信息服务的有机组成部分。二是国家应该从宏观上有计划有组织地协调我国图书馆网络与科技发展，在国内实现更大范围的信息资源共建共享。三是强化网络条件下图书馆的文献信息资源建设，实现网络资源配置的优化，网络信息资源的二次开发与综合信息服务。有计划、分批分期建立不同类型的数字图书馆，促使更多的有中国特色数据库在网上服务。四是实现图书馆网络化和知识信息的社会化管理，建立网络化信息保证组织和体系，建立健全信息管理的规章制度，建立健全信息法、数据库法，确保网上信息安全的安全和正常使用。五是图书馆利用自己"社会大学"的特殊环境，有意识地通过网络和计算机技术，培养读者的信息素质、信息意识能力。六是加强与世界各国图书馆网络化服务的国际合作，学习先进国家的信息技术，熟悉和掌握各国的信息资源的特点。加快中国信息资源数据库的建设，把世界上更多更好的信息介绍到中国，更好地为我国的读者服务。

（2）网络环境下我国图书馆服务工作的对策。一是树立文献信息资源共享的观念，宏观协调，分工合作。在网络环境下，我国的图书馆服务模式，由于原有格局分布，必然是多中心、多系统、多层次、多类型的局面，因此在网络环境下更要强调分工协调，资源与信息的网上共享，网上服务共享，避免各自为政。二是强化网络环境下图书馆信息资源的增值服务。提高信息的使用价值，要提供信息本身的价值，有偿服务与无偿服务结合，提高服务质量，社会效益与经济效益并举，要通过服务，满足社会的需求，提高服务的技术含量，扩大服务的效果和服务的能力，使人们在网络和信息时代离不开图书馆的服务。要凭借自己占有信息资源，能快速进行信息加工的能力优势，利用网络环境，对电子资源进行浓度分析与重组，提供信息增值服务。要掌握信息源，了解信息资源分布状况，信息网络的分布，熟悉网上信息机构，更好地组织网上信息，为读者服务。三是探索网络环境下图书馆服务的新模式。网络环境为图书馆的服务提供了得天独厚的良好机会，图书馆应抓住这个时机，给信息资源的收集、加工、整理、服务赋予新的内容和方式。图书馆的整体组织、人员安排、业务流程都要不断适应网络环境的要求。传统的服务方式可以利用网络环境来发挥新的效益。例如，图书馆的查询、外借预约、馆际互借等服务，可以通过网络功能实现。同时利用网络的技术优势，拓宽服务领域。四是培养网络环境下的新型的图书馆服务人才。实现网络环境下对图书馆的服务提出高水平、高质量的要求，必须对图书馆的知识结构提出新的更高的要求。在提供信息服务的过程中知识和技术含量加大，向智能化发展，从事读者服务工作的专业人员在工作方式、工作价值、工作效率、工作成果诸方面将发生质的变化。现代图书馆必须有适合网络环境的专业人才。这是关系到提高整体服务水平的关键问题。图书馆在人员的使用中，要注意发挥专业特长，培养一批新型的网络环境下的信息服务人才。

参考文献

孔繁玲：《构建电子治理运行机制探析》，《学习与探索》2006 年第 6 期。

信息技术发展环境下的用户需求与服务创新研究

王爱云*

摘　要　在当代信息技术发发展环境下，用户的信息需求、获取信息的方式以及对服务的期望值都在发生着变化，因此，信息服务模式不断创新，是时代发展的必然趋势。本文从信息技术发展环境下的用户需求是信息服务创新的原动力、信息技术发展成为当代信息服务创新的主要推动力、信息技术发展环境下服务创新的主要内容、信息技术发展环境下国内外信息服务创新实践、信息技术发展环境下信息服务创新难点及实现途径等方面对信息技术发展环境下的用户需求与服务创新进行了探讨。

关键词　信息技术　用户需求　用户服务　服务创新

"创新"一词来源于美籍奥地利经济学家熊彼特的《经济发展理论》一书，指把生产要素和生产条件的"新组合"引入生产体系，以获得潜在利润的一种生产组织与管理方式。当代信息服务的发展，在相当程度上得益于技术的发展，一些重大的发展举措，几乎都与技术创新有关。技术成为当代信息服务机构发展的主引擎已成为不争的事实。网络、手机、手持阅读器、自助设施、多重触控演示屏、电子报栏、现代物流、云计算、WEB2.0等新技术正在改变信息服务的形态和流程；同时，在当代信息技术发展环境下，用户的信息需求、获取信息的方式以及对服务的期望值都在发生着变化，因此，信息服务模式不断创新，是时代发展的必然趋势。

---

* 王爱云，女，1967年生，中共山东省委党校图书馆副馆长，研究馆员。

一 信息技术发展环境下的用户需求是信息服务创新的原动力

信息贫乏时代,用户在网络上最关心的是如何寻找网站和网页,解决信息有和无的问题。在数字时代,网络新的信息生态环境的形成,搜索引擎等一些新的资源聚合中心的正在形成,使得文献信息用户正在被这些新的资源中心分流,用户的信息利用行为随之发生了显著改变,用户通过网络可以突破信息服务的时空界限,快捷、方便、实时地得到需要的文献资料。在这种情形下,用户利用图书文献信息机构已不再限于单纯利用书目信息服务获取所需文献线索和索取原文。出于学习研究和工作的需求,以及知识积累与更新的需要,他们迫切希望通过文献信息机构获得综合化、系统化、集成化的知识信息,要求服务者能够针对他们的需求,整理和提炼庞杂的海量信息、解决粗与精的问题,提供全程性、全方位的知识信息保障和服务。国外的多项调查研究显示,文献信息用户在检索资源的选择上已经出现了分流,用户越来越倾向于使用搜索引擎作为自己的检索起点。习惯了通过搜索引擎进行一站式检索的潜在用户,希望独自访问所有信息,并可实现与网络资源间的互动服务(service on demand)和个性用户对所需资源检索的一步到位(one click enough)。信息用户的典型期望是:什么都是全文的,并且可下载、可打印。2005年OCLC对6个国家的396名大学生网络信息搜索行为的调查显示:89%的调查对象从搜索引擎开始;2%从图书馆开始;选择从在线数据库、主题相关网站、E-mail开始的分别占2%、1%、1%。由此可以看出,用户需求的变化成为文献信息服务创新的原动力。

二 信息技术发展成为当代信息服务创新的主要推动力

技术要素(数字技术、电子标签技术、网上文献传递技术、物流技术、网络虚拟实时互动技术等)成为当代信息服务创新的主要推动力。技术使信息服务的时间、空间、服务方式等有了无限扩大完善的可能;技术使用户利用信息发生了就近、快速、个性、互动、一站式、无障碍、无缝链接等诸多变化,体现了以用户为本的理念;网络平台的模块化和组件化,方便进行组配,网络平台的最大限度的开放性和中立性,也使其具有可持续发展的能力。伴随着技术进步,即从Web 110向Web 210乃至Web 310的渐进与跃变,标志着互联网的发展进入了一个新的阶段，由资源导向发展为用户导向，从模式上是从读向写、"共同建设"发展，由被动地接受互联网信息向主动创造互联网信息发展；从基本结构上说，则是由网页向发表工具/展示工具演变；从工具上说，是由互联网浏览器向各类浏览器、RSS 阅读器等发展；运行机制上，则是从 C/S 向 Web Service 的转变。多用户界面与多媒体用户界面一道共同提高人机交互的自然性和效率。如何主动为用户分析、设计、挖掘和改造各种可能的个性化资源与服务机制，将是未来信息服务需要面对的重点课题。

三 信息技术发展环境下服务创新的主要内容

（一）信息资源建设的创新

信息资源建设既是开展信息服务创新的工作基础，也是提高信息服务机构核心竞争力的基础。在加强传统馆藏文献资源建设的同时，还要加强重点与特色馆藏数据库的建设，同时搞好网络资源的开发与利用工作，积极补充馆藏资源，不断提高文献收藏的相对完整程度；要制定"大信息"的信息资源建设方案，走联合与资源共享之路。要充分利用馆际互借、网上信息传递和信息获取，来扩大馆藏信息资源。第一，应强化当代信息技术背景下的文献文献信息资源建设，实现网络资源配置的优化及网络信息资源的二次开发与综合信息服务。第二，有计划、分期分批建立不同类型的数字图书馆，促使更多的有中国特色的数据库在网上服务。第三，实现信息服务机构的网络化和知识信息的社会化管理，建立网络化信息保证组织和体系，建立健全信息管理的规章制度，建立健全信息法、数据库法，确保网上信息安全的安全和正常使用。第四，信息服务机构利用自己"没有围墙的大学"的特殊环境，有意识地通过网络和计算机技术，培养中国信息用户的信息素质、信息意识和信息能力。

（二）信息服务机构业务流程的创新

信息服务机构要做到信息服务创新，必须进行业务流程的重构和设计，实现采访和编目工作的创新，逐步建立起弹性工作体系和柔性服务机制，发展灵活的、深入的、个性化的知识型服务模式：改革采访制度，建立专家选书系统；开通中国图书进出口公司为学校读者提供的选择、推荐外文图书的平台、海外图书采选系统，实行读者网上推荐中、外文图书；读者与采访人员之间通过网络,互相了解,推荐图书,形成用户与文献信息采访人员的和谐互动,提高图书采访质量;优化采编工作流程,实行图书加工业务外包,使采编人员从原来繁重琐碎的事务性工作中解脱出来,以提高采编的工作绩效。

(三)信息传统服务内容的创新

在当代信息技术背景下,只满足于传统的文献信息服务肯定是远远不够的,要在传统服务的基础上不断创新信息服务内容,实现信息重组与增值服务。一是要通过互联网络向社会大众提供全面的信息服务。注重信息的收集、二次或三次加工、数据整合、信息的发布、信息的传递乃至信息产品的制作;二是要针对用户需求的特定信息,工作人员应充分发挥专业特长通过对因特网上某一领域信息进行收集、组织、整理和有序化的信息重组,利用超文本、超媒体技术加以重新优化组合后,再提供给用户;三是对不同的专题组建各种特色内容进行更新和补充,对信息外在特征及内容特征进一步标引揭示,编制专题书目、专题索引、摘要等,增加检索深度和扩充索引点,建立可供检索的数据库,从而提高信息的价值,实现信息资源系统结构网络化。

四 信息技术发展环境下国内外信息服务创新实践

随着网络化数字化进程的不断加深,近年来,国内外各种信息服务机构或系统都加快了服务创新的步伐,各种服务手段、技术和模式推陈出新,呈现高速发展势头。

皮介郑、马自坤在《农业图书情报学刊》2009年第6期发表《国内外文献信息服务的最新进展》一文,对国内外主要科技文献和信息服务机构的服务对象、服务方式和服务内容等进行调研分析,并将国内外图书文献机构的做法和经验归纳总结为8个方面。笔者认为该研究比较详细全面地反映了国内外文献信息服务创新实践,故择其重点借鉴于此:

(一)为学术研究提供全程化、个性化服务

大英图书馆凭借自己极为丰富完整的文献信息资源,可为用户提供全方位全程化的信息服务。其服务范围和领域非常广泛,包括最新资料快报、书目介绍服务、会议服务、在线影像资料服务、文献复制服务、信息与研究服务。EBSCOhost, IEEE/IEE, IOP, ScienceDirect, Scitation, SpringLink, Wiley Inter-

Science 等系统都向用户提供了个性化服务，主要有通告服务、存储服务、个性化界面定制服务等。

（二）开展嵌入式服务

这一点 Google 表现得最为显著。通过 Google 工具条等多种形式，将自己的服务以最简易便捷的方式融入用户的工作环境中，从而成为用户工作环境的一部分。随着 Google 的快速渗透式发展，今天的用户已不必特意访问 Google 主页，如果用户需要，可以在任何时候让 Google 工具栏悬挂在自己的 IE 浏览器、Windows 任务栏或其他应用程序中。这也就意味着用户可以从网上的任何位置执行 Google 搜索，也可以从任何正在使用的应用程序中执行搜索而不必打开浏览器，甚至即使身边没有计算机时，也可以通过 WAP 和 I-mode 手机等无线平台使用 Google，从而将信息查询和用户信息活动、信息环境紧密融合在一起，真正形成了网络时代中一种无所不在的信息服务。

（三）文献信息机构和大众搜索引擎的合作

在国外，从 2004 年开始，Google 先后和纽约公共图书馆、哈佛大学、斯坦福大学、密歇根大学、牛津大学图书馆、ACM、Nature、IEEE、OCLC、大英图书馆等开展合作，将这些图书文献机构的馆藏记录或书目记录纳入其搜索范围。为适应用户检索习惯的变化，从 2004 年初开始，OCLC 启动 Open WorldCat 计划，将 WorldCat 的馆藏数据陆续加入 Google 及 Yahoo 两大搜索引擎中，以便让用户更加便利的使用 WorldCat。到 2005 年，合作记录已由最初的 200 万笔扩展到 5700 万笔，有将近 10 亿个馆藏信息合并到 Google 和 Yahoo 的搜索引擎数据库中。

在国内，重庆维普自称是 Google 学术搜索频道国内最大合作资源。在 Google 搜索中也可发现万方数据也在实践和前者的合作。中国科学院国家科学图书馆也已开始尝试和 Google Scholar 的合作。

（四）开展网络化知识整合服务

依赖网络技术的力量将大范围的文献信息和知识进行有效整合，向用户提供集成的整体化服务逐渐成为一种通行的做法。在国外，ISI 推出了新一代学术信息资源整合平台 WEB of knowledge。它运用"SFX"系统，通过统一的界面，将多种电子资源整合起来,具体包括二次文献的整合、二次文献与事实性文献的整合、学术信息资源与文献计量学工具的整合、与图书馆馆藏文献的整合、与原始文献全文和文献传递服务的整合。

在国内,CNKI网络服务系统开发了知网节功能,提供单篇文献的详细信息和扩展信息的浏览页面。同时,知网节也是各种扩展信息的汇集点,并提供通往这些扩展信息的链接。这些扩展信息通过概念相关、事实相关等方法提示知识之间的关联关系,达到知识扩展的目的,有助于新知识的学习和发现,帮助用户发现和获取知识。

五 信息技术发展环境下信息服务创新难点及实现途径

(一)形成以用户为中心的包括用户与信息服务人员的互动机制

信息服务创新需要面向特定对象、特定项目、特定目标、特定活动提供系统化、智能化、个性化的知识服务,以最大限度激发用户的潜能,是一种"以用户为中心"的服务。如何形成一个包括用户及信息服务人员在内的互动机制,在一个更加完善的网络环境下,全程跟踪用户的信息活动,强调服务者与用户之间的相互交融,以用户或者问题为中心,以用户满意为目标提供信息服务是当前信息服务服务创新的当务之急。

(二)培养当代技术环境下新型的信息服务人才队伍

当代信息技术环境对信息服务队伍的建设提出了新的更高的要求。作为一名信息服务人员,除必须具有强烈的服务意识和敏锐的信息意识,能从用户的角度来分析、理解、满足其对信息服务的要求外,还必须具备以下知识结构:一是要具备一定深度的专业知识。网络环境下,面对无穷无尽的信息资源,要求信息服务人员应该掌握某一方面的专业知识,对各类信息进行深入地分析研究,为用户提供深层次的专业知识信息服务。二是要具备计算机与网络应用能力。计算机技术和网络日新月异,发展迅速,文献信息服务人员必须具备一定的计算机和网络知识,熟练掌握计算机操作技术、数据库检索技术、多媒体使用技术、网络操作技术及文献信息处理等现代化技术,并且能了解网络信息资源的分布,能探索网上获取资源的途径。三是要具备信息开发与建设能力。学会用科学的思维方法思考、分析、研究问题,要熟悉各种信息源,善于把握新动态，通过综合分析与研究，依据一定的科学原则，进行创造性的信息重组，挖掘信息源的各种价值，尤其是潜在价值，对信息进行深度加工，提供二次、三次文献信息服务，成为信息专家。

（三）构建高效综合的信息集成化服务体系

信息服务创新首先需要大规模集成整合各类信息资源，从大规模数据或文献集合中经过各种深度挖掘分析和预处理，为用户捕获和析出所需的关键信息，重组、集成而形成符合用户需要的信息产品，将普遍性信息服务提升为个性化知识服务，这些都需要提供持续、可靠、敏捷、高效的集成化服务。集成化服务就是对信息技术、信息资源、服务功能、服务人员、服务机构等各种信息服务要素进行融合集成，实现整体功能的优化，使用户得到动态的、全方位、多层次、多元化的信息服务，从而构建一个高效能、综合化的信息集成化服务体系。

服务是信息服务机构永恒的话题，而创新也是一个古老而又常新的话题，无论是马克思主义经典作家，还是西方经济学大师都把创新看作是社会变革的根本动力。创新不是一蹴而就的，也不是一劳永逸的，它需要大量基础性工作的积淀，需要随着时代的进步、环境的变革，永无止境地进行下去。在当代信息技术发展环境下以用户需求为中心的信息服务的创新更是一项系统工程，需要依靠诸多要素的共同作用来完成。

参考文献

（美）约瑟夫-阿罗斯·熊彼特：《经济发展理论》，北京出版社，2008。

陈光美：《网络环境下图书馆信息服务创新》，《中国成人教育》2009年第12期。

张会田、黄玉花：《基于用户的数字图书馆服务创新体系建设》，《情报理论与实践》2005年第9期。

皮介郑、马自坤：《国内外文献信息服务的最新进展》，《农业图书情报学刊》2009年第6期。

高校图书馆特色馆藏收集与整理、服务模式试析

何 玉* 庄 玫**

面对信息同质化日益严重的当今高校图书馆，特色馆藏是区分彼此、树立品牌的重要路径。所谓特色馆藏，是指图书馆经过长时间的建设积累，在某一方面形成一定规模、结构比较完整的文献资源。特色馆藏并不一定是该馆的核心馆藏，其数量与规模很可能不在图书馆馆藏资源中占优势，其最大的竞争优势在于"人无我有，人有我全，人全我优，人优我特"。

一 特色馆藏的范围与收集原则

对于高校图书馆而言，特色馆藏主要包括两方面的内容，一是本校的学术产物（著作、手稿、图纸等），二是有特色的、成系统的收藏。清华大学图书馆在近百年的发展历程中，积累了一批颇具特色的馆藏，如古籍、清华文库、清华学位论文库、社会名人捐赠、工艺美术特色资源以及特色资源数据库等多类型、多载体的特色馆藏，社会影响日渐扩大。

特色馆藏的载体形式多样，包括纸本文献、电子文献以及实物资料等，在采集特色馆藏时，应遵循以下原则：

（一）立足本校、放眼世界的原则

本校的学术产物，尤其是学术的中间过程产物，是本校师生科研与学术状态的真实写照。这类珍贵的文献，对于研究教育史、学术思想史、校史、校园文化等领域的专家学者而言，是难能可贵的第一手文献。校友对于本校图书馆往往具有深厚的感情，很愿意将自己的手稿、书信、讲义乃至私人照片，捐赠

---

* 何玉，女，1978年生，清华大学图书馆特藏部，馆员。
** 庄玫，女，1979年生，清华大学图书馆办公室副主任，馆员。

给母校图书馆。因此,高校图书馆可以利用自己的优势条件,吸纳校友捐赠。

2010年4月,清华大学图书馆以校庆展览为契机,与校档案馆合作,举办名人手稿捐赠仪式,特邀知名校友、校友夫人、校友子女参加捐赠仪式。捐赠者包括著名文学家文洁若学长(1950届校友),著名作家端木蕻良先生的夫人钟耀群(1936届校友),中宣部原副部长龚育之先生的夫人孙小礼(1948级校友),著名真菌学家邓叔群先生的子女邓颐、邓钢(1923届校友)等诸多名人校友。当捐赠者看到图书馆校庆展览现场有四大国学导师的手迹、钱钟书的书信等珍贵文献时,他们对于图书馆长期保存名人手稿也产生了由衷的信赖。

在此基础上,清华大学图书馆放眼世界,积极扩大与海内外各大图书馆的联系,通过各种渠道与校友取得联系,征集了一大批非常珍贵的馆藏资料,例如"保钓、统运"资料,建立了科恩图书室、波尔文献室等特色文献专藏。

(二)关注当下、与时俱进的原则

特色馆藏的重要性不言而喻,但是在收集特色馆藏时,不能一蹴而就,应该制定长远发展目标,立足当下,与时俱进。从历史上来看,很多我们现在认为的特色馆藏,都是图书馆的馆员历经几十年乃至近百年而沉淀下来的。例如清华大学图书馆收藏的文革资料,不仅数量大、品种全,而且内容丰富,这批丰富而宝贵的历史资料就是我们的馆员在"文革"期间独具慧眼,积十年之功而成的。

清华大学的学生作品收集也是基于此原则,图书馆与校团委合作,密切关注学生社团的活动,假以时日,势必为校园文化的研究者留下丰富的资料。

(三)基于捐赠,采购与交换为补充的原则

由于特色馆藏载体的多样性,很多都是非正式出版物和实物资料,例如著名记者爱泼斯坦的采访包等,这类资料是无法购买到的。因此,高校图书馆在收集特色馆藏时,要以捐赠为基础,主动出击,全方位吸纳相关主题的捐赠,以减少购书经费的支出。在捐赠资料达到一定规模后,工作人员要查缺补漏,以采购和交换为补充,以保证相关主题馆藏的完整性。自本世纪初开始,清华图书馆大力收集各地方志,目前已收藏来自北京、上海、浙江、江苏等十五个省、市、自治区地方志1500多册。在此基础上,清华大学图书馆与校文科处合作,以专项经费为支持,扩大地方文献的收藏,在捐赠的基础上购买部分地方

文献,以支持新建的文科图书馆的馆藏。2009年,清华大学图书馆从美国康奈尔大学图书馆购买到一批文科类图书,共计9.5万册,为新建的文科图书馆奠定了馆藏基础。

二 特色馆藏整理模式探析

特色馆藏的"藏"是为了供读者使用,兼及图书馆长期收藏保存的含义。在一些高校图书馆,特色馆藏的整理通常由特藏部的工作人员进行。例如,清华大学图书馆特藏部的工作职责中就有"开展符合本馆特藏建设方针的非书资料,如手稿、书信、笔记等各种实物资料的收集、整理、研究、开发和利用等工作"的任务。整理模式的制定,对于特色馆藏的可持续发展,具有重要的意义。

(一)正式编目

对于正式出版物,可以直接送交编目部进行正式编目。对于非正式出版物,则要根据实际情况,确定是否要进行正式编目。例如地方文献中的非正式出版物,大都缺乏正式出版物应有的统一固定的格式,文献出版信息不全,无法全面完整地反映文献的形式特征,给文献编目人员在处理数据、进行书目控制时带来极大的不便,因此编制非正式出版地方文献的书目数据,有更多需要注意的地方。例如,非正式出版物需要著录比较详细的提要和文摘;主题标引的质量也会直接影响到文献管理和检索利用的价值意义;对团体名称要有完整的著录等。

(二)档案式编目

在正式编目人员有限的情况下,档案式编目也是特色馆藏的一种整理方式。根据文献的专题特征,编制专门的资料号,将资料装进特制的档案盒,编制检索数据库,制成表格或书目清单,供读者检索使用。这种情况适用于非书资料,特别是期刊、简报等无法进行常规编目的文献类型。

在进行档案式编目时,需要注意资料号的唯一性与可持续发展性。这种编目形式看似简单,但为了读者检索方便,必须著录足够多的数据,才能准确定位查找。例如,清华大学图书馆藏"保钓、统运"资料,在对期刊进行档案式编目时,著录了资料号、刊(报)名、并列题名、卷期说明、编辑出版责任者、出版周期、尺寸、页数、类型、附注、地址、捐赠者、捐赠时间等 13 项数据。这些详细的信息为将来数字化揭示提供了坚实的数据基础。

（三）网络化组织与实现

特色馆藏的数字化与网络化是馆藏资源长期保存、学术资源开放获取的有效途径。除了本校学位论文数据库之外，很多高校图书馆建立了颇有特色的专题数据库。例如，中国人民大学图书馆建立了教学参考书数据库、中国人民大学文库、中国人民大学教师成果库、民国时期资源数据库、社科专题剪报数据库、经济学知识门户、普通线装古籍书目数据库，为读者网上检索与使用带来了很大的便利。

高校图书馆人力、财力、物力等条件各不相同，在进行特色馆藏的网络化组织与实现时，需要根据实际情况来制定切合实际的组织方式。如果非正式出版物数量较少，可以考虑采用特色数据库的模式。如果面对的是成规模、成体系的一系列非正式出版物，可以考虑采用数字图书馆模式。高校图书馆还可以考虑利用开源软件建设机构库，收集和揭示本校师生研究过程中所产生的各类文献资源。只有结合实际情况，设置合理的网络化组织的模式，才能保证对资源的维护和发展，只有不断得到维护和发展的数据库才能得到读者长期的认可和青睐。

三 关于特色馆藏服务模式的思考

（一）展览与宣传报道相结合

特色馆藏是文化传承的一种重要形式，束之高阁显然不能发挥其文化功能。高校图书馆可以将展览与宣传报道相结合，通过多种媒体，将读者和研究者对特色馆藏加以关注。清华大学图书馆除了每年校庆必办的馆藏特色资源专题展览外，近年来，还以图书馆宣传月的方式，向读者推介图书馆的资源与服务。例如，2006 年举办的主题为"走近你身边的图书馆——2006 图书馆宣传推展月"时，向读者推介了清华大学学位论文全文库，相关同事编写了 FAQ，制作专门网页。通过宣传月的推介，咨询台收到有关该库的咨询明显增加。

除了专门组织宣传特色馆藏外，高校图书馆的馆刊也发挥了重要的宣传作用。清华大学图书馆的《图书馆与读者》内容丰富，为校内读者介绍图书馆的最新资源和服务，成为沟通图书馆与读者之间信息交流的桥梁。另一方面，作为清华大学图书馆对外宣传的窗口，该出版物目前与50多所高校图书馆建立了交流机制，定期向校外同仁传送最新出版的报纸。例如，该刊物向读者系统地介绍了清华大学图书馆特色馆藏——诺贝尔文学奖专架。馆员以通俗的语言对诺贝尔文学奖获得者进行了介绍，对馆藏相关作者的文献进行了指引，帮助读者以最快的速度查找到需要使用的文献。

（二）充满文化品味的阅览服务

高校图书馆应营造优雅、舒适的阅览环境，提供便利、快捷的阅览服务，让读者在使用特色馆藏时，不仅获得知识的信息，更能体会到文化的内涵。清华大学图书馆人文社科阅览室的一张阅览桌上，有这样一个小指示牌，上面写着"曹禺在这里写作《雷雨》"。牌子虽然不醒目，但是经常会有读者抢占这个曾经写作过《雷雨》的座位。尽管桌子已经不是当年的桌子，椅子也不是当年的椅子，但这种文化氛围却是当今读者所需要的。

（三）网络化服务

在信息化、网络化高度发达的当今，高校图书馆特色馆藏的网络化服务，对于全社会的资源共享发挥了重要作用。特色资源的网络化，一方面便于用户足不出户，便能"为我所用"，另一方面，也是对重要特色资源的保护，以免用户频繁翻阅而造成的人为磨损。很多高校图书馆都乐于将自己的特色馆藏制作成数字图书馆，供广大用户在线浏览、使用。

（四）特色服务

对特色馆藏有兴趣的往往是特定的人群，针对这些特定人群，提供特色服务，是高校图书馆的职责所在。所谓特色服务，是指在用户使用图书馆的过程中，整合各种资源，尽可能为该用户提供尽可能的便利；了解、参与用户研究的课题，为用户提供深度的内容服务等等。

特色馆藏是高校图书馆塑造品牌、传承文化的重要载体。根据实际情况，采用适当的途径进行整理与揭示，创造便利条件为用户提供深度服务，是高校图书馆的重要职能。

参考文献

何莲、刘秀珍:《建设特色馆藏,创名牌图书馆》,《内蒙古科技与经济》2008年第9期。

黄尽能、姜秀华:《浅议特色馆藏文献的收集与开发利用》,《内蒙古科技与经济》2004年第1期。

《清华大学图书馆特色资源》,2010年8月10日,http://www.lib.tsinghua.edu.cn。

《清华名人手稿捐赠仪式在图书馆隆重举行》,2010年8月10日,http://oa.lib.tsinghua.edu.cn。

《清华大学图书馆"保钓"资料》2010年8月10日,http://www.lib.tsinghua.edu.cn。

《清华大学图书馆"科恩图书室"》,2010年8月10日,http://www.lib.tsinghua.edu.cn。

《清华大学图书馆特色资源》,2010年8月10日,http://www.lib.tsinghua.edu.cn。

《"文革"资料整理初见成效、进展顺利》2010年8月10日,http://oa.lib.tsinghua.edu.cn。

《清华大学图书馆组织结构》2010年8月10日,http://www.lib.tsinghua.edu.cn。

肖永钐:《对非正式出版地方文献的分析和思考——以深圳图书馆为例》,《现代情报》2009年第5期。

肖永钐:《对非正式出版地方文献的分析和思考——以深圳图书馆为例》,《现代情报》2009年第5期。

中国人民大学图书馆《特色数据库》,2010年8月10日,http://www.lib.ruc.edu.cn。

《图书馆与读者》,2010年8月10日,http://news.lib.tsinghua.edu.cn。

王文琼:《诺贝尔文学奖专架评介之四:六十年前诺贝尔文学奖获得者——伯特兰·罗素》,2010年8月10日,http://news.lib.tsinghua.edu.cn。

何玉:《曹禺写〈雷雨〉的座位考证》,2010年8月10日,http://news.lib.tsinghua.edu.cn。

第七部分

其他

建立图书馆人力资源机制的思考

罗小田[*]

摘　要　图书馆人力资源是一个系统工程,需要各有关管理部门齐抓共管,更需要用人单位齐心协力。图书馆不但要树立人力资源是第一资源的观念,而且需要制定人力资源的相关规章制度,更需要把制度具体化为工作机制。图书馆人力资源的着力点是人力资源的开发管理,要做好人力资源的开发管理,就要转变观念。

关键词　图书馆人力资源　开发管理　工作机制　管理机制

知识经济的时代,人才具有更多的就业选择权与工作的自主决定权,不是被动地适应图书馆或工作的要求。目前图书馆,尤其是一些地方图书馆的人才观念陈旧,人力资源是第一资源的观念尚未进入他们的灵魂深处。他们对图书馆人力资源开发的新理论、新方法认识不深,人力资源管理的水平参差不齐。主要表现在一些规模不大的图书馆陈旧的人才观念不能适应"人才产权时代"的要求。

一些地方图书馆在心灵深处拒绝"人才产权"的新趋势。他们把"珍惜人才"当作口号来喊;他们固守旧有的经验,舍不得放权。从而导致高级人才引不来,引来了又留不住,留住的也无用武之地。客观上,一些地方图书馆主观上,观念陈旧,往往是任人唯亲,总认为引进的人才是外人,难以控制,不放权,不重用。另外,个别地方图书馆摆脱不了传统化管理的模式,必然导致既用人又疑人的现象。使新来人才备受压抑,无法实现自我价值。

---

[*] 罗小田,男,1960年生,广州市社会科学院编辑。

一 制定图书馆人力资源开发管理制度

目前的图书馆人力资源开发管理障碍突出表现在,引进人才的管理不配套,可操作性不强。在引进人才中,各个图书馆难以协调。这里有管理体制的问题,也有职能部门的人为障碍。市场配置人才资源的基础性作用发挥不够,人才流动的体制性障碍尚未完全消除。

人力资源策略对图书馆发展具有决定性的影响。图书馆应该制定有利于图书馆人力资源开发管理的制度,用来化解人力开发管理的体制障碍。从宏观上来看,图书馆人力资源开发管理包括制度开发、教育培训开发、使用开发等三个层次。

(一)制度开发:完善配置人力资源的机制

完善图书馆的服务机制,图书馆管理者要积极制定有利图书馆人力资源开发的激励机制,要做到切实有效,可操作性强。但目前,在图书馆人力资源开发方面,缺乏有效的人力资源配置机制、缺乏完善的统筹服务机制。具体表现为以下两个方面:

1. 对图书馆管理人才的考核评价,缺少社会化的职业管理人资质评价机制

要发展图书馆管理人才评价机构,探索社会化的职业管理人资质评价制度。积极开发适应不同类型图书馆管理人才的考核测评标准。做到图书馆管理人才的评价重在社会的认可。

2. 用人制度不够完善

有些图书馆没有人才资源开发的理念。一方面,人才严重不足,到处招聘;另一方面,引进的高级人才又留不住,留住的却无用武之地,仅仅成为花瓶。有些用人单位只想招聘有从业经验的人才,而忽略了本单位人才的内部培养。

(二)教育培训开发:构建终身教育体系

人力资源教育培训制度,由政府或有关机构为从业者投资,用以提高图书馆员的文化素质和专业水平、专业技能乃至身体素质,使之能适应图书馆的需求。从长期来看,人力资源投资的主要内容是增加教育投资,普及教育。从短期来看,是对图书馆员进行在职培训,增强他们的服务能力。

1. 发展校馆共建的"订单式"职业教育

高等职业学校是高层次人力资源的储备库和后续人力资源的培养基地。图书馆可以根据自身发展的需要，要求职业学校设置相应专业，并签订教育订单。这种订单式教育，不但可以保证图书馆对技术人才的需求，而且学校又可以在对口图书馆的协助下，完善教学手段，培养出图书馆急需的人才。

2. 培训开发：构建终身教育体系，打造学习型图书馆

在知识经济时代，终身教育已成为教育的基本理念，成为图书馆可持续发展的必备因素。要高度重视人才总量的增长和人才素质的提高，就要大力加强人才资源的能力建设。为此，要树立大教育、大培训观念，加大终身教育的培训力度。

3. 为图书馆员提供随时"充电"的机会

图书馆如果想让员工在工作中不断进步并获得足够的成就感，最好的办法是为图书馆员提供随时"充电"的机会，让他们感觉到自己永远在前进，跟上社会发展的需要。有人认为，培训图书馆员是一种投入，但如果不培训，图书馆会损失更大。从这个意义上说，培训是一种投入，而且是回报率很高的投入。

目前，国外许多著名大图书馆在培训上不惜花重金，重金投入加快了人才培训的步伐，也直接加速了图书馆人员素质的提高。

（三）使用开发：建立科学的用人机制

人才只有在使用过程中，才能发挥他的应有作用，才能体现他的真正价值。用人者应该做到：是骏马就给他草原；是雄鹰就给他蓝天；是蛟龙就给他沧海。人尽其才，才尽其用。

合理配置图书馆人力资源。使人才与岗位匹配、能力与岗位匹配的团队精神。并建立以绩效为主要内容的考评指标体系，完善能上能下、能进能出的淘汰机制。

二　建立图书馆人力资源开发管理机制

要落实好图书馆人力资源的制度建设，就要把制度具体化为可操作的图书馆人力资源开发管理机制。从图书馆人力资源开发管理的微观层面上看，图书馆人力资源开发管理机制包括：选人机制、引人机制、用人机制、育人机制、留人机制等五个方面。

（一）建立图书馆科学的选人机制

1. 建立图书馆选人标准

坚持德才兼备原则，把品德、知识、能力和业绩作为衡量人才的主要标准，不唯学历、不唯职称、不唯资历、不唯身份，不拘一格选人才。激励人人都作贡献，人人都能成才。

2. 完善图书馆选人机制

（1）深化图书馆事业单位人事制度改革，推行聘用制和岗位管理。按照政事职责分开、单位自主用人、个人自主择业、政府依法监管的要求，建立符合图书馆特点的用人制度。推行岗位管理制度，规范按需设岗、竞聘上岗、合同管理，逐步做到人员能进能出，职务能上能下，待遇能高能低。

（2）推进图书馆管理人才市场化、职业化。拓宽选人视野，吸引国际国内一流人才到大图书馆任职。大力扶持积极创业的优秀图书馆管理人才。

（二）建立图书馆科学的引人机制

大力吸引留学和海外高层次图书馆人才。吸引国际人才，重点吸引高层次人才和紧缺人才。可借鉴跨国公司的成功做法：

（1）通过猎头公司猎取高级人才。

（2）利用当地的人才。

（3）通过合作办学吸引人才。

（三）建立图书馆科学的育人机制

人才培养的核心是人才资源的能力建设。坚持学习与实践相结合、培养与使用相结合，促进人才在实践中不断增长知识，提升能力。

（1）帮助图书馆员设计职业发展计划。帮助图书馆员设计职业发展计划，协调员工的需求与图书馆的需要，实现个人与图书馆共同成长和发展。

（2）加大图书馆教育培训投入力度，健全培训体系。高度重视高层次人才队伍建设，带动整个人才队伍建设。通过培养造就高层次人才，带动整个人才梯队的建设，尽快形成梯次合理、素质优良、新老衔接、充分满足图书馆发展需要的人才队伍。

（四）建立图书馆科学的用人机制

（1）公平用人。平等对待每一位图书馆员，消除年龄歧视、性别歧视、报酬歧视、晋升歧视。

（2）礼贤用人。想干事业的给机会，能干事业的给岗位，干成事业的给奖励，干好大事业的给地位。

（3）事业留人。真正的人才，需要的不仅仅是金钱，更重要的是要有一个可以发挥的舞台、一个图书馆、需要融洽的团队和良好的管理。图书馆应该为图书馆员提供好的成长环境，满足图书馆员不断提高和进步的需求；发掘图书馆内部有发展潜力的员工，再投入资金加以培训。让图书馆员感到有奔头，让图书馆员与事业一齐成长，满足图书馆员的事业发展愿望。

（4）工作生活质量留人。提高图书馆员的工作和生活质量，提高图书馆员的满意度。工作的满意度、集体的归属感，是激励图书馆员的最好条件。有人做过测算，人才对工作满意度保持在70%—80%，人才的工作效能才能产生正常效益。由此可见，留住人才的一个决定性因素在于人才本身的工作满意度。这个满意度包括工作环境、创业环境、文化环境和物质待遇，做到"优质优价"，充分体现人才的自身价值。

（5）环境、文化留人。创造轻松愉快的工作环境，达到人尽其才，才尽其用。对于一个图书馆来说，吸引人才，靠图书馆单方面的努力往往达不到最佳效果。整个国家、各个城市都存在如何吸引人才的问题。其中政策、制度、环境最为重要。因此，我们也要为人才，尤其是高级人才，创造一个相对宽松的生活空间，多一些快乐，增强内部良性竞争氛围，让员工在图书馆能够呼吸到自由的空气，尽情地发挥。歌德说："工作若被逼成为义务，人间就是地狱；工作若成为乐趣，人间就是乐园。"随着图书馆事业的发展，我们应该为图书馆员提供更好的工作环境。

总之，图书馆文化，就是图书馆的精神，是图书馆员工的共同理念，是图书馆发展的内在动力。

参考文献

马芝蓓：《图书馆人力资源质量管理体系模型研究》，《情报杂志》2006年第4期。

张爱梅：《试论图书馆人力资源管理》，《内蒙古科技与经济》2008年第6期。

于艳萍：《图书馆人力资源管理的思考》，《科技资讯》2006年17期。

成东丽:《浅谈人力资源管理对图书馆的重要性》,《黑龙江史志》2008年第12期。

孙龙梅:《探讨图书馆人力资源管理中的激励机制》,《时代人物》2008年第11期。

张文:《现代企业人力资源管理的战略取向》,《南昌大学学报(人文社会科学版)》2004年第6期。

军校图书馆学科馆员的发展与挑战

杨 敬[*]

摘 要 军队信息化建设的发展，院校编制体制的调整与落实，都对图书馆未来的稳定建设和职能发挥提出了新的挑战。本文围绕军校图书馆为适应对掌握军事信息技术人才的培养，为其做好资源信息保障工作为中心，从图书馆人才队伍微观管理的角度出发，探讨了在军校图书馆设立学科馆员这一职位的发展趋势和其面临的困难挑战。

关键词 学科馆员 军校图书馆 学科馆员职责

学科馆员在国外已有七八十年的研究了，而在我国也将有二十年的历史。清华大学图书馆首次引进学科馆员，到目前为止其服务层次、范围都具有一定的深度，并形成了具有本校学科特色的学科馆员制度。其次国内一些知名的大学图书馆开始仿效，纷纷建立了学科馆员岗位。但大多数馆只是在形式上建立了学科馆员制度，对其内涵和本质不甚理解，造成了学科馆员在我国的存在还是大范围的停留在观看、模仿阶段。因此，学科馆员在军校图书馆的发展更是微乎甚微。

一 军校图书馆建设的现状

当前，随着军队信息化的改革，军队院校教育转型，任职教育成为军校的核心任务，各军校都在研究、探索教育的策略，积极为军队输送大批优秀的军事信息人才。军校图书馆必然也跟随军校的转型对其提供的服务模式做出了巨大变化。

---

[*] 杨敬，西安政治学院。

（一）人才资源培养

随着2005年6月23日，国务院、中央军委颁布《中国人民解放军文职人员条例》，在全军师级以上单位，引入了文职人员，其性质是履行现役文职干部同类岗位相应职责的非现役人员。文职人员成为了军校图书馆今后发展的新型力量，为军校图书馆带来了许多具有高学历的图书管理人员，满足了对人才队伍建设的新的更高要求。另外，军校图书馆还有一批比较精深图书馆业务，又懂军事理论的文职干部，堪称图书馆的前辈，为图书馆的未来发展发挥了领路人的作用。其次，工作经验丰富的职工也为图书馆的发展起到了补充作用。各路人才的荟萃必将拓宽军校图书馆事业的新型发展道路。

（二）文献资源建设

军校图书馆提供了全面的文献服务保障。在文献引进上，各院校图书、期刊订购量逐年上升。采购的图书保证与院校学科专业发展更接近、更前沿，极大地提高了图书的利用率、更新率。订购的报纸种类齐全，为用户的边缘学科研究提供了便利。大量知名核心学术期刊的订阅，为学科的高、精、尖的研究提供了快速的发展动态。还定期与其他馆交换期刊，使期刊种类多达上千种，基本囊括了相关学科的全部在版刊物。在资源加工上，从图书的查重、采访、编目、借阅及馆务的管理和期刊的征订、签收、交接、交换、下架、装订、送编等一系列过程全部采用计算机的自动化管理，提高了图书、期刊的到架率，有效地缩短了用户使用文献的周转时间。

（三）数字资源使用

图书馆为弥补纸质文献的不足，满足不同用户的不同资源需求，还提供了大量的数字资源服务有购入式的数字资源、自建式的数字资源、开发式的数字资源。从目前数字资源建设的实际情况看，由于人才、设备、资金等条件的限制，数字资源的建立主要是通过购买已有的数据库资源。图书馆正在抓紧建设各自的本校特色数据库，比如：本校教材库、学位论文库、学术论文库、及一些专题数据库。另外，通过军事训练信息网的开发和利用，建立自己的虚拟馆藏资源，不仅可以弥补图书馆经费不足的问题，而且可以丰富馆藏资源。数字资源的建设，改变了用户的阅读习惯，缩短了用户触及信息的时间，节省了用户阅读的时间。因此，数字资源正在被越来越多用户所接受。

（四）参考咨询服务

当前，参考咨询服务在军校图书馆已有了具体的业务发展，普及培训和指导工作、对用户开展利用资源的培训，举办检索技能讲座，及时通报图书馆最新服务方式和手段；提供多种形式的信息咨询服务；沟通协调用户与图书馆的关系，了解用户对图书馆发展的意见和建议，帮助用户参与图书馆的建设和发展。参考馆员通过自己的服务，打通用户资源获取的障碍，跨越资源利用上的本地限制，建立更多的自助式服务，满足用户的馆藏资源的一定程度的服务需求。这样一种模式增强了图书馆面向用户的形象，提升了图书馆的重要地位。

二 军校图书馆学科馆员建设

参考咨询馆员的角色定位已无法适应军事信息环境的变化和用户的深层需求，而学科馆员的建立满足了军事信息化的教育转型为教学科研提供主动服务、定题服务、个性服务和深层次服务。因此，建立学科馆员制度是军校图书馆的发展趋势。

（一）学科馆员定位

在军校图书馆这样一个既具有高校特点，又具有军队特性的特殊地位上，结合地方院校学科馆员的角色定位和职责，学科馆员在军校应该属于怎样的范畴。

学科馆员在军校图书馆的定位发展本着提高图书馆服务水平，改进图书馆服务方式，开发图书馆人才资源三个角度，应该必须有两个方面考虑：第一，学科馆员还应当承担参考咨询员的职责，需要对任职教育的不同短期班用户提供图书馆的事务性问题，让用户了解图书馆目前的文献服务保障，馆藏的结构布局，数字资源的利用；第二，针对军校培养的研究生教育，提供研究性的学术服务，这应当是真正意义上的学科馆员服务。但要结合军校的特色，与当前军事信息化改革保持步调一致，对研究人员的课题主动跟踪，为其提供课题完成前的一切流程服务，包括课题调研分析、查新报告撰写、研究进展调查、最终课题贡献。因此，在学术交流的背景之下，从用户的立场和需求出发，协调全馆和各方面的力量，融入教学一线，嵌入研究过程，提供学科化、个性化、知识化、泛在化的服务，提升用户的能力，为科学研究提供全方位的信息保障服务。

（二）学科馆员职能

在实行学科馆员制度的地方高校图书馆，学科馆员的职责范围也各不相同，并没有一个统一、规范的内容和要求。因此，军校图书馆要结合自己的特性，为学科馆员赋予新的内涵。

1. 建立与对口学科发展的深层紧密联系

学科馆员应走出办公室，与对口学科的教员、研究员建立经常性的联络。了解其学科进展情况、学术活动开展状况以及对文献信息的需求情况，最好与各院系资料员保持互通友好关系，可以更方便、更快捷的掌握对口学科的较详细的信息需求；定期到各院系推荐新到文献资料，汇报学科文献信息建设和服务工作改进，听取用户对学科文献资源建设的建议和对学科信息服务的要求，共同商议学科文献信息资源建设方向和信息服务模式。

2. 为对口学科教学科研提供深度的知识信息服务

一是跟踪重点研究学科，掌握全面学科范围，坚持对其教学或科研课题提供有关文献信息，做好定题全程服务保障；二是跟踪学术研究动态，对一些热门问题、代表论著、知名人士新观点等进行收集，并分析研究，以二次、三次文献的形式，将学科新动态和新观点及其潜在价值、深层内涵揭示给读者，为其教学科研提供参考。

3. 学科文献信息资源深刻开发利用

一方面，学科馆员要利用现代信息技术，对其相关学科的信息资源进行搜集、筛选和整合、挖掘，对其内容和来源做简要的揭示和评价，为本学科用户提供链接式、推送式的专业信息资源导航；另一方面，学科馆员还应对本学科的主要馆藏文献资料和最新文献资源进行全面系统的分析、对比和归纳，形成学科文献评价、综述等，指导用户充分利用馆藏学科文献和最新信息。

（三）学科馆员制度

学科馆员制度对军校图书馆来说，是一种全新的信息服务模式。目前，各院图书馆还没有从总体上完全把握它的内涵，对其所开展的服务模式都正在处于尝试阶段。因此，学科馆员制度的建立还处于摸索阶段。但应该清醒地认识到,这项制度的建立和实施,关键取决于决策者的大力支持、学院领导、图书馆领导的科学组织和学科馆员自身能力的有效发挥。决策者和管理者应始终坚持以信息资源为基础、以用户需求为根本、以学科馆员为主导的原则,创建适合本校专业特色的、科学规范的学科馆员制度。

(四)馆员资质要求

学科馆员是图书馆学科化服务的主体,学科馆员个人信息素质和执行能力的优劣对于学科馆员服务的成效至为关键。个人能力、学科知识、与服务院系的配合和紧贴军队改革是影响学科馆员服务效果的主要因素。一个成功的学科馆员应该具备的基本素质包括:致力于图书馆事业和军队发展;勤于知识更新和终身学习;尊重用户和观念的多样性;灵活、适应、求知、创造、主动、持之以恒的事业精神。学科馆员应具备三个核心能力:协同互动能力、学科情报能力、信息素质教育能力。

(1)协同互动能力:是学科馆员开展学科化服务工作最为重要的首要方面,较强的人际关系和交流技能,和用户建立一种互信的合作关系,可以迅速打开工作局面,更好的沟通交流学科的知识服务。

(2)学科情报能力:学科馆员要具备较强的信息获取能力和情报分析能力,使学科馆员在学科资源的选择、组织、发布、导航、检索和获取利用等方面得心应手,真正成为用户信服的学科信息专家。

(3)信息素质教育能力:学科馆员应具备相关的信息素养方面的理论知识,还要有实际的工作经验,必须具备一定的教学能力,才能承担起提升用户信息素质的重任。

三 军校图书馆学科馆员挑战

学科馆员的发展在军校图书馆处于理论探讨中,开展的业务也是在实践形式上易于实现的。军校图书馆要实现真正意义上的学科馆员服务还面临很多的挑战。

(一)服务对象

清华大学图书馆学科馆员的服务模式在国内高校图书馆中具有代表性,更是军校图书馆实施的典范,但这是否意味着其要仿效清华大学的学科馆员服务模式呢？回答是否定的。军校图书馆有比地方高校独有的特点：第一，学员不同。学员是基层干部，自身已具备良好的基础教育，来军校接受的是职业化、专业化、高层次的专有模块的对口教育。第二，教员不同。随着军校教育转型，任职教育成为核心任务。教员既有着丰富的基层部队实例经验，又有着扎实的军事理论基础。所以，学科馆员面临多元化知识充斥，服务用户改变的局面，需要有一个更高层次的文献知识服务模式。探索出一条适合军校图书馆发展的服务模式提出了新的挑战。

（二）服务层面

明确学科馆员的职责，其服务对象不是一般用户，只需提供准确答案的信息咨询服务，而是针对某一专业学科领域的用户群，对其研究学科领域有一定深度的服务帮助。学科馆员需要运用自己的学科知识，深入到用户的科研课题之中，跟踪服务需求，善于挖掘用户的真实和潜在需求，与用户互动协作，进行知识捕获、分析、重组和应用。比如在开题与项目申报时，提供课题的研究背景、研究综述、研究进展；在课题进行中提供实验方案、数据分析、国内外研究进展与动态；在结题和论文撰写中提供比较研究、检索查新、投稿指南等；在项目完成后，提供查新、引证分析等科研评价信息。学科馆员要做到这些工作还有很大的差距。

（三）人才竞争

学科馆员体系与图书馆原来的许多管理制度有不相符合，甚至是相冲突的地方。要形成一套体系规范学科馆员制度的竞争机制，才能使学科馆员有所创新。关键是如何建立培养学科馆员的人才链，使学科馆员所提供的知识服务是一种精细化、品牌化的智能保障服务。如何有效管理学科馆员，准确定位其工作职能，规范服务内容，考核工作成绩，是我们今后探索深究的目标。

（四）信息技术

随着军事信息化的改变，用户信息环境发生了巨大的变化。长期以来图书馆一直被作为信息获取不可替代的机构。今天，这样一种地位已经被打破或发生了动摇。用户已将搜索引擎作为获取信息的首选。带来的结果是用户与搜索引擎的关系日渐亲近，图书馆也将因此而失去信息社会和网络化时代的竞争力。

如何掌握信息技术为图书馆所用，为用户提供倍数级的服务，使图书馆成为不可替代的信息获取的首选，仍是学科馆员的努力方向。

四 总结

军校图书馆建立学科馆员制度是信息时代发展的必然要求，也是适应大力推动高素质新型军事人才队伍建设创新发展的必然趋势，符合当前图书馆提供知识服务和知识管理的数字图书馆发展方向。因此，我们需要不断努力和积极探索，培养一支学科专业人员的梯队，保持学科服务的连续性与稳定性，同时寻找属于院校的学科馆员知识服务。

参考文献

初景利、张冬荣：《第二代学科馆员与学科化服务》，《图书情报工作》2008年第2期。

王艳秀：《参考馆员制与学科馆员制协调发展——论高校图书馆参考咨询服务体系的构建》，《图书馆建设》2009年第4期。

陈涌平：《论学科馆员的核心能力》，《图书馆理论与实践》2008年第4期。

范爱红：《美国康奈尔大学的学科馆员工作模式及其启示》，《图书馆杂志》2008年第2期。

王晓力：《国外高校图书馆学科馆员服务模式》，《图书情报工作》2008年第2期。

韩冬梅：《美国图书馆数字参考服务研究》，武汉大学博士学位论文，2004年6月。

范爱红、邵敏：《清华大学图书馆学科馆员工作的新思路和新举措》，《大学图书馆学报》2008年第1期。

李更良：《学科馆员的角色定位和工作职责》，《情报资料工作》2008年第2期。

陈永平：《论学科馆员的核心能力》，《图书馆理论与实践》2008年第4期。

朱丹君：《试论军校图书馆学科馆员制度的建立》，《高校图书馆工作》2009年第2期。

中国书籍出版社精品书目

《媒介融合的动因模式》黄金著　定价:38元　出版日期:2011年1月
《晚明商业出版》郭孟良著　定价:38元　出版日期:2011年1月
《图书出版产业宏观评价体系》徐小傑著　定价:38元　出版日期:2011年1月
《制度与空间——中国媒介制度变革论》陈鹏著　定价:38元　出版日期:2011年6月
《产业融合趋势下的中国传媒产业发展研究》王润珏著　定价:38元　出版日期:2011年8月
《新闻误解——论新闻文本间距》陈秀云　定价:38元　出版日期:2011年8月
《新闻失范论》周俊著　定价:38元　出版日期:2011年12月
《宋代大众出版》周宝荣著　定价:38元　出版日期:2011年12月
《群体性事件:信息传播与政府应对》曾庆香著　定价:45元　出版日期:2010年10月
《文化创意产业引论》金冠军　郑涵著　定价:38元　出版日期:2011年4月
《西方传媒业的融合、竞争与规制》肖赞军著　定价:38元　出版日期:2011年6月
《传媒商务谈判》漆亚林著　定价:38元　出版日期:2011年7月
《动漫产业与构建国家软实力研究》殷俊主编　定价:38元　出版日期:2011年8月
《清代两湖的出版业》江凌著　定价:48元　出版日期:2011年7月
《华文出版与软实力》肖东发　万荣水　白贵著　定价:58元　出版日期:2010年8月
《出版学核心》李新祥著　定价:38元　出版日期:2010年12月
《新闻学导读》周俊著　定价:30元　出版日期:2011年12月
《传播学导读》刘海龙著　定价:30元　出版日期:2011年12月
《中国出版学研究综录(1949~2009)》李新祥著　定价:98元　出版日期:2011年1月
《图书馆、情报与文献学研究的新视野(2)》中国社会科学情报学会编　88元　2010年11月
《图书馆、情报与文献学研究的新视野(3)》中国社会科学情报学会编　88元　2010年11月
《新闻学教程》周鸿铎主编　定价:30元　出版日期:2010年9月
《广告学教程》周鸿铎主编　定价:32元　出版日期:2010年9月
《传播学教程》周鸿铎主编　定价:38元　出版日期:2010年9月
《应用传播学教程》周鸿铎主编　定价:38元　出版日期:2011年1月
《传媒经济学教程》周鸿铎主编　定价:48元　出版日期:2011年1月
《中国出版通史》(多卷本)肖东发等著　定价:556元　出版日期:2008年12月
《出版物市场营销》刘吉波编著　定价:40元　出版日期:2010年6月
《中国出版业发展报告(2009~2010)》郝振省主编　定价:56元　出版日期:2010年

《中国出版业发展报告(2010~2011)》郝振省主编　定价:38元　出版日期:2011年
《中国数字产业年度报告(2007~2008)》郝振省主编　定价:68元　出版日期:2008年
《中国数字产业年度报告(2009~2010)》郝振省主编　定价:58元　出版日期:2011年
《中国动漫游戏产业发展现状调查报告》郝振省主编　定价:36元　出版日期:2010年5月
《出版的文化守望》周百义著　定价:36元　出版日期:2008年6月
《我们的出版文化观》聂震宁著　定价:59元　出版日期:2008年6月
《出版文化理性研究》郝振省著　定价:45元　出版日期:2008年6月
《出版:商务与文化》王建辉　定价:56元　出版日期:2010年9月
《社长是出版社的名片》胡守文　定价:56元　出版日期:2010年9月
《边缘的眼光:出版三思录》李人凡　定价:39元　出版日期:2010年9月
《中国网络媒体对外传播研究》王东迎著　定价:28元　出版日期:2010年1月
《当代传播美学》张涵著　定价:45元　出版日期:2010年1月
《变局与转型——在中国传媒大学讲传媒》郝振省主编　定价:34元　出版日期:2011年7月
《中国传媒创新启示录》郝振省主编　定价:68元　出版日期:2011年3月
《中央国家机关"强素质　作表率"读书活动主题讲坛周年读本1》本书编委会编
　　图书定价:29元　光盘定价:60元　出版日期:2010年4月
《中央国家机关"强素质　作表率"读书活动主题讲坛周年读本2》本书编委会编
　　定价:36元　出版日期:2010年5月
《晚清官书局述论稿》邓文锋著　定价:38元　出版日期:2011年7月
《公务员面试90分突破》曹生民、张现龙、刘伟编著　定价:32元　出版日期:2011年6月
《党政领导干部公开选拔和竞争上岗面试》曹生民、张现龙、刘伟编著　定价:48元
　　出版日期:2011年7月
《党政领导干部公开选拔和竞争上岗笔试》曹生民、张现龙、刘伟编著　定价:68元
　　出版日期:2011年8月
《日本史话》汪公纪著　定价:56元　出版日期:2011年4月
《民国黑道与金融大鳄》郭代习、朱同友著　定价:32元　出版日期:2011年6月
《党和国家知名文献出台记》叶蓬编　定价:32元　出版日期:2011年1月